国家科学技术学术著作出版基金资助

网络科学与工程丛书

NSE 11

非对称信息共享网络理论与技术

Asymmetric Information Sharing Network Theory and Technology

任 勇 徐 蕾 姜春晓 王景璟 杜 军 编著

高等教育出版社·北京

图书在版编目（CIP）数据

非对称信息共享网络理论与技术 / 任勇等编著. --
北京：高等教育出版社，2019.6
ISBN 978-7-04-051855-9

Ⅰ.①非… Ⅱ.①任… Ⅲ.①网络信息资源-研究
Ⅳ.①G255.76

中国版本图书馆 CIP 数据核字（2019）第 077348 号

策划编辑 刘 英　　责任编辑 刘 英　　封面设计 李卫青　　版式设计 马敬茹
插图绘制 于 博　　责任校对 高 歌　　责任印制 赵义民

出版发行	高等教育出版社	网 址	http://www.hep.edu.cn
社 址	北京市西城区德外大街 4 号		http://www.hep.com.cn
邮政编码	100120	网上订购	http://www.hepmall.com.cn
印 刷	三河市潮河印业有限公司		http://www.hepmall.com
开 本	787mm × 1092mm 1/16		http://www.hepmall.cn
印 张	21.25		
字 数	380 千字	版 次	2019 年 6 月第 1 版
购书热线	010-58581118	印 次	2019 年 6 月第 1 次印刷
咨询电话	400-810-0598	定 价	69.00 元

本书如有缺页、倒页、脱页等质量问题，请到所购图书销售部门联系调换

物 料 号 51855-00

作者简介

任勇，清华大学教授，博士生导师。1999年创建清华大学电子系复杂工程系统实验室并担任主任，从事复杂系统理论与方法及其在通信网络与电子系统中的应用研究。近年来承担了多项国家自然科学基金研究项目，发表学术论文百余篇，申请发明专利多项。获省部级科技进步二等奖2项、三等奖1项，清华大学优秀教学成果一等奖1项、二等奖1项，清华大学科技成果转化效益显著奖2项。

徐蕾，北京理工大学计算机学院特别副研究员。2008年于清华大学电子工程系获工学学士学位，2015年获清华大学信息与通信工程专业博士学位。主要研究方向为网络信息共享、大数据中的隐私保护等。近年来参与多项国家自然科学基金项目，在国内外刊物、会议上发表论文10余篇。

姜春晓，清华大学信息科学技术学院助理研究员。2008年于北京航空航天大学获工学学士学位，2013年于清华大学电子工程系获博士学位。现从事空间信息网络通信理论研究，发表IEEE期刊论文64篇，谷歌学术引用1300余次。曾获2013年IEEE Globecom最佳论文奖，2014年中国人工智能学会优秀博士论文，2015年IEEE GlobalSIP最佳论文奖，2016年入选中国科协“青年人才托举工程”。IEEE高级会员。

王景璟，清华大学电子工程系博士研究生。2014年于大连理工大学获工学学士学位。近年来参与多项国家自然科学基金项目，先后在国外期刊、会议发表论文10余篇。主要研究方向为复杂网络建模、信息传播理论、网络化信息处理与决策等。

杜军，清华大学电子工程系博士后。2009年于北京理工大学获工学学士学位，2014年、2018年于清华大学分别获得工学硕士及博士学位。近年来参与多项国家自然科学基金项目，先后在国外期刊、会议发表论文30余篇。主要研究方向为空间信息网络资源协同与优化理论、信息传播理论、网络经济学理论及应用等。

序

随着以互联网为代表的网络信息技术的迅速发展，人类社会已经迈入了复杂网络时代。人类的生活与生产活动越来越多地依赖于各种复杂网络系统安全可靠和有效的运行。作为一个跨学科的新兴领域，“网络科学与工程”已经逐步形成并获得了迅猛发展。现在，许多发达国家的科学界和工程界都将这个新兴领域提上了国家科技发展规划的议事日程。在中国，复杂系统包括复杂网络作为基础研究也已列入《国家中长期科学和技术发展规划纲要（2006—2020年）》。

网络科学与工程重点研究自然科学技术和社会政治经济中各种复杂系统微观性态与宏观现象之间的密切联系，特别是其网络结构的形成机理与演化方式、结构模式与动态行为、运动规律与调控策略，以及多关联复杂系统在不同尺度下行为之间的相关性等。网络科学与工程融合了数学、统计物理、计算机科学及各类工程技术科学，探索采用复杂系统自组织演化发展的思想去建立全新的理论和方法，其中的网络拓扑学拓展了人们对复杂系统的认识，而网络动力学则更深入地刻画了复杂系统的本质。网络科学既是数学中经典图论和随机图论的自然延伸，也是系统科学和复杂性科学的创新发展。

为了适应这一高速发展的跨学科领域的迫切需求，中国工业与应用数学学会复杂系统与复杂网络专业委员会偕同高等教育出版社出版了这套“网络科学与工程丛书”。这套丛书将为中国广大的科研教学人员提供一个交流最新研究成果、介绍重要学科进展和指导年轻学者的平台，以共同推动国内网络科学与工程研究的进一步发展。丛书在内容上将涵盖网络科学的各个方面，特别是网络数学与图论的基础理论，网络拓扑与建模，网络信息检索、搜索算法与数据挖掘，网络动力学（如人类行为、网络传播、同步、控制与博弈），实际网络应用（如社会网络、生物网络、战争与高科技网络、无线传感器网络、通信网络与互联网），以及时间序列网络分析（如脑科学、心电图、音乐和语言）等。

“网络科学与工程丛书”旨在出版一系列高水准的研究专著和教材，使其成为引领复杂网络基础与应用研究的信息和学术资源。我们殷切希望通过这套丛书的出版，进一步活跃网络科学与工程的研究气氛，推动该学科领域知识的普及，并为其深入发展做出贡献。

金芳蓉（Fan Chung）院士
美国加州大学圣迭戈分校
二〇一一年元月

前言

经过几十年的发展，当前互联网的规模与应用方式已与其诞生之初大不相同。特别地，以 WWW、P2P 为代表的信息共享业务已成为目前互联网的主流业务。信息共享业务的非对称传输特征是导致网络结构、服务模式产生矛盾进而造成带宽浪费的原因。如何解决互联网在承载信息共享业务方面存在的缺陷，这一问题引起了作者和国内外相关领域研究者的广泛关注。

作者在“十五”和“十一五”期间先后承担了多项与信息共享理论及其关键技术相关的国家级项目。通过国家自然科学基金项目“共享信息网络新结构及关键技术研究”（60672142）研究了信息网络结构和信息共享模式的改进方法，提出了一种信息汇聚模型。通过国家自然基金重点项目“非对称广域覆盖信息共享网络理论与技术”（60932005）研究了信息共享业务的非线性整体动力学特征，提出了以信息资源汇聚、用户广泛共享及偏远地区覆盖为特征的信息共享服务模式。通过国家自然科学基金面上项目“内容共享网络的非对称性及流量优化理论与策略”（61271267）研究了共享业务的非对称性和动态演化规律，探索了拓扑失配问题的解决方案和分布式缓存机制的优化方法。

全书分为五篇。第一篇，信息共享网络理论与体系结构，介绍了信息共享的基本概念和网络中的非对称现象，分析了常见的信息共享网络体系结构与服务模式，讨论了信息共享网络的新体系。第二篇，信息共享网络的拓扑与动力学特性，介绍了典型的网络演化模型，提出了基于效益的网络演化模型，分析了 P2P 网络的整体统计特征，用博弈论的方法对 P2P 信息共享行为进行了分析。第三篇，信息共享网络的拓扑动态性，介绍了网络容量的基本模型，提出了基于网络流量分布的网络容量优化方法，探讨了拓扑失配问题的解决方案。第四篇，非对称信息共享网络中的信息处理，介绍了网络信息的获取方法和 Web 文本挖掘方法，提出了面向特定领域的网络信息聚合方法。第五篇，网络信息共享中的隐私安全，对数据挖掘、在线社交网络中的隐私等安全问题进行了分析，提出了“反挖掘”研究框架，探讨了博弈论、契约理论在个人信息共享决策中的应用。

本书的撰写汇集了很多人的辛勤劳动。任勇教授负责全书的内容规划和体系架构搭建，以及撰写过程中的组织和协调工作，孙若姿、李一鹏、叶王毅、彭兆盟、孙权、桂琨智等人参加了相关章节的初稿编写，徐蕾、杨超群、邵旦参加了部分章节的初稿和终稿编写；此外，本书引述了山秀明、袁坚、姜春晓、王景璟、许晨敏、何能强等人的前期工作。全书由徐蕾统稿，姜春晓、王景璟对全书进行了校对。在此一并表示衷心的感谢。

同时也感谢在本书撰写前后，很多前辈、同行和学者对于信息共享理论的热情参与、研讨，以及给予我们的鼓励。

由于作者水平有限，书中难免存在不妥之处，恳请读者批评指正。

作者

2018 年 5 月于清华大学

目录

第一篇　信息共享网络理论与体系结构

第二篇　信息共享网络的拓扑与动力学特性

第三篇 信息共享网络的拓扑动态性

第四篇　非对称信息共享网络中的信息处理

第五篇 网络信息共享中的隐私安全

第一篇

信息共享网络理论与体系结构

第 1 章　非对称现象及互联网的非对称性

对称和非对称是从宏观世界到微观世界普遍存在的现象，是人类亘古不变的探索课题。20 世纪以来，随着人类科学手段的进步，多个学科、领域的非对称现象被发现，每次发现都轰动了世界。20 世纪被称为信息的世纪，互联网作为人类智慧的伟大结晶和重要的进步推动力量，它的非对称性也吸引了越来越多人的目光。本章我们将介绍关于非对称认识的不断进步，以此为鉴探讨互联网中非对称性的存在，以及它给网络科学研究带来的新的挑战和机遇。

1.1　对称与非对称

1.1.1　对称的定义

对称性是人类认识自然时产生的一种观察，指的是自然界的一切物质和过程都存在或产生它的对应方面。这种对应表现为现象的相同、形态的对映、物质的反正、结构的重复、性质的一致和规律的不变性等。对称给人一种圆满、匀称、均衡的美感，它内含或表现出某种有序、重复的成分。对称性深刻地解释了自然界相互联系中的一致性、不变性和共同性，是反映自然规律的一条基本原则。

对称现象在我们身边的大自然里随处可见。如图 1-1 所示：蝴蝶的翅膀是左右对称的，就连上面的图案与颜色也是对称的，使得它能够成为自然界最美丽的昆虫；蜂巢是由一个个平移对称的正六边形排列组合而成的建筑物，每个正六边形大小统一、上下左右距离相等，这种结构最紧密有序，也最节省材料；大部分的花朵都是围绕中心花蕊辐射对称的（通过花中心的任何一条线都可成为左右对称面的花），这种对称之美不禁让人发出赞叹。

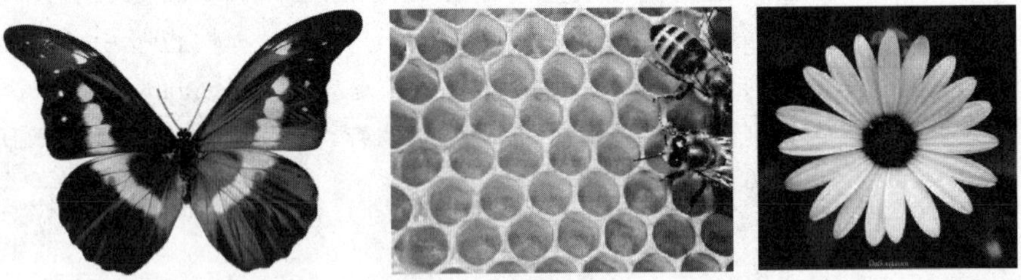

图 1-1　自然界中的对称

人类自古以来就对对称美推崇备至。建筑学中，建筑家们在规划、设计和建造形形色色的建筑时，总是离不开对称，那些流传千古的著名建筑物也大多是极具对称美的，比如中国的天坛（图 1-2(a)）、印度的泰姬陵（图 1-2(b)）、埃及的金字塔（图 1-2(c)）以及罗马的斗兽场（图 1-2(d)）等。几何学中，有圆、椭圆、正方形、矩形、梯形、三角形、圆锥、圆柱等各种对称形状。代数中，有一元二次方程两个根的对称、方程的对称函数，甚至还有专门关于对称性的数学理论——群论。在晶体学中,对称性表现得尤为突出。其实,自然界中百分之百完全对称的东西极少,但晶体是个例外,无论从宏观还是微观来看,晶体都是严格对称的[1]。晶体中的原子数目很大而且有严格的空间排列,如果任意画出一部分原子排列图,无论对此图进行平移、旋转还是左右互换,所得的图像与原图像都无法区分,也就是说,大部分晶体都具有平移对称、旋转对称、镜像对称的性质。比如,雪花具有六重旋转对称,就是说,雪花晶体在沿一根固定的轴旋转 60°、120°、180°、240°、300°或 360°后,其原子的空间排布都与原来的排布完全相同。可以说对称的概念几乎已经渗透到所有的学科领域。

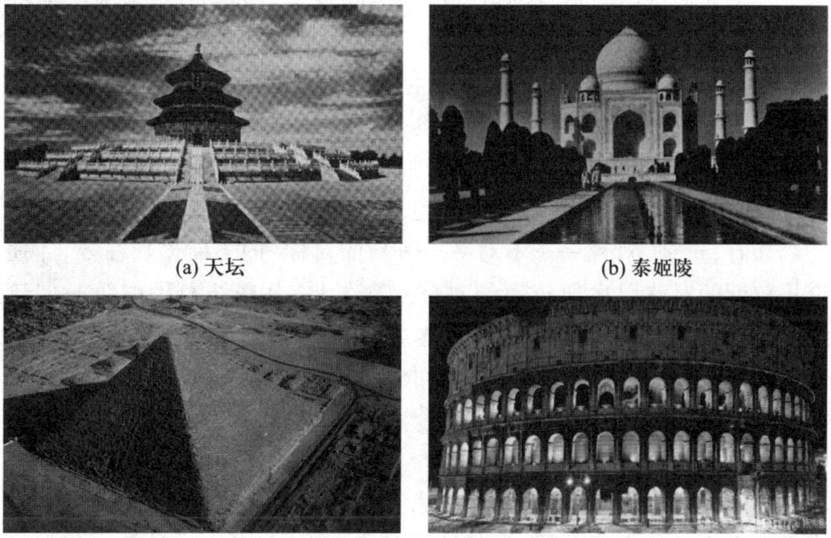

(a) 天坛　(b) 泰姬陵

(c) 金字塔　(d) 斗兽场

图 1-2　对称的建筑

数学、物理中的对称性是比具体事物的对称性更深层次的对称。为了理解这种更深层次的对称,德国数学家 H. Weyl 在 1951 年给出了对称性的普遍的严格定义[2]:“如果一个操作使系统从一个状态变到另一个与之等价的状态,或者说,状态在此操作下不变,我们就说系统对于这个操作是‘对称的’,而这个操作就叫作这系统的一个对称操作。”不同的操作对应了不同的对称性,常见的对称性有[3]:

(1) 空间反演操作与镜像对称。空间反演操作类似于物体的平面镜成像,具有对某一轴线或平面的对称性。就像照镜子一样,镜子里的“人”和自己就是镜像对称的。

(2) 空间平移对称操作与平移对称。当某一物理规律经过坐标平移后仍与原规律相同，则为平移对称。例如，我们将进行物理实验的全套仪器从北京运到上海，在两地会得到相同的物理定律，即物理定律具有空间平移对称性。

（3）空间旋转对称操作与转动对称。例如，太阳绕通过其中心的任意轴旋转某一角度后，其现状与原状一样。进行物理实验的仪器转动某一角度，所得到的物理规律不会因空间的转动而发生变化，即物理定律具有空间转动对称性。

（4）时间平移对称操作与时间对称。我们所熟悉的 24 小时的昼夜循环，在时间上就表现出具有周期性的平移对称；周期性变化的单摆只对周期 T 及其整数倍的时间平移变换对称。

对称性是人们试图领悟与创造秩序和美的观念。人类有追求完美对称的生理和心理倾向：当观察者看到他视野内的观察对象或研究对象（实物或理论）不对称（即对称破缺）时，就会在心理上产生一种不舒服和紧张的感觉；等到他想方设法填补了空缺，使对象达到了一种新的对称时，便会感到轻松满意。

对称性为科学家研究物理学提供了强有力的方法论工具。物理学家对于公式、定律的形象对称性和内在对称性的追求，促进了物理学的极大发展。从物理学的发展来看，正是“对称——不对称——新的对称”的不断循环往复，才使物理学理论从较低的对称层次向较高的对称层次发展，从较小范围的统一向较大范围的统一发展，使人类对自然的认识不断深化。例如，牛顿把天上的力学与地上的力学对称综合起来，建立了经典力学体系[4]；麦克斯韦依据电与磁的对称关系，统一了电、磁、光三种运动，创立了经典电磁理论和具有对称形式的麦克斯韦方程组。

在物理学的发展史上，许多物理学家正是通过对称这一美学思维工具，做出了许多重大发现。科学家发现，当某种不对称出现时，可以通过扩大其对称性而使自然规律的普遍性进一步扩大，进一步推动物理学向着更高层次的对称发展。爱因斯坦在狭义相对论的原始论文《论动体的电动力学》中指出：“麦克斯韦电动力学——像现在通常为人们所理解的那样——应用到运动的问题上时，就要引起一些不对称，而这种不对称似乎不是现象所固有的。”而爱因斯坦坚信自然现象是具有内禀对称性的，当理论描述出现不对称时，正表明理论本身需要修正；他也正是由此出发进行探索而创立狭义相对论的。再如，坚持数学美的狄拉克认为，自然界是对称的，有正能粒子存在就应该有负能粒子存在。因此，他预言：存在着一个与电子质量相等而电荷相反的负能粒子——正电子。1932 年安德逊发现了正电子，证实了狄拉克的预言。狄拉克的这一伟大贡献开拓了人类对基本粒子研究的新领域。其后，物理学家相继发现了许多现在我们所熟知的反粒子。

1.1.2 对称与守恒的关系

和对称性一样，人类很早就孕育了守恒的思想。最初的守恒观念来源于自然界的周而复始、无限循环，尽管这一认识非常原始和朴素，但是它帮助我们能够更好地理解世界，因为它告诉我们许多事情是可以预测的。比如，我们射出一支箭，就会知道它一定会落下来，而不能飞上天。如果箭多次以同样的角度、力度射出，也能预知接下来的事情——这些箭将命中同一个目标。这种可预知的重复性正是物理学具有现实意义的重要原因。

随着自然科学的发展，人们对于守恒概念的认识也逐渐深入。经典力学最先发现了守恒律[4]，从 17 世纪开始，伽利略、笛卡儿、莱布尼茨、伯努利、拉格朗日等科学家从不同的方面阐述了动量和能量守恒的思想。19 世纪 40 年代，迈尔、焦耳、亥姆霍兹等科学家从不同侧面独立地发现了物质运动之间能量的守恒性，于是物理学就把这些不同的发现综合上升为能量守恒定律。随后，守恒律逐步推广到电磁学、量子力学、量子场论以及基本粒子理论等领域。从科学美学的角度来看，守恒定律是如此的简单而普遍，它是各种不同的物理现象在相应范围内的和谐与统一。借助于守恒定律，我们可以透过复杂混沌的表面现象直接揭示事物有序的内在本质。

我们已经知道对称性意味着经过某种对称变换后物理规律的不变性，这也就意味着守恒，所以从本质上讲守恒性来源于对称性。这反映了一个深刻的物理学规律——每一种对称性都对应一个守恒定律，有一个守恒量。这一重要规律被称为诺特定理，物理学家将其视为“数学中的勾股定理”，它是由德国女数学家 A. E. Noether 在 1918 年提出的[5]。

诺特定理表述如下：不论在自然界的什么地方发现了某种对称性，对称平移必然会产生与其一致的守恒量。我们现在所熟知的对称与守恒的对应关系有：时间的对称性与能量守恒定律，如果把大坝中水的势能全部变成电能，在任何时候，同样的水流的发电功率都是一样的，这个能量不会随时间的改变而改变；空间平移对称性对应动量守恒定律，也就是说同一个物体从北京移动到上海之后，牛顿定律起着同样的作用；空间转动对称性对应角动量守恒定律，比如我们骑车的时候，车轮沿着车轴旋转对称，其角动量是守恒的，也就是我们骑自行车不会摔倒的重要原因；还有规范变换对称性对应电荷守恒定律等。表 1-1 列举了一些典型的守恒和对称关系[6]。

表 1-1　对称和守恒量的对应关系

类型	对称	守恒量
连续时空对称	时间平移	能量
	空间平移	动量
	空间旋转	角动量
离散对称	P,镜像反射	宇称
	C,反粒子共轭	电荷共轭
	T,时间反演	时间反演
	CPT 联合对称	CPT 定理
内部对称	U(1)电荷规范	电荷
	U(1)轻子规范	轻子数
	SU(3)重子规范	重子数

近代物理学家们对诺特定理评价很高,认为它是一种关于宇宙归宿的表述,它揭示了宇宙基本几何与质量和能量活动之间的深层联系。诺特定理的一系列深刻研究结果为近代物理的发展起到了奠基的作用。可以说,诺特定理是“编织”了整个现代物理的“丝线”。从研究原子尺度的量子物理,到研究宇宙范围的物质流动,诺特定理能回答这些问题:如果你在不同的时间或者不同的地方做同一个实验,哪些物理量会改变,而哪些物理量会保持不变;你是否可以旋转你的实验装置;实验中粒子的哪些属性可以改变,而哪些属性又是不可触碰的?同时,它引导着物理学家们去寻找新领域中的守恒定律和守恒量,由此确定其中的对称性,从而获得作用量的形式和基本守恒定律;反过来,如果知道了使一个给定的作用量保持不变的对称变换,也就可以知道相应的守恒定律和守恒量。诺特定理为物理学家研究未知事物提供了强有力的方法论工具,是物理学家探索自然的基本依据和出发点之一。

1.1.3　非对称的定义

对称总是令人满意的。它是和谐与平衡的化身,所有的对称都让我们感觉良好。我们祖先发现太阳、月球等是圆形的,认为是他们是完美对称的图形,并意识到了宇宙法则都遵循某种对称性。特别是早期的宇宙观——地心说,认为太阳、月球、金星等星球围绕地球的轨迹是完美的圆形。对称性体现在人类历史的方方面面,我们随处可以看到对称的影子,比如紫禁城等。我们人类本身的生理构造也大体是对称的。

但是,尽管科学家们以对称性为指南来认识世界,实际上,大千世界中非对称的现象比比皆是。何谓非对称?非对称就是对称的缺失或者破坏。正如德国哲学家莱布尼茨所说,世界上没有两片完全相同的树叶。很多表面上的对称都是不完美的:地球绕太阳轨迹由于引力作用不可能是圆,而是椭圆,太阳处在椭圆的一个焦点上;我们有两只手,但是两只手的指纹却不同。

物理学家对于对称性的理解是辩证的:对称是美丽的,而非对称也是一种科学美。如果宇宙严格对称,而没有非对称,世界将会多么单调乏味。可以说,正是因为对称与不对称的和谐交汇,才创造了我们美好的世界。

1.2 非对称现象

上一节我们提到非对称现象在自然界普遍存在,本节我们将详细介绍自然界、经济学中的非对称发现,了解非对称是如何孕育出我们这个丰富多彩的世界的。

1.2.1 宇宙中的非对称

上一节诺特定理中我们提到了宇称(Parity),或者说宇称守恒,对应于镜像对称性,指的是物理定律在坐标反演下不变(图 1-3)。在三维空间中,坐标反演可以约化为镜面反射,从而宇称守恒常被通俗地表述为:从镜子里看世界,物理定律依然成立。随着对微观世界探索的深入,宇称守恒定律在 1924 年 O.

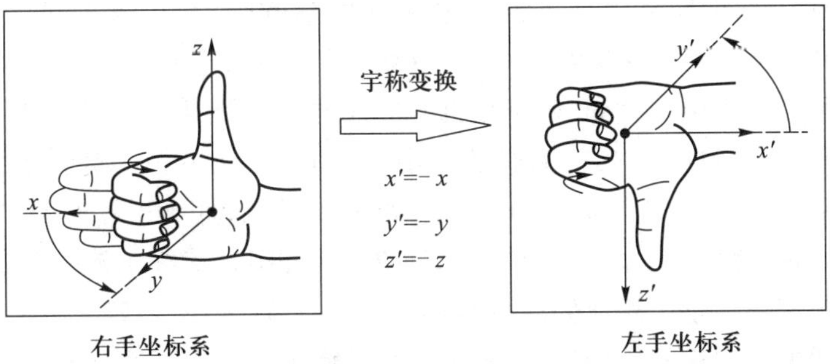

图 1-3 坐标反演(宇称变换)

Laporte 研究原子跃迁能谱时首次被发现[7]。之后这一思想被迅速推广到其他领域,并且深入人心。以至于早在 1928 年 R. T. Cox 等人的实验中可能就观察到了 β 衰变中宇称的不守恒性[8],却未引起人们的注意。直到 1955 年之前,宇称守恒定律始终被当成物理学家所钟爱的神圣原理。事实上,宇称守恒理论的确在几乎所有的领域都得到了验证——除了弱力。我们知道,现代物理将物质间的相互作用力分为 4 种:引力、电磁力、强力和弱力。在强力、电磁力和引力作用的环境中,宇称守恒理论都得到了严格的证明。所以,弱力也被理所当然地视为宇称守恒的。物理学家们不愿意设想自然界会偏爱左或偏爱右,认为自然界会接受像主人把尊贵客人的位子安排在自己的右方这样一类习俗似乎是荒唐的。著名的物理学家泡利就曾说过:“我不相信上帝是一个弱左撇子”。

然而,现实却给科学家开了一个大大的玩笑。20 世纪 50 年代初,粒子物理中发现了一些新奇的现象。科学家们从宇宙射线里观察到两种新的介子(即质量介于质子和电子之间的粒子):θ 和 τ。这两种介子的自旋、质量、寿命、电荷等完全相同,一度被认为是同一种粒子。但是,它们却具有不同的衰变模式,θ 衰变时会产生两个 π 介子,τ 则衰变成 3 个 π 介子,奇数个 π 介子的总宇称是负的,而偶数个 π 介子的总宇称是正的。如此看来又似乎不是同一种粒子。为了解决“θ-τ 之谜”,物理学界曾提出过各种不同的想法,但是都小心翼翼地绕开了“宇称不守恒”这个可能,结果全部失败了。

1956 年,李政道和杨振宁在深入细致地研究了各种因素之后,大胆地对“完美的对称世界”提出了挑战,矛头直指宇称守恒定律。他们断言[9]:τ 和 θ 是完全相同的同一种粒子(后来被称为 K 介子),但在弱相互作用的环境中,它们的运动规律却不一定完全相同,也就是说“θ-τ”粒子在弱相互作用下是宇称不守恒的。这一观点震动了当时的物理学界,但是还是有很多人坚持宇称守恒[10]。李政道和杨振宁认识到,要大家承认弱作用的宇称不守恒,关键问题是实验。他们设计了几种相关的实验方法,并且自然地想到了华人同胞,实验物理学家吴健雄。

1957 年 1 月 9 日吴健雄等科学家从观测钴 60 衰变的实验证实了这项推测[11],她用两套实验装置观测钴 60 的衰变(图 1-4),她在极低温(0.01K)下用强磁场把一套装置中的钴 60 原子核自旋方向转向左旋,把另一套装置中的钴 60 原子核自旋方向转向右旋,这两套装置中的钴 60 互为镜像。实验结果表明,这两套装置中的钴 60 放射出来的电子数有很大差异,而且电子放射的方向也不能互相对称。物理学上屹立不移 30 年之久的宇称守恒定律终于被推翻了。

三位华裔物理学家用他们的智慧赢得了巨大的声誉,1957 年 10 月,李政道与杨振宁就因为宇称不守恒理论获得诺贝尔物理学奖。这项成就,从发表文章到得奖不过一年左右,在诺贝尔奖的历史上十分少见,这和吴健雄及时的实验证

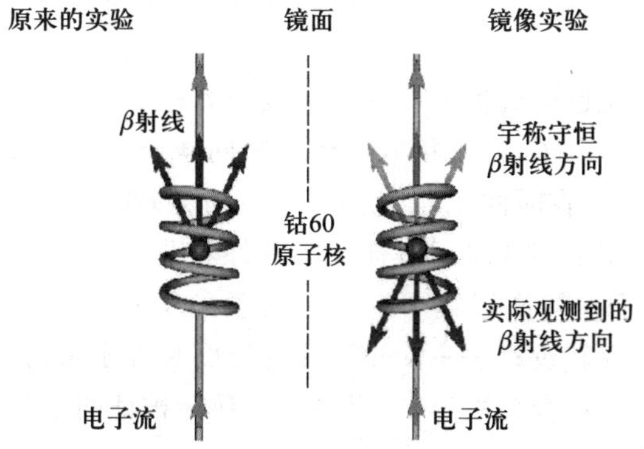

图 1-4 吴健雄的实验

实非常有关。三位杰出的华人物理学家,在科学史上合作谱写出了一段美妙的旋律。

宇称不守恒的发现并不是孤立的,在微观世界里,基本粒子有 3 个基本的离散对称方式:一个是粒子和反粒子互相对称,即对于粒子和反粒子,定律是相同的,这被称为电荷(C)对称;一个是空间反射对称,即同一种粒子之间互为镜像,它们的运动规律是相同的,这叫宇称(P);一个是时间反演对称,即如果我们颠倒粒子的运动方向,粒子的运动是相同的,这被称为时间(T)对称。本来人们一直以为 P、T 和 C 都分别是自然界基本作用中严格的对称性,自从宇称守恒定律被李政道和杨振宁打破后,科学家很快又发现其他破坏的对称。

自从 1928 年狄拉克写下了微观粒子的相对论运动方程,即狄拉克方程,首次预言了反物质的存在。几十年来粒子物理实验证实了每个粒子都有相应的反粒子(光子的反粒子是其自身),物质如果与反物质相遇将湮灭为带有相应能量的一些光子。但是把这个概念应用到宇宙中却造成了一个极大的困惑。如果说当宇宙开始的时刻(大爆炸),一切都是对称的、中性的话,那么为什么后来形成的世界中只有这些正物质而没有反物质呢? 成对产生的另一种反粒子到哪儿去了呢? 我们当然并不欢迎它们回来,因为那样会与我们的世界“湮灭”而毁灭一切。但是,科学家们对大自然的好奇心使得他们直到现在也总在思考这个问题。物理学家认为这是自发对称破缺造成的,但这种对称破缺机制一直是亚原子物理学的一个谜团[12]。

1973 年,小林诚和益川敏英提出了“小林-益川理论”[13],在这个正反物质非对称问题上迈出了第一步。他们研究了弱相互作用中 CP 对称性的破坏,认为粒子和反粒子之间除了电荷符号不同之外,还有一些微小的差异,这个微小差异引起 CP 自发对称破缺,从而使得正粒子和反粒子衰变反应的速率不同,之后造成正粒子数目大大多于反粒子。他们也因为发现CP破缺对称性获得了2008年的诺贝尔物理学奖。

接着科学家发现连微观世界时间反演也非对称了[14]。原来一对光子碰撞产生一个电子和一个正电子,而正负电子相遇则同样产生一对光子,这两个过程都符合基本物理学定律,在时间上是对称的。然而,1998年年末,物理学家们却首次在微观世界中发现了违背时间对称性的事件。欧洲原子能研究中心的科研人员发现,正负K介子在转换过程中存在时间上的不对称性:反K介子转换为K介子的速率要比其逆转过程——K介子转变为反K介子来得要快。至此,粒子世界的物理规律的对称性全部破碎了,世界从本质上被证明了是非对称的。

1.2.2　生命中的非对称

近代微生物学之父巴斯德曾经说过:"生命向我们显示的乃是宇宙不对称的功能。宇宙是不对称的,生命受不对称作用支配。"自然界或许真的不是那么对称和完美,大自然除了偏爱物质、嫌弃反物质之外,它对左右也有偏好。就像之前提到的泡利所说的那句名言:"我不相信上帝是一个弱左撇子"被证明是错的,世界上存在一个神奇的组织——"左撇子"俱乐部。

不一定要有手才能成为该俱乐部成员,"左旋"的烟管螺、蔓花生都是其中一分子。以蔓花生为例,与其他大多数逆时针方向盘绕的豆类植物不同,蔓花生是顺时针方向盘绕的。在攀缘植物中,顺时针方向盘绕的约占10%,而逆时针方向盘绕的约占90%,这正好与人类中左撇子和惯用右手的人之间的比例相同。

人类的偏手性以一种方式说明了我们的左右两侧身体并不是彼此的真正镜像。比如外表上看上去左右对称的人体,大脑和内脏却不是左右对称的。多数人的语言中心都位于大脑的左侧,心脏位置偏左,肝脏在右侧,胃和脾在左侧,右肺有三叶而左肺只有两叶。只有极少数人的内脏的左右是相反的。一种解释是,心脏本质上就是个非对称器官。一个心室负责向全身输泵含氧量高的动脉血,这需要一个强有力心室,另一个心室则负责向肺部输送有待补充氧气的静脉血。由于心肺距离很近,所以后一个心室不需要那么强壮,因此两个心室强弱并不对称。这也是我们大多数人感觉心脏位于胸腔左侧的原因,其他内部器官围绕心脏以一种非对称的方式排布。但有极少数人的内脏的左右是相反的,称为内脏逆位(situs inversus),大概每两万人出现一例[15]。

另一种解释是[16]:胚胎发育时候就出现了左右不对称。生物学家们已经找到了打破这个对称的关键部位:胚胎中线上一个叫作节点(node)的小凹陷。节点的内部有着数百根被称为纤毛(cilia)的细小的绒毛,它们以每秒10次的速率不断地回旋着。这些旋转的纤毛朝头部的反方向倾斜开。这个倾斜对于它们为身体划分左右的能力来讲是至关重要的，因为胚胎的周身被包围在一层薄薄的液体之中；如果这些纤毛是笔直的，它们会向各个方向推挤这液体，从而不让液体产生任何流动。倾斜的纤毛将液体从右向左地沿同一方向推挤。当科学家们将这种流动的方向逆转后，结果胚胎中器官的位置也发生了逆转。

在更深的层次上，构成生命的分子本身就是非对称的。现代生物化学指出[1]：有机化合物的旋光异构现象与有机分子中碳原子四个键的空间构形有关。碳四面体的左右两种构型、甘油醛中四个基团两种构型以及丙氨酸的旋光异构体如图 1-5 所示，它明显地反映出了其结构的左右不对称性。

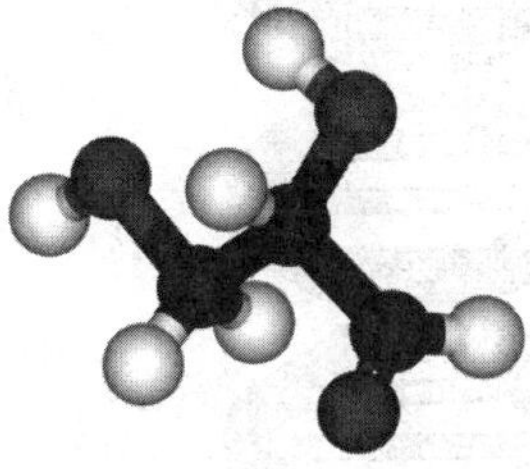

(a) L-甘油醛

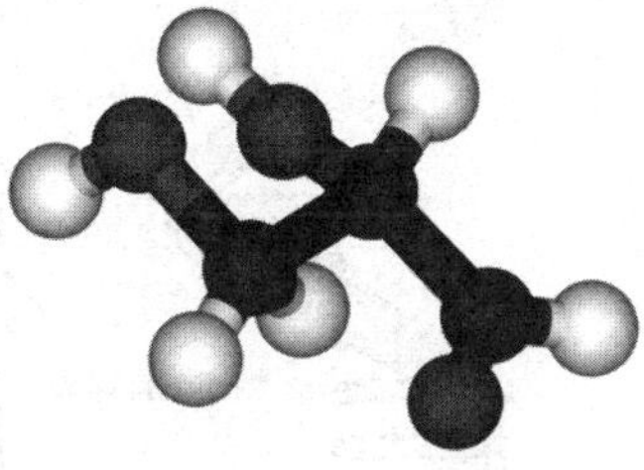

(b) D-甘油醛

图 1-5 L-甘油醛和 D-甘油醛的示意图

生命的基本物质是生物大分子，它包括蛋白质、核酸、多糖和脂类。其中蛋白质是生命功能的执行者，其分子是右氨基酸组成的长链。自然界的 20 种氨基酸中，有 19 种都存在两种构型，即左旋型和右旋型。在非生物反应产生氨基酸的实验中，左旋和右旋两种类型出现的概率是均等的，但在生命体中，19 种氨基酸惊人一致地全部呈现左旋型——除了极少数低级病毒含有右旋型氨基酸。无疑，生命对左旋型有着强烈的偏爱。也有人提出，生命起源时，氨基酸呈左旋型其实是随机的，它不过是顺应了地球围绕太阳转的磁场方向。但大多数科学家却认为，左旋型和右旋型的不对称意味着这两种能量存在着高低。通常认为，左旋型能量较低，也较稳定，稳定则容易形成生命。

核酸是遗传信息的携带者和传递者，分为核糖核酸（Ribose Nucleic Acid，RNA）和脱氧核酸（Deoxyribose Nucleic Acid，DNA）两种。图 1-6 展示了 RNA 分子和 DNA 分子的螺旋结构模型。虽然构成生命体的蛋白质氨基酸分子都是左旋型的，但组成核酸的核糖和脱氧核糖分子却都是右旋型的——尽管天然的糖中左旋和右旋的概率几乎相同，这正是生物大分子的手性特征。生物体内化合物的这种左右不对称性正是生命力的体现。维持这种左右不平衡状态的是生物体内的酶，生物一旦死亡，酶便失去活力，造成左右不平衡的生物化学反应也就停止了。由此可见，生命与分子的非对称性息息相关。

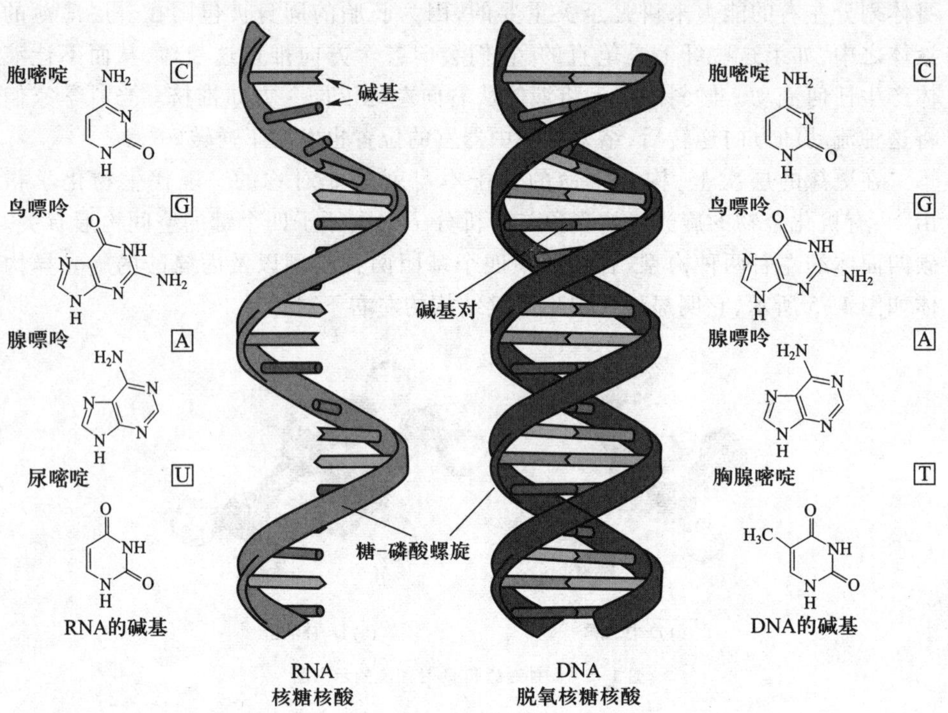

图 1-6　RNA 分子和 DNA 分子的螺旋结构模型

1.2.3　经济学中的非对称

传统经济学基本假设前提中,重要的一条就是“经济人”拥有完全信息。实际上,现实生活中市场主体不可能占有完全的市场信息。交易中的各人拥有的信息不同。在社会政治、经济等活动中,一些成员拥有其他成员无法拥有的信息,这称为“信息不对称”[17]。一般而言,卖家比买家拥有更多关于交易物品的信息,但反例也可能存在。前者例子可见于二手车的买卖,卖主对该卖出的车辆比买方了解。后者例子如医疗保险,买方通常拥有更多信息。掌握信息比较充分的人员,往往处于比较有利的地位,而信息贫乏的人员,则处于比较不利的地位。信息不对称往往导致信息拥有方为牟取自身更大的利益使另一方的利益受到损害,这种行为在理论上就称作道德风险(Moral Hazard)和逆向选择(Adverse Selection)。非对称信息理论是由美国经济学家 J. E. Stiglitz、G. A. Akerlof 和 A. M. Spence 在 20 世纪 70 年代提出的[18],这三位经济学家因对这一理论的杰出贡献而荣获 2001 年度经济学诺贝尔奖。

信息不对称这一现象为市场经济提供了一个新的视角。现在看来,信息不对称现象简直无处不在,就像周身遍布的各种名牌商品。按照这一理论,名牌本身也在折射这一现象,人们对品牌的崇拜和追逐,从某种程度上恰恰说明了较一般商品而言,名牌商品提供了更完全的信息,降低了买卖双方之间的交易成本。这一理论同样也适应于广告,在同质的情况下,花巨资广而告之的商品因为比不做广告或少做广告者提供了更多的信息,所以它们更容易为消费者接受。

信息不对称理论的意义当然不止于此。它不仅要说明信息的重要性,更要研究市场中的人因获得信息渠道之不同、信息量的多寡而承担的不同风险和收益。三位经济学家分别从商品交易、劳动力和金融市场三个不同领域研究了这个课题,最后殊途同归。最早研究这一现象的是阿克尔洛夫,1970 年,他在哈佛大学经济学期刊上发表了著名的《次品问题》[19]一文,首次提出了“信息市场”概念。阿克尔洛夫从当时司空见惯的二手车市场入手,发现了旧车市场由于买卖双方对车况掌握的不同而滋生的矛盾,并最终导致旧车市场的日渐式微。在旧车市场中,卖主一定比买主掌握更多的信息,只有卖者知道车的真实质量,买者只知道车的平均质量,因而只愿意根据平均质量支付价格;而在一辆旧车的任一价格上,那些最差的次品车的主人最急于将他们的车出手;当买主把这些次品买回家后,才会逐渐发现它的缺陷;一段时间后,卖主能够接受的旧车的平均价格会下降,那些持有缺陷最轻的车的车主这时会认为还是将车留着自己用更为合算;这意味着,那些还留在市场上出售的汽车的平均质量又进一步降低了。因此说,随着价格的下降,存在着逆向选择效应:质量高于平均水平的卖者会退出交易,只有质量低的卖者才会进入市场。

信息不对称现象的存在使得交易中总有一方会因为获取信息的不完整而对交易缺乏信心,对于商品交易来说,这个成本是昂贵的,但仍然可以找到解决的方法。还是以旧车交易市场为例,对于卖主来说,如果他们一贯坚持只卖好车不卖一辆“垃圾车”,长此以往建立的声誉便可增加买主的信任,大大降低交易成本;对于买主而言,他们同样也可以设置更好的策略将“垃圾车”剔除出来。诺贝尔经济学奖的另外两位得主斯宾塞和斯蒂格利茨,则提供了企业和消费者如何从各式各样的商品中去芜存精的方法。

斯宾塞的研究着重于劳动力市场,他从长期的观察发现,在劳动力市场存在着用人单位与应聘者之间的信息不对称情况,为了谋到一个较好的单位,应聘者往往从服装到毕业文凭挖空心思层层包装,使用人单位良莠难辨。在这里,斯宾塞提出了一个所谓的“获得成本”概念,他举例说,对于用人单位而言,应聘者如果具有越难获得的学历就越具可信度,比如说拥有哈佛文凭应聘者的才能,就比一般学校的毕业文凭更有可信度。对于人才市场的信息不对称现象,斯宾塞在其博士论文《劳动市场的信号》[20]中做了详尽的表述。无论是个人、企业还是政府,当它们不能直截了当地传达其个人偏好或意图时,“信号法”可以提供较大的帮助。例如举债经营传达出来的一个信号是:公司对未来收益有着良好的预期。名牌商品向消费者传达的一个准确无误的信号是:它是一种高含量的创造,就是应该比一般商品更贵也更值钱。当然如果品牌要保持自身阳春白雪的地位,必须限量生产。这一理论也同样可以解释,为什么企业喜欢向员工分红派息而不是派现金,从信号理论的角度而言,分红派息强烈地表达了公司良好的前景。

斯蒂格利茨将信息不对称这一理论应用到保险市场[21],他指出,由于被保险人与保险公司间信息的不对称——保险公司不能观察到投保人在投保后的个人行为。如果保险者不按常规履行合同或故意遭险,往往会使保险公司承担正常概率之上的赔付率;这时的逆向选择来自保险公司事前不知道投保人的风险程度,从而使保险水平不能达到对称信息情况下的最优水平。当保险金处于一般水平时,低风险类型的消费者投保后得到的效用可能低于他不参加保险时的效用,因而这类消费者会退出保险市场,只有高风险类型的消费者才会愿意投保。当低风险型消费者退出后,如果保险金和赔偿金不变,保险公司将亏损。为了不出现亏损,保险公司将不得不提高保险金。这样,那些不大可能碰到事故的顾客认为支付这笔费用不值得,从而不再投保,高风险类型消费者就会把低风险类型消费者“驱逐”出保险市场。这就是保险市场的逆向选择问题。为了解决这一问题,保险公司可以通过提供不同类型的合同,将不同风险的投保人区分开,让买保险者在高自赔率加低保险费和低自赔率加高保险费两种投保方式之间选择,以防止被保人的欺诈行为。

1.2.4　多样性与非对称

时间和空间、天体、物质、生命、大自然,世界上的一切,包括人类自身,都是非对称的产物。从某种意义上来说,正是不对称创造了世界。道理其实很简单。虽然对称性反映了不同物质形态在运动中的共性,但是,只有对称性被破坏才能使它们显示出各自的特性。这正如建筑一样,只有对称而没有对称的破坏,建筑物看上去虽然很规则,但同时却一定会显得非常单调和呆板。只有基本上对称但又不完全对称才能构成美的建筑。大自然正是这样的建筑师。当大自然构造像 DNA 这样的大分子时,总是遵循复制的原则,将分子按照对称的螺旋结构连接在一起,构成螺旋形结构的空间排列也是基本相同的。但是在复制过程中,对精确对称性的细微的偏离就会在大分子单位的排列次序上产生新的可能性。可以说,对称性被破坏是事物不断发展进化、变得丰富多彩的原因。

1.3 网络中的非对称

上一节我们探讨了自然界和经济学中的非对称现象。鉴于当前人们的生活与互联网密切相关,本节我们将考察网络中的非对称现象。

1.3.1 互联网业务的非对称

1969 年 4 个节点构成的 ARPAnet 开启了互联网时代。在随后的 40 多年间,互联网取得了惊人的发展,对人类社会产生了深刻的影响。内容共享是互联网最主要的功能。著名的网络解决方案供应商——思科(Cisco)在 2015 年 6 月公布了对全球互联网流量监控报告[22]。根据这一报告,网络视频、Web 等内容共享业务占据了 65%以上的网络流量,并且在短期内还会保持快速增长,预计 2019 年占总网络流量的比例将达到 80%。值得注意的是,在使用网络视频、Web 等内容共享业务时,用户从网站获取信息的下行流量远远大于上传的流量,造成了网络中流量流向的非对称。可以预见到,随着内容共享业务的进一步增长,网络流量的非对称性也会更加显著。

1.3.2 社交网络中的非对称

人生来就有社会性,社交在人的生活中一直都扮演着极其重要的角色。社交网络是一种由许多不同节点构成的社会结构,节点通常指的是个人或者组织。通过社交网络,这些节点或稀疏或紧密地串联。但这种传统的社交网络,由于受到地域、政治、经济、种族等因素的影响,大大限制了其规模的扩展。互联网的出现改变了人们的交流方式,传统的社交网络也逐渐被在线社交网络所替代。

在线社交网络不仅成为商业角逐的焦点,而且在学术上也吸引了众多研究人员对节点关系、信息传播、用户隐私保护等多个热门方向进行深入的研究。关于社交网络中节点关系的研究有很多,关系强度理论是其中较为有代表性的。最早的研究节点关系强度的是美国的社会学家格兰诺维特,他提出了 Tie Strength[23]的概念。他发现在找工作中,人们大部分是通过非熟人的介绍才找到工作,以此体现弱关系(Weak Tie)在社会网络中的作用。但是 Tie Strength 也有不足之处[24]，那就是实际社交网络中节点之间的关系通常是非对称的：在 Twitter 和微博中用户不需要关注的人关注自己，这种关注关系具有高度的不对称性[25]；用户之间相互影响作用是不对称的，名人对普通用户的影响力要比普通用户反过来的影响力大；在 Facebook 中，平均一个用户有 190 个好友，而他们的朋友平均有 635 个好友，这是著名的"好友悖论"[26]，而产生这一个现象的本质原因就是每个人的好友数量不相同，也就是好友数量的非对称性。

为了描述社交网络中的这种非对称性，有学者提出了 Partial Strength 的概念[27]，其度量方法如下：

$$W_{BA}=\frac{|C_A\cap C_B|+1}{C_A} \tag{1-1}$$

$$W_{AB}=\frac{|C_A\cap C_B|+1}{C_B} \tag{1-2}$$

上式中，$|C_A|$ 表示用户节点 A 的好友数量，$|C_B|$ 表示用户点 B 的好友数量，在用户节点 B 和 A 之间，W_{BA} 表示在用户节点 B 对用户节点 A 的影响能力（或重要程度），W_{AB} 表示用户节点 A 对用户节点 B 的影响能力（或重要程度）。值越大表示影响能力越强，值越小影响能力越弱。根据 Partial Strength 可将一对相邻接的用户关系程度分为三类：弱-弱类型、强-弱类型、强-强类型。

图 1-7 给出了给出了 Flickr 网络中 Partial Strength 的分布情况[28]。可以看到，在这一社交网络中存在大量强-弱类型的弱连接。进一步地，对 Flickr 中分享链的分析结果表明（表 1-2），近 80% 的信息沿着强-弱链接传播，即从影响能力大的一方传播到影响力小的一方。

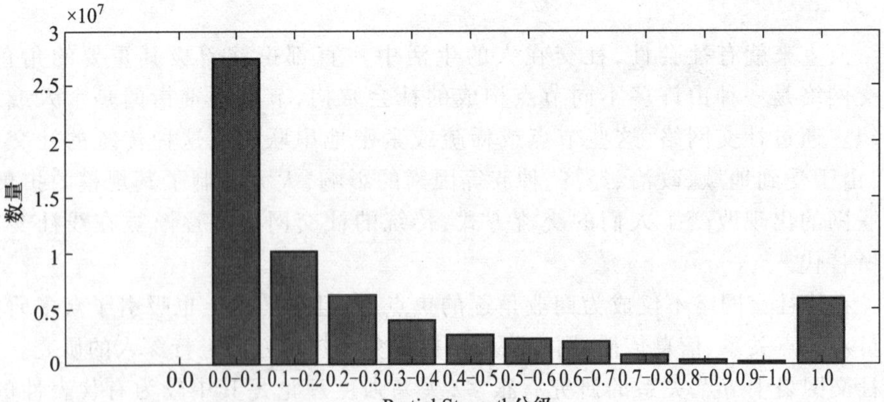

图 1-7 Flickr 网络中 Partial Strength 的分布

表 1-2　Flickr 中分享链的 Partial Strength 统计

W_{AB}/W_{BA}	0~1	1~100	100~200	>200
数量	3447	12409	208	181

文献[29]研究了社交网络中的非对称性对信息扩散的影响,提出了一种能更好描述非对称关系的指标 Value Strength。这一指标的定义如下:

$$V_{BA}=\frac{V_{C_B/C_A}}{V_{C_A}} \tag{1-3}$$

上式中,C_B 表示节点 B 的邻居节点集合,C_A 表示节点 A 的邻居节点集合,C_B/C_A 表示这两个集合的差集。而 V_S 表示集合 S 的价值,可以有多种定义方式,最简单的方式就是定义 $V_S=|S|$ 即 V_S 为集合 S 的大小,也就是集合中每个元素对其价值的贡献都为 1,式(1-3)表明 B 对 A 的价值表现为:B 能为 A 提供多少 A 没有的资源。

Value Strength 是衡量节点转发、扩散信息能力的重要指标。文献[28]在真实社交网络数据上进行了信息扩散的仿真实验。实验结果表明,Value Strength 的强弱会直接影响信息扩散的速率:Value Strength 强的节点能够促进信息的扩散,反之,Value Strength 弱的节点则不利于信息的扩散。另外,根据 Value Strength 强弱选择转发节点能使信息扩散范围更广。这些结果说明通过研究社交网络中的非对称关系,我们能够很好地刻画节点传播信息的能力,这对研究社交网络中的信息扩散具有重要意义。

参考文献

[1] 百度百科. 不对称的宇宙[R/OL]. http://baike.baidu.com/view/14917441.htm.

[2] 向义和. 大学物理导论:物理学的理论与方法,历史与前沿[M]. 北京:清华大学出版社,1999.

[3] 张三慧. 大学基础物理学[M]. 北京:清华大学出版社,2003.

[4] 孙海滨. 物理学中的对称性与守恒律[J]. 物理与工程,2006,4:49-52.

[5] 苏凯米. 数学史上最重要的女性[J]. 大科技:百科新说,2015 (10):52-55.

[6] 李政道. 对称与不对称[M]. 北京:清华大学出版社,2000.

[7] 张欣. 科学中国人的历史丰碑——纪念弱作用中宇称不守恒发现 40 周年[J]. 物理,1996,25(12):0.

[8] Cox R T,McIlwraith C G,Kurrelmeyer B. Apparent evidence of polarization in a beam of β-rays[J]. Proceedings of the National Academy of Sciences,1928,

14(7):544-549.

[9] Lee T D, Yang C N. Question of parity conservation in weak interactions[J]. Physical Review, 1956, 104(1):254.

[10] 埃米里奥·赛格雷. 从 X 射线到夸克:近代物理学家和他们的发现[M]. 夏孝勇,译. 上海:上海科学技术文献出版社,1984.

[11] Wu C S, Ambler E, Hayward R W, et al. Experimental test of parity conservation in beta decay[J]. Physical Review, 1957, 105(4):1413.

[12] 黄发朋,李明哲,顾佩洪,等. 宇宙正反物质不对称的起源[J]. 科学通报, 2016(11):1151-1156.

[13] Kobayashi M, Maskawa T. CP-violation in the renormalizable theory of weak interaction[J]. Progress of Theoretical Physics, 1973, 49(2):652-657.

[14] 马塞洛·格莱泽. 不完美的宇宙[M]. 卜育,译. 上海:上海科学技术文献出版社,2011.

[15] 麦克马纳斯. 右手,左手:大脑,身体,原子和文化中不对称性的起源[M]. 胡新和,译. 北京:北京理工大学出版社,2007.

[16] 章鱼风. 向左长,向右长:人的内脏为什么不对称?[R/OL]. [2013-06]. http://www. guokr. com/article/437148/.

[17] 百度百科. 信息不对称理论[R/OL]. http://baike. baidu. com/view/1302679.htm.

[18] 高红阳. 不对称信息经济学研究现状述评[J]. 当代经济研究, 2005(10): 23-28.

[19] Akerlof G A. The market for "Lemons": Quality uncertainty and the market mechanism[J]. The Quarterly Journal of Economics, 1970, 84(3):488-500.

[20] Spence M. Job market signaling[J]. The Quarterly Journal of Economics, 1973:355-374.

[21] Grossman S J, Stiglitz J E. On the impossibility of informationally efficient markets[J]. The American Economic Review, 1980, 70(3):393-408.

[22] Cisco VNI. The Zettabyte Era: Trends and Analysis[J]. Updated (23/06/2015) http://www.cisco.com/c/en/us/solutions/collateral/service-provider/visual-networking-index-vni/VNI_Hyperconnectivity_WP.html. 2015.

[23] Granovetter M S. The Strength of Weak Ties[J]. American Journal of Sociology, 1973:1360-1380.

[24] 康泽东,余旌胡,丁义明. 微博社交网络的对称程度实证分析[J]. 计算机应用, 2014, 34(12):3405-3408.

[25] SIEGLERMG. Twitter's golden ratio (that no one likes to talk about) [EB/OL]. [2009-08-26]. http://techcrunch.com/2009/08/26/twitters-golden-ratio-that-no-one-likes-to-talk-about/.

[26] Strogatz S. Friends you can count on [J]. New York Times: Opinionator. http://opinionator.blogs.nytimes.com/2012/09/17/friends-you-can-count-on/, 2012.

[27] 尹志军,刘志晗. 社交网络中好友关系的非对称性对信息传播影响的研究[EB/OL]. [2011-12-27]. http://www.paper.edu.cn/releasepaper/content/201112-758.

[28] 桂琨智. 在线社交网络中的信息扩散[D]. 北京:清华大学,2014.

[29] Wang J, Jiang C, Quek T, et al. The value strength aided information diffusion in socially aware mobile networks[J]. IEEE Access, 2016, 4(1): 3907-3919.

第 2 章　网络信息共享的内涵与外延

科学技术的飞速发展给人们的工作和生活带来了无限的便捷。当前人类社会已步入了信息时代，多种信息媒体使人们的生活变得丰富多彩。信息拓展了人们对世界的认识，使我们可以更清晰地了解世界、观察世界。哲学家和科学家都普遍认为，物质、能量、信息是物质世界的三大支柱，是科学史上三个最重要的基本概念。信息共享网络，顾名思义，就是传递和共享信息的网络系统。研究信息共享网络，首先需要了解信息和信息共享的基本概念。本章将在介绍学术界关于信息定义主要观点的基础上，阐明作者对于信息，特别是网络信息的理解。此外，本章将通过对信息共享系统模型的介绍，阐述信息共享的本质。

2.1　网络信息的基本概念与特征

信息(information),是从原词义“消息、情报、知识”引申而来的,中国古代就用它来指音信、消息:1000 多年前,南唐诗人李中在《碧云集·暮春怀故人》一诗中就留下了“梦断美人沉信息,目穿长路倚楼台”的佳句;明代李昌祺《剪灯馀话·至正妓人行》也有“荡子江湖信息稀,疲兵关塞肌肤裂”。虽然信息的说法由来已久,其广泛应用也给整个社会带来了巨大的变化,但是作为一个高度概括的抽象概念,很难用统一的文字对其进行定义,这是由于其表现形式的多样性造成的。信息的表现形式数不胜数,如声音、图片、温度、体积、颜色等;信息的分类也不计其数,如电子信息、财经信息、天气信息、生物信息等。

2.1.1　信息的定义

信息作为科学的概念是 20 世纪伴随着通信理论的发展而提出的。1928 年,美国数学家哈特莱(L. V. R. Hartley)在《信息传输》[1]中首次提出了信息的概念,第一次阐明了消息是代码、符号,消息是具体的、多样的,而信息是蕴含于具体消息中的抽象量。

1948 年,美国数学家、信息论的创始人香农(C. E. Shannon)在他的著名论文《A Mathematical Theory of Communication》中以概率论为工具,探讨了一系列通信工程中的基本理论问题[2]。文中没有明确给出信息的定义,只是指出“通信的基本问题是在通信的一端精确地或近似地重现另一端所选择的消息”,并用“不确定程度减小的量”或“随机不确定性之差”来定量计算信息。据此可以把信息理解为用来消除不确定性的东西。香农还用了一个专门的词语“熵”来定义不确定性。香农的定义也可以表述为:信息就是能够使熵减少的东西。事实上,不确定性是香农定义中最重要的一个特征。香农信息定义的提出,引起了许多领域的专家学者的兴趣,他们都希望从香农的定义模型中能够揭示无数信息的秘密,能够为一些缺乏相关科学理论基础的领域提供一种方法或者一种理论。根据这一思想,法裔美国科学家布里卢安(L. Brillouin)在他的名著《科学与信息论》[3]中就直接指出:信息就是负熵。

在香农提出信息论的同时,美国数学家、控制论的奠基人维纳(N. Wiener)

在1950年的文章《人有人的用处——控制论与社会》[4]中指出,信息这个名称的内容就是我们对外界进行调节并使我们的调节为外界所了解时而与外界交换的东西。人们在与外部世界相互作用的过程中,不仅进行信息的交换,而且还进行物质和能量的交换。在这里,他把人与外部环境交换信息的过程看作是一种通信的过程。正如熵是无组织程度的度量一样,消息集合所包含的信息就是组织程度的度量。事实上,完全可以将消息所包含的信息理解为负熵。

英国学者阿施拜(W. R. Ashby)对信息提出了另一种理解[5]。他认为信息的本性在于事物本身具有“变异度”。他首先引入了变异度的概念:任何一个集合,它所包含元素数目的以2为底的对数称为这个集合的变异度。不难证明,变异度实际上是香农熵的特殊情形:设某集合X有N个元素,每个元素出现的概率都等于$1/N$,那么这个集合的香农熵就等于它的变异度。

1975年,意大利学者朗高(G. Longo)在《信息论:新趋势与未决问题》[6]中提出,信息是反映事物的形成、关系和差别的东西,它包含于事物的差异之中,而不在事物本身。我国已故电子学家冯秉铨先生也赞同“信息就是差异”理解[7],还用了一个十分形象的例子来说明这个观点。如果某人发出一个恒定持续的声音“啊—”,人们是不能从中得到什么信息的,因为它没有差异;可是,如果声音出现抑扬起伏,就会表达出某种信息,比如“啊↓”就表示出感叹的信息,而“啊↑”则表达出疑惑的信息。总之,有差异就有信息,没有差异就没有信息。

实际上,香农、维纳、阿施拜和朗高等人对于信息都有着共同的理解,他们认为信息是负熵,是“用以减少不确定性的东西”,有差异就有信息;这些认识比仅仅把信息看作通信内容要深刻得多。

在熵、变异度这些概念的基础上还延伸出了一些新的说法:“信息是被反映的差异”“信息是被反映的变异度”等。这些说法在差异和变异度的概念之上加了限制,其可用范围就更狭窄了。总的说来,虽然信息被赋予了不同的定义,给出了不同的理解,然而人们却不满足狭义的信息定义,还在不停地寻求更合理、更广泛的信息内涵。

我国学者沈卫国通过对各种信息定义的分析研究,提出了对信息的定义[8]:不同事物间的因果性同构因素或事物间的因果性同构。关于同构,不论是其集合概念还是数学概念,容易引起歧义。信息的获得往往不是同构的,而是类似集合中的包含关系,如同听音乐会,不同的人,由于不同的文化背景和音乐素养等,决定了他们对音乐的理解和感受是完全不同的。

我国信息学家钟义信教授在《信息科学原理》一书中通过比较信息的各种定义[9],提出信息就是事物运动的状态和方式,就是关于事物运动的千差万别的状态和方式的知识,并通过引入约束条件推导了信息的概念体系,对信息进行了完整和准确的描述。在不同条件限定下的信息，可以有不同的定义表述。因此，为了得到清晰准确的认识，应当根据不同的条件，区分不同的层次来给出信息的定义。最高的层次是最普遍的层次，没有约束条件的层次，称为本体论层次；在这个层次上定义的信息是最广泛意义的信息，它的适用范围最广。如果在此基础上引入一个约束条件，则最高层次的定义就退变为次高层次的定义，次高层次信息定义的适用范围比最高层次定义的范围要窄。所引入的约束条件越多，定义的层次就越低，它所定义的信息的适用范围也就越窄。这样，根据引入条件的不同，就可以给出一系列不同层次和不同适用范围的信息定义，这些不同信息定义的系列就构成了信息定义的体系。这种通过层次来定义信息的思路，可以用表 2-1 来表示。

表 2-1　信息的定义体系

约束条件	定义层次	适用范围
无	最高	最广
一个较弱的约束	次高	次广
多个较强的约束	较低	较小
最强的约束	最低	最小

本体论认为，信息是事物运动的状态和方式，而与是否被其他事物反映无关[9]。如果对于某个随机信息 X，它有 N 种可能的运动状态，设其状态空间为 $x_1, x_2, \cdots, x_n, \cdots, x_N$，而这些状态的运动方式是按照某种概率分布规律 $p_1, p_2, \cdots, p_n, \cdots, p_N$ 进行的，那么，由状态空间与概率分布结合而成的概率空间就能充分地刻画这个信息。

认识论认为，信息是认识主体关于某事物所处状态及其变化方式的表述。若用参量 C、T 和 U 来刻画“状态/方式”在形式上的肯定度、逻辑上的真实性和它们对于主体目标而言的效用度，那么，对于一个状态离散且状态数为 N 的事物 X，它的认识论信息可以用一个相应的矩阵表示。

由上可知，香农信息是认识论信息的特殊情形。香农信息论只关注噪声背景下随机波形的复制，状态的形式肯定度则退化为状态的出现概率，逻辑真实度和效用度也都被忽略。

2.1.2　信息的分类

信息现象是十分复杂的，经过分类之后将呈现出自己的特征，这对于我们从纷繁复杂的信息现象中理出一条简单却清晰的思维脉络是大有益处的。我们可以用不同的标准对信息进行分类,可以把信息划分为如下一些类型[10]:

(1) 按照信息的发生领域,可将信息划分为物理信息、生物信息和社会信息。

物理信息是指无生命世界的信息。形形色色的天气变化、地壳运动、天体演化……无生命的世界每时每刻都在散发大量的信息。只是由于条件的限制,我们对于这类信息现象的认识还远远不够。生物信息是指生命世界的信息。有关实验研究表明,植物之间存在着信息交换现象,植物能够感知并传递信息。动物之间更是有特定的信息联系方式,各类动物都有自己交换信息的"语言"。而遗传信息的作用则是生命进化的重要原因。没有信息,就没有丰富多彩的生物,更不会出现人类社会。社会信息是指社会上人与人之间交流的信息,包括一切人类社会运动变化状态的描述。按照其活动领域,社会信息又分为科技信息、经济信息、政治信息、军事信息、文化信息等。社会信息是人类社会活动的重要资源,也是社会大系统的一类构成要素和演化动力。因此,社会信息是信息管理的主要对象。

(2) 按照信息的表现形式,可将信息划分为消息、资料和知识。

消息是关于客观事物发展变化情况的最新报道。消息反映的是事物当前动态的信息,因此生存期短暂,有较强的时效性,主要用于了解情况、决策行止。资料是客观事物的静态描述与社会现象的原始记录。资料反映的是客观现实的真实记载,因此生存期长久,有较强的累积,主要用做证明的依据。知识是人类社会实践经验的总结,是人类发现、发明与创造的成果。知识反映的是人类对客观事物的普遍认识和科学评价,因此对人类社会活动有重要的意义。人们通过学习掌握知识,可以增长创造才能,提高决策水平,更有效地开展各项社会活动。

(3) 按照主体的认识层次,可将信息划分为语法信息、语义信息和语用信息。

从主体对信息的认识层次上看,由于主体有感受力,能够感知事物运动状态及其变化方式的外在形式,因此获得的信息称为语法信息;由于主体有理解力,能够领会事物运动状态及其变化方式的逻辑含义,由此获得的信息称为语义信息;又由于主体有明确的目的性,能够判断事物运动状态及其变化方式的效用,因此获得的信息称为语用信息。语法信息、语义信息和语用信息三位一体的综合,构成了认识论层次上的全部信息,即全信息。语法信息是信息认识过程的第一个层次。它只反映事物的存在方式和运动状态,而不考虑信息的内涵。换言之,语法信息只是客观事物形式的单纯描述,只表现事物的现象而不深入揭示事物发展变化的内涵及其含义。这一层次涉及可能出现的符号数目、信源的统计性质、编码系统以及信道容量等，主要研究信道传递信息的能力，设计合适的编码系统，以高度的可靠性快速有效地传递数据，都是通信工程所关心的问题。

语义信息是信息认识过程的第二个层次，它是指认识主体所感知或所表述的事物的存在方式和运动状态的逻辑含义。换言之，语义信息不仅反映事物运动变化的状态，而且还要揭示事物运动变化的意义。从信源发出的数据消息，如果只是从通信符号的统计数据来看，其信息量可能相等，但信息量相等的消息其意义却可以是完全不同的。在信息检索中就要考虑信息的语义问题。

语用信息是信息认识过程的最高层次。它是指认识主体所感知或所表述的事物存在方式和运动状态，相对于某种目的所具有的效用。换言之，语用信息就是指信源所发出的信息被信宿接收后将产生的效果和作用。同语义信息相比，它对信宿的依赖性更强，而且与信息传递时间、地点、环境条件等有着密切的关系。

2.1.3　信息的基本性质

尽管信息有不同的定义和分类，但是对于信息的一些基本性质还是得到了共识[9]。

(1) 普遍性。由于信息以客观事物的状态和运动方式来描述，客观事物的普遍性就决定了信息的普遍性。信息无所不在，充满了整个物质世界。哲学家和科学家都普遍认为，物质、能量、信息是物质世界的三大支柱，是科学史上 3 个最重要的基本概念[11]，三者相辅相成，即世界是物质的，物质是运动的，运动就有能量，就存在事物的运动状态和方式，就会产生信息，信息又以物质为载体，以能量为动力，如果没有物质就没有世界，也就没有信息，可以说信息是物质的一种普遍属性。

(2) 无限性。反映客观事物的信息如同客观物质世界一样是无限丰富的、永恒的。一切事物运动的状态和方式都是信息，而宇宙时空中的事物是无限的，因而它们所产生的信息也必然是无限的。即使是在有限的空间中，比如在地球上，事物也是无限多样的。而在无限的时间长河中，事物的发展变化更是无限的，因而信息自然也是无限的。

(3) 动态性。一切事物都是在不断变化发展的，信息也必然随之运动发展，其内容、形式、容量都会随时间而改变。人们在获得信息之后，并不能就此满足，更不能一劳永逸。信息要及时发挥效用，知识要不断补充更新。

(4) 可传递性。信息具有离开产生它们的物质而相对独立存在的能力，它们可以通过各种媒介在人—人、人—物、物—物等之间传递，也可以为适应某种需要而变换内容和形式。信息可以在时间和空间上传递，这是一个十分有用的性质,它使人类的知识能够积累和传播,使人与人之间能够进行信息的交流,使人与环境之间能够保持信息的联系,从而能够更好地认识环境和改造环境。

(5) 可识别性。信息代表着客观事物所要表达的内容,在信息传递和解析过程中,信息具有各方均能识别的内容,从具体的信号中获取内容。

(6) 可共享性。信息与物质、能量显著不同的是,信息在传递过程中并不是"此消彼长"。同一信息可以在同一时间被多个主体共有,而且还能够无限地复制、传递。

从以上关于信息的定义和性质的讨论中,可以看到:信息既不是物质本身,也不等同于能量。它在不同的约束条件下有着不同层次的定义。在下一节中,我们将讨论网络信息,此时的信息有具体的应用环境、有特定的运动状态和运动方式,因而需要有不同的描述方式和定义表达。

2.2 网络信息共享的概念

信息是现代社会的血脉和经络,唯有充分有力地涌动才有蓬勃的生命力。英国的大文豪萧伯纳曾经用文学的语言对信息做了精辟的比喻,他说:"假如你有一个金苹果,我也有一个金苹果,而我们彼此交换这些金苹果,那么你和我仍然各有一个金苹果。但是,假若你有一种思想,我也有一种思想,而我们交流这些思想,那么我们每个人将有两种思想。"[12]这就非常形象地道出了信息的一个重要特征:信息是一种共同财富,它不会因一方所有而使另一方有所失,是一种可以共享的资源。

2.2.1 网络信息的涵义和特征

人们在网上全方位地浏览与交流使网络信息应运而生。在信息网络中,由于网络环境的特殊性,信息的定义应该适合网络的传输与存储,并具有可识别性和共享性。概观当今关于网络信息的定义,大都限于对其形态的表面绘述,如网络信息是指以数字化形式记录、以多媒体形式表达、存储在网络计算机磁介质光介质以及各类通信媒介上并通过计算机网络通信方式传递的信息内容;网络信息是指通过计算机网络可以利用的各种信息资源等[13]。

这些定义直观生动地解说了网络信息的部分内涵,但是却未能揭示网络信息的深层涵义,因此也就不能为相关社会问题的研究提供理论上的基点。那么究竟如何理解网络信息的涵义呢?我们应从以下几方面去把握:

1. 本体论层面上的涵义

网络信息是一种表征世界直接存在的更为高级的信息。它以独立的数据、符号等形态存在于网络中,并且通过自身更丰富的形式展现客观物质世界和人类精神世界。更重要的是,网络信息能"以其独具的特质超越了直接性的本性,并由此展开自身的运动和发展的历程"[14],这使得我们最终看到了人类另类的生存空间——网络空间的形成。可见,网络信息在显示世界的同时,也在展现着自身,它不同于传统的信息,而是一种信息的信息。

2. 认识论层面上的涵义

在世界信息化展现的语境下,以信息方式认知世界成为人们首要的认知方式。我们从认识论层面上考察网络信息的涵义,无疑具有更重要的意义。信息可以使人们对事物的认识从不清楚到清楚,即消除不确定性。网络信息作为信息科技的成果,它是一种更具交互性的信息。可以说,它的产生就是为了最大程度满足人类"消除不确定性"的愿望,并且网络信息在现实社会中也确实发挥了比传统型信息更为重大的作用。所以,网络信息应具有这样的涵义,即网络信息是一种满足人类认知需求或消除不确定性的信息。基于这层涵义的延伸,我们看到今天人们更多地将网络信息等同于客观知识。尽管这种比较不甚恰当——因为信息只是构成知识的原料,但是在更多的层面上二者确实有着相同的意义。

3. 实践层面上的涵义

伴随着网络社会的崛起,信息对社会的影响已从一种展现、一种技术,发展成为一种产业、一种经济模式乃至一种社会形态。由此,网络信息也相应地衍生出实践层面上的涵义,即网络信息不仅仅是一种表征世界、传递认知的信息存在,它是对人类社会活动实施某种指导或控制的功能性资源。关于网络信息这层涵义的理解,我们可以从控制论先驱维纳对信息的定义中得到些启示。维纳认为;"信息这个名称的内容就是我们对外界进行调解并使我们的调解为外界所了解时,而与外界交换来的东西"[14]。

以上我们从3个层面对网络信息进行了阐释。网络中的信息浩如烟海,人们出于不同的研究需要,通常会对网络信息进行划分。代表性的划分方式有以下几种:

1. 按人类的社会活动内容划分

网上信息几乎涉及人们社会活动的各个领域,主要分为经济信息、政治信息、文化娱乐信息以及科技信息等。

2. 从图书情报学角度划分

日本学者户田慎一把网络信息分成七类:电子书刊,论文的抽印本、技术报告,法律文件、判例、政府出版物,数值数据、统计资料、实验数据,软件,影音数据,数据库。

3. 按时效性和文件组织方式划分

网络信息按时效性可分为电子报纸、动态信息、全文信息和书目数据库等4大类;按文件组织形式可分为自由文本信息和规范文本信息两大类。

4. 按人类信息交流的方式划分

网络信息可分为非正式出版信息,如电子邮件、论坛、电子公告板等;半正式出版信息,是指受一定产权保护但没有纳入正式出版的信息;正式出版信息,如网络数据库、电子书刊等[15]。

上述分类体现了网络信息的涵盖内容之广,表现形态及社会功能之丰富。但就特征来说,各类网络信息其实有着相似之处,如内容丰富、形式多样,数量巨大、增长迅速,变化频繁、价值不一,结构复杂,分布广泛等[16]。此外,网络信息还具有以下特征[17]:

1. 客观性

信息是对事物的状态及运动变化的反映,由于事物是客观的,所以反映这种事物的信息也就具有了客观性。网络信息作为信息世界中的一员自然具有客观性的特征。所谓客观性是指网络信息的客观存在性。但应注意,网络信息的客观存在性,并不能保证其内容一定具有客观性。受人认识能力的限制,认识论层次上的信息有时并不符合客观事物。

2. 数字化与网络化

就载体的形式来说,网络信息具有数字化的特征。网络信息的数字化减少人们的复制成本,丰富了信息的展现形式(如多媒体信息);就传播的形式看,它具有网络化特征,这使人们能够在异时异地随意实现信息的交流。可以说,网络信息因具有了这两个特征才促成了人类中介系统的革命。

3. 时效性

在网络中,同一信息并不能永久被利用下去,随着时间的推移,其利用价值会逐渐减少或丧失,这就是网络信息的时效性。另外,信息在网络中传播时间的延长会使信息处于众所周知的情境,这表现为信息的竞争效用丧失。

4. 质量重于数量

同种物质资源数量上的增加,确实能够使我们更多受益。然而,对于网络信息来说,人们在已获得所需信息之后,同种信息数量上的继续增加是毫无意义的。所以,从人的价值需求来看,网络信息具有质量重于数量的特征。

5. 共享性

不同个体或群体在同一时间或不同时间可以共享同一个信息。这一特征是有别于物质的主要特征。在物质交换中，提供者必然要失去对所提供物质的占有和利用；而在信息交换中，信息的提供者不会因为接受方的占有而失去对信息的占有与使用。因此，也可以说，在某种程度上信息不受守恒定律的约束。

2.2.2　信息不守恒原理

信息区别于物质和能量的最大特性就是它的可共享性。信息资源可以进行无差别复制，复制品与信息源具有同样的性质。信息共享后，众多用户可以同时使用同一信息源的复制品（如图 2-1 所示），而不会影响到信息本身。在更一般的情况下，可以把信息共享看成是某种方式的映射关系[18]：

图 2-1　信息的共享——复制

定义 2.1　设映射 $f_i:X\to Y_i$，$A\subset X$，$B_i\subset Y_i$，记

$$f_i(A)=\{y_i \mid y_i\in Y_i;\ \exists x\in A;\ y_i=f_i(x)\} \tag{2-1}$$

则称 $f_i(A)$ 为映射 f_i 下信源集 A 的一个像或信宿。记

$$f^{-1}(B_i)=\{x \mid x\in X;\ \exists y_i\in B_i;\ y_i=f_i(x)\} \tag{2-2}$$

则称 $f^{-1}(B_i)$ 为映射 f_i 下 B_i 的原像或信源。

映射 f_i 具有如下性质：

（1）在映射 f_i 下 B_i 的原像上 $f^{-1}(B_i)$ 是唯一的，因为信源是同一的。

（2）映射 f_i 的映射关系改变，可以在同一信源下生成不同信宿。

（3）映射 f_i 是在理想信道下的情况，没有考虑编码和传输的失真。

定义 2.2　当映射 f_i 的映射关系成为某种特殊的有序的一一映射时，即不改变原像的信息和次序，称为这种信息的保形映射或信息复制。显然，信息复制是不改变信源的信息量与次序的一种特殊映射关系。

定义 2.3　信源通过某种映射关系形成信源的像的过程称为信息共享。

需要说明的是，信息的传输可以看成是一种信息的映射或信息的复制，信息的共享并不损失或者改变信息的原像。

定理 2.1　信息的共享不会损失或者改变信源的信息量和信息次序。

证明：设信源 X 与信宿 Y_i 构成信息共享关系。由定义 2.3 可知，X 与 Y_i 形成信息的共享关系，必然会成为一种映射关系。设它们之间满足映射 $f_i:X\to Y_i$，A

$\subset X, B_i \subset Y_i$，且

$$f_i(A) = \{y_i \mid y_i \in Y_i : \exists x \in A; y_i = f_i(x)\} \tag{2-3}$$

为映射 f_i 下信息集 A 的一个像。由式(2-3)可知，映射 f_i 并不改变原像或信源 $f^{-1}(B_i)$，且原像或信源表示为

$$f^{-1}(B_i) = \{x \mid x \in X : \exists y_i \in B_i; y_i = f_i(x)\} \tag{2-4}$$

由定义 2.1 性质(1)可知，此原像或信源唯一。证毕。

由定理 1 不难得出信息共享的下列性质：

性质 2.1 信息的共享不同于物质的质量和能量共享，不是一种分配关系，而是一种映射关系。信息的共享不会对信源造成任何信息的损失。

性质 2.2 信息的共享中信宿的数量是没有上限的。因此，从理论上讲对信息共享者并没有数量上的限制。

公理 2.1 信息共享通过信息的复制机理对信源集 A 中的原像进行无失真的分布式存储，信源端对信宿端的无数量限制的信息传递满足信息不守恒原理。

对于信息共享系统，信源集的原像信息量为 I，复制到 n 个信宿，则信源原像与信宿像的信息量之间的关系满足信息不守恒原理，即信宿端的像信息量 I' 应大于等于信源端的原像信息量 I：

$$I \leqslant I' = \sum_{i=1}^{n} I \tag{2-5}$$

2.2.3 信息的共享增益

信息的不守恒原理是从信息映射过程中信息量的关系来阐述信息共享同物质共享的区别的，实际上也可以从效用增益的角度来描述它们之间的差别。物质资源在共享的过程中会随用户的增多而使人均拥有量减少，而信息资源在共享过程中不但不会减少，反而会产生增益[19]。

定义 2.4 由于共享信息资源而便得该信息产生的效用增值，称为信息共享增益(sharing utility，SU)。

信息资源对于每一个用户的效用，体现为它不仅可以自己使用，也可以通过共享系统与其他用户共享。假设起初信息资源仅供一个人使用，无须与别人共享，那么这个时候信息资源的共享增益为 1。当有另一个用户共享此信息时，对这两个用户而言，该信息资源既自己使用，也通过共享系统与另一用户共享，这时信息资源的共享增益为 $SU_2 = 2$。当第 3 个用户共享该信息时，信息资源的共享增益为 $SU_3 = 6$。当第 4 个用户共享该信息时，信息资源的共享增益为 $SU_4 = 12$。当共享用户增加至 n 个时，信息资源的共享增益为 $SU_n = n(n-1)$，即

$$SU_n = \begin{cases} 1, & n = 1, \\ n(n-1), & n > 1, \end{cases} \quad n = 2,3,\cdots,N \tag{2-6}$$

由上式可知，当信息资源的共享用户数超过 10 以后，信息资源的共享增益值就会迅速增大。当用户数 n 很大时，信息资源的共享增益趋近于 n^2，即

$$SU_n = \lim_{n\to\infty} n(n-1) = n^2 \tag{2-7}$$

可见，信息资源在共享过程中，其共享增益会随用户数的增加呈爆炸式增长。从本质上讲，在信息共享的过程中，共享增益与信息不守恒原理具有异曲同工之处，它们从不同的角度阐述了信息共享的数理特性。

2.3 信息共享系统模型

信息的交换与共享是网络通过信息共享系统来实现的。现如今，对我们的学习和生活影响越来越大的 Internet 俨然已经成为一个全球最大的分布式信息库，为信息资源共享提供了一个良好的平台。然而，由于 Internet 的单一结构和尽力而为的技术特点，在用户数量和资源数据急剧增长的同时，出现了系统性能下降、信息传输效率降低以及信息语义鸿沟等问题，建立信息共享系统成为当前研究的热点。

2.3.1 信息共享系统的基本特征

进入 20 世纪以来，信息共享技术的发展可谓是突飞猛进，系统构架、网络结构以及各种资源共享方式都在不断地演进。信息共享系统具有如下基本特征[20]：

1. 开放性

开放是指开放的体系结构、开放的接口标准，使各种异构系统便于互联和具有高度的互操作性。网络结构应该是无冲突的，不仅需要对各种消息提供有效的传递，也要确保一定条件下的网络的服务质量（Quality of Service，QoS）。这是信息共享系统互联互通的最基本要求。

2. 共享数量无限制

共享信息网络作为一个通信网络应能支持大量的各种类型的用户应用，既要接纳增长的用户数目，又不降低网络的性能。由于信息复制的能量极限很小，

因此在一定的条件下，信息的共享并无客观约束，享用的人数也应当无上限。同时，网络也应保证能高速、低延迟地传送信息内容，能按照应用需求共享信息资源。

3. 智能化的语义理解

智能化表现为在网络的传输和处理上能向用户提供更为方便、友好的应用接口。尤其是需要对共享信息进行语义理解，使得网络内执行的内容语义计算动态变化，该变化可以是用户指定的，也可以通过用户行为反映，还可以通过用户兴趣图谱来跟踪。智能化的语义理解也能按照应用要求和信息的语义内容来共享资源，具有灵活的网络组织和内容管理，这样就能适应新的需求支持、新的应用的动态延伸。

4. 低成本

网络成本问题是信息共享系统模型构建的一项重要指标。通过扩大带宽来改善网络环境已经不是唯一的技术手段，信息共享网络的发展需要向低成本信息化过渡。低成本的共享网络应该运用高新技术创新文化生产方式，培育新的文化业态，加快构建传输快捷、覆盖广泛、成本低的文化传播系统。

5. 可监管

信息共享系统应是具有可监管、可控制和可操作性的高可信系统。系统应实现对有限范围内信息内容的有效监控；采用高效的算法对从网络获取的信息进行分析，实时发现其中的非法信息，为采取行政或法律手段提供依据；针对获取的信息、识别出的敏感信息和用户确认的非法信息，提供完善的存储、浏览和管理；同时，提供安全的网络环境和系统管理功能。

2.3.2 信息共享系统的一般模型

根据信息在共享系统中各个环节的作用特征，对于一个多信源、多用户的一般信息系统，可以将其抽象为包含信源、信道与信宿三个部分的通信系统（如图2-2所示），这也是香农在1948年对通信系统的描述[1]。根据系统模型的描述，可以将其简化为数学描述形式：

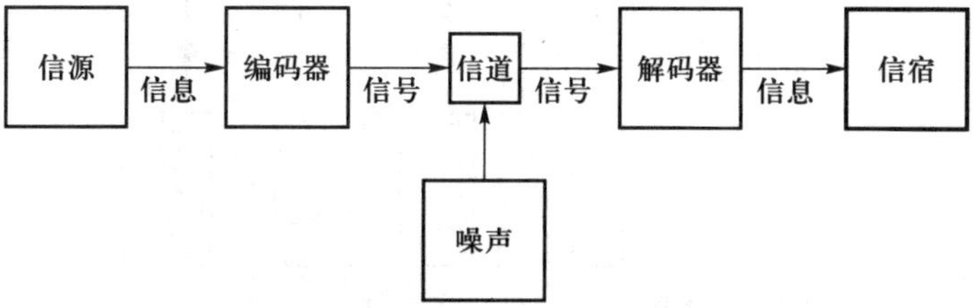

图 2-2 通信系统的一般模型

$$IS = \{Source(i), Transmit(l), Utilize(p)\} \tag{2-8}$$

式中，IS 表示信息系统 Information System，$i,l,p \in N$。

在共享系统中，对信息的处理包括信息的分配、编码、传输、存储、表示以及使用环节，因此，共享系统的模型还可以扩展为描述形式：

$$IS = \{Source(i), Copy(j), Code(k), Transmit(l), Save(m), Display(n), Utilize(p)\} \tag{2-9}$$

式中 $i,j,k,l,m,n,p \in N$；Source(i)表示共享信源，可以为多信源，也可以为单个信源；Copy(j)表示对信源的复制与分配过程；Code(k)表示信息的编码与变换过程，将信息进行一定的变换，以便在不同的信道中进行有效传输；Transmit(l)表示信息的各种传输，在这其中可能会引入各种干扰和衰减；Save(m)表示对信息进行存储；Display(n)表示对信息的表示和显示，即信息的可视化处理；Utilize(p)表示信息的使用，可选择地将信息进行分发、共享等网络行为[10]。

2.3.3　信息共享系统的栅格模型

栅格一词来自电力网络。由于电力资源有电力栅格，人们可以很方便地从墙上的插座获取电力资源。最早将栅格引入信息领域的是 1999 年美军提出的建立全球信息栅格（global information grid，GIG）倡议。人们设想把自己的计算机插入信息栅格，像获得电力资源一样获得各种信息资源和知识资源。

从空间拓扑上看，栅格是由一组平行线正交连成的几何图，如图 2-3 所示。我们用栅格模型来表达信息共享的供需关系。横线代表信息资源，纵线代表用户。图中的梯形、三角形、菱形、四边形等不同形状代表不同的信息资源。代表

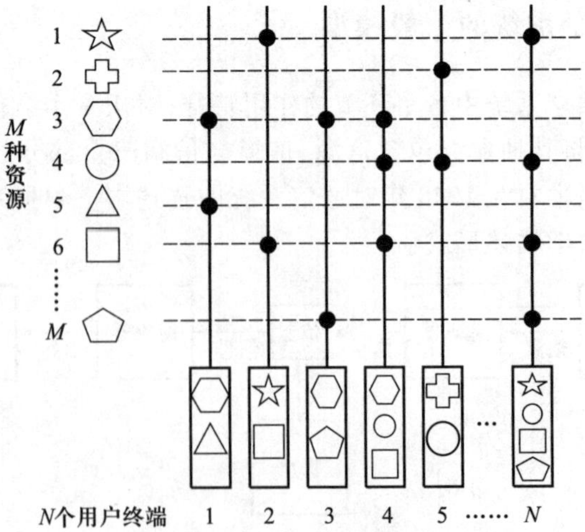

图 2-3　信息共享的栅格模型

信息资源的 M 条横线与代表用户资源的 N 条纵线横纵交叉，形成方形栅格；两线交叉处的节点代表按需连接，它的物理意义是表示所关联的第 n 个用户按需共享第 m 种资源。

一般而言，M 的数量表示资源品种的丰富程度，N 的数量表示资源共享的广泛程度。理想的信息共享希望做到：任一资源都有机会为 N 个用户提供服务；任一用户也都有机会得到 M 个资源的并行服务。也就是说，我们应该找到一种系统，它的 M 值和 N 值都不设上限，这样，信息共享将进入“各献所知，各取所需”的理想境界。

栅格模型将信息共享系统中的用户资源与信息资源联系起来，构建成相互交叉的网络系统，用户资源与信息资源按需连接形成网络中复杂的节点，从而形成信息共享的栅格关系矩阵。

定义 2.5 信息共享的栅格关系矩阵 $\boldsymbol{A}$ 表示 M 种信息资源同 N 个用户资源的 $M\times N$ 阶关系矩阵，

$$\boldsymbol{A}=(a_{ij})=\begin{cases}1, & \text{用户 } i \text{ 共享信息 } j\\ 2, & \text{用户 } i \text{ 无须共享信息 } j\end{cases} \tag{2-10}$$

式中，i 为用户资源代表，$i=1,2,\cdots,N$；j 为信息资源代表，$j=1,2,\cdots,M$。

性质 2.3 信息共享系统中，用户 i 在单位时间内访问的信息资源记为 c_i，即矩阵 $\boldsymbol{A}$ 第 i 行元素之和，则

$$c_i=\sum_{j=1}^{M}a_{ij} \tag{2-11}$$

性质 2.4 信息共享系统中，信息资源 j 在单位时间内接受访问的用户资源记为 d_j，即矩阵 $\boldsymbol{A}$ 第 j 列元素之和，则

$$d_i=\sum_{i=1}^{N}a_{ij} \tag{2-12}$$

定义 2.6 设集合 $Q(y)=\{i;c_i=y\}$ 是访问了 y 个信息资源的用户资源集合，那么其分布函数 $q(y)$ 的数学期望为

$$\bar{y}=\sum_{y=0}^{M}yq(y) \tag{2-13}$$

定义 2.7 设集合 $P(x)=\{j;d_j=x\}$ 是 x 个用户访问的信息资源集合，那么其分布函数 $p(x)$ 的数学期望为

$$\bar{x}=\sum_{x=0}^{N}xp(x) \tag{2-14}$$

性质 2.5 分布函数 $q(y)$ 的数学期望，刻画了平均每个用户访问的资源数；同样，分布函数 $p(x)$ 的数学期望，表示了平均每个资源的访问用户数。

用户资源与信息资源的基本关系式为

$$N\bar{y} = M\bar{x} \tag{2-15}$$

等价于栅格矩阵 $\boldsymbol{A}$ 的关系式

$$\sum_{i=1}^{N} c_i = \sum_{j=1}^{M} d_j = \sum_{i=1}^{N} \sum_{j=1}^{M} a_{ij} \tag{2-16}$$

$$\sum_{i=1}^{N} c_i = N\bar{y} \tag{2-17}$$

用户资源同信息资源的基本关系式 $N\bar{y}=M\bar{x}$，完全由用户资源和信息资源的栅格关系矩阵 $\boldsymbol{A}=(a_{ij})$ 确定。关系矩阵 $\boldsymbol{A}=(a_{ij})$ 的所有元素求和 $\sum_{i=1}^{N}\sum_{j=1}^{M} a_{ij}$ 的结果，等价先对行元素求和得到 $\sum_{j=1}^{M} a_{ij}=c_i$ 后，再对所有行求和 $\sum_{i=1}^{N} c_i$ 得到的结果；也等价于先对列元素求和得到 $\sum_{i=1}^{N} a_{ij}=d_j$ 后，再对所有列求和 $\sum_{j=1}^{M} d_j$ 得到的结果，即

$$\sum_{i=1}^{N} \sum_{j=1}^{M} a_{ij} = \sum_{i=1}^{N} c_i = \sum_{j=1}^{M} d_j = \sum_{j=1}^{M} \sum_{i=1}^{N} a_{ij} \tag{2-18}$$

一般情况下，在单位时间段内，访问不同信息资源的用户之间既有交集，也有互不相同的集合。在评判信息资源的共享程度时，我们将用户的每一次资源访问都看作是独立、随机的需求，而不考虑用户之间的访问交集。因此，通过共享系统栅格模型的描述可以直接反映出信息资源的共享程度，根据网络中资源的共享程度来合理设计信息共享系统的结构是一个很有挑战的课题。

参考文献

[1] Hartley R V L. Transmission of information1[J]. The Bell System Technical Journal, 1928, 7(3): 535-563.

[2] Shannon C E. A mathematical theory of communication[J]. The Bell System Technical Journal, 1948.

[3] Brillouin L. Science and Information Theory[M]. North Chelmsford: Courier Corporation, 2013.

[4] 维纳·N. 人有人的用处[M]. 陈步，译. 北京：商务印书馆，1978.

[5] Ashby W R. An Introduction to Cybemetics [M]. London: Chapman & Hall, 1956.

[6] Longo G. Information Theory: New Trends and Open Problems[M]. Berlin: Springer, 1975.

[7] 陈雪. 信息的通用定义探讨[J]. 情报探索，2006, 9: 25-26.

[8] 沈卫国. 论自然科学的若干基本问题[M]. 福州：海风出版社，1998.

[9] 钟义信. 信息科学原理[M]. 北京:北京邮电大学出版社,2002.
[10] 岳剑波. 信息管理基础[M]. 北京:清华大学出版社,1999.
[11] 谷千军,王越. 基于信息的几个相关问题研究[J]. 微计算机信息,2007,1:291-292.
[12] 仲富兰."你我共享金苹果"——兼谈信息的共享性[J]. 上海信息化,2005,12:81.
[13] 付先华. 网络信息资源的组织与管理[J]. 理工高教研究,2002,21(2):118-119.
[14] 邬焜. 信息哲学——理论、体系、方法[M]. 北京:商务印书馆,2005.
[15] 李东林. 试析网络信息资源的定义,类型,特点及整合方式 [J]. 科技信息,2007,6.
[16] 张晓娟. 网络信息资源:概念,类型及特点[J]. 图书情报工作,1999,43(2):10-12.
[17] 李元. 网络信息共享与信息独占问题研究[J]. 北京邮电大学学报(社会科学版),2006,8(3):9-12.
[18] 马建国. 具有内容标引的信息共享技术 [D]. 成都:电子科技大学,2004.
[19] Jiang C, Ren Y, Chen H, et al. Information sharing in cooperative networks: a generic trustworthy issue [C]//2016 IEEE International Conference on Communication(ICC), 2016.
[20] 邢玲. 信息共享的二元结构[D]. 北京:北京理工大学,2008.

第3章 信息共享网络的体系结构与服务模式

信息通过在网络上的传播完成共享,网络的结构和功能特性决定了信息共享的方式。本章我们从信息共享的角度出发,对典型的信息网络结构和服务模式进行总结和分类,探讨不同网络结构、不同服务模式的特性,并在此基础上介绍信息共享的实现技术。

3.1 网络体系结构

在网络中要做到有条不紊地交换信息,就必须遵守一些事先约定的规则,这些规则明确规定了所交换的信息的格式以及有关的同步问题。我们把这些规则、标准或者约定称为协议。协议是信息网络中不可缺少的组成部分。网络的各层及其协议的集合,称为网络的体系结构。体系结构是个抽象的概念,不包含计算机硬件和软件的实现。

经验告诉我们,对于网络这类复杂的计算机系统,结构应该设计成分层的,就像在外交领域,有不同级别的外交官。设想在两个使馆之间需要安排一次正式会议,看上去是两位大使签署正式协议,而在背后,外交官和官员们整理文件、制定日程并进行其他活动。每个级别的外交官为更高级的官员做一些服务。最高级别的大使向低级外交官下达命令,并使用外交官提供的服务。同时,大使级以下的外交官会与另一个使馆的同等级别的外交官进行协调工作。每个外交官都按照为他们这个级别制定的外交惯例执行。例如,在特定级别的一个外交官员可能提供语言服务或技术文件。根据翻译和归档过程,这个官员与另一个使馆的同等官员进行通信。分层设计有很多好处:

(1) 各层之间是独立的。某一层不需要知道它的下一层是如何实现的,而仅仅需要知道该层通过层间的接口所提供的服务。由于每一层只实现一种相对独立的功能,这样就能将庞大而复杂的问题划分为若干个容易处理的小问题分而治之,这样,整个问题的复杂程度就降低了。

(2) 灵活性好。当任何一层发生变化时,只要层间接口关系保持不变,则在这层以上或以下各层均不受影响。此外,对某一层提供的服务还可进行修改。当某层提供的服务不再需要时,甚至可以将这层取消。

(3) 结构上可分割开。各层都可以采取最合适的技术来实现。

(4) 易于实现和维护。因为整个系统被分解为若干个相对独立的子系统,所以调试更加简单。

(5) 易于标准化。每一层的功能及其所提供的服务都能明确说明。

3.1.1 OSI 模型

OSI 模型(OSI Model)是最经典的网络分层模型[1],它的全称为“开放式系统互联通信参考模型”(Open System Interconnection Reference Model)。国际标准化组织(International Organization for Standardization,ISO)在1983年发布了ISO/IEC 7498标准[2],它定义了网络互连的七层框架,即OSI参考模型,试图作为使各种计算机在世界范围内互连为网络的标准框架。在这一框架下,ISO进一步规定了每一层的功能,以实现开放系统环境中的互连性、互操作性和应用的可移植性。

ISO将整个通信功能划分为7个层次,它们由低到高分别是物理层、数据链路层、网络层、传输层、会话层、表示层和应用层。划分的原则是:根据不同层次的抽象分层;每层应当实现一个定义明确的功能;不同节点的同等层具有相同的功能;同一节点内相邻层之间通过接口通信;各层边界的选择尽量减少跨过接口的通信量;层次足够多,避免不同功能的混杂,也不能太多,否则体系结构过于庞大。

如图3-1所示,OSI参考模型定义了开放系统的层次结构、层次之间的相互关系及各层所包含的可能服务。它是作为一个框架来协调和组织各层协议的制定的,也是对网络内部结构最精练的概括与描述。各层的主要功能如下[3]。

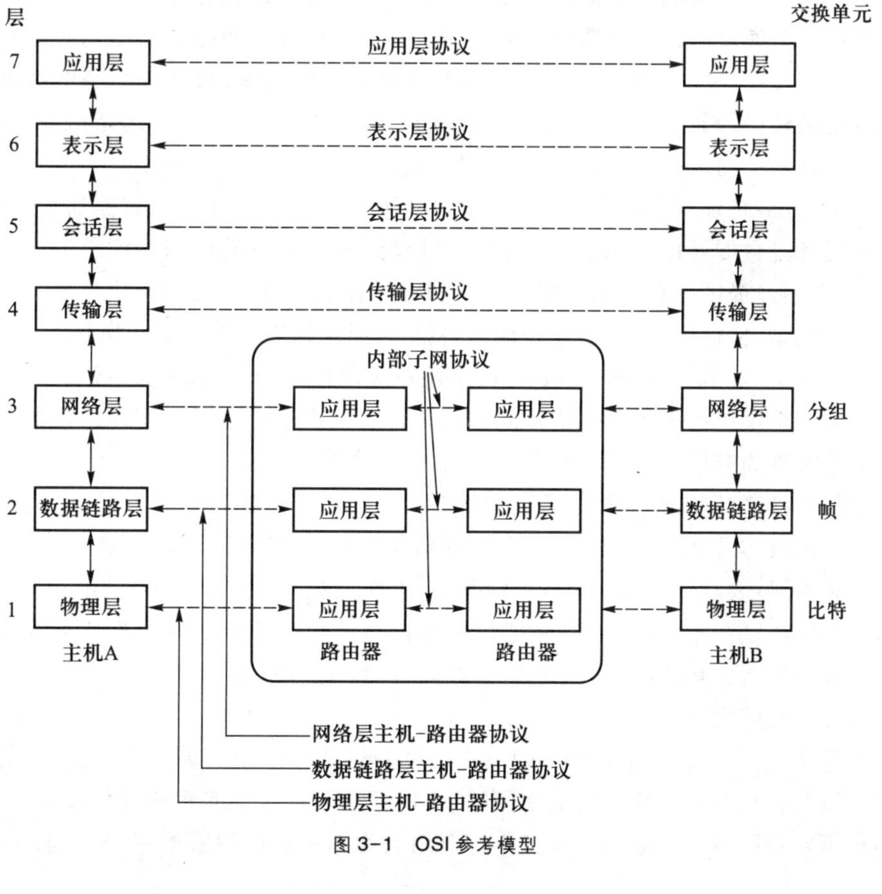

图3-1 OSI参考模型

第 1 层:物理层(Physical Layer),是 OSI 参考模型的最低层。物理层规定了通信设备的机械、电气、功能特性,尽可能屏蔽掉具体传输介质和物理设备的差异,实现相邻计算机节点之间比特流的透明传送,而不必考虑网络的具体传输介质是什么。

第 2 层:数据链路层(Data Link Layer),负责建立和管理节点间的链路。在计算机网络中由于各种干扰的存在,物理线路是不可靠的。因此,这一层的主要功能是在物理层提供的比特流的基础上,通过差错控制、流量控制方法,使有差错的物理线路变为无差错的数据链路,即提供数据帧(Frame)在信道上无差错的传输。该层通常又被分为介质访问控制(MAC)和逻辑链路控制(LLC)两个子层。MAC 子层的主要任务是解决共享型网络中多用户对信道竞争的问题,完成网络介质的访问控制;LLC 子层的主要任务是建立和维护网络连接,执行差错校验、流量控制和链路控制。

第 3 层:网络层(Network Layer),是 OSI 参考模型中最复杂的一层。它在下两层的基础上向资源子网提供服务。该层的主要任务是:通过路由选择算法,为报文或分组通过通信子网选择最适当的路径。该层控制数据链路层与传输层之间的信息转发,建立、维持和终止网络的连接。具体地说,数据链路层的数据在这一层被转换为数据包,然后通过路径选择、分段组合、顺序、进/出路由等控制,将信息从一个网络设备传送到另一个网络设备。

第 4 层:传输层(Transport Layer),OSI 下三层的主要任务是数据通信,上三层的任务是数据处理,因此中间的传输层起到承上启下的作用。该层的主要任务是:向用户提供可靠的端到端的差错和流量控制,保证报文的正确传输。它的主要功能是:传输连接管理、处理传输差错、流量控制以及监控服务质量。

第 5 层:会话层(Session Layer),是用户应用程序和网络之间的接口,主要任务是向两个实体的表示层提供建立和使用连接的方法。将不同实体之间的表示层的连接称为会话。会话层的任务是组织和协调两个会话进程之间的通信,并对数据交换进行管理。用户可以按照半双工、单工和全双工的方式建立会话。会话层的具体功能包括:会话管理、会话流量控制、寻址以及出错控制。

第 6 层:表示层(Presentation Layer),对来自应用层的命令和数据进行解释,对各种语法赋予相应的含义,并把数据转换为能与接收者的系统格式兼容并适合传输的格式。具体功能有:数据格式处理、数据的编码、压缩和解压缩以及数据的加密和解密。

第 7 层:应用层(Application Layer),是 OSI 参考模型的最高层,它是计算机用户以及各种应用程序和网络之间的接口,其功能是直接向用户提供服务,完成用户希望在网络上完成的各种工作。应用层为用户提供的服务有:文件服务、目录服务、文件传输服务(FTP)、远程登录服务(Telnet)、电子邮件服务(E-mail)、打印服务、安全服务、网络管理服务以及数据库服务等。

OSI 试图达到一种理想境界,即全世界的计算机网络都遵循这个统一的标准,因而全世界的计算机将能够很方便地进行互连和交换数据。在 20 世纪 80 年代,许多大公司甚至一些国家的政府机构纷纷表示支持 OSI,当时看来似乎在不久的将来全世界一定会按照 OSI 制定的标准来构造自己的计算机网络。然而到了 20 世纪 90 年代初期,虽然整套的 OSI 国际标准都已经制定出来了,但由于因特网已抢先在全世界覆盖了相当大的范围,而与此同时却几乎找不到有什么厂家生产出符合 OSI 标准的商用产品。因此 OSI 只获得了一些理论研究的成果,在市场化方面 OSI 则失败了。现今规模最大的、覆盖全世界的因特网并未使用 OSI 标准。OSI 失败的原因可归纳为[4]:

(1) OSI 的专家们缺乏实际经验,他们在完成 OSI 标准时缺乏商业驱动力;

(2) OSI 的协议实现起来过分复杂,而且运行效率很低;

(3) OSI 标准的制定周期太长,因而使得按 OSI 标准生产的设备无法及时进入市场;

(4) OSI 的层次划分不太合理,有些功能在多个层次中重复出现。

3.1.2 TCP/IP

TCP/IP 协议族(TCP/IP Protocol Suite)[5],又叫互联网协议族,是一个网络通信模型,也是一个整体网络传输协议家族,为因特网的基础通信架构。这个协议家族的两个核心协议是:传输控制协议(Transmission Control Protocol,TCP)和网际协议(Internet Protocol,IP),也是这个家族中最早通过的标准。

按照一般的概念,网络技术和设备只有符合有关的国际标准才能大范围地获得工程上的应用,但在网络领域情况却反过来了。得到最广泛应用的不是法律上的国际标准 OSI,而是非国际标准 TCP/IP。TCP/IP 常被称为是事实上的国际标准。

不同于 OSI 的七层参考模型,TCP/IP 协议采用了四层的层级结构[6]:

(1) 网络接口层。对实际的网络媒体的管理,定义如何使用实际网络(如 Ethernet、Serial Line 等)来传送数据。

(2) 网络层。负责提供基本的数据封包传送功能,让每一个数据包都能够到达目的主机(但不检查是否被正确接收),如 IP。

(3) 传输层。提供节点间的数据传送服务,如 TCP、用户数据报协议(user datagram protocol,UDP)等,TCP 和 UDP 给数据包加入传输数据并把它传输到下一层中。这一层负责传送数据,并且确定数据已被送达并接收。

(4) 应用层。该层包括所有和应用程序协同工作，利用基础网络交换应用程序专用数据的协议。应用层是大多数与网络相关的程序为了通过网络与其他程序通信所使用的层。这个层的处理过程是特有的，数据从网络相关的程序以这种应用内部使用的格式进行传送，然后被编码成标准协议的格式。一些特定的程序运行在这个层上，它们提供服务直接支持用户应用。这些程序和它们对应的协议包括 HTTP(万维网服务)、FTP(文件传输)、SMTP(电子邮件)、SSH(安全远程登录)、DNS(域名系统)以及许多其他协议。一旦从应用程序来的数据被编码成一个标准的应用层协议，它将被传送到 IP 栈的下一层。

图 3-2 描述了 TCP/IP 模型与 OSI 模型之间的对应关系。在 TCP/IP 模型中，每一层都呼叫它的下一层所提供的网络来完成自己的需求。

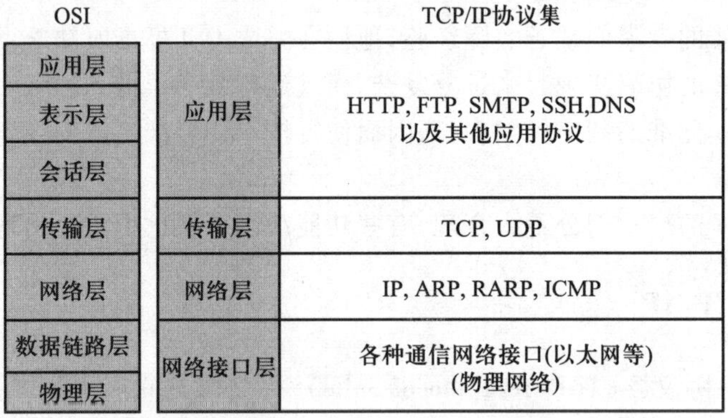

图 3-2　TCP/IP 模型与 OSI 模型之间的对应关系

网际协议 IP 是 TCP/IP 的心脏(如图 3-3 所示)，也是网络层中最重要的协议，它定义了寻址方法和数据报的封装结构。IP 协议的独特之处在于：在报文交换网络中主机在传输数据之前，无须与先前未曾通信过的目的主机预先建立一条特定的"通路"。互联网协议提供了一种"不可靠的"数据包传输机制(也被称作"尽力而为")；也就是说，它不保证数据能准确地传输。数据包在到达的时候可能已经损坏、顺序错乱、产生冗余包或者全部丢失。如果应用需要保证可靠性，一般需要采取其他的方法，例如利用 TCP 协议控制。

TCP 协议被称作一种端对端协议，这是因为它为两台计算机之间的连接起了重要作用。当一台计算机需要与另一台远程计算机连接时，TCP 协议会让它们建立连接、发送、接收以及终止连接。TCP 和 UDP 服务在接收数据包时，通常假设包中的源地址是有效的。也可以这样说，IP 地址形成了许多服务的认证基因，这些服务相信数据包是从一个有效的主机发送来的。同时，TCP 协议利用重发技术和拥塞控制机制，向应用程序提供可靠的通信连接，使它能够自动适应网上的各种变

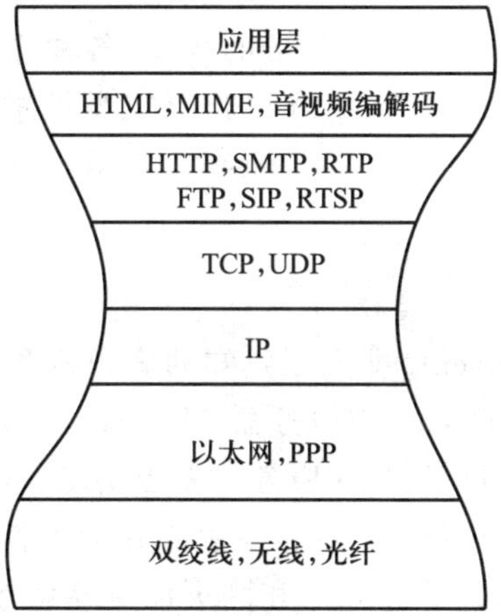

图 3-3　IP 沙漏模型

化。即使在 Internet 暂时出现拥塞的情况下,TCP 也能够保证通信的可靠。

综上所述,IP 协议只保证计算机能发送和接收分组,而 TCP 协议则可提供一个可靠的、可控的、全双工的信息流传输服务。虽然 IP 和 TCP 这两个协议的功能不尽相同,也可以分开单独使用,但它们是在同一时期作为一个协议来设计的,并且在功能上也是互补的。只有两者结合才能保证 Internet 在复杂的环境下正常运行。凡是要连接到 Internet 的计算机,都必须同时安装和使用这两个协议,因此在实际中常把这两个协议统称作 TCP/IP 协议。

TCP/IP 最大的优点之一是它与所有可采用的方法无关,它不依赖于网络模型,无论是环形还是星形,TCP/IP 都适用;它与传输媒体无关,有线传输或卫星传输都可以;它不受具体销售商的限制;它不取决于操作系统和计算机硬件。TCP/IP 能够连接任意网络并在其上运行。到目前为止,没有一个协议能像 TCP/IP 这样可以连接各种不同的硬件和软件平台。这个多面性也是 TCP/IP 成为世界上最流行的网络协议的原因。

3.2　网络服务模式

互联网刚开始普及的时候,主要的应用是 WWW(World Wide Web)。随着计算机性能的提升和应用开发的逐步完善，现在互联网的功能早已不局限于网上冲浪、搜索、邮件，特别是随着智能终端的普及，各种应用层出不穷。然而，网络的服务模式一直没有大的改变，本节将介绍三类最重要的信息共享网络服务模式。

3.2.1　C/S 模式

C/S 模式（Client/Server），即大家熟知的客户机和服务器模式，是一种网络架构模式，它把客户端（Client）与服务器（Server）区分开来。每一个客户端软件都可以向一个服务器或应用程序服务器发出请求。C/S 模式通过不同的途径应用于很多不同类型的应用程序，最常见就是目前因特网上的网页。例如，当你在维基百科阅读文章时，你的计算机和网页浏览器就被当作一个客户端，同时，组成维基百科的计算机、数据库和应用程序就被当作服务器。当你的网页浏览器向维基百科请求一个指定的文章时，维基百科服务器从维基百科的数据库中找出所有该文章需要的信息，结合成一个网页，再发送回你的浏览器。

如图 3-4 所示，C/S 模式结构是基于资源不对等，且为实现共享而提出来的一种体系结构。其基本原则是将计算机应用任务分解成多个子任务，由多台计算机分工完成，即采用“功能分布”原则，服务器端负责数据管理，客户端完成与用户的交互任务。通过它可以充分利用两端硬件环境的优势，将任务合理分配到 Client 端和 Server 端来实现，降低了系统的开销。Client 和 Server 常常分别处在相距很远的两台计算机上，Client 程序的任务是将用户的要求提交给 Server 程序，再将 Server 程序返回的结果以特定的形式显示给用户；Server 程序的任务是接收客户程序提出的服务请求，进行相应的处理，再将结果返回给客户程序。

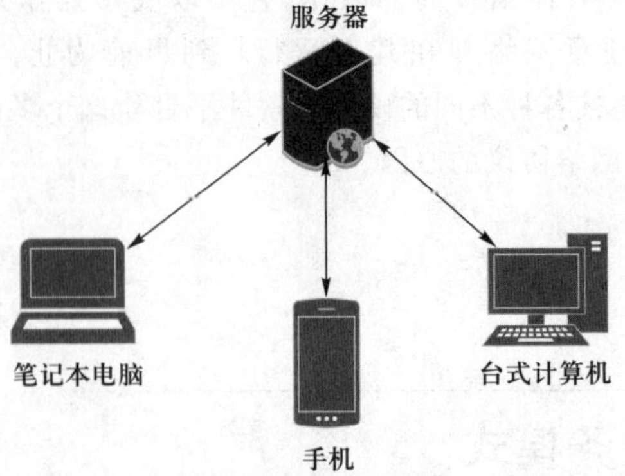

图 3-4　客户端/服务器模式

随着网络和应用技术的发展,传统的 C/S 模式受到了挑战[7]。一种新的改进模式应运而生: B/S 模式,即浏览器/服务器(Browser/Server)模式。在这种模式下,用户界面完全通过浏览器实现,一部分事务逻辑在前端实现,但是主要事务逻辑在服务器端实现。B/S 结构利用了不断成熟的 WWW 浏览器技术,结合浏览器的多种 Script 技术,用通用浏览器就实现了原来需要复杂专用软件才能实现的强大功能,并节约了开发成本。并且 B/S 模式这种体系结构具有分布式特点,可以随时随地进行业务处理。业务扩展简单,通过增加网页就可增加服务器功能。维护也简单方便,只需要改变网页,即可实现所有用户的同步更新,共享性强。

3.2.2 P2P 模式

对等网络模式(peer-to-peer,P2P),又称点对点模式,是无中心服务器、依靠用户群(peers)交换信息的互联网体系[8],它的作用在于减少以往网络传输中的节点,以降低数据丢失的风险。与有中心服务器的中央网络系统不同,对等网络的每个用户端既是一个节点,也有服务器的功能,任何一个节点无法直接找到其他节点,必须依靠其用户群进行信息交流。

P2P 节点遍布整个互联网,也给包括开发者在内的任何人、组织或政府带来监控难题。P2P 在对网络隐私要求高和文件共享领域中,得到了广泛的应用。使用纯 P2P 技术的网络系统有比特币、Gnutella 或自由网等。另外,P2P 技术也被使用在类似 VoIP 等实时媒体业务的数据通信中。有些网络如 Napster 和 OpenNAP 包括搜索的一些功能,也使用客户端-服务器结构,而使用 P2P 结构来实现另外一些功能。这种网络设计模型不同于客户端-服务器模型,在客户端-服务器模型中通信通常来往于一个中央服务器。

P2P 模式是一种网络结构的思想,它与目前网络中占据主导地位的 C/S 模式的一个本质区别是,整个网络结构中不存在中心节点(或中心服务器)。在 P2P 结构中,每一个节点大都同时具有信息消费者、信息提供者和信息通信等三方面的功能。从计算模式上来说,P2P 打破了传统的 C/S 模式,网络中每个节点的地位都是对等的,每个节点既充当服务器,为其他节点提供服务,同时也享用其他节点提供的服务。C/S 模式和 P2P 模式如图 3-5 所示。

简单地说,P2P 就是直接将人们联系起来,让人们通过互联网直接交互。P2P 使得网络上的沟通变得容易、更直接共享和交互,真正地消除中间环节。P2P 另一个重要特点是改变互联网现在以大网站为中心的状态,重返“非中心化”,并把权利交还给用户。

P2P 模式是对分布式概念的成功拓展,它将传统方式下的服务器负担分配

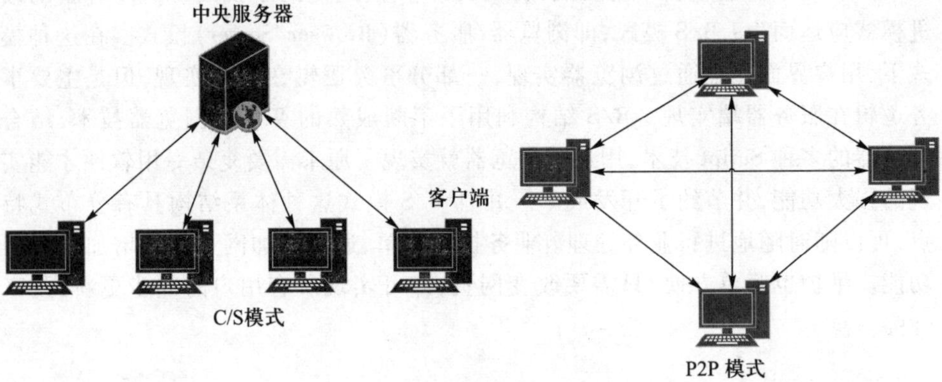

图 3-5 C/S 模式和 P2P 模式

到网络中的每一节点上,每一节点都将承担有限的存储与计算任务,加入到网络中的节点越多,节点贡献的资源也就越多,其服务质量也就越高。

P2P 模式可运用存在于 Internet 边缘的相对强大的计算机(个人计算机),执行较基于客户端的计算任务更高级的任务。现代的 PC 具有速度极快的处理器、大容量内存以及超大的硬盘,而在执行常规计算任务(如浏览电子邮件和 Web)时,无法完全发挥这些设备的潜力,因此很容易就能同时充当许多类型的应用程序的客户端和服务器(对等方)。

P2P 网络技术的特点体现在以下几个方面[9]:

(1) **非中心化**:网络中的资源和服务分散在所有节点上,信息的传输和服务的实现都直接在节点之间进行,可以无须中间环节和服务器的介入,避免了可能的瓶颈。P2P 的非中心化基本特点,带来了其在可扩展性、健壮性等方面的优势。

(2) **可扩展性**:在 P2P 网络中,随着用户的加入,不仅服务的需求增加了,系统整体的资源和服务能力也在同步地扩充,始终能比较容易地满足用户的需要。理论上其可扩展性几乎可以认为是无限的,例如在传统的通过 FTP 的文件下载方式中,当下载用户增加之后,下载速度会变得越来越慢,然而 P2P 网络正好相反,加入的用户越多,P2P 网络中提供的资源就越多,下载速度反而越快。

(3) **健壮性**:P2P 架构天生具有耐攻击、高容错的优点。由于服务是分散在各个节点之间进行的,部分节点或网络遭到破坏对其他部分的影响很小。P2P 网络一般在部分节点失效时能够自动调整整体拓扑,保持其他节点的连通性。P2P 网络通常都是以自组织的方式建立起来的,并允许节点自由地加入和离开。

(4) **高性价比**:性能优势是 P2P 被广泛关注的一个重要原因。随着硬件技术的发展,个人计算机的计算和存储能力以及网络带宽等性能依照摩尔定律高速增长。采用 P2P 架构可以有效地利用互联网中散布的大量普通节点,将计算任务或存储资料分布到所有节点上。利用其中闲置的计算能力或存储空间,达到高性能计算和海量存储的目的。目前,P2P 在这方面的应用多在学术研究方面,一旦技术成熟,能够在工业领域推广,则可以为许多企业节省购买大型服务器的成本。

(5) **隐私保护**:在 P2P 网络中,由于信息的传输分散在各节点之间进行而无须经过某个集中环节,用户的隐私信息被窃听和泄露的可能性大大降低。此外,目前解决 Internet 隐私问题主要采用中继转发的技术方法,从而将通信的参与者隐藏在众多的网络实体之中。在传统的一些匿名通信系统中,实现这一机制依赖于某些中继服务器节点。而在 P2P 中,所有参与者都可以提供中继转发的功能,因而大大提高了匿名通信的灵活性和可靠性,能够为用户提供更好的隐私保护。

(6) **负载均衡**:P2P 网络环境下由于每个节点既是服务器又是客户机,减少了对传统 C/S 结构服务器计算能力、存储能力的要求,同时因为资源分布在多个节点,更好地实现了整个网络的负载均衡。

由此可见,C/S 模式和 P2P 模式有很多不同的特性,表 3-1 从多个性能方面对这两种模式进行了对比。

表 3-1 P2P 模式和 C/S 模式性能对比

性能	P2P 模式	C/S 模式
安全性	差	好
易管理性	差	好
数据发布	好	差
数据接收	中	好
容错性	好	差
可扩展性	好	差
数据互动性	好	差
数据即时性	好	差
数据质量	中	好
数据覆盖率和数量	差	好
抗干扰性	好	差
成本控制	好	差

3.2.3　广播模式

数据广播是利用卫星广播和电视广播的覆盖网或其他独立数据广播通道，采用数字技术传送数据的信息技术和业务的总称[10]。实现方式是使用单一的系统前端(Headend)，连续、滚动地将已编辑整理好的内容，经过信息传输网络，传送到地域广泛的、能够处理这些数据的用户智能设备上去。信息内容是由视频、音频、软件程序、流式数据或者其他数字多媒体组成。

卫星数据广播是数据广播的一种重要形式。它与卫星电视广播的区别是：前者用计算机接收，后者用电视机接收。计算机具有比电视机更灵活的功能，它可以处理和存储数据。

卫星数据广播具有如下几方面特点：

(1) 通信距离远，覆盖范围广。一颗卫星的波束覆盖范围可达几千千米，可随时随地提供通信服务。企业数据上了卫星数据广播，可以轻松地到达全国各地，并且做到同时同质。

(2) 无地理条件限制。对于沙漠、高原、高山、海岛等铺设地面线路困难且成本较高的地区，通过卫星方式可便捷地实现数据业务传输。

(3) 快速服务。与铺设光缆等地面通信线路所耗费的时间相比，卫星数据业务方式能够在极短的时间内完成相关工程与调试，为用户提供服务。

(4) 费用与通信距离无关。与地面通信线路相区别，卫星数据业务的服务费用与传输距离无关，因此对于较偏远地区及地面线路效果差的地区，采用卫星数据业务方式可以节省通信费用。

3.3　网络共享技术

在了解了网络体系结构和服务模式之后，我们需要进一步介绍实现网络共享的技术。在网络中，计算资源和存储资源都是可以被共享的部分，根据不同的共享功能和应用场景，可将共享技术分门别类。本节我们将介绍三种典型的网络共享技术。

3.3.1 网格计算技术

网格(Grid)一词来自于电力网(Electric Power Grid),网格提出的初衷是希望用户在使用网格时,就如同使用电力这样的基础设施一样方便。网格计算(Grid Computing)的概念最初于 1995 年提出[11],其前身是元计算(Meta Computing)。早期的元计算被定义为在一个网络环境下用户能够透明地获得强大的计算资源。网格以及网格计算本身目前还没有一个公认的定义。根据网格之父福斯特博士早期的定义[12],网格是一个集成的计算和资源环境,或者说是一个计算资源池。网格能够充分吸纳各种资源,并将它们转化为一种随处可得的、可靠的、标准的同时还是经济的计算能力,除了各种类型的计算机,这里的资源还包括网络通信能力、数据资源、仪器设备等。

不管如何定义网格,其目的都是利用互联网把分散的资源实现全面共享。不仅仅是简单的资源互连和单一使用,而是通过互连、组合、协作解决用户需要解决的问题,产生具有附加值的新服务、数据、信息等资源,满足用户的新需求。通过利用大量异构计算机(通常为台式机)的未用资源(CPU 周期和磁盘存储),将其作为嵌入在分布式电信基础设施中的一个虚拟的计算机集群,为解决大规模计算问题提供了基础。网格计算的焦点在于支持跨管理域计算的能力,这使它与传统的计算机集群或传统的分布式计算相区别。

网格作为一种新兴技术,拥有复杂的内在机制和实现方法,其特点体现在[13]:

(1) 分布性。网格上的各类资源,如计算机、数据库等,通常分布在不同的地理位置,它们类型复杂、规模较大、跨越地理范围较广,这就决定了网格计算必然是分布式的,而分布式也是网格最主要的特点。在分布式环境下,需要解决资源与任务的调度、安全传输与通信、实时性保障、人与系统以及人与人之间交互等问题。

(2) 共享性。网格的目的就是使物理上分散的资源有机地连接在一起,为人们提供一种简单的共享平台。如果说分布性是网格硬件在物理上的特征,那么共享性则是在网格软件支持下的逻辑特征。

(3) 自相似性。网格的局部和整体之间存在着一定的相似性,局部往往在许多地方具有全局的某些特征,而全局的特征在局部也有一定的体现。具体来说,一个大型的网格自身又是由许多子网格组成,这就好比主干网和其子网的关系。这种特性在今后的网格建造和研究过程中将起重要的作用。

(4) 动态性。网格作为一种基础设施,应该具有强壮的可扩展性,它必须能动态增加和减少,即随着时间的推移,网格拥有的资源或功能可以增加或减少。因此,网格应该能够从性能、功能、管理软件、兼容性等方面适应规模的变化。

(5) 异构性。网格资源不仅是地理上分散的,而且这些资源在形式和内容上也是大不相同的。网格建立在多种异构资源之上，必须解决这些不同结构、不同类型资源之间的通信和互操作问题。

网格计算提高了资源的效率和利用率，满足最终用户的需求，同时能够解决以前由于计算、数据或存储资源的短缺而无法解决的问题。建立虚拟组织，通过让它们共享应用和数据来对公共问题进行合作。整合计算能力、存储和其他资源，能使得需要大量计算资源的巨大问题求解成为可能。通过对这些资源进行共享、有效优化和整体管理，从而降低计算的总成本。

3.3.2 云计算技术

云计算(Cloud Computing)，根据美国国家标准与技术研究院的定义[14]，是一种基于互联网的共享计算方式，通过这种方式，用户可以随时随地、按需、便捷地访问共享资源池(如计算设施、存储设备、应用程序等)，如图3-6所示。计算机资源服务化是云计算重要的表现形式，它为用户屏蔽了数据中心管理、大规模数据处理、应用程序部署等问题。通过云计算，用户可以根据其业务负载快速申请或释放资源，并以按需支付的方式对所使用的资源付费，在提高服务质量的同时降低运维成本。云计算是继20世纪80年代大型计算机到客户端-服务器的大转变之后的又一次巨变[15]。用户不需要了解“云”中基础设施的细节，不必具有相应的专业知识，也无须直接进行控制。

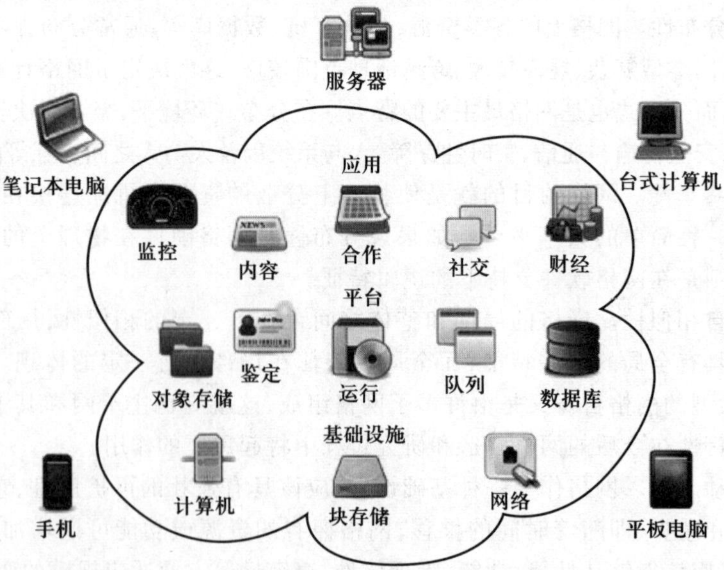

图3-6 云计算示意图

云计算本质上并非一个全新的概念。在它出现之前,学术界和工业界陆续提出了集群计算、效用计算、网格计算、服务计算等技术,而云计算正是从这些技术发展而来。在这些传统技术中,集群计算将大量独立的计算机通过高速局域网相连,从而提供高性能计算能力。效用计算为用户提供按需租用计算机资源的途径。网格计算整合大量异构计算机的闲置资源(如计算资源和磁盘存储等),组成虚拟组织,以解决大规模计算问题。服务计算作为连接信息技术和商业服务的桥梁,研究如何用信息技术对商业服务建模、操作和管理。

云计算借鉴了传统分布式计算的思想。通常情况下,云计算采用计算机集群构成数据中心,并以服务的形式交付给用户,使得用户可以像使用水、电一样按需购买云计算资源。从这一角度看,云计算与网格计算的目标非常相似[16]。但是云计算和网格计算等传统的分布式计算也有着较明显的区别:首先,云计算是弹性的,即云计算能根据工作负载大小动态分配资源,而部署于云计算平台上的应用需要适应资源的变化,并能根据变化做出响应;其次,相对于强调异构资源共享的网格计算,云计算更强调大规模资源池的分享,通过分享提高资源复用率,并利用规模经济降低运行成本;最后,云计算需要考虑经济成本,因此硬件设备、软件平台的设计不再一味追求高性能,而要综合考虑成本、可用性及可靠性等因素。

云计算的特点可归纳如下:

(1) 弹性服务。服务的规模可快速伸缩,以自动适应业务负载的动态变化。用户使用的资源同业务的需求相一致,避免了因为服务器性能过载或冗余而导致的服务质量下降或资源浪费。

(2) 资源池化。资源以共享资源池的方式统一管理。利用虚拟化技术,将资源分享给不同用户,资源的放置、管理与分配策略对用户透明。

(3) 按需服务。以服务的形式为用户提供应用程序、数据存储、基础设施等资源,并可以根据用户需求,自动分配资源,而不需要系统管理员干预。

(4) 服务可计费。监控用户的资源使用量,并根据资源的使用情况对服务计费。

(5) 泛在接入。用户可以利用各种终端设备(如 PC 机、笔记本式计算机、智能手机等)随时随地通过互联网访问云计算服务。

云计算的上述特性使得用户只需连上互联网就可以源源不断地使用计算机资源,实现了“互联网即计算机”的构想。

根据共享资源的层次可以将云计算分为三类(表 3-2):

(1) SaaS:软件即服务,用户无须安装软件,而是用标准客户端(浏览器)即可使用软件服务,如 Google Docs,苹果 iCloud 等。

（2）IaaS：基础设施即服务，用户无须购买硬件，而是租赁云计算提供商的基础设施，部署自己的 OS，进行自己的计算，这里的用户一般是商业机构而不是终端消费者。IaaS 最有名的提供商是亚马逊的 AWS。

（3）PaaS：与 IaaS 类似，只是用户不再控制 OS，而是利用云计算提供商提供的 OS 和开发环境做开发。比较有名的 PaaS 服务平台是 Google App Engine。

表 3-2　SaaS、IaaS 和 PaaS 的比较

服务内容	服务对象	使用方式	关键技术	系统实例
SaaS 提供基于互联网的应用	企业和需要软件应用的用户	使用者上传数据	Web 服务技术、互联网应用开发技术	Google Apps，Salesforce CRM
IaaS 提供基础设施部署服务	需要硬件资源的用户	使用者上传数据、程序代码、环境配置	数据中心管理技术、虚拟化技术	Amazon EC2，OpenStack
PaaS 提供应用程序部署与管理服务	程序开发者	使用者上传数据、程序代码	海量数据处理技术、资源管理与调度技术	Google App Engine，Microsoft Azure，Hadoop

3.3.3　CDN 技术

CDN（Content Distribution Network）是构建在数据网络上的一种分布式的内容分发网。它由分布在网络边缘的应用服务器群组成，通过应用层的内容智能路由，自动保证用户实现就近访问，为网站提供高效、稳定、安全的内容和应用的分布服务。

以图 3-7 为例，当某用户访问网站时，网站会利用负载均衡技术，将用户的访问指向距离用户最近的正常工作的 CDN 节点上，直接响应用户的请求。当用户访问使用了 CDN 服务的网站时，其解析过程与传统解析方式的最大区别就在于网站的授权域名服务器不是以传统的轮询方式来响应本地域名服务器（Domain Name Server，DNS）的解析请求，而是充分考虑用户发起请求的地点和当时网络的情况，把用户的请求定向到距离用户最近同时负载相对较轻的节点服务器上。通过用户定位算法和服务器健康检测算法综合后的数据，可以将用户的请求就近定向到分布在网络“边缘”的服务器上，保证用户的访问能得到更及时可靠的响应。由于大量的用户访问都由分布在网络边缘的 CDN 节点服务器直接响应,这样不仅提高了用户的访问质量,同时有效地降低了源服务器的负载压力[17]。

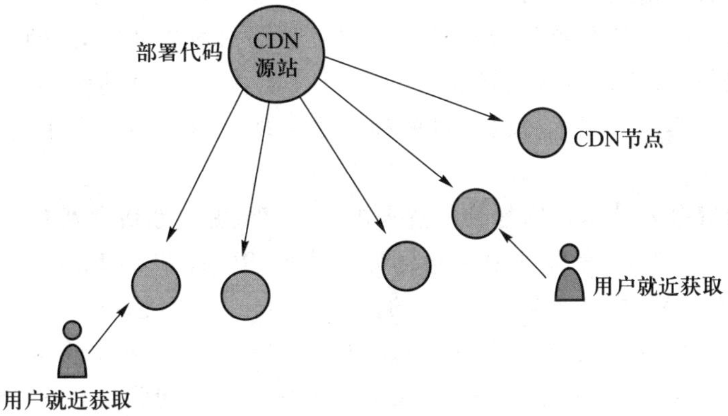

图 3-7 CDN 工作原理

CDN 网络架构主要分为中心和边缘两大部分,中心指 CDN 网管中心和 DNS 重定向解析中心,负责全局负载均衡,设备系统安装在管理中心机房;边缘主要指异地节点,CDN 分发的载体,主要由 Cache 和负载均衡器等组成。

当用户访问加入 CDN 服务的网站时,域名解析请求将最终交给全局负载均衡 DNS 进行处理。全局负载均衡 DNS 通过一组预先定义好的策略,将当时最接近用户的节点地址提供给用户,使用户能够得到快速的服务。同时,它还与分布在世界各地的所有 CDN 节点保持通信,搜集各节点的通信状态,确保不将用户的请求分配到不可用的 CDN 节点上,实际上是通过 DNS 做全局负载均衡。

对于普通的用户来讲,每个 CDN 节点就相当于一个放置在他周围的服务器。通过全局负载均衡 DNS 的控制,用户的请求被透明地指向离他最近的节点,节点中 CDN 服务器会像网站的原始服务器一样,响应用户的请求。由于它离用户更近,因而响应时间必然更快。每个 CDN 节点由两部分组成:负载均衡设备和高速缓存服务器。负载均衡设备负责每个节点中各个 Cache 的负载均衡,保证节点的工作效率;同时,负载均衡设备还负责收集节点与周围环境的信息,保持与全局负载 DNS 的通信,实现整个系统的负载均衡。高速缓存服务器负责存储客户网站的大量信息,就像一个靠近用户的网站服务器一样响应本地用户的访问请求。

CDN 的管理系统是整个系统能够正常运转的保证。它不仅能对系统中的各个子系统和设备进行实时监控,对各种故障产生相应的报警,还能实时监测系统中总的流量和各节点的流量,并保存在系统的数据库中,使网管人员能够方便地进行进一步分析。通过完善的网管系统,用户可以对系统配置进行修改。

CDN 的关键技术包括:

(1) 内容路由技术。内容路由技术的作用是将用户请求导向整个 CDN 网络中的最佳节点。最佳节点的选择可以运用多种评估策略来实现,例如用户与服务器距离最近、服务器负载最轻等。这是 CDN 的核心,它决定了整个 CDN 的效率和性能。内容路由技术可以通过多种方法实现,包括 DNS、应用层重定向、传输层重定向等。

(2) 内容分发技术。内容分发技术指将内容从源复制缓存到 CDN 边缘服务器的过程。从实现上看,有两种主流的分发技术:PUSH 和 PULL。

PUSH 是一种主动分发的技术。通常,PUSH 由内容管理系统发起,将内容从源或者中心媒体资源库分发到各边缘的 Cache 节点。分发的协议可以采用 HTTP、FTP、RSTP 等。对于 PUSH 分发需要考虑的主要问题是分发策略,即在什么时候分发什么内容,可以根据用户访问的统计信息以及预定义的内容分发规则来确定。

PULL 是一种被动的分发技术,PULL 分发通常由用户请求驱动。当用户请求的内容在本地的边缘 Cache 上不存在时,Cache 启动 PULL 方法从内容源或者其他 CDN 节点实时获取内容。在 PULL 方式下,内容的分发是按需的。在内容分发的过程中,对于 Cache 设备而言,关键是需要建立内容源的 URL、内容发布的 URL、用户访问的 URL 以及内容在 Cache 中存储的位置之间的映射关系。

(3) 内容存储技术。对于 CDN 系统而言,需要考虑两个方面的内容存储问题,一个是内容源的存储,一个是内容在 Cache 节点中的存储。对存储性能的要求是吞吐量大、可靠性和稳定性。

(4) 本地内容管理技术。本地内容管理主要针对一个 CDN 节点(由多个 CDN Cache 设备和一个本地负载均衡设备构成)进行,即决定 CDN 节点中应该存储何种资源以及如何进行节点内容更新。本地内容管理的主要目标是提高内容服务的效率,提高本地节点的存储利用率。通过本地内容管理,可以在 CDN 节点实现基于内容感知的调度,通过内容感知的调度,可以避免将用户重定向到没有该内容的 Cache 设备上,从而提高负载均衡的效率。通过本地内容管理还可以有效地实现在 CDN 节点内容的存储共享,提高存储空间的利用率。

参考文献

[1]　维基百科. OSI 模型[R/OL]. https://zh.wikipedia.org/zh/OSI 模型.

[2]　Recommendation I. ISO/IEC 7498-1: 1994. Information Technology-Open

Systems Interconnection-Basic Reference Model: The Basic Model [S]. Copyright International Organization for Standardization, 1994.

[3] Zimmermann H. OSI reference model: The ISO model of architecture for open systems interconnection[J]. IEEE Transactions on communications, 1980, 28(4):425-432.

[4] 谢希仁. 计算机网络[M]. 北京:电子工业出版社,2008.

[5] 维基百科. TCP/IP 协议族[R/OL]. https://zh.wikipedia.org/wiki/TCP/IP协议族 .

[6] Tanenbaum A S. Computer Networks [M]. 4th ed. Upper Saddle River: Prentice Hall, 2003.

[7] 李云云. 浅析 B/S 和 C/S 体系结构[J]. 科学之友,2011,1:6-8.

[8] 维基百科. 点对点网络[R/OL]. https://zh.wikipedia.org/wiki/对等网络.

[9] 赵恒,陈杰. P2P 技术的应用及其研究现状[J]. 电信快报,2004,9:39-41.

[10] 百度百科. 数据广播[R/OL]. http://baike.baidu.com/item/数据广播/2805922 .

[11] 都志辉,陈渝,刘鹏. 网格计算[M]. 北京:清华大学出版社,2002.

[12] Foster I, Kesselman C. The Grid: Blueprint for a future computing infrastructure[J]. Grid Blueprint for a New Computing Infrastructure, 1999, 34(2):18-102.

[13] 肖连兵,黄林鹏. 网格计算综述[J]. 计算机工程,2002,28(3):1-3.

[14] Mell P M, Grance T. SP 800-145, The NIST definition of cloud computing [J]. National Institute of Standards & Technology, 2011, 9.

[15] 罗军舟,金嘉晖,宋爱波,等. 云计算:体系架构与关键技术[J]. 通信学报,2011,32(7):3-21.

[16] 申丽君,杨兰娟,赵华. 云计算与网格计算的比较研究[J]. 电脑知识与技术,2011,17:56-58.

[17] 雷葆华,孙颖,王峰,等. CDN 技术详解[M]. 北京:电子工业出版社,2012.

第4章 信息共享的新体系与新模式

互联网初期的设计目标[1]包括网络的健壮性、支持多种通信服务、适应多种硬件设备、支持分布式管理、方便主机连接(host attachment)、低成本等,因此其设计遵循了以下原则[2]:用位置对节点进行标识;分层的协议栈;在网络层部署唯一的网络互联协议;基于数据报的无连接服务;由端系统负责复杂的网络功能,连接端节点的网络只负责简单的传送功能。今天互联网的成功很大程度上源于这些基本的设计原则。然而,互联网的规模、应用方式在这几十年中发生了巨大的变化,在安全性、移动性、可扩展性、可控可管性、服务质量等方面,互联网原始设计的缺陷逐渐暴露出来。特别是随着WWW、对等网络这类以信息共享为主要特点的网络应用的快速发展,当前互联网正面临着前所未有的压力。所有这些都迫使人们重新审视互联网的体系结构,思考各种改进的可能。本章我们将介绍未来网络的相关研究,并提出非对称广域覆盖的信息共享新体系。另外,鉴于当前社会化媒体已成为用户交流信息的重要平台,本章我们将介绍几类典型的社会化媒体,并着重讨论微信在信息共享方面的特点。

4.1　以内容共享为中心的未来网络

一般认为，未来网络的研究有两种思路。一种思路是渐进式的(evolutionary)，即基于现有的互联网结构以类似打补丁(patch)的方式来解决当前存在的一些问题。P2P 网络[3]、内容分发网络(content delivery network，CDN)[4]都可以看作是渐进式的解决方案。另一种思路是革命式的(revolutionary)，即摒弃现有结构和协议的约束，从头开始(clean-slate)设计一个全新的互联网。当前的未来网络研究多采用后一思路。特别地，意识到“信息”在互联网中扮演的重要角色，越来越多的研究者选择以“信息”为中心来规划未来网络的体系结构。以信息为中心的网络(Information-Centric Networking)或称为以内容为中心的网络(Content-Centric Networking)已成为未来网络研究的一个重要方向[5]。

4.1.1　典型技术

为提供更好的信息共享服务，缓解信息共享业务给网络带来的压力，无论是底层架构的重新规划还是上层应用的改进扩展，都需要将信息置于核心位置。通过分析现有的相关研究，以下几种技术和思想对于实现以信息为中心的互联网是比较重要的。

1. 位置与标识分离

IP 地址语义过载是当前互联网在命名和寻址体系结构设计中存在的主要缺陷[6]。IP 地址语义过载指的是在当前的 TCP/IP 协议中，IP 地址既代表了网络节点的拓扑位置，又是节点的标识。IP 地址的双重身份造成了网络在移动性、可扩展性、安全性等方面的问题。国际 Internet 架构委员会 IAB 提出通过位置与标识分离(locator/identifier split)，即使用 2 个命名空间分别表示节点标识和位置来解决 IP 地址过载的问题[7]。

传统的位置标识分离主要是指主机节点的位置与标识分离。而在以“内容”为中心的未来互联网中，由于“内容”取代“主机”成为网络的“头等实体”(first class entity)，这一思想也被扩展为内容位置与内容标识的分离。例如，文献[8]描述的分层命名架构中增加了两个新的名字空间——标识数据/服务的 service

ID 和标识节点的 entity ID,借此实现标识和位置的分离。文献[9]提出的 DONA 架构中用公共密钥加数据标签的形式来命名数据,数据的标识与地址不再一一对应。文献[10]提出的 NetInf 架构中分别用 information object 和 data object 来表示抽象的信息和具体的二进制数据,这两类 object 都被赋予与地址无关的、全局唯一的标识符。

2. 基于名字的路由

通常讨论的路由指的是 IP 层的路由。用户的内容请求经过"名字解析"(name resolution)例如 DNS 转换为 IP 地址,然后路由器根据 IP 地址进行数据包的路由转发。这样的定位、路由机制对于以内容分发为主要业务的网络来说并不是最优的,所以在未来网络的研究中,出现了一类新的路由方式,称为基于"名字"的路由。

斯坦福大学在 2000 年提出了一个支持名字路由的网络架构 TRIAD[11]。该网络在 IP 层之上增设了一个"内容层"。内容层由支持命名的内容路由器(content routing)来执行基于名字的路由。这些内容路由器像常规的 IP 路由器和名字服务器那样运行,可以实现基于 IP 的路由和基于名字的路由。基于名字的路由需要在现有的 Internet 上增加 2 个新的协议:① 因特网中继协议(Internet relay protocol,INRP),根据中继节点维护的路由信息实现名字到地址的转换;② 基于名字的路由协议(name-based routing protocol,NBRP),动态地更新中继节点上的路由信息,类似于边界网关协议。

3. 发布/订阅模式

发布/订阅系统是一种使分布式系统中各参与者能以"发布/订阅"(Pub/Sub,publish/subscribe paradigm)的方式进行交互的中间件系统[12]。在发布/订阅系统中,信息在生产者和消费者之间交互的信息被称为"事件"(event)。信息的生产者将事件发送给发布/订阅中间件;信息的消费者则向发布/订阅中间件发出一个"订阅条件",表示对系统中的哪些事件感兴趣;发布/订阅中间件负责将所发布的事件及时、可靠地传送给所有对之感兴趣的信息消费者。信息的生产者称为发布者(publisher),信息的消费者称为订阅者(subscriber),发布者和订阅者统称为客户(client)。发布/订阅模式近年来在众多研究领域都得到了广泛的关注,主要原因是该模式能使大范围的分布式交互有较低的耦合度。文献[13]提出了一种全新的基于 Pub/Sub 模式的网络结构,文献[14]提出了一种基于 Pub/Sub 模式的路由方法。

4. 内容缓存

为达到缩短内容获取延时、均衡网络负载的目的,一种常用的方法是使用缓存(caching)技术。缓存代表了这样一类技术:将先前获取的信息保存到某个存储设备中,为后面对相同信息的请求提供便利[15]。在很多场景中都可以看到缓存技术的应用,如浏览器缓存、Web代理缓存、应用程序缓存等。根据目前对未来互联网研究的了解,凡涉及减小网络流量、提高响应速度等问题,大家普遍的做法就是引入缓存机制。例如,在内容分发网络中,布置在网络边缘的缓存服务器会将以前从网站服务器获取的内容保存下来。当接收到用户的请求时,它们先在缓存中查找符合条件的内容,如果找到,则将这些内容直接返回给用户。缓存技术的使用极大地缩短了内容的响应时间。在NDN[16]、NetInf[10]、DONA[9]等项目中也使用了缓存机制,实现方式与内容分发网络基本相同,只是用于缓存的设备、判断内容是否需要缓存的具体条件存在差异。

上述的几种典型技术在许多未来网络的研究中都有所涉及。通过下面介绍的典型解决方案可进一步体会这些技术的重要性。

4.1.2 典型方案

目前国内外的相关组织已经设立了多个规模较大的研究项目来推进未来网络的研究。代表性的研究项目包括如下几种。

1. DONA

DONA(data oriented network architecture)是美国伯克利大学的一个研究项目[9],是用于取代现行DNS而提出的一种全新的基于内容的网络体系结构。该体系的主要不同点是基于数据内容的命名、基于内容的命名解析和路由、内容的缓存和中间沙箱等。为保证数据的持久性、可达性(变换了IP地址仍可以找到)、可认证性(安全性)等性质,将数据命名为P:L的形式,其中P是public_key的加密形式,用于安全认证,L是该数据的标签,每份数据都有1个唯一的标签。

DONA中设计了一种叫作解析处理器(resolution handler,RH)的中间节点,包含现存网络中的DNS服务器和路由器的功能。为了实现基于内容的路由,有两种命令查找和注册,新数据向RH发送注册命令,数据失效时向RH发送解除注册命令;用户向RH发送查找命令来获取数据。用户在发送查找命令时会先搜索RH中是否有该数据的缓存,若有缓存,则直接返回该缓存数据;否则,向前路由,在数据返回给用户时经过的RH根据一定的规则决定是否进行缓存。这样的缓存机制可以减少路由的跳数和对链路的流量压力。另外,RH可以作为中间沙箱起到防火墙的作用,并对数据内容进行审查、过滤,可有效阻止有害信息的传播,提高网络的安全性。

2. Network of Information

Network of information(NetInf)是欧盟4WARD项目的1个子项目[10],它扩展了标识位置分离的思想,通过递归查找的方式实现信息对象和存储位置的解耦。

NetInf 的研究内容包括信息建模、名称解析、路由、存储、搜索等。简单地说，NetInf 通过 information object(IO)、data object(DO)这一模型来体现信息/内容在网络架构中的核心地位，围绕该模型进行解析及路由机制的设计。通过 IO-DO、DO-位置这样的绑定，NetInf 实现了信息与存储位置的分离。名字解析是 NetInf 中比较重要的一个模块，该模块负责将信息的标识符转换成地址，之后才能进行数据包的路由。NetInf 独立于具体的传输层协议，可以以覆盖网络的方式部署在现有的网络基础结构上，也可以与其他新的传输技术相结合(如 Generic Path)，构成一个全新的网络架构。

3. Named Data Networking

Named data networking(NDN)[16,17]是美国国家科学基金会 2010 年 8 月宣布资助的一个项目。NDN 的基本思想是将信息(或称为内容、数据)本身视为网络中的“头等实体”，是将当前基于主机(host-based)的网络架构转变为基于内容(content-based)的架构。为了实现以内容为中心，NDN 的解决方案是以内容的“名字”代替 IP 地址，重新设计数据包的格式和各层协议，试图替换现有的 IP 架构。

NDN 设计了 2 种格式的数据包：兴趣包(interest packet)和数据包(data packet)。每个包都包含一个内容名字来标识用户想要获取的内容或该数据包负载的数据，包中没有地址信息。NDN 的路由器需要维护 3 个表：content store(CS)、pending interest table(PIT)及 fowarding information table(FIT)。在 NDN 中，通信是由数据的接收方(即数据的消费者)驱动的。用户想要获取数据时，首先发出一个兴趣包(包含所需数据的 name)，路由器接收到这个包后，先在 CS 中查找是否有与当前 name 匹配的内容，如果有，则直接将匹配的数据包返回给发起请求的节点；如果没有，路由器会在 PIT 中记录下当前 name 对应的兴趣包是从哪个接口进入的。同时路由器在 FIT 中查找与当前 name 匹配的记录，以确定从哪些接口把这个兴趣包发出去。当某个节点拥有与 name 匹配的数据时，它就发回一个数据包，这个包会沿着刚才兴趣包经过的路径返回。当路由器接收到一个数据包时，它会根据这个包的 name 在 PIT 中查询匹配的记录，将这个包从所有匹配的接口发出。这样，所有之前请求过相同数据的节点都可以得到所需的数据，PIT 中匹配的记录都将被删除。另外，路由器会在 CS 中保存这个数据包的副本。上述过程所有涉及查询/匹配的操作都是基于 name 的，与地址无关。NDN 采用层次化(hierarchy)的命名方式以提高内容组织和查询的效率。路由信息和用户请求过的内容都保存在路由器中，这种方式最大限度地挖掘了路由器的存储能力，可减少延时和带宽消耗，提高内容分发的效率。

4. Pub/Sub 模式的应用

芬兰研究人员在 2008 年提出了一种基于 Pub/Sub 的网络结构 RTFM[13]。

RTFM 分别对应该网络结构中的 4 个模块,包括 Rendezvous、Topology、Forwarding 和 Media。在 RTFM 中,每个主机只执行发布和订阅 2 项操作。Rendezvous 负责对发布信息和订阅信息进行匹配。Topology 的功能是创建和保持发送树(deliver tree)进行发布信息的转发传递。Forwarding 负责一些数据操作,如标签交换、快速转发等。Media 实现点对点链路数据传输、机会缓存、合作和网络编码、后验纠错等。在已经实现的 RTFM 网络原型系统中,链路层以上的所有功能都是重新设计的,IP 协议仅在一些接收和发送原始以太网帧的装置中使用。这种在 IP 层之下实现 Pub/Sub 的方式有助于解决分布式拒绝服务攻击(DDOS)和网络拥塞等问题。

在 RTFM 的基础上,研究人员又提出了一种基于 Pub/Sub 的路由机制[14]:PSIRP(publish-subscribe Internet routing paradigm)。在 PSIRP 中,匹配订阅者兴趣和发布者内容的路由节点称为集合点(rendezvous point,RP)。在 PSIRP 中,每个发布信息有唯一的识别符 RID(rendezvous identifier)。网络有效的范围称为 scope,scope 也有唯一的标识符 SID(scope identifier)。发布者向 RP 发布新的信息时必须指明 RID 和 SID,SID 表示发布者希望该信息能够被哪些用户访问。描述实际信息的元数据(信息的作者、大小等)也会发送给 RP。订阅者想获取信息时,需要向 RP 发送一个订阅消息,RP 负责将该订阅消息与已发布的信息进行匹配。拓扑构造函数生成从发布者到订阅者的转发路径,分配转发标识符(forwarding identifier,FID)给中间转发节点。中间节点根据 FID 进行信息的转发,同时将流经的信息存入缓存。

Content based networking(CBN)是瑞士的一个研究项目[18,19]。CBN 是对传统的基于地址的单播、多播网络的补充。在 CBN 通信架构中,消息的流动(flow)路径由内容驱动,而不是由消息发送方指定的地址来决定。在 CBN 网络中,消息的接收方通过一种称为 predicate 的方式来声明自己感兴趣的内容(类似于 Pub/Sub 中的 subscribe 行为),发送方只是在网络边缘将消息“注入”到网络中(类似于 Pub/Sub 中的 publish 行为)。网络负责将与 predicate 匹配的消息传送给对应的接收者(网络相当于 Pub/Sub 的中间件)。通过这种 Pub/Sub 模式的应用,CBN 可以为信息共享、信息融合、传感器网格等大规模、松耦合的分布式应用提供有效的支持。

上面介绍的这些研究虽然都强调了信息在网络中的重要性,但由于各项工作的研究思路存在较大差异,很难用一套规范的标准对这些研究进行系统的比较分析。我们从是否有助于解决信息共享业务给互联网带来的问题这一视角出发,重新审视上述各项研究,得到以下结论:

(1) NetInf 可以看作是位置标识分离思想的扩展,因而它对网络的移动性能提供较好的支持。NetInf 用 IO 对信息进行建模,这使得内容的语义描述成为网络的一个重要元素,有利于改进内容共享服务的质量。但这同时也增加了系统的复杂度,因为在 NetInf 中需要借助外部的搜索引擎或其他服务将内容的描述转换为网络可以理解的标识符(ID)。

(2) DONA 中的解析处理器 RH 能够进行基于内容的路由,可以缓存数据,还可以对数据内容进行审查、过滤,这些功能的实现既有助于提升内容共享服务的效率,也增强了安全性。

(3) NDN 以内容的 name 代替 IP 地址。网络的各项基本要素,如路由协议、安全认证方法等,都是基于 name 进行设计的。内容的核心地位在 NDN 中得到了充分的体现。从整体的研究思路上来看,NDN 应当能够为内容共享业务提供比当前互联网更好的支持。但 NDN 是一种革命式的研究方案,要想使当前已经颇具规模的网络向着以 name 为核心的结构转变,还需要仔细权衡这一改变的代价和收益。

(4) 使用 Pub/Sub 模式一个最主要的好处在于内容的发布和订阅在时间、空间上是松耦合的,二者互不干预。对于那些规模较大、参与用户较多、分布式的内容共享应用来说,Pub/Sub 模式的松耦合特点是很有意义的。

4.1.3 未来研究方向

当前各项未来网络方案的着眼点不同,究竟哪一种更适合未来网络的发展,虽然目前无法给出确切的结论,但以下几方面问题是有必要深入思考的:

(1) 未来网络研究应以缓解网络压力作为当务之急。分析造成当前网络压力的原因是开展各项研究的前提。无论是缓和的改进方案还是推倒重来的设计,如果不能有效地解决网络压力的问题,那么就有必要重新估量一下其研究价值。

(2) 位置与标识分离、基于名字的路由、发布/订阅模式、内容缓存这几项技术虽然已经取得了进展,但在解决当前互联网面临的问题方面仍有一些需要突破的地方。例如,位置标识分离、基于名字的路由都面临着可扩展性的问题;在复杂的发布/订阅系统中如何实现兴趣/内容的高效匹配和如何提高路由协议的效率,目前尚未取得令人满意的成果;如何实现动态网页的缓存、如何设计更合理的缓存内容更新策略也有待进一步研究。

(3) 未来网络的研究应当重视与语义网相关技术的结合。回顾前文介绍的研究进展,尽管很多项目都称自己是以内容为中心的,但实际上多数研究并没有重视对内容本身的处理,基于语义的内容理解更是无处体现。未来的互联网应该能提供更智能的内容服务,要想达到这一目的必然涉及内容的语义理解。在命名、寻址、搜索、路由等各项网络的研究中都可以尝试借鉴语义网的思想技术，这对实现以内容为中心的未来互联网是十分必要的。

(4) 相关研究结果已经表明，互联网是一个典型的复杂系统[20-22]，其复杂性体现在系统规模、用户数量、协议体系、多种业务等各方面。研究和开发未来网络，需要对当前互联网的复杂行为特征和性能表现有深刻的理解。用复杂性理论、复杂系统的研究方法去分析网络的工作机制、演化机理，指导网络结构、协议体系、服务模式的设计，是未来网络研究应当遵循的路线。

4.2 非对称广域覆盖的信息共享网络

当前信息共享业务占据了互联网的绝大部分带宽，相同信息大量重复传输，网络上下行流量呈现明显的非对称特性。用于信息交换的对等式互联网，不适于支持十亿用户进行以信息共享为主的非对称传输业务。另外，考虑到我国的具体国情，地域辽阔，人口密度分布不均，铺设宽带用户接入的地面网络工程量大、成本高、维护难，依靠现有的 Internet 结构，实现广大农村及人口稀少的边远地区的信息共享困难重重。有必要寻找符合非对称传输特点的新结构共享信息网络，并研究基于新结构网络的共享信息服务模式。这种信息共享网络，覆盖地理范围广、允许用户数量无限扩容、信息可溯源、免维护、高可靠。这种网络搭载在互联网上，充分利用现有互联网络上的丰富信息资源，具有无冲突的信息共享机制，既满足常规 Internet 接入等信息交换需求，又具有承载共享业务的可扩展性。

针对当前互联网体系结构在承载信息共享业务方面存在的缺陷，结合信息共享业务的非对称传输特点和我国互联网建设的实际情况，我们提出了一种新型的、可实现的共享信息网络结构——非对称广域覆盖的信息共享网络(称为 4ANet 网络)[23]。非对称是指在此共享结构中，信息传输以宽带下行为主、窄带上行为辅；信息主要是指共享信息，即大多数人需要的、低冗余度的信息资源。基于该网络可以实现动态、树状、多身份代理、多通道的兼容服务模式。如图 4-1 所示，在这种新的网络结构中，互联网中的主流信息资源被抽离并在汇聚服务器中进行组织整合，然后通过专用信道(卫星信道)广播至分布在各地的代理服务器，最后通过铺设小规模地面网络向终端用户提供数据业务服务。

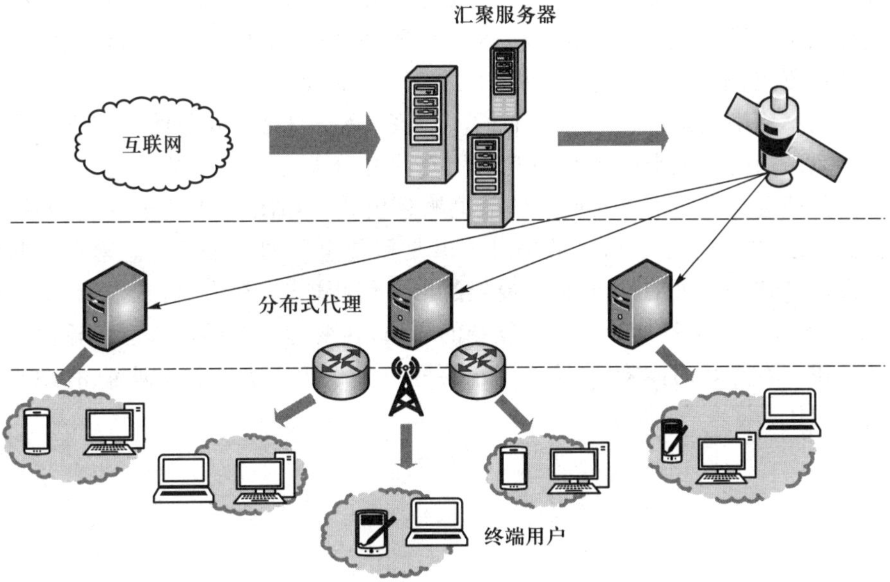

图 4-1 4ANet 整体结构

这种新的共享信息网络结构的理论基础主要包括以下两方面内容:

(1)“小世界”“无标度”特性和共享信息来源的选择。复杂网络领域的相关研究已经表明互联网具有“小世界”特性,并且用户对于网络资源的访问呈现出幂律特性——大多数网民访问的是少数的主流网站、主要资源。我们把大多数用户都关心的涉及共性问题的信息称为共享信息,这类信息适合于用主动推送的方式提供给用户。在新结构中,通过汇聚服务器对主流网站中的内容进行汇聚即可满足网民对共享信息的需求,也能达到尽量少地使用网络带宽便满足大多数人信息共享需求的目的。从这一角度来看,这种新的共享网络解决方案也是一种低成本高效信息化的解决方案。

(2)分布式代理。应用分布式代理机制(distributed proxy mechanism,DPM)属于应用层网络行为与物理网络的协同扩展与跨层协调机制,并且没有对应用层网络造成任何额外的优化开销,保留了应用层网络行为灵活高效的优点;同时不需对物理网络做巨大的改变,是对高效的大规模网络应用机制的有益探索。在新网络结构中,分布式在各地的代理服务器具有较大的存储容量,可以长期接收并存储用户感兴趣的信息,用户在获取所需信息时只需“一跳”。分布式存储节点与前端的专用广域覆盖信道(如卫星信道)相结合,可以极大地缓解互联网的传输压力,从根本上解决网络服务质量保证的难题。

上一节提到过,目前未来互联网络体系结构的研究大致可分两种模式,即渐进式和革命式。此处提出的非对称广域覆盖信息共享网络立足于当前互联网，从设计范畴来讲，属于渐进式结构，容易部署，同时该结构借助广播信道实现大范围信息覆盖，不会给骨干网络带来臃肿问题；从设计思想来讲，非对称广域覆盖信息共享网络也是以信息为中心的。与现有研究相比，我们的研究不仅通过网络体系结构的改变来解决当前互联网在内容分发方面存在的问题，同时也关注如何从信息自身出发寻找更优的信息服务模式。如图 4-1 所示，在我们提出的信息共享结构中，基于语义的信息汇聚是非常重要的一个环节。来自互联网的信息不是直接提供给用户，而是要经过网页解析、文本聚类、信息抽取、文本摘要、基于本体的语义标注等一系列复杂的操作，转变为聚合的内容后再输出。除了能让用户有更好的体验外，信息聚合的另一个好处是缩减了数据量，有助于减轻网络的压力。

4.3　社会化媒体

4.3.1　社会化媒体的定义

近年来，社会化媒体发展迅猛，已成为人们交流信息的重要媒介。简言之，社会化媒体就是人们用来社交的媒体[24]。早期的维基百科、论坛、博客和当下流行的微博、微信等都是社会化媒体的代表。社会化媒体的用户不仅是信息的消费者，更是信息的制造者。网络用户自发创造、贡献、提取并传播信息的过程构成了社会化媒体的基本生命周期[25]。社会化媒体具有如下特征[26]：

(1) 参与。高度的用户参与是社会化媒体最重要的特征。用户是信息的提供者、评论者，这些信息填充、丰富了社会化媒体的基本框架。

(2) 公开。大部分的社会化媒体允许用户发布、评论和分享信息，而且社会化媒体的内容通常是向用户公开的(涉及隐私的内容之外)。

(3) 交流。社会化媒体中信息是双向传播的，实现了媒体与受众的信息交流。

(4) 社区化。社会化媒体注重集体智慧，用户可以通过现实世界的关系网络或根据个人兴趣建立社区或发现适合自己的社区。

4.3.2 社会化媒体的分类

综合考虑表现形式、运作模式、采用的技术以及自身定位等几方面要素，现有的社会化媒体可大致分为以下几类[26]：

1. 博客

博客是一种由个人或组织管理、不定期张贴新的文章的网站。博客具有明确的个人领域特征，在博客中发布的内容通常主题明确、内容完整。与其他社会化媒体相比，博客的实时性较弱，且交互功能并不明显。

2. 社交网络

社交网络(Social Networking Service，SNS)即社会网络服务，是一种可以提供多种交流、交互渠道的互联网应用服务，旨在帮助用户在网络中建立并维护社交关系。社交网络最明显的特征在于用户的社区化，用户通过好友关系或是共同的兴趣形成诸多重叠的动态社区，信息主要在社区内共享。社区化的优势在于，联系紧密的社区内的用户间拥有较高的信任度，信息在社区内可以做到快速流转，且被用户认真阅读并获得信任。但与此同时，社区内的紧密度与社区间壁垒的坚固度是呈反比关系的，紧密的社区网络代表社区内的用户结构较为稳定，并没有频繁的新用户加入、老用户撤出，而多个社区间的重叠程度是远小于整个平台中的社区规模的。这意味着信息极易被社区分割成一个个孤岛，在整个网络中，用户看到的内容只能是由好友推荐来的小部分信息，信息很难实现跨多个社区的流转。

3. 论坛

论坛(Bulletin Board System 或者 Bulletin Board Service，BBS)是一种强交互性的电子信息服务系统，用户可在 BBS 站点上以公开的形式获取信息、发布信息并与其他用户讨论。论坛可以覆盖的范围极其广泛，既可以是综合型的论坛，也可以是深入度极高的专题论坛。论坛中没有成熟的结交和维系朋友关系的功能模块，有部分用户同时使用多个账号避免发言被锁定。用户可以真正不受拘束地畅所欲言，这是论坛的一个优点。但与此同时，因为可以不必为自己的发言负责，用户在论坛中发表信息的真实性和可靠性值得推敲。

4. 微博

微博即微博客的简称，是一个立足于用户关系的信息分享平台。用户可以建立关注关系，以 140 字左右的文字更新信息，并实现即时分享，是社交网络的一种特殊形式。与博客相比，微博的实际功能更接近于社交网站。但与一般社交网站不同的是，微博采用的是单向的关注机制，用户间因实际的朋友关系而互相关注与用户因兴趣对其他用户单向关注的情况共存，形成了更为复杂的社区结构。

5. 资源分享平台

资源分享平台有很多,如以 YouTube、优酷为代表的视频分享平台,以虾米、网易云音乐为代表的音乐分享平台,以 Flickr、Instagram 为代表的图片分享平台,以及诸如百度文库等的文档资源分享平台。此类社会化媒体专注于某一类型的信息,其核心价值在于分享。分享平台打破了传统媒体的诸多限制,涵盖的内容较传统媒体更加广泛,且用户可以随时随地浏览内容。分享平台能够以较小的边际成本为用户提供便利的检索渠道。

6. 知识协作

以维基百科(Wiki)网站为代表的知识协作系统是一个可以供多人协同对共同的主题进行探讨、实现快速信息整合的系统。Wiki 最主要的特征在于其开放性,社群内的用户可任意创建、修改或删除页面,而这些变化可被任意来访者观察到。由于内容完全由用户创作,所以鼓励用户进行高质量的内容创作是 Wiki 平台的核心所在。通常情况下,平台建立有较为完善的积分、荣誉等奖励体系,激发并依靠用户的成就感来维系其创作热情。

7. 即时通信

即时通信是一种基于互联网的即时通信服务,国外以 MSN(Microsoft Service Network)为代表,国内则以腾讯 QQ、微信为代表。即时通信利用互联网线路,通过文字、图片、语音、视频、文件等多种方式进行交流与互动,为用户提供更加便捷和经济的沟通渠道。随着即时通信发展的成熟,即时通信软件已经从纯粹的实时接收和发送信息的应用软件转变为一个集搜索、社交、购物等多种功能于一体的平台。

在目前中国的互联网市场中,社会化媒体产品多集成了上述若干社会化媒体的功能。例如,腾讯 QQ 将腾讯公司的多种社会化媒体产品,如腾讯微博、QQ 空间(博客)、QQ 音乐等集成在 QQ 客户端中;在新浪微博中,用户可通过“长博客”发表字数较多的内容,多媒体嵌入技术的使用为用户提供了视频分享与音乐分享服务,类似于论坛的微话题功能允许多个用户参与特定话题的讨论,私信功能可为用户提供即时通信服务。

社会化媒体为信息共享提供了新平台,用户在这一平台中创造的内容数据和行为数据具有重要的价值[27]。随着相关技术和应用不断更新以及用户群体的不断扩大,基于社会化媒体开展数据挖掘、社会网络分析、群体建模等研究,将成为未来信息共享研究的一个重要方向。

4.3.3 微信

微信(WeChat)是腾讯公司于 2011 年推出的一款基于智能终端的通过网络

快速发送语音短信、视频、图片和文字,支持多人群聊的移动通信软件[28]。随着“摇一摇”“漂流瓶”“朋友圈”“公众平台”“微信支付”等各项功能的加入,微信已由最初的即时通信工具发展成为集通信、社交、媒体、支付、电商等为一体的综合平台。语音短信免费、便捷等特点使微信受到市场热捧。腾讯公司 2016 年 3 月发布的报告[29]显示,截至 2015 年底,微信月活跃用户已达 6.97 亿。

微信的出现再一次改变了信息共享、传播的方式。在微信平台中,信息的传播方式大致可分为三种[28]:

(1) 好友之间传播。这种方式是指通过微信互相添加为好友的用户之间的点对点双向传播。好友的来源是手机通信录、QQ 好友以及部分陌生人的账号。一般而言,数量限于几百人。传播方式与手机短信类似,是一种点对点的类似短信的聊天方式。

(2) 朋友圈传播。这种方式是指微信用户在添加了朋友圈插件后,可通过手机接收到自己的朋友圈好友动态,也可通过手机拍照发送到朋友圈。传播范围跟自己的好友数量相关。微信朋友圈被定义为一种私密性的图片分享,限定在相互关注的朋友范围内。基于私密性,微信朋友圈的传播功能有“点赞”和“评论”,但不支持转发,难以形成大规模传播。

(3) 信息接收。这种方式是指微信用户作为信息接收端,可以在安装有关插件的前提下,接收来自腾讯网站推送的新闻广播、来自公众账号的推送信息、来自腾讯微博更新的信息,并向自己好友转发。具体来说,微信可以将腾讯网站的新闻以系统广播功能,向所有用户推送,用户可以在绑定手机号或 QQ 号的前提下转发到朋友圈、腾讯微博或好友。

微信中信息的传播具有如下特点[30]:

(1) 传播主体多样化,个人账号与公众号并存。个人账户是通过 QQ 号或者手机号注册微信的个人用户。公众号又分为服务号、订阅号和企业号三种。服务号给企业和组织提供更强大的业务服务与用户管理能力,帮助企业快速实现全新的公众号服务平台;订阅号为媒体和个人提供一种新的信息传播方式,构建与读者之间更好的沟通与管理模式;企业号为企业或组织提供移动应用入口,帮助企业建立员工、上下游供应链及企业应用间的连接。

(2) 传播对象身份界限模糊,转换灵活。在对话框模式下传播者发出一条消息,受众在线接收然后回复一条消息,受众即刻变成传播者。便捷的对话模式和接入手机网络的渠道保证了传播的速度,使得传受双方的身份转换简单且快捷。

(3) 传播内容多样化。微信的传播内容可分为用户原创内容与用户转发内容,原创内容指微信用户创造并在微信中传播的内容,转发内容则来自互联网。

在对话框和朋友圈中,通过超链接即可转到互联网界面,这使得微信的传播内容与互联网理论上是相同的。

微信本质上是一种即时通信工具,虽然其具备信息共享功能,但与论坛、微博等社会化媒体相比,微信以聊天为主,信息缺乏可挖掘的能力,信息检索较难实现。另外,在个人隐私保护和不良信息处理方面,微信更具私密性,设计上更尊重个人意志,例如在朋友圈发布内容时,微信用户可以选择谁可以看,可以提醒谁看。上述信息共享功能的限制虽然有利于保护用户隐私,但从传播的角度看,微信的这些特点并不利于信息溯源、数据挖掘等工作的开展。如何对微信平台中的信息传播模式进行建模分析、如何挖掘微信平台中的内容数据和行为数据,这都是有待深入研究的问题。

参考文献

[1] Clark D. The design philosophy of the DARPA Internet protocols [J]. Computer Communication Review,1988,18(4):106-114.

[2] Feldmann A. Internet clean-slate design: what and why? [J]. ACM Computer Communication Review,2007,37(3):59-64.

[3] 王学龙,张璟. P2P 关键技术研究综述[J]. 计算机应用研究,2010,27(3):801-805,823.

[4] 刘瑜,朱光喜,尹浩,等. 内容分发网发展综述[J]. 计算机科学,2009,36(2): 11-14,46.

[5] 任勇,徐蕾,叶王毅,等. 未来网络的研究进展和发展趋势[J]. 中国科技论文在线,2011,6(4):247-255.

[6] 涂睿,苏金树,彭伟. 位置与标识分离的命名和寻址体系结构研究综述[J]. 计算机研究与发展,2009,46(11):1777-1786.

[7] Meyer D,Zhang L,Fall K. Report from the IAB workshop on routing and addressing: RFC 4984[S]. Fremont,CA:IETF,2006.

[8] Balakrishna H, Lakshminarayanan K, Ratnasamy S, et al. A layered naming architecture for the Internet [C]//Proceedings of ACM SIGCOMM 2004. Portland,Oregon,USA:[s. n.],2004.

[9] Koponen T,Chawla M,Chun B G,et al. A data-oriented (and beyond) network architecture[C]//Proceedings of ACM SIGCOMM 2007,Kyoto:[s. n.],2007.

[10] Ahlgren B,D'Ambrosio M, Dannewitz C, et al. Design considerations for a network of information[C]//Proceedings of First International Workshop on

Re-Architecting the Internet, Madrid: [s. n.], 2008.

[11] Cheriton D R, Gritter M. TRIAD: A new next-generation Internet architecture [R/OL]. [2000-01-30]. http://www-dsg.stanford.edu/triad/triad.ps.gz.

[12] 汪锦岭. 面向 Internet 的发布/订阅系统的关键技术研究[D]. 北京:中国科学院研究生院(软件研究所), 2005.

[13] Särelä M, Rinta-aho T, Tarkoma S. RTFM: publish/subscribe Internet working architecture[C]//Proceedings of Mobile ICT Summit 2008, Stockholm: [s. n.], 2008.

[14] Lagutin D, Visala K, Tarkoma S. Publish/subscribe for Internet: PSIRP perspective[C]// Tselentis G, Galis A, Gavras A, et al. Towards the Future Internet: A European Research Perspective, Amsterdam: IOS Press, 2010: 75-85.

[15] Held G. A Practical Guide to Content Delivery Network[M]. 2nd ed. Boca Raton: CRC press, 2010.

[16] Jacobson V, Smetters D, Thornton J, et al. Networking named content[C]//Proceedings of the 5th International Conference on Emerging Networking Experiments and Technologies, Rome: [s. n.], 2009.

[17] Zhang L X, Estrin D, Burke J, et al. Named Data Networking(NDN) Project [R/OL]. [2010-10-31]. http://www.named-data.net/ndn-proj.pdf.

[18] Carzaniga A, Rutherford M J, Wolf A L. A Routing Scheme for Content-based Networking[C]//Proceedings of IEEE INFOCOM 2004, Hong Kong: [s. n.], 2004.

[19] Carzaniga A, Rembert A J, Wolf A L. Understanding content-based routing schemes[R]. Technical Report 2006-05, Faculty of Informatics, University of Lugano, 2006.

[20] Barabási A-L, Albert R, Jeong H. Scalefree characteristics of random networks: the topology of the world wide web[J]. Physica A, 2000, 281: 69-77.

[21] Faloutsos M, Faloutsos P, Faloutsos C. On power-law relationships of the Internet topology [C]//Proceedings of SIGCOMM '99, Cambridge, Massachusetts: [s. n.], 1999: 251-262.

[22] 山秀明, 王磊, 任勇, 等. 互联网复杂性研究进展[J]. 北京邮电大学学报, 2006, 29(1): 1-7, 16.

[23] 任勇, 许晨敏, 王磊, 等. 一种非对称广域覆盖的信息共享网络结构[J].

电子与信息学报,2009,31(5):1017-1021.

[24] Safko L. The Social Media Bible: Tactics, Tools, and Strategies for Business Success[M]. Hoboken: John Wiley & Sons,2010.

[25] Jiang C, Chen Y, Liu K. Evolutional social information diffusion analysis [C]//2014 IEEE Global Communication Conference(GLOBCOM),2014.

[26] 梁循,杨小平,周小平,等. 面向社会化媒体大数据的社会计算[M]. 北京:清华大学出版社,2014.

[27] Wang J, Jiang C, Quek T, et al. The value strength aided information diffusion in socially-aware mobile networks[J]. IEEE Access,2016,4(1):3907-3919.

[28] 方兴东,石现升,张笑容,等. 微信传播机制与治理问题研究[J]. 中国传媒大学学报,2013,6:122-127.

[29] 腾讯研究院. 微信经济社会影响力研究报告[EB/OL]. [2016-03-21]. http://tencentresearch. com/Public/Uploads/file/20160321/20160321154703_28907. pdf.

[30] 徐田娣. 微信的传播特性探究[D]. 长春:吉林大学,2015.

第二篇

信息共享网络的拓扑与动力学特性

第5章 基于效用的网络演化模型

信息技术的迅速发展催生了众多蕴含丰富统计特征的复杂网络演化现象，深入发掘这些现象背后本质的演化规律，具有重要的理论意义和应用价值。互联网是典型的复杂网络，构建网络演化模型分析互联网信息共享业务，对于提升网络信息服务质量有着十分重要的意义。鉴于现有的网络演化模型无法准确全面地刻画复杂网络连接关系的形成机理和演化规律，本章提出基于效用的网络演化模型，考察了不同的效用定义方法，包括基于用户兴趣的效用、基于非对称性的效用和基于资源的效用，并通过实验证明了效用模型相较于传统网络演化模型更符合实际网络的整体统计特征，可有效刻画网络的演化机理和结构特征。

5.1　网络演化模型的基本概念

5.1.1　复杂网络拓扑性质

复杂网络同时具有确定性和随机性，确定性在大规模数据的统计中得以体现。大数据已经成为信息领域的热门话题，基于大数据的网络研究可以更好地分析复杂系统的确定性统计特征。复杂网络研究最重要的 3 个拓扑性质是平均路径长度、度分布和聚类系数。

1. 平均路径长度

复杂系统往往具有小世界特性，即平均路径长度小，节点之间的距离短[1,2]。美国心理学家 Stanley Milgram 在文献[3]中指出，世界上任何两个人的平均距离是 6，即平均情况下通过 5 个人就能联系到任何其他人。新兴社交媒体更加缩短了用户之间的距离，研究表明推特(twitter)上的平均路径只有 4 左右[4,5]。平均路径长度按下式计算：

$$L=\frac{2}{N(N-1)}\sum_{i>j}d_{ij} \tag{5-1}$$

式中 L 表示网络的平均路径长度，d_{ij}表示节点对(i,j)之间的最短距离，N 表示网络节点个数。

2. 度分布

节点的度 k 是指网络中与该节点相连接的其他节点的数目。有向网络中节点的度可以分为入度和出度[6]，节点的入度是指以节点为终点的边数，出度是指以节点为起点的边数。网络中所有节点的度可以用分布函数 $P(k)$来表示，$P(k)$表示度为 k 的节点的比例。随机网络的度呈泊松分布，大部分现实复杂网络的度呈幂律分布[6,7]，如图 5-1 所示。

3. 聚类系数

朋友的朋友也是朋友，这是网络的聚类特征。节点的聚类系数就是节点的邻居的邻居也是节点的邻居的概率。节点聚类系数按下式计算：

$$C_i=\frac{2E_i}{k_i(k_i-1)}, \tag{5-2}$$

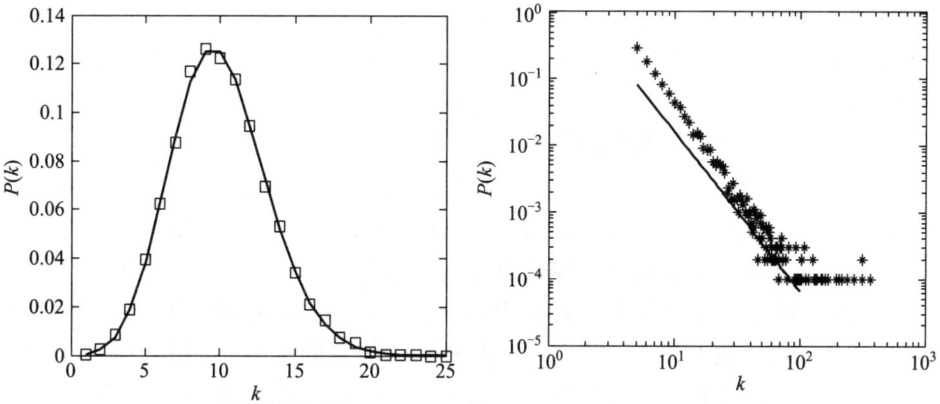

(a) ER随机图的度分布

(b) BA无标度模型的度分布

图 5-1 网络度分布

式中，E_i 表示与节点 i 连接的三角形数量，k_i 是节点 i 的度数[6,8]。

5.1.2 常见的网络演化模型

通过大规模数据可以探究和验证复杂网络的统计特性，数学模型则能简单地描述和刻画复杂网络性质的演化规律和产生机理。现有研究中提出的网络演化模型主要有以下几种。

1. 随机图模型

最经典的网络演化模型 $C_i=\dfrac{2E_i}{k_i(k_i-1)}$是 ER 随机图模型[9]，其基本原理是任何两个节点之间以固定的概率 p 连边。ER 随机图的平均路径长度与 N 正相关（N 是网络规模），ER 网络的度呈泊松分布。聚类系数为 $c=\langle k\rangle/(N-1)$，和网络的平均度成正比，和网络规模成反比。

2. 小世界模型

WS 小世界模型[1,2,10]的基本原理是网络中的每条边以固定概率 p 随机重连：一个节点不变，另一个节点随机选择。WS 网络的平均路径长度是 $\ln N$ 的函数，聚类系数与$(1-p)^3$ 正相关。

3. 无标度网络模型

BA 无标度网络模型[11]的基本原理是优先连接，新节点更偏向于选择度大的老节点连接（富者愈富）。BA 网络的度呈幂律分布，平均路径长度呈小世界特性。BA 网络的聚类特征不明显，聚类系数与网络规模负相关。

4. 适应度模型

无标度创立者 Barabási A-L 对 BA 网络模型进行了改进[6]，引进了适应度因子,新节点在选择连接节点时不仅关注已存在节点的度,还关注节点的内在属性(适应度)。适应度模型解决了 BA 网络后来者无法居上的问题,能够很好地解释 Facebook 成为互联网中“后起之秀”的现象。

5. 基于社团结构的演化模型

基于社团结构的网络演化模型[12]中连接的优先度分为社团内部和社团之间两种情况,社团之间是一个无标度网络,社团内部又是个无标度网络。

6. 流行度和相似度结合的演化模型

文献[13]提出流行度和相似度(Popularity vs. similarity,PS)模型,引入用户兴趣,并和节点的度相结合,用几何的方法表达两者的关系和网络的演化机理。PS 模型的优点在于在保持 BA 网络的无标度和小世界特性的同时,能够体现网络的聚类特征,并且与实际网络数据拟合度较高。

5.2　基于兴趣效用的网络演化模型

5.2.1　基于效用的网络演化基本算法

针对现有模型存在的不足,我们提出了基于效用的演化模型[14]。效用演化模型的核心是“效用”,任何节点在选择连接关系时的依据是效用,连接关系带来的效用越大,连接的概率就越大[15]。效用演化模型的算法如下:

(1) 效益函数定义。初始时刻,网络 G 有 m_0 个节点全连接。随着时间变化,每个时点有一个新节点加入,新节点选择 m 个已存在节点相连接。新节点 t 在选择连接关系时考虑两个因素:收益(benefit,表示连接关系能够给新节点 t 带来的收益);成本(cost,表示连接关系需要新节点 t 付出的代价)。效用等于上述的收益减去成本:

$$u_{it} = benefit(i,t) - cost(i,t) + \rho_t, \tag{5-3}$$

式中,u_{it}表示节点 i 对节点 t 的效用,$benefit(i,t)$表示节点 i 带给节点 t 的收益,$cost(i,t)$表示节点 i 需要节点 t 付出的成本,ρ_t 是扰动参数,代表节点 t 的非理性行为。

(2) 优先连接。新节点 t 与已存在节点 i 连接的概率 p_{it}按下式计算

$$p_{it} = \frac{u_{it}}{\sum_i u_{it}} \tag{5-4}$$

效用演化模型的关键问题是研究效用函数。先看几个特殊情景下效用函数和成本函数的例子。

(1) 随机网络

$$benefit(t,i)=A, cost(t,i)=B, \rho=C, \tag{5-5}$$

式中,A,B,C 都表示常数。当收益函数、成本函数和 ρ 都为常数时,效用函数为常数。所有节点的选择都是非理性的,新节点任意选择连接关系,所以此时是一个随机网络。

(2) 无标度网络

$$benefit(t,i)=k_i, cost(t,i)=0, \rho=0, \tag{5-6}$$

当效用函数和节点的度成正比,成本函数和 ρ 都为 0 时,优先连接的概率取决于节点度,此时就是一个 BA 无标度网络模型。

(3) 朋友圈网络

$$benefit(t,i)=sim_{ti}, cost(t,i)=f(d_{ti}), \rho=0, \tag{5-7}$$

式中,sim_{ti}是用户相似度,d_{ti}是用户之间的距离。在一个朋友圈里,效用函数是用户兴趣的函数,成本函数是时间、距离等参数的函数(建立联系的时间成本、维护联系的成本等)。相似度越接近的用户,能够给新用户带来的效用越大,相互连接的概率也越大。

5.2.2 基于兴趣的效用度量

基于兴趣效用的网络演化模型,通过调节兴趣效用函数对节点效用的影响,改变网络的聚类系数。如社交网络中新用户选择关注对象时,既考虑对象的流行度(度越大,说明越受欢迎,比如名人),也考虑对象的兴趣相似度(用户当然会选择与自己兴趣更接近的对象做朋友)。这里提出基于兴趣的效用网络演化模型,将节点的兴趣引入效用函数,效用函数定义如下:

$$u(i,t)=sim_{it}^{\alpha}k_i. \tag{5-8}$$

基于兴趣的效用网络演化模型的基本构造算法如下:

(1) 网络增长。初始时刻,网络 G 有 m_0 个节点全连接。随着时间变化,每个时点有一个新节点加入,新节点选择 m 个已存在节点相连接。新节点 t 和老节点 i 的兴趣相似度用 sim_{it}表示,sim_{it}越大表示两者的兴趣越接近。并且 $sim_{it}=sim_{ti}$,即兴趣的相似度是对称的。k_i 表示节点 i 的度。

(2) 优先连接。新节点 t 和已存在节点 i 相连接的概率如下:

$$p_{it}=\frac{sim_{it}^{\alpha}k_i}{\sum_j sim_{jt}^{\alpha}k_j}, \tag{5-9}$$

式中，参数 α 是兴趣权重因子，α 越大表明选择连接关系时兴趣的影响越大。

5.2.3　仿真与理论分析

仿真时，用户兴趣由随机数组 $(u_1, u_2, \cdots, u_N)$ 表示，u_k 表示第 k 个用户的兴趣，$1/|u_i-u_j|$ 表示节点 i 和 j 的兴趣相似度。

第一个仿真实验的参数为 $N=10\ 000$，$m_0=3$，$m=3$，仿真结果如表 5-1 和图 5-2 所示。从仿真结果可以看到，效用模型的度分布近似幂律分布，兴趣影响越

表 5-1　基于兴趣的效用模型仿真结果（$N=10\ 000, m_0=3, m=3$）

兴趣权重因子	$\alpha=0$	$\alpha=1$	$\alpha=1.5$	$\alpha=2$	$\alpha=3$	$\alpha=4$
平均路径长度	4.3	4.7	5.7	6.3	7.8	8.8
聚类系数	0.005	0.056	0.25	0.39	0.51	0.54

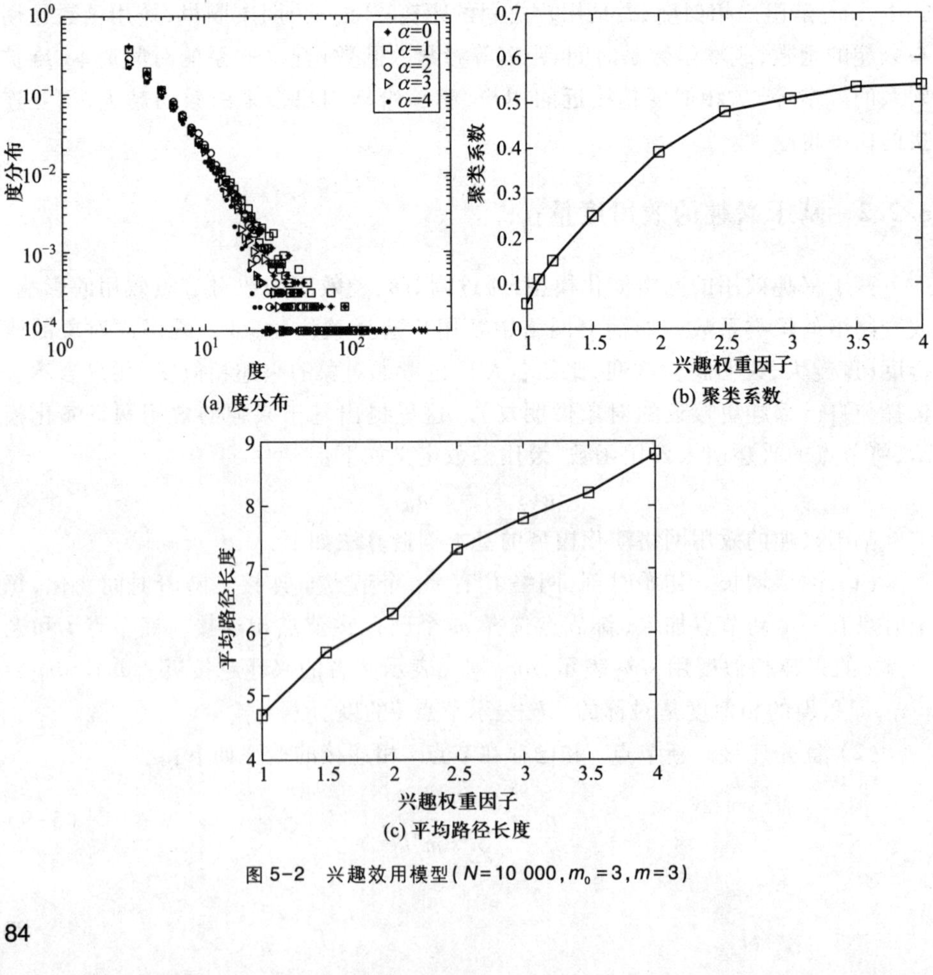

(a) 度分布

(b) 聚类系数

(c) 平均路径长度

图 5-2　兴趣效用模型（$N=10\ 000, m_0=3, m=3$）

大，度分布曲线的尾部越偏离幂律。效用模型的聚类系数较大，并且随着兴趣权重的增加而增大。兴趣效用的权重越大，网络的聚类特征越明显，兴趣相似的人更容易产生关系，形成相互联系的小团体，兴趣差异大的用户之间距离变大，因此平均路径长度越大。

表 5-2 和图 5-3 给出了网络规模为 100 000 时的仿真结果。对比两种情景的仿真结果可以看出，网络规模为 10 000 和 100 000 时，网络的拓扑统计性质并没有太大区别，相同的兴趣权重因子下，网络规模越大平均路径越长，聚类系数越低。为方便计算，在下面的实证研究中，我们基本采用 $N=10\ 000$ 的网络规模。

表 5-2　基于兴趣的效用模型仿真结果（$N=100\ 000, m_0=3, m=3$）

兴趣权重因子	$\alpha=0$	$\alpha=1$	$\alpha=1.5$	$\alpha=2$	$\alpha=3$	$\alpha=4$
平均路径长度	5	5.4	7.1	8.4	10	11
聚类系数	0.001	0.034	0.24	0.40	0.52	0.54

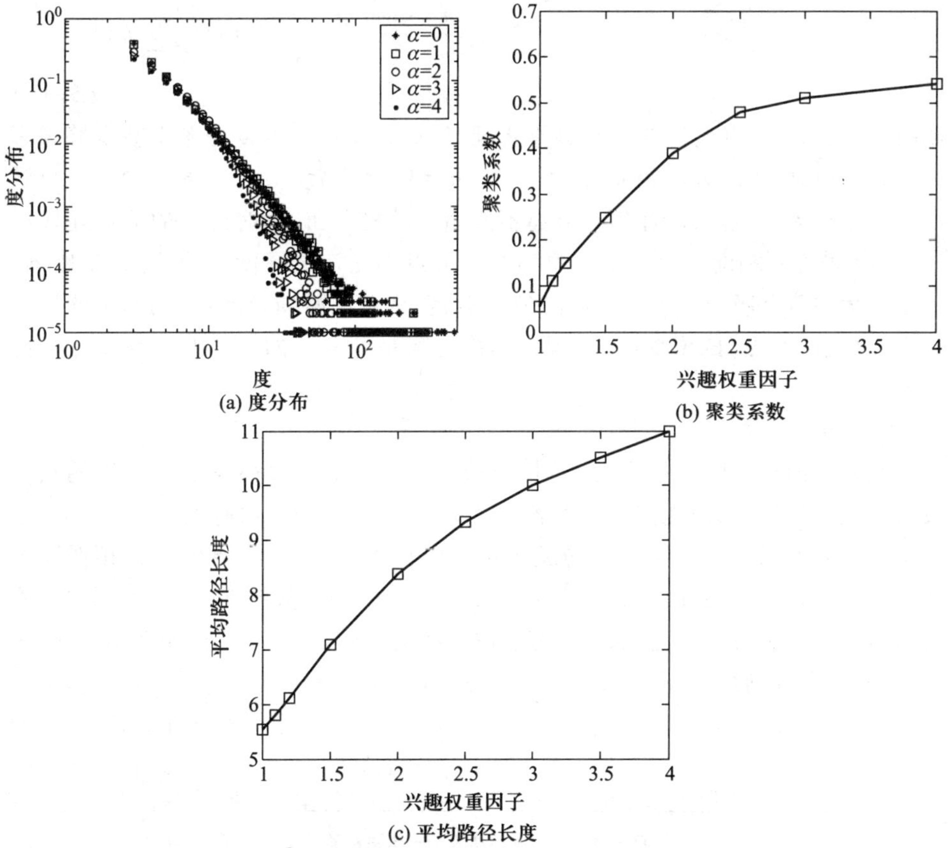

图 5-3　兴趣效用模型（$N=100\ 000, m_0=3, m=3$）

下面从理论角度分析度分布、聚类系数以及平均路径长度参数。

(1) 度分布

t 时刻，新节点 t 和老节点 i 连接的概率为

$$p_i(t)=\frac{mk_i(t)sim_i(t)}{\sum_{j=1}^{m_0+mt}k_j(t)sim_t(t)}. \tag{5-10}$$

节点度的分布为

$$f(k)=\frac{N_k(d_i=k)}{N} \tag{5-11}$$

式中，$N_k(d_i=k)$ 表示度为 k 的节点个数。当统计数据足够大时，用户的兴趣分布可以当作是随机的，均匀分布。当统计数据足够大时，在 $N_k(d_i=k)$ 的范围内（当作子集）样本够大，可以对整个子集取期望：

$$\overline{p_{N_k}(t)}=m\frac{\overline{ksim_i(t)}}{\sum_{j=1}^{m_0+t}k_j(t)sim_j(t)}=m\frac{\overline{k}\ \overline{sim_i(t)}}{\sum_{n=1}^{k_{max}}k_{n_j}(t)\ \overline{sim_j(t)}}=\frac{mk}{\sum_{n=1}^{k_{max}}k_{nj}(t)}=\frac{mk}{\sum_{j=1}^{m_0+t}k_j(t)}. \tag{5-12}$$

此时，上式和 BA 模型的度分布概率相同，因此效用模型的度分布也基本符合幂律分布。但是，当度 k 比较大时，集合 $N_k(d_i=k)$ 就会较小，无法将其看作一个样本数据足够大的子集，因此用户兴趣不能当作随机分布，此时度大的节点连接概率和 BA 模型不相同。由于效用模型中新节点不一定选择度大的节点，相比 BA 模型度大的节点吸引力更小，因此"富者愈富"的效用减弱，导致效用网络的流行节点（度大的节点）的度变小，体现在网络上就是度分布的幂律曲线在尾巴处向左弯曲。

(2) 聚类系数

兴趣度的权重因子越大，兴趣相似的节点之间的连接概率越大。兴趣相似具有一定的传递性，因此网络的聚类特征更加明显，聚类系数越大。

由于我们采用了一维空间的随机算法模拟用户的兴趣，导致兴趣相似度的传递性有一定的限制，因此聚类系数的最大值为 0.54。如图 5-4 所示，用户兴趣随机地均匀分布在 0~1 之间，如果完全按兴趣度来选择 4 个好友，那么用户 u_{k-2}~u_{k+2} 及其好友分别是 $u_{k-2}(u_{k-4},u_{k-3},u_{k-1},u_k)$、$u_{k-1}(u_{k-3},u_{k-2},u_k,u_{k+1})$、$u_k(u_{k-2},u_{k-1},u_{k+1},u_{k+2})$、$u_{k+1}(u_{k-1},u_k,u_{k+2},u_{k+3})$、$u_{k+2}(u_k,u_{k+1},u_{k+3},u_{k+4})$。可以计算得到 u_k 的

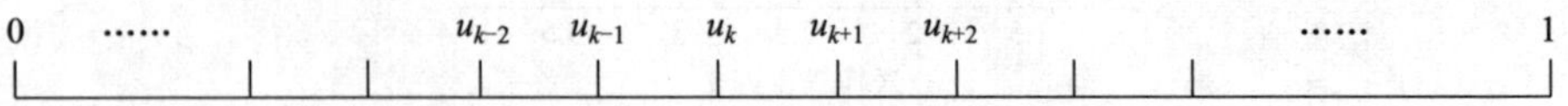

图 5-4　用户兴趣仿真的一维随机算法

聚类系数为 0.5,其他节点相同。

(3) 平均路径长度

兴趣权重因子 α 越大,新节点在选择连边时的随机因素影响就越大,所以平均路径长度越大。当 $\alpha=10, N=10\ 000, m_0=3, m=3$ 时,仿真得到网络的平均路径长度为 11,聚类系数 0.54,度分布已不再满足幂律分布。我们采用文献[13]提到的方法,根据节点加入网络的时间确定节点的流行度。因为度优先连接符合富者愈富的先发优势,整体来说越早进入网络的节点流行度越大。我们假设网络中在 i 时刻加入节点 i,那么设置节点 i 的流行度为 $1/i$。此时模型 1 的效用函数变为

$$u(i,t)=\frac{1}{i}sim_{it}. \tag{5-13}$$

设 $N=10\ 000, m_0=3, m=3$,仿真得到网络的聚类系数为 0.8,超过了之前的值。同时,网络符合小世界特性,平均路径长度为 3.6,网络的度分布符合幂律,幂指数约为 2。

5.3 实证研究

5.3.1 社交网络分析

目前,诸如 Twitter 之类的短文本社交网络风靡全球。短文本社交网络的优势在于内容简明清晰、传播速度快,是网络用户获取和传播消息的最佳途径之一。网络中的用户可以关注他人,如果 A 关注 B,那么 A 是关注者,B 是被关注者。我们把用户作为节点,关注关系作为有向边。这里收集并分析了 3 个短文本社交网络的数据集。

我们的模型统计和分析的是无向网络的性质,由于实际网络是有向的,因此需要把有向的实际网络转化为无向网络。所以,我们定义第一种有向网络到无向网络的映射关系:只要存在单向连接关系的用户就是好友关系,如图 5-5 所示。根据上述的网络映射关系,我们统计分析了 3 个数据集的网络特征(如表 5-3 所示)。

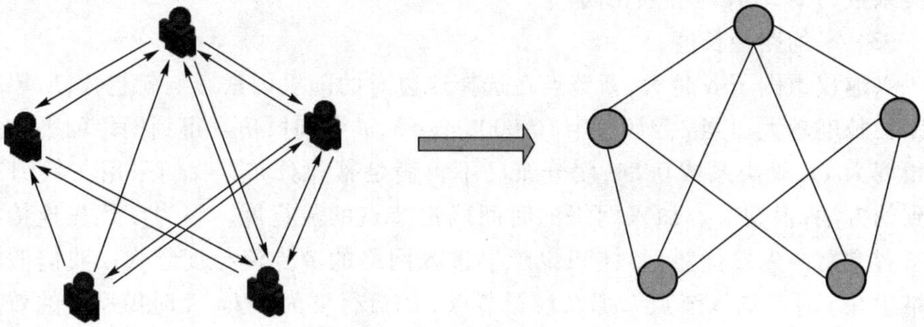

图 5-5　有向网络到无向网络的映射

表 5-3　网络映射下的社交网络特征统计

	N	E	$\langle k \rangle$	L	r	C
新浪微博	10 000	97 152	19	3	2.3	0.12
腾讯微博	10 000	414 314	83	2.6	2.2	0.19
Twitter	10 000	41 527	8	3.8	2	0.05

1. 新浪微博

数据集①包含 500 多万个节点，3.3 多亿条边。我们选取其中 10 000 个用户，按网络映射关系构造一个无向网络，网络的边数为 97 152，平均度为 19，网络的平均路径长度为 3，度符合幂律分布，幂指数为 2.3。网络具有明显的聚类特征，聚类系数为 0.12。从图 5-6 可以看出，用户的邻居平均度与度成反比关系，因为用户的度越小，说明用户关注的人越少，而被关注的一般都是流行度大的点，因此邻居平均度就较小。用户的聚类系数较高，随着度的变大聚类系数逐渐降低。

2. 腾讯微博

数据集②包含约 200 万个节点，5000 万条边。我们选取 10 000 个用户，按网络映射关系构造一个无向网络。网络的平均度为 83，说明我们选择的是相对整体比较活跃的子集。从分析结果来看，度符合幂律分布，幂指数为 2.2。网络的小世界特性很明显，平均路径长度为 2.6。网络具有明显的聚类特征，聚类系数为 0.19。如图 5-7 所示，腾讯微博的网络整体特征与新浪微博基本一致。

---

① http://www.wise2012.cs.ucy.ac.cy/challenge.html Datasheet

② www.kddcup2012.org Datasheet

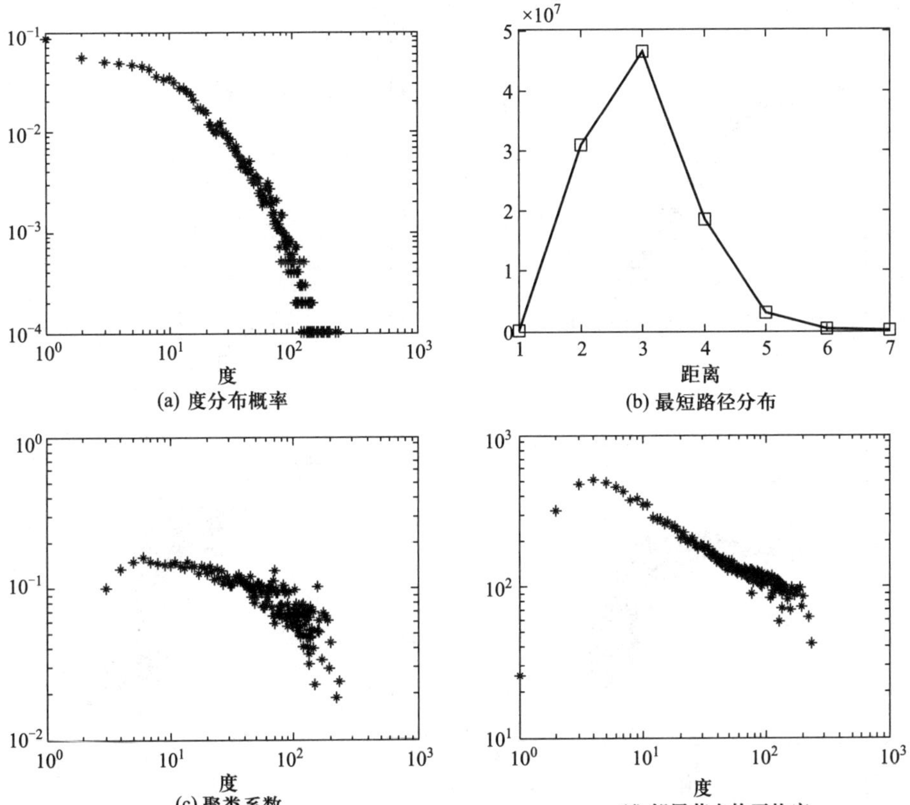

(a) 度分布概率　(b) 最短路径分布　(c) 聚类系数　(d) 邻居节点的平均度

图 5-6　网络映射下的新浪微博网络特征

3. Twitter

数据集①包含 465 024 个节点，833 590 条边。我们选取 10 000 个用户，按网络映射关系构造一个无向网络。网络的平均度为 8，度分布符合幂律分布，幂指数约为 2。网络的小世界特性很明显，平均路径长度为 3.8。网络具有一定的聚类特征，聚类系数为 0.05。如图 5-8 所示，网络的整体统计特征与前面两个网络类似。

5.3.2　仿真和实际数据对比分析

根据上一节分析的实际网络整体特征，我们设置不同的参数，如表 5-4 所示，兴趣效用演化模型和 BA 模型分别模拟实际网络的演化过程，并进行对比分析。

① http://arnetminer.org Datasheet

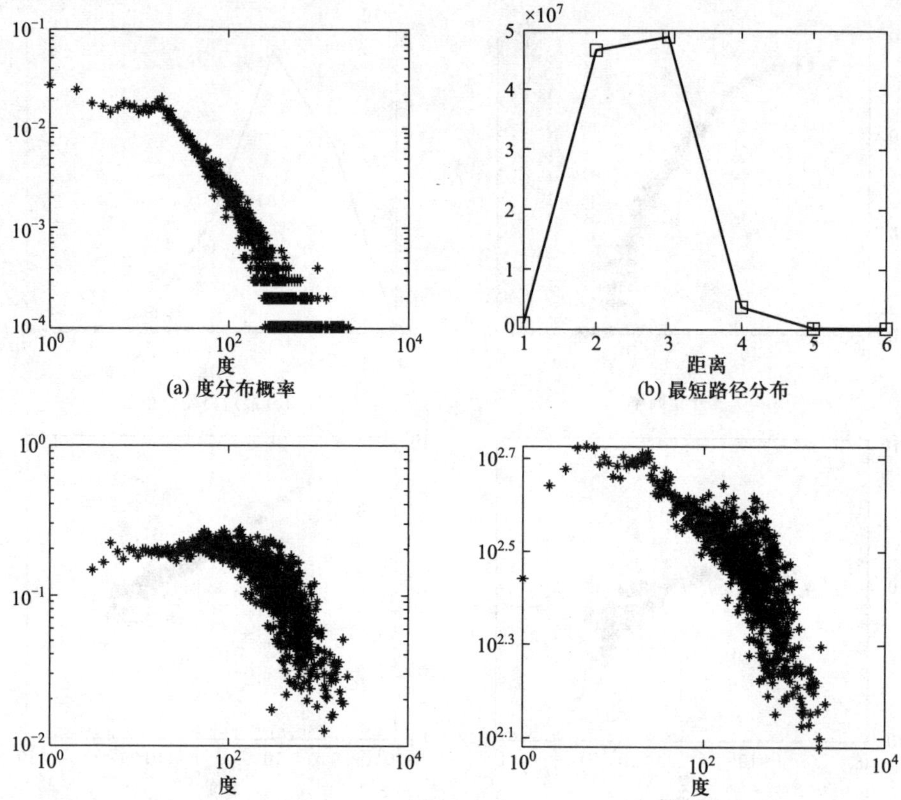

(a) 度分布概率　(b) 最短路径分布　(c) 聚类系数　(d) 邻居节点的平均度

图 5-7　网络映射下的腾讯微博网络特征

表 5-4　兴趣效用模型和实际网络对比

		节点数	边数	平均度	平均路径长度	幂指数	聚类系数
第一组	新浪微博	10 000	97 103	20	4	2.3	0.12
	效用模型	10 000	98 266	20	4	2.4	0.12
	BA 模型	10 000	98 334	20	3	2.5	0.01
第二组	腾讯微博	10 000	414 314	83	2.6	2.2	0.19
	效用模型	10 000	419 007	84	2.6	2.4	0.19
	BA 模型	10 000	419 095	84	2.4	2.5	0.03
第三组	Twitter	10 000	41 527	8	3.8	1.9	0.05
	效用模型	10 000	39 840	8	4.1	1.9	0.05
	BA 模型	10 000	39 990	8	3.9	2	0.006

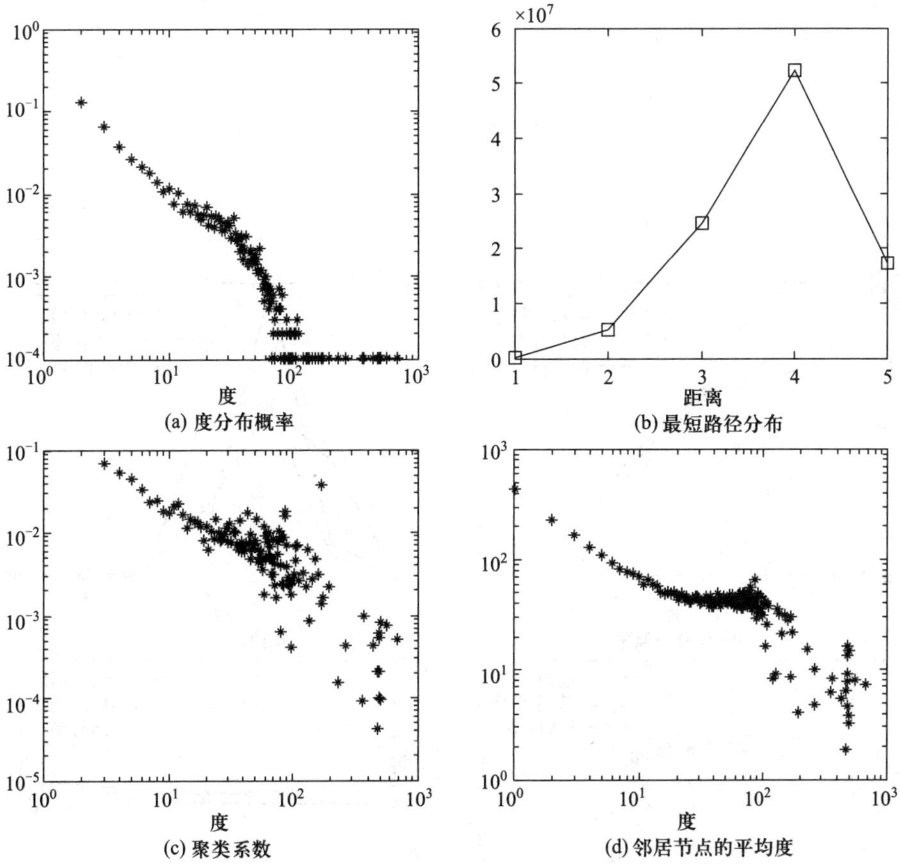

图 5-8 网络映射下的 Twitter 网络特征

从图 5-9 可以看出，基于兴趣的效用模型的度分布、平均路径长度、聚类系数都与实际网络更加接近。尤其聚类系数，效用模型相比 BA 模型有着明显的优势，实际网络和效用模型的聚类系数都是 0.12，而 BA 模型只有 0.01。

腾讯微博的仿真结果如图 5-10 所示，因为腾讯微博数据集得到的网络的平均度较大，因此会影响仿真效果。与 BA 模型相比，我们最关注的指标是聚类系数，基于兴趣的效用模型仍旧有非常好的拟合度，实际网络和效用模型的平均聚类系数都是 0.19，而 BA 模型只有 0.03。

Twitter 数据集上的仿真结果如图 5-11 所示。可以看到，在聚类系数和平均路径长度上，基于兴趣的效用模型和实际网络十分接近。

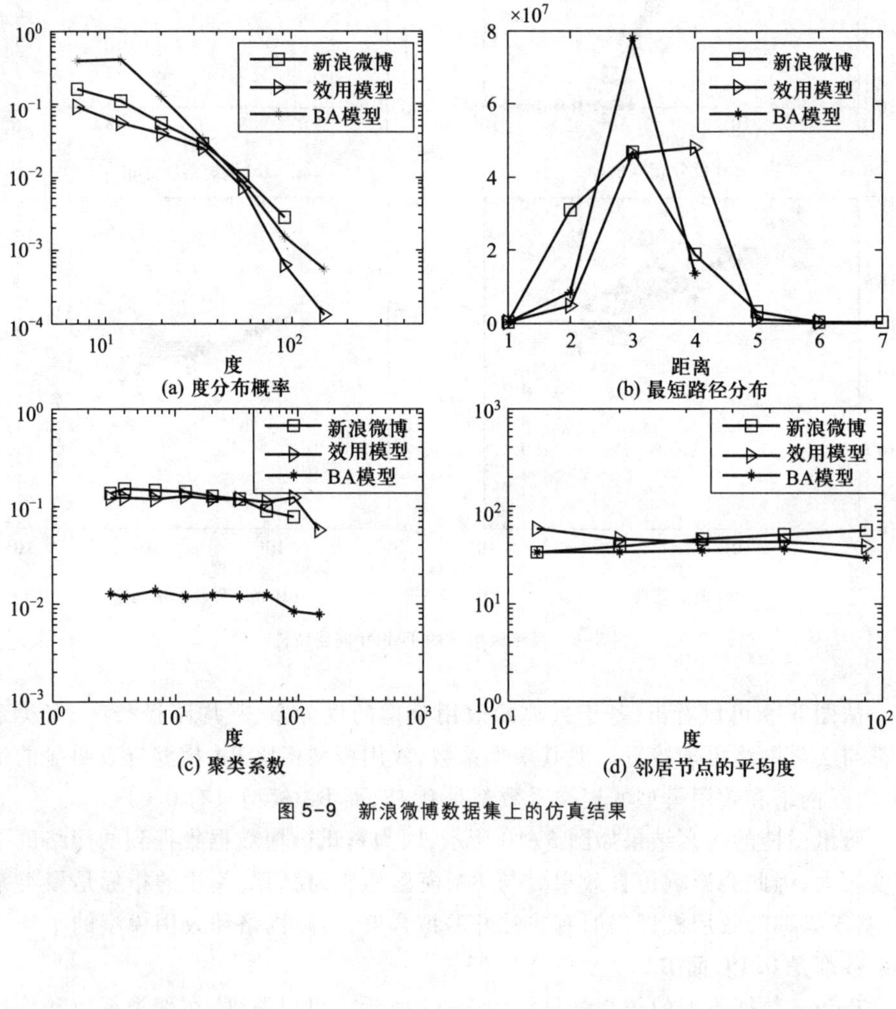

图 5-9　新浪微博数据集上的仿真结果

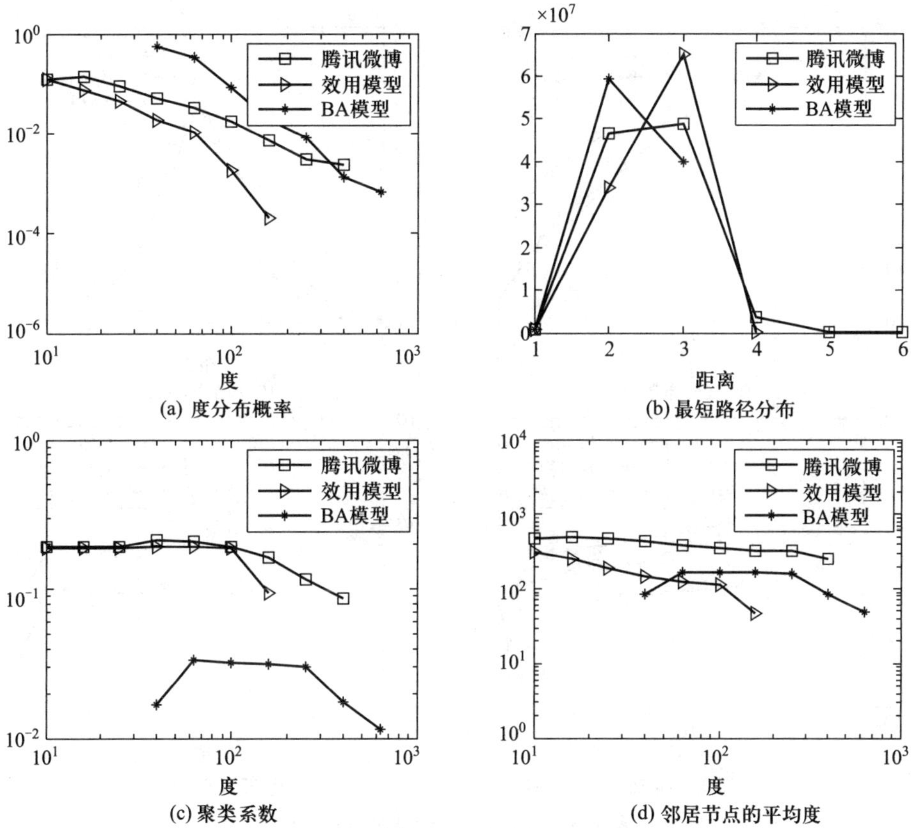

图 5-10 腾讯微博数据集上的仿真结果

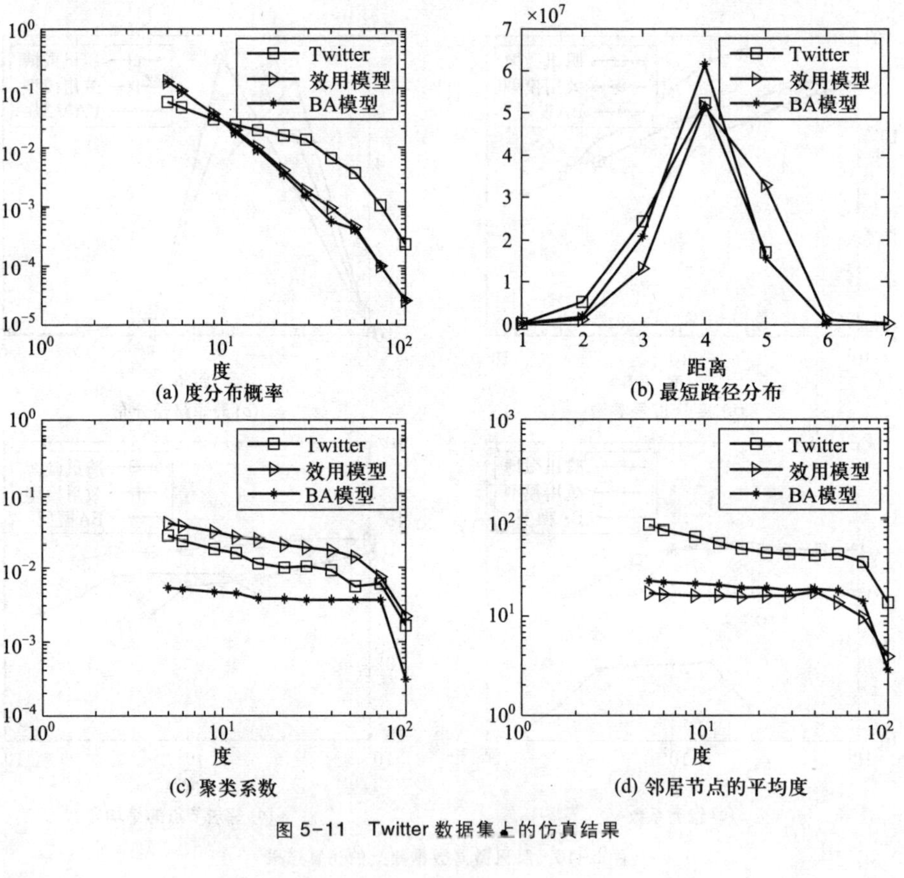

图 5-11　Twitter 数据集上的仿真结果

参考文献

[1] Watts D J,Strogatz S H. Collective dynamics of 'small-world' networks[J]. Nature,1998,393(6684):440-442.

[2] Albert R,Jeong H,Barabási A L. Internet:Diameter of the world-wide web[J]. Nature,1999,401(6749):130-131.

[3] Milgram S. The small world problem[J]. Psychology Today,1967,2(1):60-67.

[4] Kwak H,Lee C,Park H,et al. What is twitter, a social network or a news media? [C]//Proceedings of the 19th ACM International Conference on World Wide Web,2010:591-600.

[5] Teevan J,Ramage D,Morris M R. Twitter Search:a comparison of microblog search and web search[C]//Proceedings of the fourth ACM International Conference on Web Search and Data Mining,2011:35-44.

[6] 汪小帆,李翔,陈关荣. 网络科学导论[M]. 北京:高等教育出版社,2012.

[7] Adamic L A,Huberman B A. Power-law distribution of the world wide web[J]. Science,2000,287(5461):2115-2115.

[8] Newman M E J. The structure and function of complex networks[J]. SIAM Review,2003,45(2):167-256.

[9] Erdos P,Rényi A. On random graphs[J]. Publ. Math. Debrecen,1959,6:290-297.

[10] Newman M E J,Watts D J. Renormalization group analysis of the small-world network model[J]. Physics Letters A,1999,263(4):341-346.

[11] Fortunato S,Flammini A,Menczer F. Scale-free network growth by ranking[J]. Physical Review Letters,2006,96(21):218701.

[12] Li C,Maini P K. An evolving network model with community structure[J]. Journal of Physics A:Mathematical and General,2005,38(45):9741.

[13] Papadopoulos F,Kitsak M,Serrano M Á,et al. Popularity versus similarity in growing networks[J]. Nature,2012,489(7417):537-540.

[14] 孙权. 基于效用的网络演化模型研究[D]. 北京:清华大学,2013.

[15] Jiang C,Zhang H,Han Z,et al. Information-sharing outage-probability analysis of vehicular networks[J]. IEEE Transaction on Vehicular Technology,2016,65(12):9479-9492.

第 6 章　P2P 网络相变的非线性成因及整体对策

互联网用户的访问行为表现出大规模群聚特性，分析该群聚特性对网络整体特征的影响对于研究信息共享网络的性能有着十分重要的意义。测量统计网络流量特征是分析用户访问行为的重要手段。已有研究从时空演化的角度对网络流量进行了分析，发现网络中存在相变现象，且网络性能的相变与用户访问行为的幂律特性密切相关。本章以应用层网络与物理网络双重耦合模型[1]为基础，借鉴统计物理学在网络性能分析方面的研究成果，分析网络形成产生相变的非线性成因，并在此基础上提出改善网络性能的分布式代理对策。特别地，我们从网络路由器节点的输入输出非线性关系这一角度探讨网络性能相变的本质原因，相关研究结果可为网络管控策略的设计提供指导。

6.1 应用层网络与物理网络双重耦合模型简介

物理网络中传输的数据包包头包含了从源节点到目的节点的访问过程，一个数据包的转发需要多个路由器节点的协同工作。从这个角度上来说，数据包层次上用户间的相互访问行为实际上是对网络应用中用户间的连接关系进行了逻辑描述。为了清晰反映应用层用户逻辑连接引起物理网络数据传输的耦合关系，引入了应用层网络与物理网络双重耦合模型，如图 6-1 所示。

图 6-1 反映了应用层用户间逻辑访问行为与物理网络真实拓扑之间的作用方式。模型将应用层网络的用户随机映射到物理网络的节点上，如应用层节点 u_i 与 u_j 分别被映射到物理网络中的 u_i'和 u_j'。当节点 u_i 对节点 u_j 发起访问时，比如某用户点击门户网站的一个网页，在应用层上表现为“一跳”即可到达，而在对应的物理网络拓扑中，表达访问需求的数据包则需要通过路由器节点的 3 次转发。模型在应用层逻辑访问与物理网络真实的数据包转发之间建立起一一对应的关系，将用户间访问行为与所引起的底层物理网络流量耦合在一起。

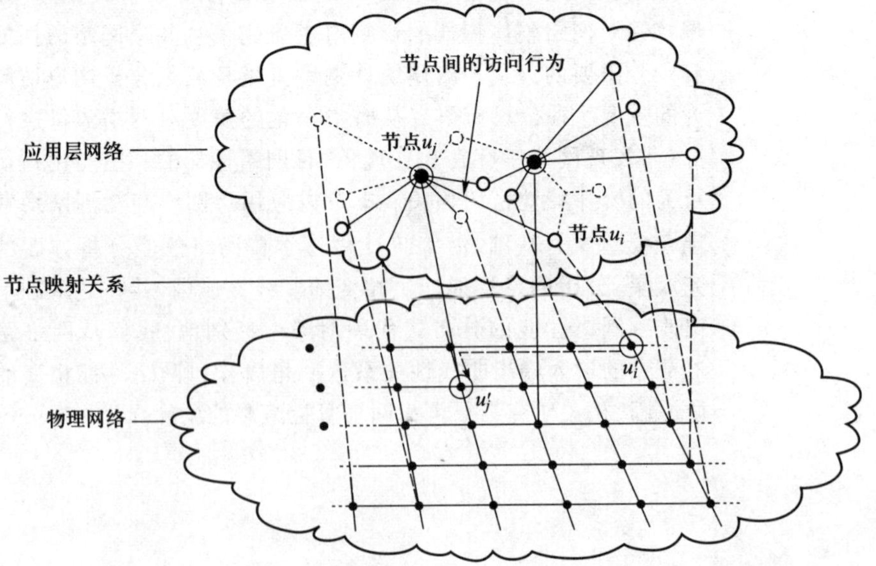

图 6-1　应用层网络与物理网络双重耦合模型

从上面对于模型的介绍中可以看出，物理网络流量的时空变化取决于应用层网络中用户访问行为的分布趋势。为了反映模型基本工作流程及后续应用层网络对于物理网络性能的影响，模型数据包产生、路由及转发的基本工作流程描述如下：

(1) 每一时步，应用层网络用户 u_i 以概率 p 访问 u_j。同时，与 u_i 对应的物理网络映射节点 u_i'以概率 p 产生数据包，并以 u_j 的映射节点 u_j'为目的节点，生成的数据包被置于 u_i'数据包队列的尾部。

(2) 每一时步，每个节点从其数据包队列的队首取出一个数据包（模型中各节点均为路由器节点），按照最短路由策略[1]向其邻居节点中的一个转发该数据包。转发过去的数据包被置于该邻居节点数据包队列的尾部。若同时有多个数据包到达，则它们的队列位置随机排序。

(3) 每一时步，若数据包没有到达目的节点，则该数据包的生存时间自增 1。

(4) 若数据包被转发到其目的节点，则该数据包消亡，其生存时间不再累加。

设物理网络中节点 r 在系统演化的第 k 时步的数据包排队长度为 $q(r,k)$，则 k 时刻整个网络节点数据包排队总和可以表示为

$$Q(k)=\sum_{r} q(r,k). \tag{6-1}$$

实际物理网络中，每个路由器节点的缓冲区有限，所能容纳和处理的数据包数量有限。若物理网络中网络规模为 L，即每行和每列有 L 个路由器，这里约定路由节点的缓冲区大小为

$$B_{Router}=2L^2. \tag{6-2}$$

当路由器节点的缓冲区满负荷时，将丢弃后续到来的数据包直至缓冲区有剩余空间，才重新接纳数据包。

实际上，不论应用层网络用户间访问行为趋势如何变化，路由器节点输入与输出之间的非线性关系是网络性能造成相变的本质原因。下面结合对于网络性能相变的介绍，利用一个简单的模型揭示这种非线性对于网络性能的影响。

6.1.1 网络性能的相变与分布式代理对策

相变（phase transition）是来自于热力学中的概念，原意指的是物质从一种状态（相）转变为另一种状态（相）时发生的突变。文献[2]通过分析数据包 TTL 和流量分布的波动，指出网络从自由流相（free flow phase）向拥塞相（congestion phase）转变的过程中存在相变临界状态，且此时路由器节点的排队长度的功率谱呈现出幂律特性[3]。网络相变描述了网络从正常工作到拥塞的过程，如图 6-2

所示。

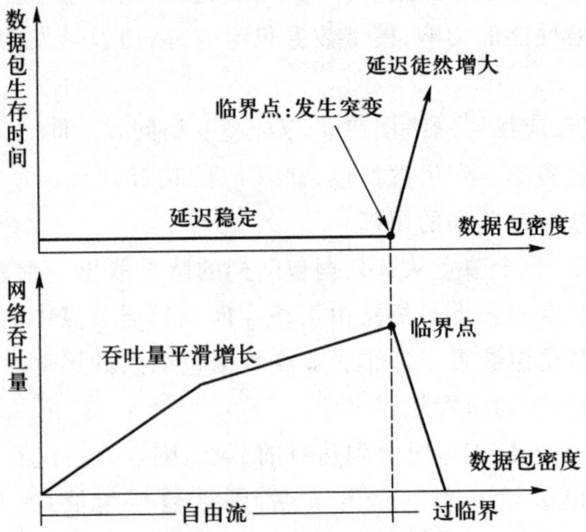

图 6-2 网络相变示意图

已有不少研究对网络相变的原因进行了分析。文献[4]对节点排队长度均方涨落函数的统计结果分析表明,在突破相变临界状态后,节点才开始呈现长程相关特性。文献[5]从网络流量的空间演化角度,分析了数据包排队长度的空间互相关函数,并指出排队长度的互相关特性中亦存在明显的相变现象。另一方面,受用户关系网络与电话网络相互作用研究的启发[6],文献[1]将应用层用户行为引入到对于网络性能的分析过程中,并指出万维网中用户访问行为的幂律特性[7]加剧了网络性能的相变。

与上述研究不同,此处我们从分析物理网络中路由器节点输入与输出的非线性关系入手,研究网络相变的成因。路由器节点缓冲区有限,当其输出数据包的数量与进入路由器等待转发的数据包数量无法达到动态平衡时,路由器就会溢出并影响到周围路由器的转发,最终使整个网络发生拥塞。用户访问行为的幂律特性使得路由器节点的非线性过早出现,而使网络性能恶化得更加迅速。在相变临界点的左侧,网络处于自由流状态,数据包可以经过路由器节点的转发和物理链路的传输到达目的节点,数据包的生存时间少且稳定,物理链路可以持续地传输数据包且吞吐量稳定增长。在相变临界点的右侧,网络处于拥塞状态,网络中流动的数据包数量超过了系统的承载能力,使得数据包或者在路由器缓冲区驻留较长时间,或者被路由器节点丢弃。而物理链路的传输能力也被耗尽,无法正常传输数据包,导致吞吐量骤然下降。

下面我们以图 6-3 所示的数据包转发系统为例进一步解释网络性能相变的

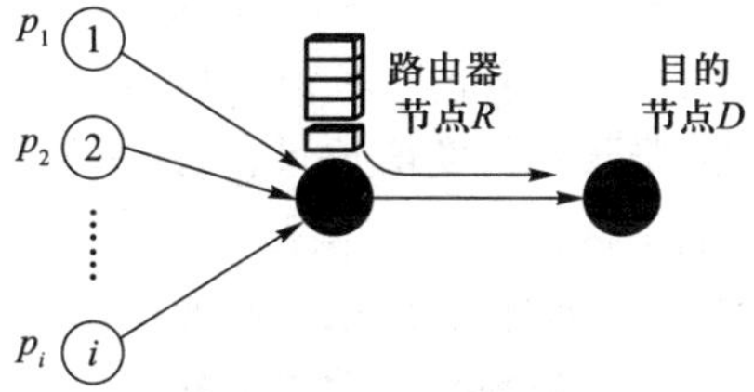

图 6-3 一个简单的数据包转发系统

非线性成因。在图 6-3 所示的系统中，节点 1,2,…,i 分别以概率 p_i 产生数据包，并且从 0 逐渐增长到 1。假设路由器节点每次只能输出一个数据包，用 Q_R 表示路由器节点缓冲区中数据包的排队长度。当系统演化到时步 k 时，路由器节点的输入 $I_{R,k}$ 和输出 $O_{R,k}$ 的期望可以分别定义为

$$E[I_{R,k}] = \sum_i p_i, \tag{6-3}$$

$$\begin{cases} E[O_{R,k+1} \mid Q_{R,k} = 0] = 1 - \prod_i (1 - p_i) \\ E[O_{R,k+1} \mid Q_{R,k} \geqslant 1] = 1 \end{cases}. \tag{6-4}$$

式(6-3)说明路由器节点每一时步的输出只与上一时步数据包的队列长度有关。在系统演化的初始阶段，节点 1,2,…,i 产生数据包的概率较小，与之邻接的路由器节点的输入数据包数量小于其最大的输出能力，数据包能够被实时转发到目的节点，并且在转发的过程中一直有 $Q_R = 0$，此时系统呈现线性状态。随着节点产生数据包的概率增大，会出现某一时刻路由器节点输入数据包的总量大于其最大的输出能力，使得路由器节点处呈现非线性特征，即其缓冲区内出现数据包队列，Q_R 不断增长。

在系统演化的过程中，存在一个微小的时间间隔 Δt，此时间间隔内节点 1,2,…,i 产生数据包的概率相同且保持不变，均为 $p\Delta t$。此时路由器节点数据包队列增长的长度总和为

$$\sum_{R\sim D} Q_{\Delta t} = \max\left\{ \sum \left(E[O_{R,\Delta t}] - E[I_{R,\Delta t}] \right), 0 \right\}. \tag{6-5}$$

$R \sim D$ 表示路由器节点 R 与目的节点 D 直接相连。在系统演化的过程中，当数据包队列超出了缓冲器容量时，缓冲器就会溢出，数据包被丢弃。同时，驻留在缓冲区内的数据包不能被尽快地路由到目的节点，其生存时间也不断增长。由此可见，路由节点输入及输出之间的非线性关系，是使其产生拥塞并影响周围节点数据包的转发的本质原因。随着时间的增长，这种拥塞状态会随着数据包的传输不断扩散，最终导致网络中产生和消亡的数据包数量严重失衡，造成整个网络系统的拥塞。

在实际的网络应用中,每个用户或者服务器被访问的概率不同,路由到各节点的数据包数量也不均衡。比如 Http 网络中,数据包大多集中在主流的门户网站周围,这就使其周围路由器队列长度增长过快,路由器输入与输出之间的非线性影响更加严重,网络性能下降迅速。在实际网络的改造过程中常通过提高核心路由器节点的传输带宽和数据处理能力来改善拥塞,但由于无法避免非线性因素的作用,由于用户访问过于频繁而导致服务器崩溃的现象仍非常频繁。

从上面的分析可以看到,要想缓解网络拥塞,需要从路由器节点入手,尽量使其输入与输出的数据包数量保持动态平衡的状态,延缓其缓冲区溢出情况的出现时间。在图 6-4 中,B 为受访问节点,A 为路由器节点,对节点 B 访问的数据包需要 A 节点的转发。由于 A 节点受到非线性因素的影响而产生数据包队列,$Q_A \neq 0$ 并不断增长直至产生拥塞。若将 A 节点设置为 B 节点被访问内容的代理节点,则 A 可以直接处理输入数据包,而无需向 B 转发,$Q_A = 0$。由此可见,对被访问内容引入资源代理可以一定程度上减轻非线性对网络性能的影响。

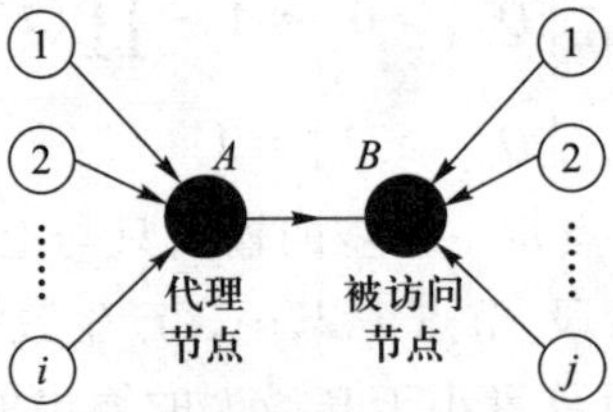

图 6-4　代理节点数据处理系统示意图

6.1.2　实验结果及分析

本节利用应用层网络与物理网络双重耦合模型,实验分析并比较了 3 种应用层用户访问行为趋势对于网络性能的影响。3 种访问行为分别是随机访问、幂律访问和引入代理节点的幂律访问,主要区别在于用户互相访问时,所生成的数据包目的地址选取的方法不同。说明如下:

(1) 随机访问。应用层用户在访问时随机选择访问对象,反映在物理网络上生成数据包时,数据包目的地址随机选择。

(2) 幂律访问。根据 P2P 网络用户间通信连接分布设置访问行为,即生成幂指数 $\alpha=1.53$ 的访问次数分布,并采用蒙特卡罗方法分配各节点被访问次数。物理网络数据包目的地址为被访问节点。

(3) 引入代理节点的幂律访问。在幂律分布基础之上,在物理网络中引入与节点被访问次数呈对数线性关系的代理节点数量,如节点 i 被访问次数为 k 次,则在物理网络中随机散布 $c\lg(k)$(其中 $0<c<1$,为常数)个代理节点。当其他

节点访问 i 节点时，访问需求被自动重定向到与其距离最近的代理节点上，此时物理网络中数据包的目的地址为代理节点。

仿真实验中，设置底层物理网络规模为 $L=20$，即网络中有 400 个用户，经过 2000 时步过渡后，得到的仿真结果如图 6-5～图 6-7 所示，图中垂直实线指示了不同情况下系统性能指标的相变点。由于路由器节点输入和输出非线性因素的作用，不论是随机访问、幂律访问还是引入代理节点的幂律访问，网络性能参数都存在着相变的现象。

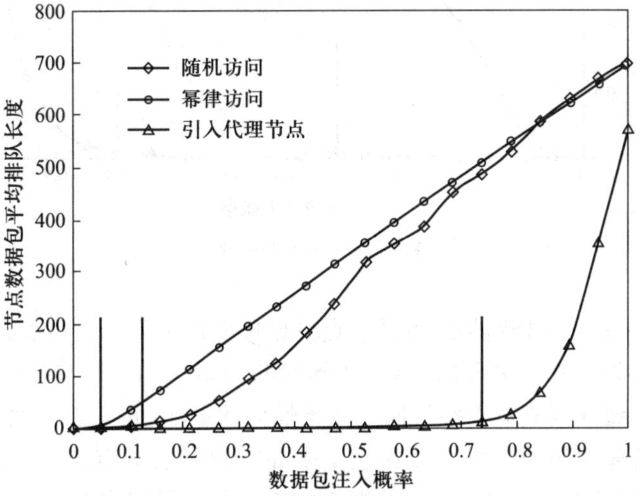

图 6-5 节点数据包排队长度

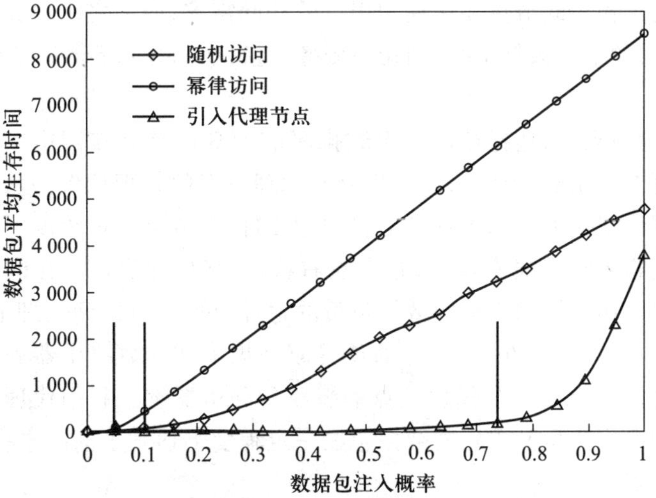

图 6-6 数据包平均生存时间

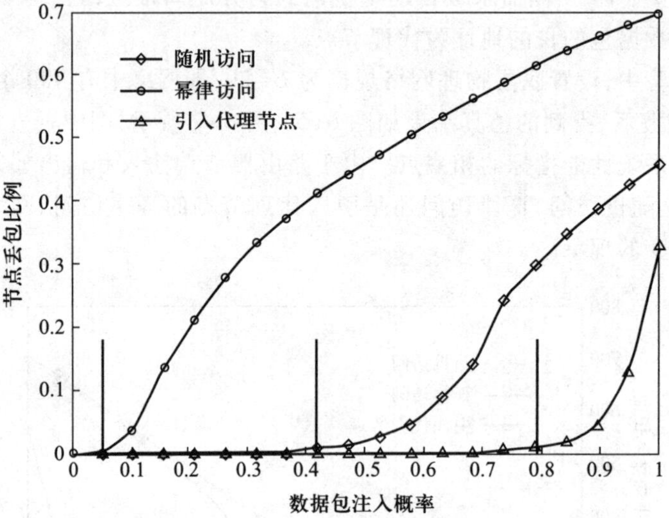

图 6-7　节点丢包比例

图 6-5 和图 6-6 分别是路由器节点数据包平均排队长度和数据包平均生存时间的统计结果。从图中可以看到,实际互联网络应用中用户访问行为的幂律特性加剧了非线性因素对于整个网络系统性能的影响,相变点发生了明显左移。说明用户的群聚性访问使大量数据包集中在少数路由器节点的周围,使其发生拥塞并扩散,网络性能恶化较快。网络性能下降使得用户的访问需求被拒绝。图 6-7 给出了路由器节点丢包比例的统计结果。由于路由器节点缓冲区溢出,数据包被丢弃,被访问节点无法获知用户的访问需求,而反之用户无法获得被访问节点所反馈的信息数据,网络的用户服务质量(Quality of Services,QoS)无法得到保证。

引入代理节点时,选择被访问次数排序前 10% 的节点在网络中放置代理节点,其中代理节点系数 $c=0.8$,并随机分配代理节点的物理位置。从实验结果可以看到,在网络规模为 $L=20$ 的情况下,引入的代理节点一定程度上缓解了网络负载,数据包临界注入概率增大,相变点右移,网络性能提高。在网络中增加访问代理节点后,用户访问产生的数据包目的地址被重新定向到代理节点处,一方面缩短了路由路径的长度,另一方面使得原来集中在少数路由器和物理链路的数据包,被分散到通往多个代理节点的链路和路由器上。利用代理节点的数据处理能力,网络中产生和消亡的数据包在一定程度上达到了动态平衡,因此改善了网络性能。

物理网络中数据包的时空分布影响着网络流量的均衡性,在随机访问时,网络的流量分布较为均衡。而实际网络中用户访问行为的群聚特性打破了流量的均衡性,使网络的传输效率局部降低乃至影响全局。互联网络中常见的分布式拒绝服务攻击[8](Distributed Denial of Services,DDoS)就是采用很多攻击源一起攻击某台服务器,使服务器很快陷入瘫痪状态。一些研究从网络整体特征出发研究了网络安全问题,当网络中的用户不以获取有效信息为目的,而是蓄意增加某些特定节点的数据处理负载时,就会很快破坏网络性能。采用分布式代理节点的整体对策,一定程度上提高了网络主要节点的抗毁性能,在降低节点受到全面攻击概率的同时,也能在受到攻击之后快速地恢复和重建网络服务。

6.2 P2P 网络流量局部化整体对策

上节探讨了网络性能突变的原因,指出网络性能的相变来源于路由器节点输入和输出的非线性关系。本节从具体的 P2P 网络应用出发,分析 P2P 网络应用中用户行为对网络性能的影响,并提出改善网络性能的整体策略。

P2P 网络应用的迅猛发展给物理网络带来了巨大的流量负载,引起了网络研究工作者的高度关注。已有研究工作从搜索算法、Overlay 网络结构优化等工程角度提出了众多减少冗余流量以提高网络传输效率的方法[9,10]。P2P 用户节点自组织的资源共享行为看似无序,但随着时间的推移,在网络数据流层次上呈现出明显的整体动态特性,引起统计物理学家的密切关注。已有工作从 Gnutella 网络实测数据分析[11]、P2P 网络建模[12,13]和随机游走[14]等方面探讨了用户自组织行为对网络性能的影响。可见,利用简化模型描述和刻画用户自组织行为所隐藏的整体动力学规律,对应用协议的改进和网络流量规划具有重要的理论指导意义。

在上述网络整体性能研究方法中,使用元胞自动机来刻画网络节点的相互作用,并引入统计物理学中的相变来描述相互作用使网络系统整体性能发生突变。在所使用的模型中,网络节点位于二维网格的交点[15,16]。节点产生数据包并承担数据包的路由和处理,这样会使邻近节点在数据包路由过程中产生时变的相关性,难以准确刻画 P2P 文件共享网络中节点的分布式行为。由此可见,采用简化模型反映节点自组织性带来网络整体特性的变化,现有研究尚未完善。

为了理解 P2P 网络中用户自组织的信息共享对网络整体性能的影响,本节提出了一种改进的二维元胞自动机模型作为物理网络的粗粒化近似，并在应用层网络与物理网络双重耦合模型的基础上，分析了 P2P 用户自组织地进行数据包上传下载过程中网络性能的变化，进一步提出了 P2P 网络流量局部化的整体对策。

6.2.1　改进的二维元胞自动机模型

P2P 网络用户分布在网络边缘，通过接入网路由器与骨干网络相连接。当用户节点之间进行数据传输时，先将数据包发送至与之相连的路由器节点，路由器之间进行数据存储和转发，当数据包路由到目的节点所属路由器时，该路由器将数据包转发给目的节点，目的节点接收到数据包后提交上层进行处理。基于此，这里提出一种描述网络边缘节点数据传输行为的二维阴影模型（two-dimensional shadow model），如图 6-8 所示。

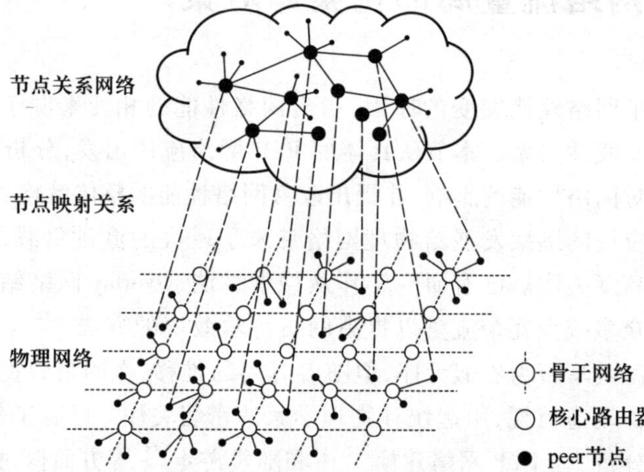

图 6-8　二维阴影模型示意图

二维阴影模型由节点关系网络和物理网络两部分组成。物理网络中的节点分为核心路由器和 peer 节点。节点关系网络描述 peer 节点间的逻辑访问关系。节点间不同的访问关系，使负责数据传输和路由的底层网络性能发生变化。在图 6-8 所示的模型中，物理网络中核心路由器节点度值均为 4，作为实际骨干网络的近似拓扑，并且满足经典二维模型的周期边界条件[15]。为描述网络边缘节点间的信息传输过程，假设 peer 节点均匀分布在由核心路由器节点构成的网格阴影区域中，且随机与周边的核心路由器相连接。阴影区域中的 peer 节点通过相互访问产生逻辑连接，形成上层的节点关系网络。

设物理骨干网络规模为 L，即每行和每列有 L 个路由器，路由器节点在底层网络拓扑中的位置用矢量 $\boldsymbol{r}$ 表示为

$$\boldsymbol{r} = i\boldsymbol{c}_x + j\boldsymbol{c}_y. \tag{6-6}$$

连接到核心路由器节点 $\boldsymbol{r}$ 的 peer 节点数目为 Kr，则 peer 节点 k 的位置用矢量 $\boldsymbol{r}_k$ 表示为

$$\boldsymbol{r}_k = i\boldsymbol{c}_x + j\boldsymbol{c}_y + k\boldsymbol{c}_z, \tag{6-7}$$

式中 $\boldsymbol{c}_x$、$\boldsymbol{c}_y$ 和 $\boldsymbol{c}_z$ 分别为笛卡儿单位矢量，$i,j=1,2,\cdots,L$，$k=1,2,\cdots,K_r$。

Peer 节点在相互访问过程中产生数据包，核心路由器节点负责数据包的排队和转发处理，其状态随系统运行时步的增长而变化。每一时步，数据包产生、转发及消亡的规则如下：

(1) 需要发送数据的 peer 节点以一定概率（又称为数据包注入概率）产生数据包，包含目的节点地址，并将数据包存储于其所连接的核心路由器的数据队列尾部。

(2) 各核心路由器节点从其数据包队列的最前端取出一个数据包，按照最短路由策略[3]向其目的 peer 节点所属核心路由器进行一跳路由转发，周边路由器接收到该数据包后将其置于数据包队列的尾部。若同时有多个数据包到达，则它们的队列位置随机排序。

(3) 若数据包路由到其目的 peer 节点所属的核心路由器，则转发给该 peer 节点，数据包消亡。

若位置矢量为 $\boldsymbol{r}$ 的路由器节点在第 k 个系统时步的排队长度为 $q(\boldsymbol{r},k)$，则此时网络中各节点数据包排队长度的总和可以表示为

$$Q(k) = \sum_i q(\boldsymbol{r}_i, k) \quad i = 1,2,\cdots,L^2. \tag{6-8}$$

根据每个阴影区域内 peer 节点的数量，对路由器节点的缓冲区大小约定为

$$B_{Router} = 2\sum_i K_{r_i} \quad i = 1,2,\cdots,L^2. \tag{6-9}$$

缓冲区满负荷时，丢弃后续需要进行路由器转发的数据包。直到路由器缓冲区有剩余空间，才重新接纳新的数据包。

与应用层网络与物理网络的双重耦合模型类似，二维阴影模型中节点关系网络反映节点间的逻辑访问关系，物理网络中的路由器节点与数据业务的生成无关，只负责数据包的转发。节点在相互访问时，通过与其连接的核心路由器节点发出或收取数据包。这样的连接和传输方式，符合网络边缘用户节点上传或下载行为的独立性和分布性。路由器节点处理的数据包有向下传输给用户节点的，也有向其邻居路由器节点转发的。同一时步内，节点上传和下载行为使路由器数据包队列长度发生变化，并相互独立。

6.2.2 P2P 网络流量局部化对策

P2P 网络构建之初,秉承着网络用户 peer 节点彼此间平等的信息数据传输方式,peer 节点既可以为其他 peer 节点提供本机上所存储的信息资源,反之也可以从其他 peer 节点下载自己所需要的资源。在这种传输方式或者说网络应用构架的影响下,一方面,网络用户扩大了信息获取的途径,而不再局限于少数的门户网站;另一方面,这种相互对等的信息上传和下载方式,可以一定程度上均衡互联网络中流量的时空分布[17]。

随着 P2P 网络应用的深化及发展,原本对等的 peer 节点间的访问关系发生变化,出现了少数节点被多次访问,而大多数节点被访问次数很少的现象,这种现象称为异质性(heterogeneity)。对于 Gnutella 等无结构 P2P 文件共享系统的网络数据测量和分析,发现 peer 用户中广泛存在搭便车(free riding)现象:20%的节点提供了 98%的节点下载资源。这说明在 P2P 网络中少部分节点为大部分节点提供资源上传服务,而大部分节点在获取资源后并不提供资源上传。这种不均衡的访问关系极大影响了底层网络的流量分布。

为表明不同的访问关系对网络性能的影响,我们考虑一个简单的 P2P 文件共享系统,如图 6-9 所示。

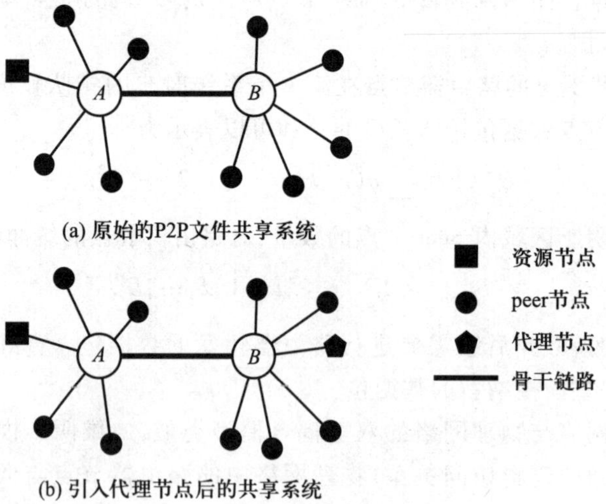

图 6-9　简单的 P2P 文件共享系统

A 和 B 为通过骨干链路相连的核心路由器节点,并分别连接着一些 peer 节点。与 A 相连的资源节点提供其他 peer 节点所需的资源,并设该资源文件由 N 个数据包组成。实际上各 peer 节点访问资源节点并下载资源的行为,即是资源节点向其传输数据包的过程。A、B 分别负责其局部范围内数据包的存储转发。

首先,在 peer 节点进行对等访问的情况下,peer 节点获取部分资源后即可为其他节点提供资源,且完成下载后仍上传资源。整个传输过程中,除去原始资源节点,A 节点的最大数据包排队长度为 $q(\boldsymbol{r_A})=(K_{rA}-1)\times N+N$(后一项 N 来自于向 B 邻域节点的数据包一次传输),而 $q(\boldsymbol{r_B})=K_{rB}\times N$。说明节点间以对等的方式互相访问,一定程度上可以均衡路由器节点的处理负载。

其次,当节点访问行为呈现异质性即大部分节点不提供资源共享时,未完成下载的节点就会集中在原始资源节点继续下载,给路由器和骨干链路带来额外的处理和传输负载。设 $\beta_j(j=1,2,\cdots,K_{rB}-i)$ 为 B 节点局部范围内有 j 个节点不共享时其他节点下载的完成百分比。未完成的部分需要 A 节点区域内的资源节点重新传输,此时 A 节点数据包最大排队长度增长为

$$q(\boldsymbol{r_A})=(K_{rA}+\sum_{j=1}^{K_{rB}-i}(1-\beta_j))\times N. \tag{6-10}$$

而 B 节点的额外队列长度为

$$q(\boldsymbol{r_B})=\sum_{j=1}^{K_{rB}-i}(1-\beta_j)\times N. \tag{6-11}$$

这些额外的数据需要 A 节点和 B 节点间的骨干链路重新传输。由此可见,节点相互访问的异质性,增加了路由器的负载,并造成骨干链路中额外的冗余数据传输。现阶段,很多 P2P 用户利用网络下载较大的音视频文件,且下载时间相互独立,极大影响了网络性能,造成网络存储和传输资源的浪费。

在图 6-9(b)中,在 B 节点局部范围内引入与图 6-4 中类似的资源代理节点,其作用是代替不提供资源共享的 peer 节点提供资源上传,一定程度上减少原始资源节点被访问的次数,降低 A 节点路由器的负载。另一方面,将大范围内的数据传输冗余限制在 B 节点的局部范围内,也减少了骨干链路的传输冗余。

6.2.3 实验结果及分析

在计算机仿真实验中,利用二维阴影模型对节点对等访问、异质性访问和引入代理节点后底层网络的性能进行实验分析。节点间的资源共享即为数据包从提供资源上传的节点向下载资源的节点传输的过程,对某个需要下载资源的节点来说,3 种访问方式最主要的差别为提供资源的节点(即数据包的起始地址)不同。分布式数据传输流程如图 6-10 所示。

3 种访问方式中可以为其他 peer 节点提供资源上传的 peer 节点分别为:

(1) 对等访问。拥有资源的 peer 节点均可以为其他节点提供资源上传(发送资源数据包),且下载完成后(即获得了资源文件所包含的 1000 个数据包)继

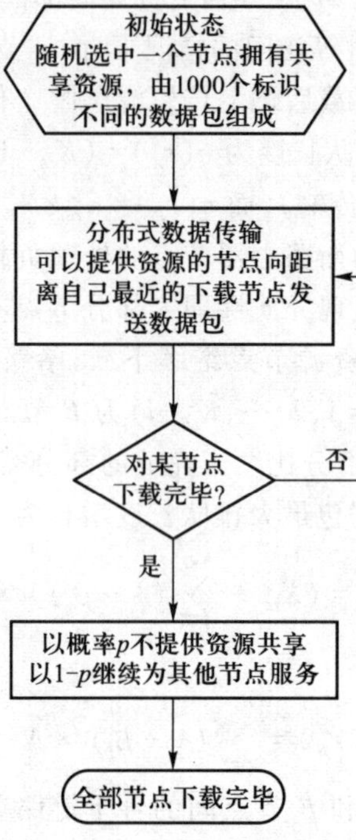

图 6-10　分布式数据传输流程

续为其他 peer 节点提供资源。

(2) 异质性访问。在实验中设节点下载完成后不提供资源共享的概率 p 为 0.8,其余拥有资源但未完成下载的 peer 节点均可以为其他 peer 节点提供资源上传服务。

(3) 代理节点。在 peer 节点间异质性访问基础上,选取被访问量排序前 3% 的节点,在阴影区域中放置 $c\lg k$ 个($0<c<1$ 为常数,k 为节点被访问次数,实验中 c 取 0.8)代理节点,调节 c 限定代理节点的数量,并在底层物理网络中随机分配代理节点的位置。代理节点等效于完成下载但仍为其他节点提供资源的 peer 节点。

仿真实验中仍然采用相变来刻画物理网络性能的突变。物理骨干网络规模为 $L=20$,每个阴影区域放置 10~15 个 peer 节点,系统经过 2000 时步过渡后,结果如图 6-11~图 6-13 所示。图中垂直实线指示了不同情况下系统性能指标的相变点。

路由器节点的数据包排队长度如图 6-11 所示。横轴为底层网络中的数据包注入概率,对应网络中需要处理和转发的数据包数量的增长过程。节点异质性访问时数据包队列长度过早发生陡然增长,其相变点与节点对等访问网络相

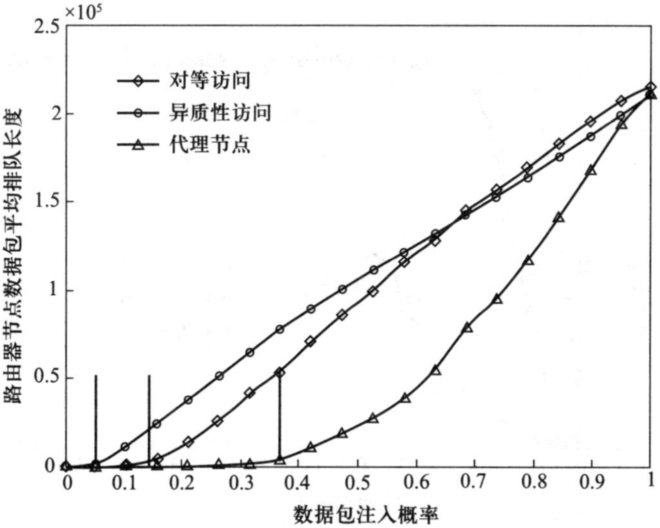

图 6-11　路由器节点数据包平均排队长度

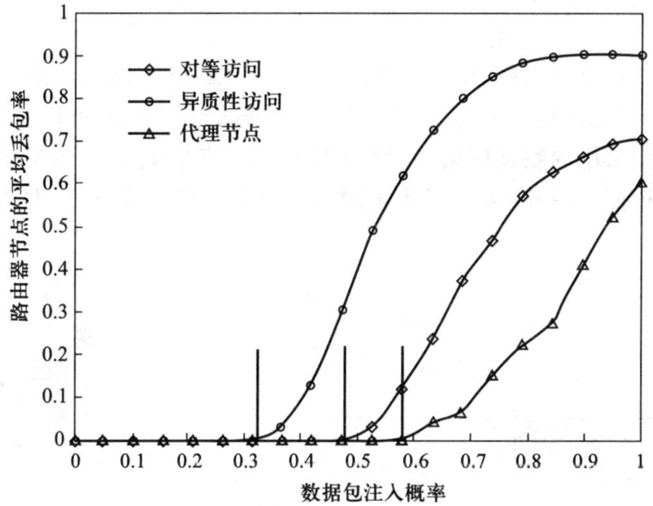

图 6-12　路由器节点的平均丢包率

比发生左移,说明此时网络容纳和处理数据包的能力降低。数据包队列增长过快,造成路由器节点缓冲区溢出,后续数据包被丢弃。按照式(6-9)定义的路由器缓冲区容量,图 6-12 给出了路由器节点平均丢包率的仿真结果。

节点间分布式的数据传输,使物理链路的平均传输负载在经过一段时间的增长后趋于稳定,如图 6-13 所示。节点间异质性访问时链路传输负载增长过

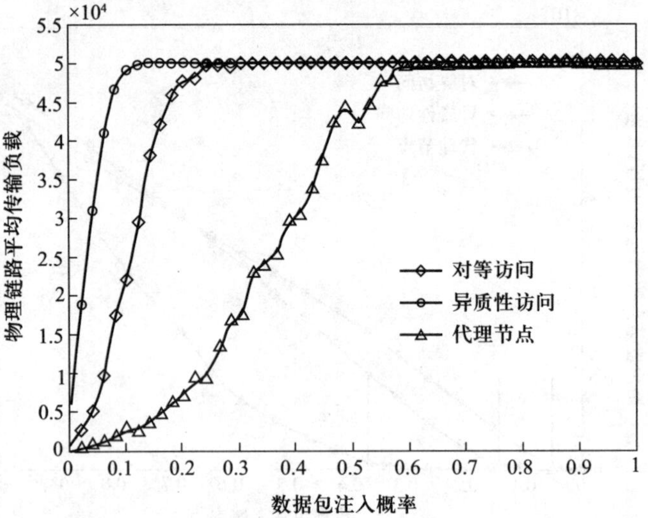

图 6-13　物理链路平均传输负载

快，某些骨干链路的传输负载过大，与节点对等访问相比浪费了网络的传输带宽。

在引入代理节点之后，用户间依然进行异质性访问，即大多数用户的访问集中于少数用户周围，但代理节点对于网络数据的空间分流起到了重要的作用。二维耦合模型采用的物理网络中，路由器节点度值为 4，可作为互联网核心骨干网络的拓扑近似。图 6-14 展示了物理网络中引入代理节点后，网络流量的分流过程。

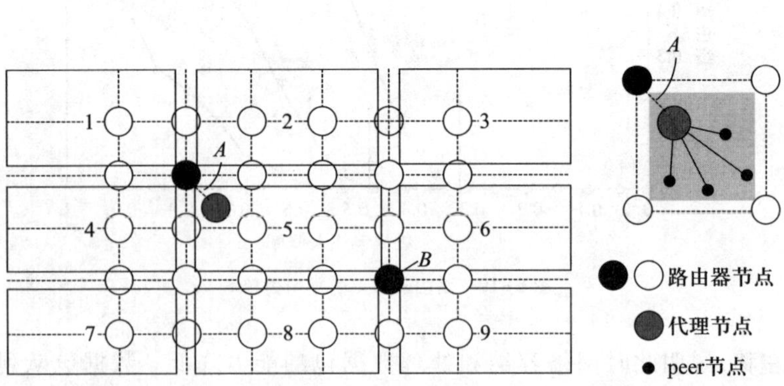

图 6-14　物理网络中代理节点对网络流量的分流示意图

Peer 节点随机散布在物理网络中由核心路由器节点组成的阴影区域中，通过路由器节点与其他域间 peer 节点进行数据传输。假设位于其他区域的 peer 节点需要从 9 区域的 peer 节点处下载资源，按照原始的网络传输方式，则 B 及其周围的路由器节点传输负载过重，容易引起网络拥塞。若在 5 区域的路由器 A 节点附近设置资源的代理服务器节点，则图 6-14 中位于 1、2 和 4 区域中的 peer 节点可以直接从该代理节点下载资源。而 3、5 和 7 区域的部分 peer 节点从代理节点获取资源，部分 peer 节点从 9 区域中的原始 peer 节点处下载资源。6、8 和 9 区域的 peer 节点仍从原来的 peer 节点处下载资源。由此可见，加入了资源代理节点之后，一定程度上减少了路由器节点的数据处理负载，使整个网络中的数据包在空间分布上更加均衡，网络性能得到了改善。

参考文献

[1] 王磊，周淑华，袁坚，等. 虚拟网络行为对互联网整体特性的影响[J]. 物理学报，2007，56(1)：36-42.

[2] Takayasu M, Takayasu H, Sato T. Critical behaviors and 1/f noise in information traffic[J]. Physica A: Statistical Mechanics and its Applications, 1996, 233(3): 824-834.

[3] Takayasu M, Takayasu H, Fukuda K. Dynamic phase transition observed in the Internet traffic flow[J]. Physica A: Statistical Mechanics and its Applications, 2000, 277(1): 248-255.

[4] 刘锋，山秀明，任勇，等. 计算机网络的长程相关特性[J]. 物理学报，2004，53(2)：373-378.

[5] Huberman B A, Adamic L A. Internet: growth dynamics of the world-wide web[J]. Nature, 1999, 401(6749): 131.

[6] Xia Y, Tse C, Tam W, et al. Scale-free user-network approach to telephone network traffic analysis[J]. Physical Review E, 2005, 72(2): 026116.

[7] Adamic L A, Huberman B A. Power-law distribution of the world wide web[J]. Science, 2000, 287(5461): 2115.

[8] Mirkovic J, Reiher P. A taxonomy of DDoS attack and DDoS defense mechanisms[J]. ACM SIGCOMM Computer Communication Review, 2004, 34(2): 39-53.

[9] Zhang H, Zhang L, Shan X, et al. An adaptive resource-based probabilistic search algorithm for P2P networks [J]. IEICE Transactions on Communications, 2007, 90(7): 1631-1638.

[10] Liu Y, Xiao L, Ni L. Building a scalable bipartite P2P overlay network[J]. IEEE

Transactions on Parallel and Distributed Systems, 2007, 18(9): 1296-1306.

[11] Wang F, Moreno Y, Sun Y. Structure of peer-to-peer social networks [J]. Physical Review E, 2006, 73(3): 036123.

[12] Yoon S, Lee S, Yook S, et al. Statistical properties of sampled networks by random walks[J]. Physical Review E, 2007, 75(4): 046114.

[13] Wang H, Hernandez J, Van Mieghem P. Betweenness centrality in a weighted network[J]. Physical Review E, 2008, 77(4): 046105.

[14] Lee S, Yook S, Kim Y. Searching method through biased random walks on complex networks[J]. Physical Review E, 2009, 80(1): 017102.

[15] Fuk H, Lawniczak A. Performance of data networks with random links[J]. Mathematics and Computers in Simulation, 1999, 51(1-2): 101-117.

[16] Tretyakov A Y, Takayasu H, Takayasu M. Phase transition in a computer network model[J]. Physica A: Statistical Mechanics and its Applications, 1998, 253(253): 315-322.

[17] Wang J, Jiang C, Bie Z, et al. Mobile data transaction in devive-to-device communication networks: pricing and auction [J]. IEEE Wireless Communications Letters, 2017, 5(3): 300-303.

第7章 P2P信息共享行为分析

P2P信息共享的理念目前已得到广泛实现,然而随着用户规模的增加,P2P共享系统的缺陷也逐渐暴露出来。例如,大规模的跨域冗余传输占据了互联网流量相当大的比例,严重影响了其他数据业务的正常运行。又如,P2P本身对用户只下载不上传的“搭便车”(free riding)行为[1]没有约束,导致网络的不稳定。本章以网络的稳定性为切入点,探讨如何以博弈论为工具对P2P文件共享网络中的用户合作行为进行建模,在此基础上研究采取何种合作激励机制才能更加有效地促进用户合作,从而保障网络的稳定性。

7.1 P2P网络的不稳定性

在P2P文件共享系统中，每个参与者既是上传者也是下载者，这就要求每个参与者必须相互合作分享各自的文件。但是，由于每个参与者都是自私的——每个用户都想通过尽量少的上传来获得下载，如果不能保证整个P2P网络的合作率(上传率)，那么这个文件共享系统最终将趋于消失[2]。事实上，这些自私的搭便车行为至少会导致两方面问题：一是只下载不上传，二是无限度地占用带宽进行下载。特别地，后者会导致网络的拥堵而造成带宽资源的浪费和系统的不稳定。

为避免搭便车现象的出现，我们需要设计一个既能有效地保证P2P参与者的下载效率，又能提高其合作比例，使整个网络既不会因为没有上传者，也不会因为无限制的下载而造成拥塞。这是一个典型的博弈现象：如果每个参与者都遵守规则，有节制地下载，并保证愿意付出(提供上传)，那么整个系统会达到一个演化平衡状态；相反，那些不遵守规则的搭便车行为可能会在短期内获得更多的利益，但是之后系统会对他们进行报复而降低他们的利益。

7.2 博弈策略对P2P网络稳定性的影响

目前主流的P2P文件共享系统如BitTorrent、uTorrent、Emule等都提供自己的下载软件，这些软件一方面维系着特定资源和用户组成的P2P网络，另一方面，下载软件本身还起到调节用户上传和下载速度等参数，从而对网络稳定性进行一定的控制。

保障网络稳定性的一个重要参数是用户的上传率，也就是在网络中进行上传服务的节点占总节点的比例。大多数的P2P软件将用户的是否上传行为看作是博弈行为，即上传代表采取合作策略，不上传代表非合作(背叛)策略，用户上传率问题转化成为网络当中节点的合作率问题。不同的策略机制会产生不同的结果，以BitTorrent为例，其内部对博弈策略的实现是采用最简单的tit-for-tat策略，这个策略实现非常简单，也能满足一定程度上的需求，而是否存在更好的策略是我们研究的主要内容。

在研究具体的博弈策略之前，先介绍几种主要的博弈模型。不同的博弈模型对于不同策略下合作率的影响是不同的，选择一个适合 P2P 网络的博弈模型十分重要。

7.2.1 囚徒困境

囚徒困境是博弈论中最基本的模型。在这个模型中，两个人 A 和 B 在参与了同一项犯罪活动之后被抓，被关在警察局里分别审问，他们都知道一个规则，那就是如果双方都不认罪，那么两个人都会被判入狱 2 年，如果双方都认罪，那么将被判入狱 3 年，但是如果一方认罪而另一方不认罪，那么认罪的一方会被判入狱 5 年，但是不认罪的一方将被判 1 年[3]。图 7-1 给出了囚徒困境的图形化展示，并给出了两个人选择不同策略时的结果。

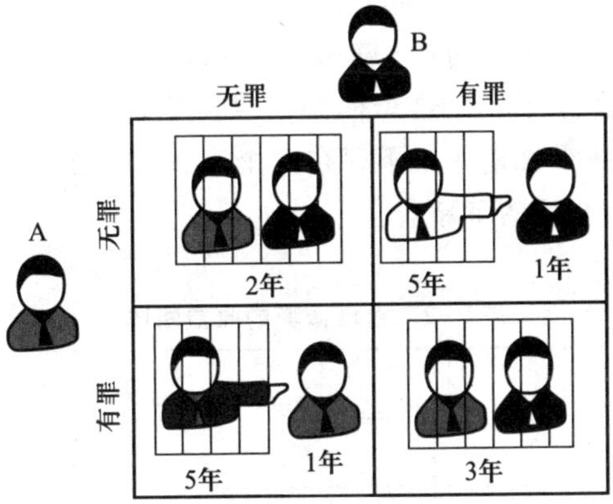

图 7-1 囚徒困境示意图

上述结果可整理为表 7-1 所示的“收益矩阵”，其中 C 代表合作，也就是不认罪，D 代表背叛，也就是认罪。

表 7-1 囚徒困境的收益矩阵

		B 的策略	
		C(合作)	D(背叛)
A 的策略	C(合作)	(-2,-2)	(-5,-1)
	D(背叛)	(-1,-5)	(-3,-3)

在假定两个人都是足够理性和聪明的情况下，可以预计两个人都会选择背叛，也就是都认罪。因为这个选择是一个平衡态，其他的任何选择都可能导致某一个人单方面地改变策略而使系统产生不稳定，进而回归到这个稳态上来。这个稳态也就是通常所说的纳什均衡。

通过这个简单的博弈模型可以看到，对于每一个个体，最好的策略是选择"不合作"，但是对于整个系统而言，所有个体都选择"合作"才是最好的结果，这样能获得最大的收益。因此囚徒困境模型将导致合作的湮灭，也就是说囚徒困境不满足 P2P 网络的仿真场景。

7.2.2 雪堆博弈

雪堆博弈模型描述的是这样一种场景：有两人 A 和 B 分别驾车回家，遇到暴风雪，被雪堆堵在了街道的两头。司机要么出来铲雪清除路障，要么待在车中。如果两个司机分别从两头铲雪（合作），就能都开车回家（获得收益 b）并分担劳动付出（共为 c）。如果只有一个司机铲雪，另一个司机待在车中等对方铲完雪，他也能回家，而且避免了劳动付出（欺骗）。当然，如果两个人都待在车中，没人铲雪，那就谁也回不了家了[4]。这个模型的收益矩阵如表 7-2 所示。通过分析收益矩阵可以发现，在雪堆博弈中不存在一个唯一的平衡点，对每个人而言最好的策略是选择和对方相反的策略。

表 7-2　雪堆博弈的收益矩阵

		B 的策略	
		C（合作）	D（背叛）
A 的策略	C（合作）	$(b-c/2, b-c/2)$	$(b-c, b)$
	D（背叛）	$(b-c, b)$	$(0,0)$

不失一般性，我们考虑驾车人 B 的收益矩阵：

$$\begin{array}{c c} & \begin{array}{cc} C & D \end{array} \\ \begin{array}{c} C \\ D \end{array} & \begin{pmatrix} b-\dfrac{c}{2} & b \\ b-c & 0 \end{pmatrix} \end{array} \tag{7-1}$$

为了分析方便，将这个收益矩阵归一化，令

$$b - \frac{c}{2} = 1, \tag{7-2}$$

并令

$$r = \frac{c}{2}, \tag{7-3}$$

式中 r 称为收益比。这样可以得到归一化之后的收益矩阵：

$$\begin{array}{cc} & \begin{array}{cc} C & D \end{array} \\ \begin{array}{c} C \\ D \end{array} & \begin{pmatrix} 1 & 1+r \\ 1-r & 0 \end{pmatrix} \end{array} \tag{7-4}$$

通过研究这个收益矩阵,可以得到博弈论中的重要指标——合作率的影响因素。

考虑到囚徒困境会导致合作的湮灭,而雪堆博弈有利于合作的产生,所以我们将以雪堆博弈模型为基础来建立策略更新机制模型。

7.3 合作率的影响因素

如前所述,合作率是一个很重要研究指标。合作率就是在某一状态下,某个网络的所有节点中选择“合作”策略的比例。目前已有不少关于合作率的研究。文献[5]通过模仿者动态分析得出雪堆博弈的演化稳定策略为个体以概率 r 选择背叛,以概率 $1-r$ 选择合作,其中

$$r = \frac{c}{2b - c}. \tag{7-5}$$

但文献[5]仅仅考虑了网络之间每两个节点都直接产生相连的情况,没有考虑特定的空间拓扑结构。Hauert 和 Doebeli[6]研究了空间拓扑结构抑制雪堆博弈中合作的涌现,发现在空间结构下,合作率比模仿者动态分析的结果低。

随着研究的发展,逐渐发现合作率还与博弈采用的演化规则、收益比以及小世界网络的重连概率相关。文献[7]研究了无标度网络上的扩展雪堆博弈,发现无标度网络异质性的增加使得合作的稳定性增强。文献[8]研究了基于记忆的博弈规则,发现合作率的阶梯形变化规律。基于已有的研究,我们构建了基于累积收益的雪堆博弈模型[9,10]。

7.4　基于累积收益的雪堆博弈模型

7.4.1　基本假设

在应用博弈论建模之前,我们需要对一些情况进行假设:

(1) 通过随机网络、小世界网络或者无标度网络生成网络拓扑模型,每个节点代表一个 P2P 网络的参与者,节点之间的边代表有上传和下载关系的两个节点的逻辑连接。为了简化模型,我们认为这个网络的拓扑是不变的,也就是说所有节点在仿真过程中不会退出该网络,也不会有新的节点增加进来,并且节点之间的连接关系也不会改变。

(2) 在每一轮博弈当中,每个节点都需要选择合作或者不合作的策略和它的邻居节点进行博弈,因此每个节点每轮都会得到一定的总收益,总收益是该节点和每个邻居节点博弈得到的收益之和。

(3) 每个节点会根据本轮的博弈情况选择下一轮的策略,从而使自己的收益最大化。

(4) 博弈的策略是可配置的,也就是说,系统可以通过事先配置的策略来影响每个节点的下载和上传情况。事实上,由于 P2P 下载需要特定的客户端软件,所以通过在软件中设定策略,就可以达到既定的目标。这个假设是可以成立的。

7.4.2　模型的建立

考虑一个 N 节点的 P2P 网络,对于每一对进行博弈的用户节点,正常下载能使用户获得收益 b,但是正常上传并且遵守带宽限制的约定而不强行占用对方的带宽资源相当于需要付出额外的成本,我们定义这个成本为 c,如果双方同时遵守这个约定,则由双方来平摊这个成本 c,也就是每个用户只需要付出 $c/2$ 的成本,因此在两人都选择合作策略的时候,每个人都能获得净收益 $b-c/2$。而当一方选择合作而另一方选择不合作,则选择合作一方的净收益为 $b-c$,而选择不合作的一方能获得的最大净收益为 b。当然,当双方都选择不合作的时候,双方都不能获得任何收益。于是可以得到如下收益矩阵:

$$\begin{array}{c} \\ C \\ D \end{array}\begin{array}{c} \begin{array}{cc} C & D \end{array} \\ \begin{pmatrix} b-\dfrac{c}{2} & b-c \\ b & 0 \end{pmatrix} \end{array} \tag{7-6}$$

假设无论在何种情况下,用户的收益都是一个非负数,即有 $b-c>0$,因此这个收益矩阵满足雪堆博弈的模型,即 $b>b-c/2>b-c>0$。不失一般性,我们将这个收益矩阵归一化,令

$$b-\frac{c}{2}=1, \tag{7-7}$$

并令

$$r=\frac{c}{2}, \tag{7-8}$$

式中的 r 为收益比。归一化之后的收益矩阵为

$$\begin{array}{c} \\ C \\ D \end{array}\begin{array}{c} \begin{array}{cc} C & D \end{array} \\ \begin{pmatrix} 1 & 1-r \\ 1+r & 0 \end{pmatrix} \end{array} \tag{7-9}$$

定义变量 $\pi_C(i)$ 和 $\pi_D(i)$ 分别保存从博弈初始状态到当前轮次节点 i 采取合作策略和不合作策略所获得的总收益。第 k 轮的策略则由 $\pi_C(i)$ 和 $\pi_D(i)$ 的大小来决定。定义 $P_C(i)$ 和 $P_D(i)$ 如下:

$$P_C(i)=\frac{\pi_C(i)}{\pi_C(i)+\pi_D(i)}, \tag{7-10}$$

$$P_D(i)=\frac{\pi_D(i)}{\pi_C(i)+\pi_D(i)}. \tag{7-11}$$

很显然,$P_C(i)+P_D(i)=1$。我们称 $P_C(i)$ 为第 k 轮选择策略 C 的概率,$P_D(i)$ 为选择策略 D 的概率。为了保证以上各式都有意义,不失一般性,在博弈开始前,我们将 $\pi_C(i)$ 和 $\pi_D(i)$ 都归一初始化为 1。

由于这种策略不是以某一轮的策略为依据来决定下一轮的策略,而是以之前所获得的收益比例为依据,因此称为基于累积收益的雪堆博弈(accumulated-payoff-based snowdrift game, APBSG)。该策略可以用算法 7.1 所示的伪代码表示。

算法 7.1　APBSG 算法

```
Input r,N
Initialize the initial strategies of all nodes s(i),for i∈[1,N]
Initialize accumulated payoff π_C(i)=π_D(i)=1, for i∈[1,N]
For k=1 to the number of round Do
    For node i=1 to N Do
        Update π_C(i) and π_D(i)
        Calculate P_C(i) and P_D(i) using Eq.(5-8) and Eq.(5-9)
        Generate a random number R
        If R>P_C(i)
          s(i)= Defect
        Else
            s(i)= Cooperation
        End If
    End For
End For
```

7.5　典型网络模型中的仿真

正如前文所提到的，我们的目标是在保证 P2P 参与者的下载效率的同时保障整个网络的稳定性，而网络的稳定性主要体现在合作率，也就是整个网络在达到动态平衡状态时采取合作策略的节点比例，用 f_C 表示。很显然，f_C 在 0 到 1 之间取值：$f_C=0$ 意味着此时网络中没有任何一个选择合作策略的节点，而 $f_C=1$ 意味着全部的节点都选择合作策略。

我们将分别在随机网络、小世界网络和无标度网络这三种模型中观察合作率随不同参数的变化情况。

7.5.1　数据来源和数据格式

仿真采用的数据集来自北邮人 BT① 的用户下载日志。数据集共包含 81531

① http://bt.byr.cn/

条用户下载记录,其中不重复用户数为 10368 个,不同资源总数为 7376 个。每条下载记录包含“用户 ID”和“下载资源 ID”两项内容,其中用户 ID 为 md5 加密的数值。

根据用户下载记录表,我们可以得到一个是以用户为节点的用户网络,用户之间的连接边表示两个用户下载过相同的资源,为了更好地分析,这里采用了有权图的形式,边的权值为两个用户下载的相同资源的数目。这个网络可以用图 7-2 来示意,其中节点 A~F 代表用户节点,连边上的权值表示两个用户节点共同下载资源的数量。

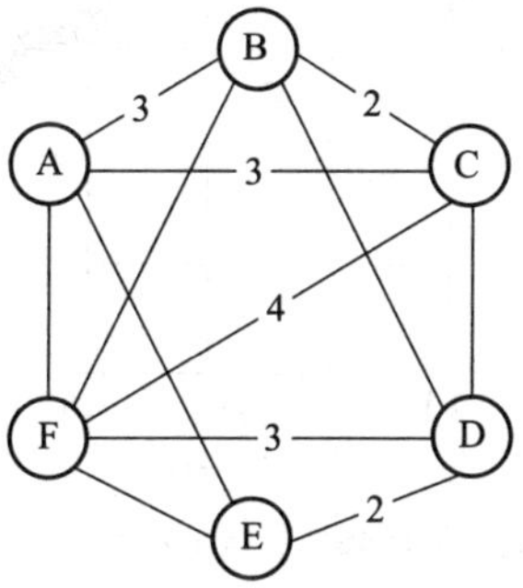

图 7-2 加权用户网络示意图

7.5.2 APBSG 在随机网络下的仿真结果

我们在一个 $N=2500$ 个节点的随机网络中进行仿真,图 7-3 给出了合作率 f_C 随着收益比 r 的变化曲线(每个点都是当博弈进行到第 1000 轮之后达到一个动态平衡时平均值)。作为对比,图中还给出了基于记忆的雪堆博弈(memory-based snowdrift game,MBSG)[8]策略下的合作率变化曲线。

从图 7-3 中可以看出,无论是哪种策略,随着收益比 r 的增大,合作率呈现线性递减的趋势。也就是说 r 越大,每个 P2P 参与者采取不合作策略的收益越大,因此会促使它们选择不合作的策略。特别地,当 $r=1$ 时,对于某个节点 i,只要它的邻居采取不合作的策略,无论 i 采取哪种策略都将得不到任何收益,在这种情况下,MBSG 博弈机制下的合作率降至 0.2 以下,这是一种非常糟糕的情况。当一个 P2P 网络当中超过 80%的节点不提供上传服务或者过度占用下载带宽时,这个网络事实上已经退化为了传统的 HTTP 网络,即那些采取合作策略的节点可以被认为是服务器节点,而其他用户只享受下载带来的效益。而在 APBSG 策略下,虽然合作率也一直在下降,但是下降的幅度非常小,在 $r=1$ 时 f_C 还能保持在 0.7 以上。这也说明了 APBSG 对于收益比 r 的敏感程度要远远低于

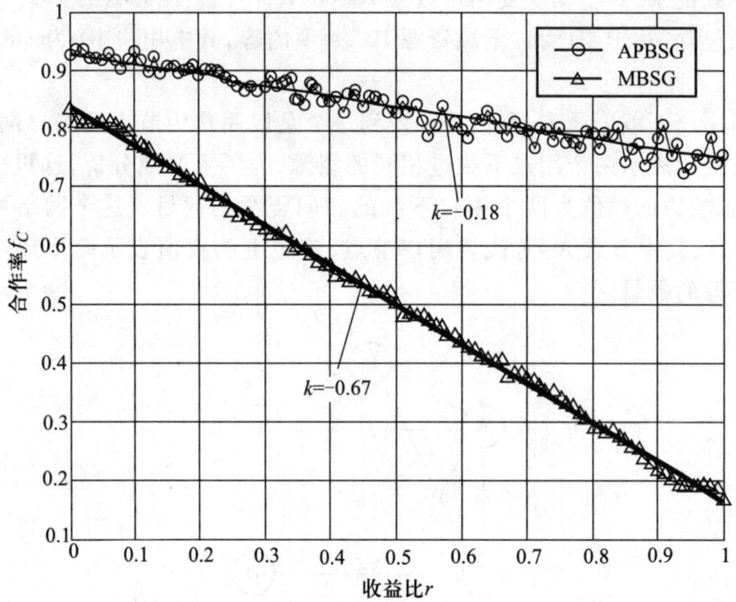

图 7-3　APBSG 和 MBSG 在随机网络下的合作率变化曲线

MBSG，虽然用户不合作能得到暂时的高收益，但是由于系统对这种不合作行为有很强的惩罚力度，会促使这些用户在不合作以后马上选择合作策略来保证获得最大的收益。

因为当选择不合作策略时，节点总收益会随着 r 的增长而增加，因此 r 可以作为节点自私程度的指标。一个理性的个体总是会尽可能使自己的收益最大化，而单方面的不合作策略恰恰能带来更大的收益。我们定义 $\theta(r)$ 为网络合作率对于收益率 r 的敏感程度：

$$\theta(r) = \left| \lim_{\Delta x \to \infty} \frac{f_C(r + \Delta r) - f_C(r)}{\Delta r} \right|, \tag{7-12}$$

$\theta(r)$ 越大，网络的鲁棒性越差，相反则越好。从图 7-3 可以看出，在 MBSG 策略下，$\theta(r) = 0.67$，而在 APBSG 策略下，$\theta(r) = 0.18$，约为前者的 1/4。充分说明在 APBSG 下能够有效地提高网络的稳定性。

图 7-4 给出了不同度数的节点在 $r = 0.2$ 时的合作率变化情况，从图中可以看到，节点的合作率比例和度数基本没有呈现明显的关系，也就是说，在随机网络当中，节点度数不会影响其对于采取合作与否策略的改变。

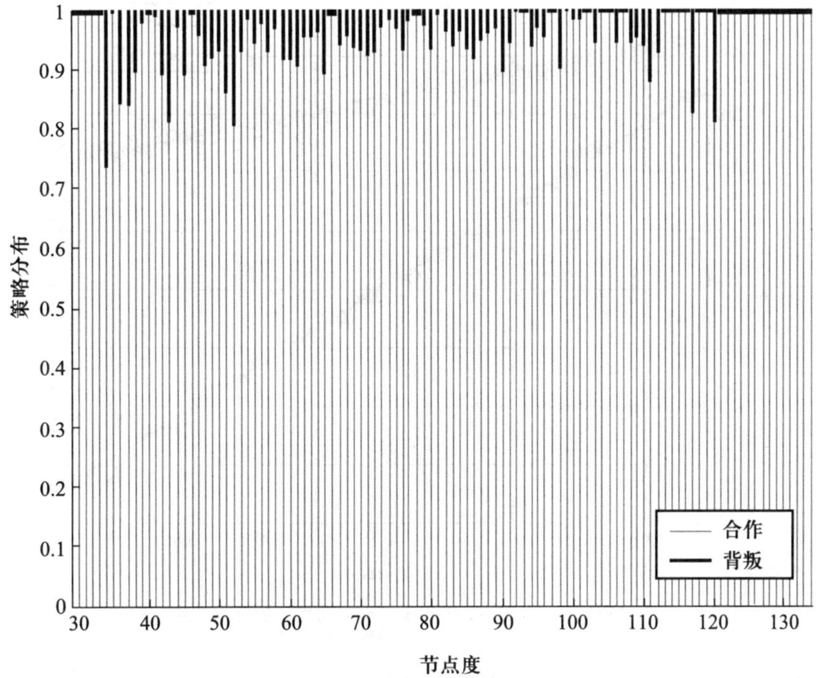

图 7-4 随机网络中合作率随度数的变化

7.5.3 APBSG 在 WS 小世界网络下的仿真结果

类似地，我们在一个 2500 个节点的 WS 小世界网络中进行仿真，图 7-5 给出了合作率 f_C 随着收益比 r 的变化曲线。和在随机网络中类似，随着收益比 r 的增大，合作率呈现线性递减的趋势。特别地，当 $r=1$ 时，MBSG 策略下的合作率降至 0.2 以下。而在 APBSG 策略下，虽然合作率也一直在下降，但是下降的幅度比较小，在 $r=1$ 时 f_C 还能保持在 0.7 左右。这也说明在 WS 小世界网络下，APBSG 对于收益比 r 的敏感程度也要远远低于 MBSG，并且相比于随机网络，采用 APBSG 的 WS 小世界网络鲁棒性更高。图 7-5 中每个点都是当博弈进行到第 1000 轮之后达到一个动态平衡时平均值。同样我们可以得到，在 APBSG 下的 $\theta(r)$ 为 0.23，约为 MBSG 下的 1/3。

图 7-6 给出了不同度数的节点在 $r=0.2$ 时的合作率变化情况，这个 WS 小世界网络的平均度数是 200，处于 180~220 度数范围内的节点，也就是那些度数居中的用户是典型的“策略摇摆者”，它们会有时选择合作策略，有时选择不合作策略。虽然平均会有非常高比例的节点采取合作行为，但是它们几乎不会选择一种策略坚持到底。与此相反的是，那些度数较小和度数较大的节点倾向于做

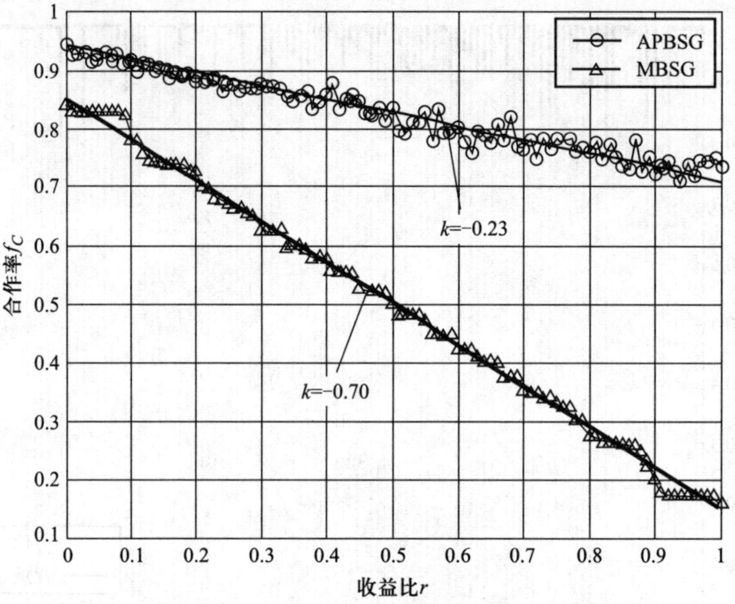

图 7-5 APBSG 和 MBSG 在 WS 小世界网络下的合作率变化曲线

"纯合作者",无论它们的邻居采取何种策略,它们会一直坚持合作行为。

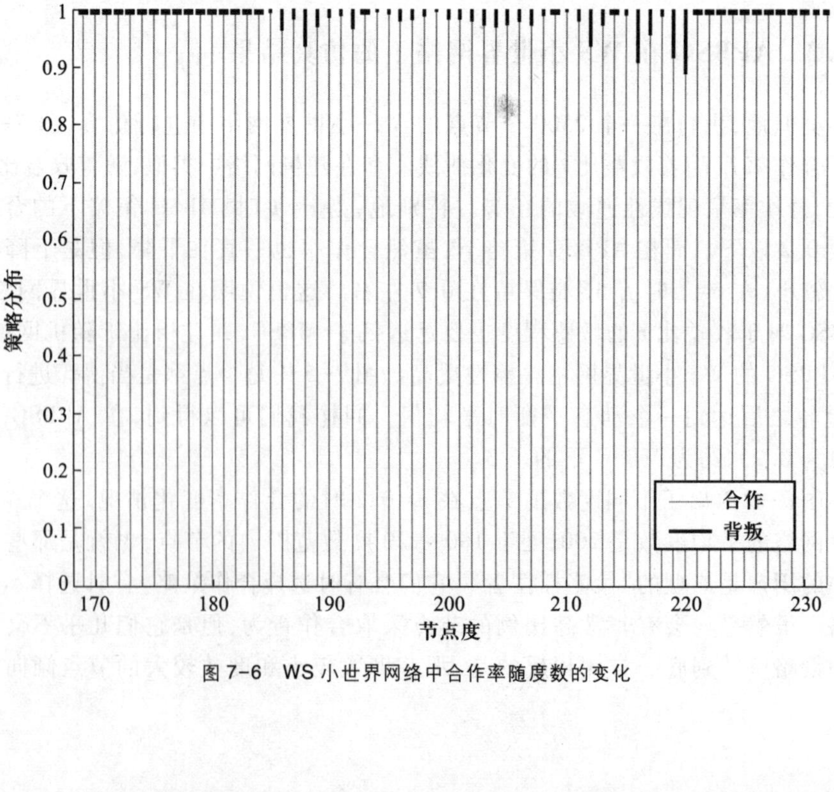

图 7-6 WS 小世界网络中合作率随度数的变化

根据这种不同度数对合作策略的影响，在 P2P 网络当中，如果节点分布近似于小世界网络，则可以适当降低那些度数居中节点的度数，由客户端软件来控制它们和其他节点的连接，使这些节点降为度数较小的节点，从而促使它们更多地采取合作策略，提高网络的稳定性。

7.5.4 APBSG 在 BA 无标度网络下的仿真结果

类似地，我们在一个 2500 个节点的 BA 无标度网络中进行仿真，图 7-7 给出了合作率 f_C 随着收益比 r 的变化曲线。可以看出，与在小世界网络中的结果类似，随着收益比 r 的增大，合作率呈现线性递减的趋势。但是很明显，无标度网络比小世界网络更能促进合作行为的产生，这是由于无标度网络的度分布范围更广，节点之间的异质性更大，节点异质性程度的提高促进了网络合作率的提高。

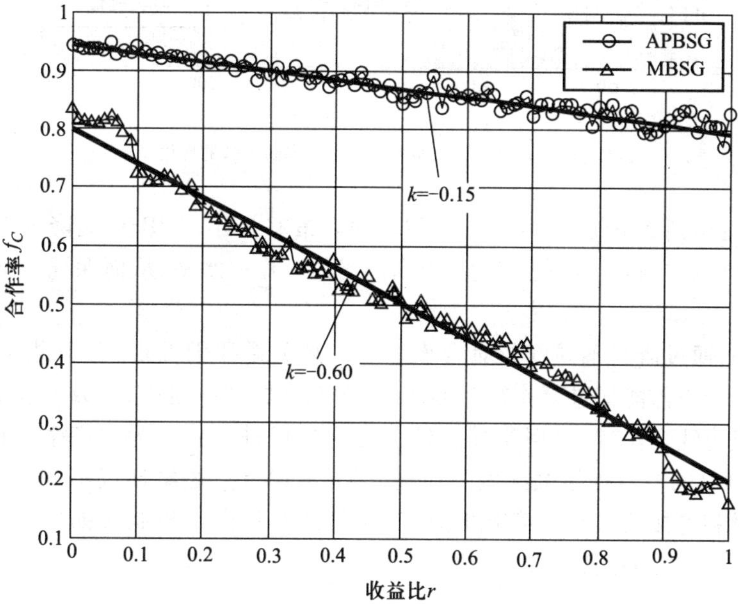

图 7-7 APBSG 和 MBSG 在 BA 无标度网络下的合作率变化曲线

图 7-8 给出了不同度数的节点在 $r=0.2$ 时的合作率变化情况，与小世界网络不同的是，只有度数较大的节点倾向于做“纯合作者”，而其他节点大部分倾向于成为“策略摇摆者”。这一仿真结果表明，对于节点分布近似于无标度特性的 P2P 文件共享网络，可以通过提高节点的异质性来提高网络的合作率，从而提高网络的稳定性。

通过在随机网络、WS 小世界网络和 BA 无标度网络这三种复杂网络中的仿

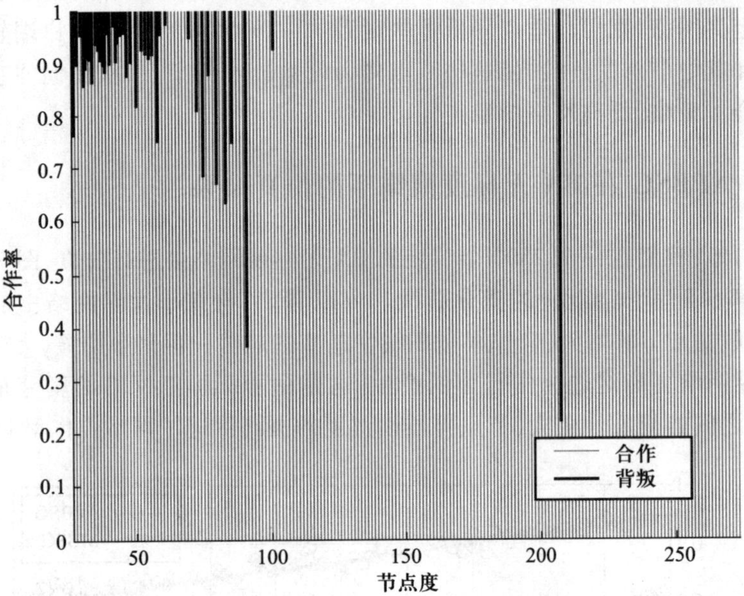

图 7-8　BA 无标度网络中合作率随度数的变化

真，我们可得到如下结论：与传统的雪堆博弈策略相比，APBSG 能降低 P2P 网络合作率对节点自私性的敏感程度，提高网络的合作率水平，从而保证了 P2P 网络的稳定性。

此外，通过研究不同度数对合作率的影响关系我们发现，在小世界网络中，度数较大较小都能促进合作行为的产生，而在无标度网络中，度数较大的节点会倾向于成为纯合作者，而网络异质性的提高能促进合作行为的产生。目前我们对 P2P 网络的节点连接关系做了简化，即只考虑节点逻辑连接不变的情况。当节点数量和连接关系动态变化时，P2P 网络的合作激励机制应如何设计？这是需要进一步研究的问题。

参考文献

[1] Hughes D, Coulson G, Walkerdine J. Free riding on Gnutella revisited: the bell tolls? [J]. IEEE Distributed Systems Online, 2005, 6(6): 1.

[2] Jiang C, Han Z, Ren Y, et al. Information credibility equilibrium of cooperative networks[C]//2016 IEEE Wireless Communication & Networking Conference (WCNC), 2016.

[3] Axelrod R, Hamilton W D. The evolution of cooperation[J]. Science, 1981, 211(4489):1390-1396.

[4] Sugden R. The Economics of Rights, Co-operation and Welfare[M]. Oxford: Basil Blackwell, 1986.

[5] Hofbauer J, Sigmund K. Evolutionary Games and Population Dynamics[M]. Cambridge: Cambridge University Press, 1998.

[6] Hauert C, Doebeli M. Spatial structure often inhibits the evolution of cooperation in the snowdrift game[J]. Nature, 2004, 428(6983):643-646.

[7] Rong Z H, Li X. The emergence of stable cooperators in heterogeneous networked systems [C]//IEEE International Symposium on Circuits and Systems, 2008:2534-2537.

[8] Wang W X, Ren J, Chen G, et al. Memory-based snowdrift game on networks [J]. Physical Review E, 2006, 74(5):056113.

[9] Sun R, Li W, Zhang H, et al. An Incentive Mechanism for P2P Network Using Accumulated-Payoff Based Snowdrift Game Model[M]//Cheng J L, Hossain E, Zhang H J, et al, Eds. Game Theory for Networks. New York: Springer International Publishing, 2016:122-132.

[10] 叶王毅. 非对称网络可视化仿真系统开发与应用研究[D]. 北京:清华大学,2011.

第三篇

信息共享网络的拓扑动态性

第 8 章 网络容量与流量分布

网络容量是衡量网络性能的重要指标，与网络提供信息共享服务的能力密切相关。可以通过如下两种方式提高网络容量：一是提高硬件水平，增大带宽，提高路由器处理能力；二是在给定的硬件水平下，优化用户访问网络的方式。传统的 TCP/IP 互联网结构的设计没有针对内容发布和获取进行优化，因而可通过优化网络流量分布提高网络容量。本章从网络相变现象入手，介绍网络容量的基本模型，并在此基础上提出基于流量分布的网络容量优化研究框架。

8.1　网络容量基本模型

1998 年索尼计算机研究院的研究人员发现,计算机网络中存在类似于统计物理中的相变现象[1]:网络中不断有数据包注入,数据包在网络中流动,到达目的节点后便从网络中移除;在单位时间内数据包注入量较少时网络呈现为数据包自由流动的自由相,当数据包注入量超过某个相变点之后,单位时间内进入网络的数据包量将大于到达目的地的数据包量,数据包将会集中在网络中介数较大的节点,呈现拥塞相。以该模型为基础,近年来很多复杂网络领域的学者对网络拓扑结构和路由策略对网络容量的影响进行了研究[1,2]。

如图 8-1 所示,可通过如下方式模拟网络的相变过程[1]:一个包含有 N 个节点的网络,每个节点既是主机也是路由器,并有无限缓存,数据包在网络中进行路由,如果数据包没有达到目的节点,则将一直存在于网络中。在每一个时步,网络中生成 R 个数据包,数据包源节点和目的节点都随机选取,但源节点不能等于目的节点;同时每个节点从缓存中按照先入先出的顺序取出 C 个数据包进行路由,按最短路径路由策略或者其他策略路由到下一跳,如果最短路径有多条,

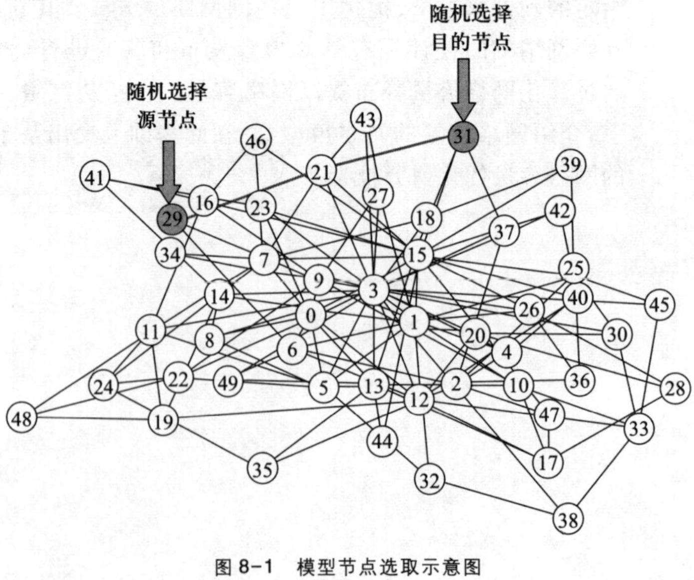

图 8-1　模型节点选取示意图

则从中随机选取任意一条。

用每个时步(单位时间内)数据包的净增加量来表示序参数:

$$\eta(R)=\lim_{t\to\infty}\frac{C}{R}\frac{\langle\Delta W\rangle}{\Delta t},\tag{8-1}$$

其中,R 表示每个时步加入到网络中的数据包数;C 表示每个时步路由器转发的数据包数,简单起见假设每个路由器转发能力都相同;$W(t)$ 表示时步 t 中存在于网络中的数据包总数,$\langle\Delta W\rangle=W(t+1)-W(t)$ 表示稳态情况下网络中数据包增加的速率。图 8-2 给出了 $\eta(R)$ 随 R 的变化曲线。用 Rc 表示相变点,当 $R<Rc$ 时为自由相,序参数为 0;而 $R>Rc$ 时为拥塞相,序参数大于 0。相变点可用来刻画网络容量。

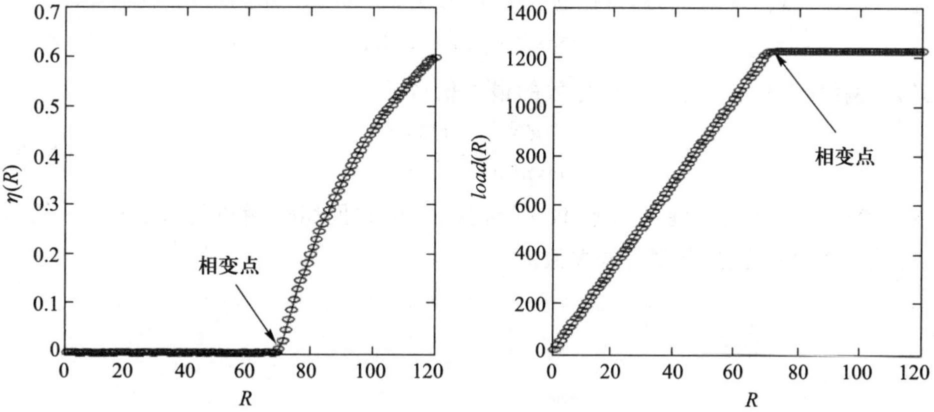

图 8-2 相变点示意图

上述模型将统计物理的方法应用于计算机网络,从网络整体的角度研究拥塞。该模型假设互联网产生拥塞的瓶颈在于路由器而不在链路,因此不考虑带宽。随着互联网带宽的不断增大,该模型也变得越来越实际,实际上高性能路由器也一直是网络研究热点之一。在该模型的假设下,发生网络拥塞时,数据包将集中在介数中心性(betweenness centrality,BC)或简称介数较大的节点上,节点 v 的介数 $g(v)$ 的表达式为

$$g(v)=\sum_{s\neq v\neq t}\frac{\sigma_{st}(v)}{\sigma_{st}},\tag{8-2}$$

其中,σ_{st}表示网络中源节点 s 到目的节点 t 的最短路径条数,$\sigma_{st}(v)$ 表示从源节点 s 到目的节点 t 且经过节点 v 的最短路径条数,那么

$$p(v\mid s,t)=\frac{\sigma_{st}(v)}{\sigma_{st}}\tag{8-3}$$

表示源节点为 s、目的节点为 t 时候，在最短路径随机选取路由方式下，数据包经过节点 v 的概率。节点 v 的介数 $g(v)$ 衡量了随机选取源节点、目的节点的任意一个数据包经过节点 v 的概率。事实上，此时 $p(s,t)=\frac{1}{N(N-1)},(s\neq t)$，那么数据包经过节点 v 的概率为

$$p(v)=\sum_{s\neq v\neq t}p(s,t)\frac{\sigma_{st}(v)}{\sigma_{st}}=\frac{g(v)}{N(N-1)}. \tag{8-4}$$

因此，节点 v 的介数越大，数据包越容易经过该节点。根据前面的假设，每个时步有 R 个数据包加入网络，并且随机选取源节点、目的节点，那么网络稳定时，每个时步经过节点 v 的平均数据包为 $R\cdot p(v)$，每个节点每个时步转发的数据包数量为 C，这样，当拥塞发生时，数据包也最容易积累在介数大的节点。我们要求

$$\max_v R\cdot p(v)\leqslant C, \tag{8-5}$$

那么，网络容量与网络中节点介数的最大值成反比：

$$R_c=\frac{C}{\max p(v)}=\frac{CN(N-1)}{g_{\max}(v)}. \tag{8-6}$$

该式给了我们在网络硬件水平不变的情况下优化网络容量的途径：均衡网络流量，减小网络中节点介数的最大值。

8.2　网络容量优化方法

现有研究主要从网络拓扑结构和路由策略的角度探讨如何提高网络容量。研究方法可大致分为两类：

1. 硬方法(hard strategies)

这类方法主要通过改变网络结构的方式来提高容量[2]。由于数据包会积累在介数较大的节点，网络容量与网络中节点介数的最大值成反比[1]，因此最直接的方法是提高介数大的节点的数据包转发能力，使之和介数成正比[3-5]。另一些研究采用“加边扩容”的方法[6]，基本思想是在网络中增加一些边(这些边被称为“捷径”)，数据包会通过这些捷径绕过原网络中介数较大的节点。然而与直觉相反，链接中心节点(hub nodes)的捷径并不能带来很好的效果。还有一类方法是删边扩容[7,8]，其原理类似于交通网络在拥堵时段关闭一些容易拥堵的道路。还

有研究提出可以将双向边改成单向边以提高网络容量[9]，或者通过重新分配链路带宽以增加网络容量[10,11]。

2. 软方法(soft strategies)

这类方法主要通过改变路由策略来提高网络容量。路由策略或采用全局信息进行全局路由，或采用局部信息进行类似于随机游走的路由[12,13]，也可以根据节点的度、介数、数据包排队长度等信息，得到或静态或动态的路由策略[14,15]。传统的最短路径路由算法会导致数据包积累在介数大的节点，上述路由策略通过其得到的网络中的信息，绕开介数大的节点，从而提高网络容量。

以上方法均采用基于介数的分析方法，假定数据包源节点和目的节点均是随机选取，亦即假定流量均匀分布。但实际流量并非均匀分布，不同节点对间流量相差很大。有学者研究了源节点、目的节点选取与度相关时的网络容量[16,17]，发现将数据包从度小的节点转移到度大的节点路由会提高网络容量。另外在实际工程中还可以采用诸如缓存、CDN 之类的技术来改变网络流量，进而改变网络容量。

8.3 网络流量分布对网络容量的影响

在 8.1 节介绍的网络容量模型中，数据包源节点和目的节点都是随机选取的，这是一种最简单的物理模型。网络流量工程中用流量矩阵(traffic matrix，TM)和源节点、目的节点(origin-destination，OD)流来刻画网络中的流量分布[18]。实际互联网中流量矩阵并不均匀，不可能出现每个数据包源节点、目的节点均匀随机选取的情况。为最大化网络容量，本节分别从路由距离、缓存节点的分布和服务器节点的分布这三方面考察流量分布对网络容量的影响[19]。

8.3.1 路由距离

传统互联网结构中，用户为了获取资源，需要访问该资源所在的主机，而无论该主机距离自己有多远，这引起了很多长程跨 AS 域的流量。近年来出现了缓存、CDN、P2P 等一些技术，将内容放置在距离用户较近的地方，避免这些长程流量，从而减小了路由距离[20]。

第 6 章提到过，P2P 网络中存在拓扑失配现象，即由于协议本身的设计局

限,用户并没有从距离自己最近的节点中获取资源,为了提高网络容量,用户应就近获取内容,为此引入"匹配度"的概念[21]:

$$\mu_{ij}=\begin{cases}\dfrac{d_{if}-d_{ij}}{d_{if}-d_{in}}, & d_{in}\leqslant d_{ij}<d_{if}\text{或 }d_{in}<d_{ij}\leqslant d_{if}\\ 1, & d_{in}=d_{if},\text{单资源节点}\end{cases}. \tag{8-7}$$

匹配度取值在 0~1 范围内。若从距离自己最近的节点获取资源,匹配度为 1;若从距离最远的节点获取资源,匹配度为 0。

相同一次访问,用户若一跳就能获取内容,对网络造成的影响是大不相同的[22]。在以上工作的基础上,这里考虑路由跳数 d 对网络容量(相变点)的影响。与以上模型不同的是,在每一时步产生 R 个数据包,源节点依旧随机选取,但目的节点从距离源节点 d(距离指最短路径距离,下同)的节点中随机取一个,这样每一个数据包均路由 d 跳。下面理论分析距离为 d 时网络容量 $R_{c|d}$ 的解析表达式。

设 s 为源节点,t 为目的节点,$N(s,d)$ 是与 s 距离为 d 的节点数,N_d 是所有使得 $N(s,d)$ 不等于 0 的 s 的数目。注意到距离 d 与随机取的源节点 s 并不完全独立,这是因为 $N(s,d)$ 有可能等于 0。$N_d\neq 0$ 时,设 $p(s\mid d)$ 表示数据包路由距离为 d 时,取节点 s 为源节点的条件概率;$p(t\mid s,d)$ 表示数据包路由距离为 d 且源节点为 s 时目的节点为 t 的条件概率。根据假设,容易知道:

$$p(s\mid d)=\frac{I(N(s,d)\neq 0)}{N_d}=\begin{cases}0, N(s,d)=0,\\ \dfrac{1}{N_d}, N(s,d)\neq 0,\end{cases} \tag{8-8}$$

$$p(t\mid s,d)=\frac{I(dist(s,t)=d)}{N(s,d)}. \tag{8-9}$$

其中 $I(\cdot)$ 是指标函数。

考虑任意一个数据包经过某节点 v 的概率 $p(v)$,$p(v\mid d)$ 表示数据包路由距离为 d 时经过节点 v 的概率,有

$$p(v)=\sum_{N_d\neq 0}p(d)p(v\mid d), \tag{8-10}$$

$$p(v\mid d)=\sum_{s\neq t,dist(s,t)=d}p(v,s,t\mid d)=\sum_{s\neq t,dist(s,t)=d}p(s\mid d)p(t\mid s,d)p(v\mid s,t), \tag{8-11}$$

由于

$$p(v\mid s,t)=\frac{\sigma_{st}(v)}{\sigma_{st}}, \tag{8-12}$$

$$p(v\mid d)=\sum_{s\neq t,dist(s,t)=d}p(s\mid d)p(t\mid s,d)p(v\mid s,t)$$

$$= \sum_{s \neq t, dist(s,t) = d} \frac{1}{N_d} \frac{1}{N(s,d)} \frac{\sigma_{st}(v)}{\sigma_{st}}. \tag{8-13}$$

给定一个网络，$p(v \mid d)$是可计算的。网络容量可定义为

$$R_{c|d} = C/\max\{p(v \mid d)\}. \tag{8-14}$$

注意到，对于任何网络，在路由距离 d 固定的前提下，以均匀概率选择源节点和目的节点，那么可得到

$$\begin{aligned} \sum_i p(v_i \mid d) &= \sum_i \sum_{s \neq t, dist(s,t) = d} \frac{1}{N_d} \frac{1}{N(s,d)} \frac{\sigma_{st}(v_i)}{\sigma_{st}} \\ &= \frac{1}{N_d} \sum_s \frac{1}{N(s,d)} \sum_{s \neq t, dist(s,t) = d} \sum_i \frac{\sigma_{st}(v_i)}{\sigma_{st}} \\ &= \frac{1}{N_d} \sum_s \frac{1}{N(s,d)} \sum_{s \neq t, dist(s,t) = d} d \\ &= \frac{1}{N_d} \sum_s \frac{1}{N(s,d)} dN(s,d) \\ &= d. \end{aligned} \tag{8-15}$$

因此，$d = \sum_i p(v_i \mid d) \leqslant N\max\{p(v \mid d)\}$ 。进一步，可得到

$$R_{c|d} = C/\max\{p(v \mid d)\} \leqslant \frac{CN}{d}. \tag{8-16}$$

根据上式可以得出以下两个结论：一是路由距离越长，网络容量越低；二是在节点数 N、转发能力 C、路由距离 d 相同的网络中，完全同质网络容量最大。上述结论给出了网络容量优化的研究方向，即网络同质化设计和缓存技术可降低路由距离。

8.3.2 缓存节点的分布

现有研究表明，互联网上的资源流行度服从幂律分布[23]，即多数用户访问的是大量网络内容中的一小部分。这种性质造成相同的内容在互联网上反复不断地复制、传输，这种无效率的传输造成了冗余流量，导致网络带宽的浪费。研究网络信息共享的一个关键问题是减少甚至消除这种冗余传输、实现流量均衡。一种常用的方法是使用缓存来避免重复请求相同资源，如浏览器缓存、Web 代理缓存等技术。本节我们研究缓存节点对网络容量的影响及其最优分布。

假设每个路由器节点均有一定的缓存能力，考察网络容量与缓存节点缓存命中率(hit ratio)的关系、不同网络结构中缓存节点对网络容量的影响，以及缓存能力有限情况下最优缓存分布策略。缓存的存在使得数据包源节点、目的节点

并不是均匀随机选取，不能直接使用介数来衡量网络容量，需要更复杂的参数来衡量网络容量。之前的研究认为缓存节点应该分布于网络中心以减少用户等待时间[24-27]，但这些研究大多是从减小网络延时的角度从网络局部进行考虑，并不能从整体上避免网络拥塞。在各节点介数分布不均的网络如 BA 无标度网络中，节点放置在中心并不能显著缩小节点介数间的差别，而网络容量与节点介数的最大值有关，因而将节点放置在中心并不能最大限度提高网络容量。

为了仿真缓存对网络容量的影响，我们对 8.1 节介绍的基本模型做如下修改：对于互联网上的任意一个请求，该请求可能还没有到达源节点，就在中途被某节点命中。令每个节点 v 的缓存命中率为 $x(v)$，$0\leqslant x(v)\leqslant 1$，即经过节点 v 的数据包中有 $x(v)$ 的比例命中，并假设各节点之间缓存命中率相互独立，一个节点缓存命中与否不影响另一个节点的命中。例如，从节点 0（源节点）到节点 d（目的节点）的一个数据包有 $x(d)$ 的概率直接在 d 节点处命中（本地命中），此时路由路径长度为 0；有 $x(d-1)(1-x(d))$ 的概率在 $d-1$ 处命中，此时原路由改为从节点 $d-1$ 到节点 d，路径长度为 1，以此类推。该模型直接考虑每个缓存节点命中率，忽略了具体的缓存策略细节。

用 x 表示各个节点的缓存命中率。为了简化设计，首先考虑源节点为 s，目的节点为 t 的情况。经过节点 v 的概率为 $p(v\mid s,t,x)$，则有

$$\begin{aligned}p(v\mid s,t,x)&=p(v\mid s,t)P(SP_{vt}\text{ 路径集合中任何一个节点皆没有命中（除去 }v\text{）})\\&=\frac{\sigma_{st}(v)}{\sigma_{st}}\sum_{pathl\in SP_{vt}}P(pathl\text{ 中任何一个节点皆没有命中（除去 }v\text{）})\\&=\frac{\sigma_{st}(v)}{\sigma_{st}}\sum_{pathl\in SP_{vt}}\prod_{q\in l,q\neq v}(1-x(q)).\end{aligned}\tag{8-17}$$

上式中，SP_{vt} 代表所有节点 v 和节点 t 之间的最短路径集合，其元素即是每条从 v 到 t 的最短路径。当源节点和目的节点随机选取时，有 $p(s,t)=\dfrac{1}{N(N-1)}$，可以得到

$$\begin{aligned}p(v\mid x)&=\sum_{s\neq t}p(v\mid s,t,x)p(s,t)\\&=\frac{1}{N(N-1)}\sum_{s\neq t}\frac{\sigma_{st}(v)}{\sigma_{st}}\sum_{pathl\in SP_{vt}}\prod_{q\in l,q\neq v}(1-x(q)).\end{aligned}\tag{8-18}$$

对应的介数表达式为 $g(v,x)=p(v\mid x)N(N-1)$，网络容量为

$$R(x)=C/\max\{p(v\mid x)\}.$$

网络容量最大化，即要使网络中最大的介数（或 $p(v\mid x)$）最小：

$$J=\min_x\max_v p(v\mid x).\tag{8-19}$$

这是最优化理论中的极大极小问题,可以转换为线性规划问题并用最优化算法求解。

8.3.3 服务器节点的分布

通过将网络资源部署到距离用户较近的服务器上,可以改善信息共享服务的质量。本节我们考虑如何通过调整服务器节点的分布以优化网络容量。在8.1节介绍的模型基础之上,我们假设源节点、目的节点随机选取,即

$$p(s,t)=\frac{1}{N(N-1)} \tag{8-20}$$

上式中,$p(s,t)$表示数据包选取节点 s 为源、节点 t 为目的的概率。进一步,我们假设:

(1) 节点 s 按照某种概率 $p(s)$ 选取为源节点,作为服务器节点的分布策略;

(2) 目的节点仍然随机选取,$p(t\mid s)=1/(N-1)$,即客户端节点是均匀分布的。

上述假设的含义是:用户均匀随机访问服务器节点,但每个数据包依据概率 $p(s)$ 选择服务器节点 s 作为源节点,任意随机产生的数据包独立选取源节点、目的节点。在上述假设下,数据包选择节点 s 为源、节点 t 为目的的概率为

$$p(s,t)=p(s)p(t\mid s)=\frac{p(s)}{N-1}. \tag{8-21}$$

任意选取的一个数据包经过节点 v 的概率为

$$\begin{aligned}p(v)&=\sum_{s\neq v\neq t}p(s,t)\frac{\sigma_{st}(v)}{\sigma_{st}}\\&=\frac{1}{N-1}\sum_{s\neq v\neq t}p(s)\frac{\sigma_{st}(v)}{\sigma_{st}}\\&=\frac{1}{N-1}\sum_{s(s\neq v)}p(s)\sum_{t(s\neq t,v\neq t)}\frac{\sigma_{st}(v)}{\sigma_{st}}\\&=\sum_{s(s\neq v)}p(s)p(v\mid s).\end{aligned} \tag{8-22}$$

上式中,$p(v\mid s)=\frac{1}{N-1}\sum_{t(s\neq t,v\neq t)}\frac{\sigma_{st}(v)}{\sigma_{st}}$表示源节点为 s 的任意一个数据包经过节点 v 的条件概率。如此,网络容量可表示为

$$R_C=\frac{C}{\max_{v}p(v)}=\frac{C}{\max_{v}\sum_{s(s\neq v)}p(s)p(v\mid s)}. \tag{8-23}$$

此时最大化网络容量 R_C 即最小化节点新介数的最大值,亦即最小化随机产生的

数据包经过节点 v 的概率 $p(v)$ 的最大值，也是一个极小极大问题：

$$\min \max_{v} p(v) = \sum_{s(s \neq v)} p(s) p(v \mid s)$$

$$s.t. \begin{cases} \sum_{s} p(s) = 1 \\ 0 \leqslant p(s) \leqslant 1 \end{cases} \tag{8-24}$$

该最优化问题也可转化为线性规划问题，并用单纯形法、内点法等最优化算法解出。

本章介绍的网络容量相变模型是一种物理模型，它忽略了一些工程实现上的细节，这样虽然能够更好地解释整体现象，但是不能直接将结论运用于工程实践，将来的研究需要考虑更多的工程细节，如数据包传输工程中的丢包问题等。另外，在探讨服务器节点的最优分布时假定数据包源节点、目的节点的选取相互独立，但有些情况下这一假设并不成立，后续研究可考虑数据包源节点、目的节点不独立选取时对网络容量的影响。

参考文献

[1] Ohira T, Sawatari R. Phase transition in a computer network traffic model[J]. Physical Review E, 1998, 58(1):193.

[2] Chen S Y, Huang W, Cattani C, et al. Traffic dynamics on complex networks: a survey[J]. Mathematical Problems in Engineering, 2012, Art.ID 732698:23.

[3] Gong X, Kun L, Lai C H. Optimal resource allocation for efficient transport on complex networks[J]. Europhysics Letters, 2008, 83(2):28001.

[4] Xia Y, Hill D. Optimal capacity distribution on complex networks [J]. Europhysics Letters, 2010, 89(5):58004.

[5] Zhang G Q, Zhou S, Wang D, et al. Enhancing network transmission capacity by efficiently allocating node capability[J]. Physica A: Statistical Mechanics and its Applications, 2011, 390(2):387-391.

[6] Huang W, Chow T W S. Effective strategy of adding nodes and links for maximizing the traffic capacity of scale-free network [J]. Chaos: An Interdisciplinary Journal of Nonlinear Science, 2010, 20(3):033123.

[7] Huang W, Chow T W S. An efficient strategy for enhancing traffic capacity by removing links in scale-free networks[J]. Journal of Statistical Mechanics: Theory and Experiment, 2010, 2010(01):P01016.

[8] Zhang G Q, Cheng S Q. Enhancing network capacity effects of edge-removal in

small-world networks[J]. Scientia Sinica,2012,42(2):151-160.

[9] Hu K,Liu C F,Hu T,et al. Enhancing traffic capacity for scale-free networks by the one-way links[J]. Journal of Physics A: Mathematical and Theoretical, 2010,43(17):175101.

[10] Jiang Z Y, Liang M G, Zhang S, et al. An efficient bandwidth allocation strategy for scale-free networks[J]. International Journal of Modern Physics C,2012,23(10):1250065.

[11] Jiang Z Y,Liang M G,Li Q,et al. Optimal dynamic bandwidth allocation for complex networks[J]. Physica A: Statistical Mechanics and its Applications, 2013,392(5):1256-1262.

[12] Scellato S,Fortuna L, Frasca M, et al. Traffic optimization in transport networks based on local routing[J]. The European Physical Journal B (Condensed Matter and Complex Systems),2010,73(2):303-308.

[13] Ling X,Hu M B,Jiang R,et al. Global dynamic routing for scale-free networks [J]. Physical Review E,2010,81(1):016113.

[14] Wang D,Jing Y, Zhang S. Traffic dynamics based on a traffic awareness routing strategy on scale-free networks[J]. Physica A: Statistical Mechanics and its Applications,2008,387(12):3001-3007.

[15] Jiang Z Y,Liang M G. Improved efficient routing strategy on scale-free networks [J]. International Journal of Modern Physics C, 2012, 23 (02):1250016.

[16] Jiang R,Hu M B,Wang W X, et al. Traffic dynamics of packets generated with non-homogeneously selected sources and destinations in scale-free networks[J]. arXiv preprint physics/0701309,2007.

[17] Ling X,Jiang R, Wang X, et al. Traffic of packets with non-homogeneously selected destinations in scale-free network [J]. Physica A: Statistical Mechanics and its Applications,2008,387(18):4709-4715.

[18] Awduche D O. MPLS and traffic engineering in IP networks [J]. IEEE Communications Magazine,1999,37(12):42-47.

[19] 彭兆盟. 基于流量分布的网络容量优化[D]. 北京:清华大学,2013.

[20] Wang J,Jiang C, Gao L, et al. Complex network theoretical analysis on information dissemination over vehicular networks [C]//2016 IEEE International Conference on Communications (ICC),2016.

[21] 李一鹏. P2P 网络整体统计特征与对策[D]. 北京:清华大学,2010.

[22] Jiang C, Chen Y, Ren Y, et al. Maximizing network capacity with optimal source selection: a network science perspective[J]. IEEE Signal Processing Letters, 2015, 22(7): 938-942.

[23] Breslau L, Cao P, Fan L, et al. Web caching and Zipf-like distributions: Evidence and implications [C]//Proceedings of IEEE INFOCOM '99 Eighteenth Annual Joint Conference of the IEEE Computer and Communications Societies. New York, USA, 1999, 1: 126-134.

[24] Li B, Golin M J, Italiano G F, et al. On the optimal placement of web proxies in the internet[C]//Proceedings of IEEE INFOCOM '99 Eighteenth Annual Joint Conference of the IEEE Computer and Communications Societies. New York, USA, 1999, 3: 1282-1290.

[25] Jamin S, Jin C, Jin Y, et al. On the placement of internet instrumentation [C]//Proceedings of IEEE INFOCOM 2000 Nineteenth Annual Joint Conference of the IEEE Computer and Communications Societies. Tel Aviv, Israel, 2000, 1: 295-304.

[26] Krishnan P, Raz D, Shavitt Y. The cache location problem[J]. IEEE/ACM Transactions on Networking, 2000, 8(5): 568-582.

[27] Jamin S, Jin C, Kurc A R, et al. Constrained mirror placement on the Internet [C]//Proceedings of IEEE INFOCOM 2001 Twentieth Annual Joint Conference of the IEEE Computer and Communications Societies. Anchorage, USA, 2001, 1: 31-40.

第 9 章　信息共享网络的拓扑失配和控制问题

信息共享网络拓扑结构的优化程度会对网络效率产生影响。例如，在 P2P 网络中，网络物理拓扑和逻辑拓扑的失配会造成大量的传输冗余。又例如，在无线 ad hoc 网络中，过于稠密的拓扑会造成诸多网络通信问题，如路由代价高、干扰强、能耗大等；而过于稀疏的拓扑则会造成网络不连通。本章以 P2P 网络和无线 ad hoc 网络为对象，研究信息共享网络中的拓扑失配问题和拓扑控制问题。具体地，针对 P2P 网络本章将讨论拓扑失配发生的原因及相应的解决办法；针对无线 ad hoc 网络的容错与节能问题，本章将介绍两类拓扑控制算法。

9.1　拓扑失配的概念及影响

在P2P网络中,资源文件与资源文件的索引被分离开来,用户获取资源需经过如下两个步骤:资源搜索和资源获取。在资源搜索过程中,用户通过资源标识找到资源所在位置,即找到资源节点;在资源获取过程中,用户直接与提供资源的节点建立通信连接并传输资源文件。按照这样的思路,P2P网络为散布在网络各处的用户提供了一个资源(如存储能力、数据处理能力、网络带宽等)共享平台,人们可以搜索感兴趣的资源并通过物理网络的传输来获取资源。可见,资源搜索是用户共享资源的首要工作。

P2P网络的资源搜索依靠Overlay网络来完成。Overlay网络,是构建在互联网络底层基础设施之上的虚拟网络,所以又称之为重叠网络、覆盖网络或应用层网络等。Overlay网络负责将多个有资源共享需求的用户通过逻辑连接组织在一起,用户间通过逻辑连接感知其他用户的存在,并按照一定规则进行资源搜索。随着P2P网络应用的发展,人们逐渐模糊了P2P网络与Overlay网络之间的差异,而将其二者统称为P2P网络。

由于用户加入Overlay网络并建立逻辑连接时,忽略底层物理网络的通信连接情况,造成Overlay网络与物理网络通信拓扑之间拓扑不一致,这一现象称为“拓扑失配”。拓扑失配的后果是由Overlay网络给出的逻辑路由会在物理网络中引入很多传输冗余。具体来说,P2P网络中的用户节点散布在网络边缘,通过Overlay网络建立逻辑连接关系,这就使Overlay网络中用户间的逻辑一跳对应着物理网络中的多跳。图9-1给出了一个Overlay网络与物理网络耦合关系的示意图,图中,A、G、I和E为Overlay网络中的用户节点,通过物理网络中的多个路由器连接在一起。可见,P2P网络中的用户集合是物理网络中节点集合的子集。当Overlay网络中的A用户进行资源搜索时,搜索消息按照A→G→I→E的逻辑路由路径传输,而在物理网络中真实的数据传输路径为A→C→F→G→F→I→H→D→E。当用户E拥有用户A所需要的资源时,则二者建立直接的通信连接A→C→F→D→E并完成从用户E到用户A的资源文件传输。

值得注意的是,Overlay网络完成了P2P网络用户之间逻辑组织关系的建立和资源搜索过程中查询消息的逻辑路由,产生的数据包仍然依靠底层的物理网

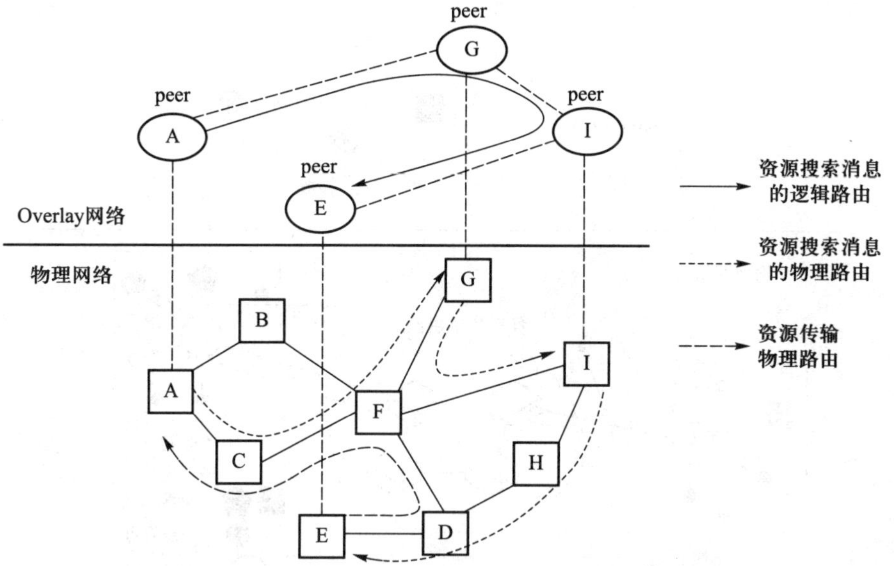

图 9-1 Overlay 网络与物理网络耦合关系示意图

络进行传输。Overlay 网络架构在物理网络之上,不同的 Overlay 网络结构对物理网络的流量有很大的影响,不考虑底层物理网络进行 Overlay 网络的创建是拓扑失配的主要原因。

拓扑失配对 P2P 应用的影响主要体现在如下两个方面:

(1) Overlay 网络构建时未考虑底层物理网络因素而造成物理网络中的冗余数据传输,引入较大的传输延迟。例如,BitTorrent 协议的整个工作过程中未考虑用户所处的地理位置和 IP 地址等信息,返回随机的用户节点列表,采用随机图来描述其组织关系。这样导致的后果就是,一个节点的邻居节点,可能是距离多个 AS 域。这样进行资源搜索与获取的时候,势必会带来大量的 AS 流量。如图 9-2 所示用户资源下载的跨 AS 域失配,当在两个大洋彼岸遥遥相对的用户之间进行大量的数据传输时,无疑会给互联网络的骨干基础设施带来巨大的负载。

(2) 位于不同地理位置的用户因兴趣相似而进行长程数据传输,引起众多不必要的跨 AS 流量。如图 9-2 所示,上层为 Overlay 网络,下层为物理网络,假设用户 1、用户 2 和用户 3 的兴趣相似。用户 3 通过资源搜索,发现节点 1 和节点 2 都存在自己需要的资源节点。在 Overlay 网络中,逻辑连接 13 和 23 是完全对等的,但是在物理网络中,逻辑连接 13 预示大范围的跨 AS 流量,按照物理链路 a 进行传输,需要跨越多个域间路由器和域内路由器,引起大范围骨干网的流量。而逻辑连接 23 则是局部流量,按照物理链路 b 进行传输,不会引起骨干网的流量。P2P 的协议如果随机选择一条链路进行下载,则无法达到流量优化的目的。

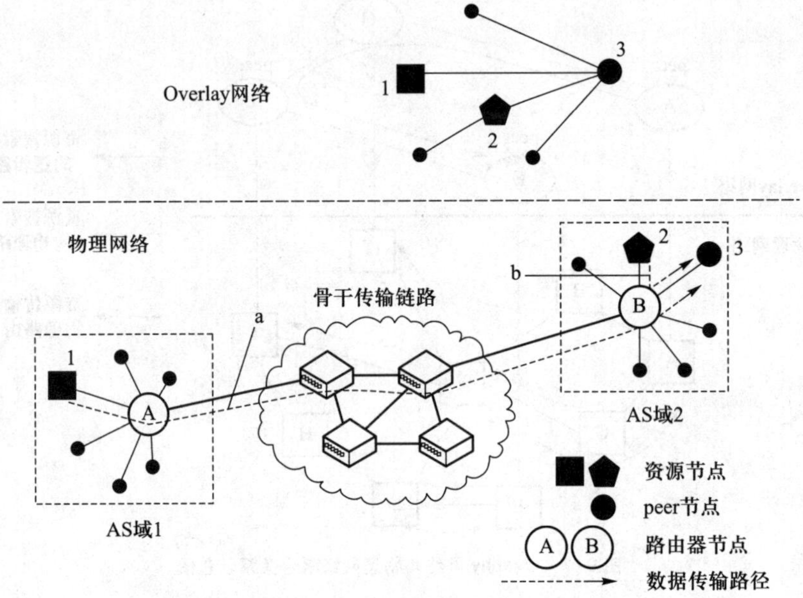

图 9-2　用户资源下载的跨 AS 域失配

9.2　拓扑失配的解决方案

针对拓扑失配造成的影响，我们从以下三个角度研究其解决方案：一是利用网络中节点之间的通信延迟作为优化的标准；二是利用位置信息进行 Overlay 网络的优化；三是利用节点的兴趣进行优化。

9.2.1　基于网络延迟的方法

文献[1-4]提出了一系列根据节点通信延迟优化 Overlay 网络拓扑的方法。这些方法的基本思想是 peer 节点相互探测彼此间的物理延迟，根据延迟大小对 Overlay 网络中的逻辑连接进行切除或者增加。例如，在文献[3]提出的 ACE(adaptive connection establishment)算法中，各节点利用泛洪的方式，建立与邻居节点通信延迟列表，这样节点和节点构成了一个带权重的网络，权重就是节点之间的延迟。按照延迟构建最小生成树可以使邻居节点之间以最小的通信代价进行通信。在用户节点查询资源的时候,仅向其邻居节点查询,可减少大量的查询流量。但是这样仅能保证相邻节点的通信代价最小,不能保证非相邻节点的通信代价最小。在 ACE 算法的基础上,文献[5]又提出了 N 跳优化的方法,即每个节点选取 N 跳以内的节点通信代价表进行优化。实验表明,四跳优化可比一跳优化降低 30%的网络负载。

9.2.2 基于位置信息的 Overlay 匹配方法

为了利用位置信息进行 Overlay 网络的拓扑优化,首要需要获得节点的位置信息。在用户位置信息的采集方面,文献[6]提出了三种基于用户网络层信息获取物理网络拓扑的方法,即 GeoTrack、GeoPing 和 GeoCluster 方法。GeoTrack 是根据用户节点所在 DNS 及其邻居节点来推测物理网络拓扑;GeoPing 则利用用户之间相互发送 ping 信息探测节点之间的通信延迟;GeoCluster 利用用户的 IP 地址前缀进行分簇(cluster),根据簇内部分节点所在位置预测整簇所在的物理位置。

针对有结构 P2P 网络中的拓扑失配问题,文献[7,8]提出了对分布式散列表(distributed hash table,DHT)的改进方法。所提方法的基本思想是根据节点地理位置或 IP 地址前缀进行区域划分,在进行 DHT 的节点或资源映射时将位置信息引入到编码中,使用户搜索资源时将搜索范围限制在与自己地理位置较近或传输延迟较小的节点上。

9.2.3 基于用户兴趣的 Overlay 匹配方法

上文介绍的方案只考虑了位置信息,但在实际的 P2P 系统运作过程中,物理位置较远的两个用户节点,可能拥有同样的用户兴趣,如果彼此进行资源下载,会带来骨干网上的大范围的流量。文献[9]对北邮人 BT[①] 的用户按照兴趣进行分簇,得到图 9-3 所示的结果。按照各簇中含有用户数量的多少排序后,取出前 5 簇进行分析,可以得到如下结论:所取 5 个用户簇中的用户所在位置涵盖了全国主要的各大省市自治区,并且主要集中在北京、天津、辽宁、上海和江苏等地的高校,北京用户所占比例均超过了 50%。在包含最多用户(2601 个用户)的第一簇中,位于天津的用户比例超过 15%,主要集中在天津大学和南开大学;第 2 簇中,位于上海的用户比例为 24.5%,主要集中在复旦大学、同济大学和上海理工大学等。第 3、4、5 簇中也存在着类似情况。

位于同一簇内的用户兴趣相似度很高,而从同簇内的用户物理位置来看,这些用户又散落在全国大部分城市。这一结果说明:P2P 文件共享网络中,兴趣相

① http://bt.byr.cn/

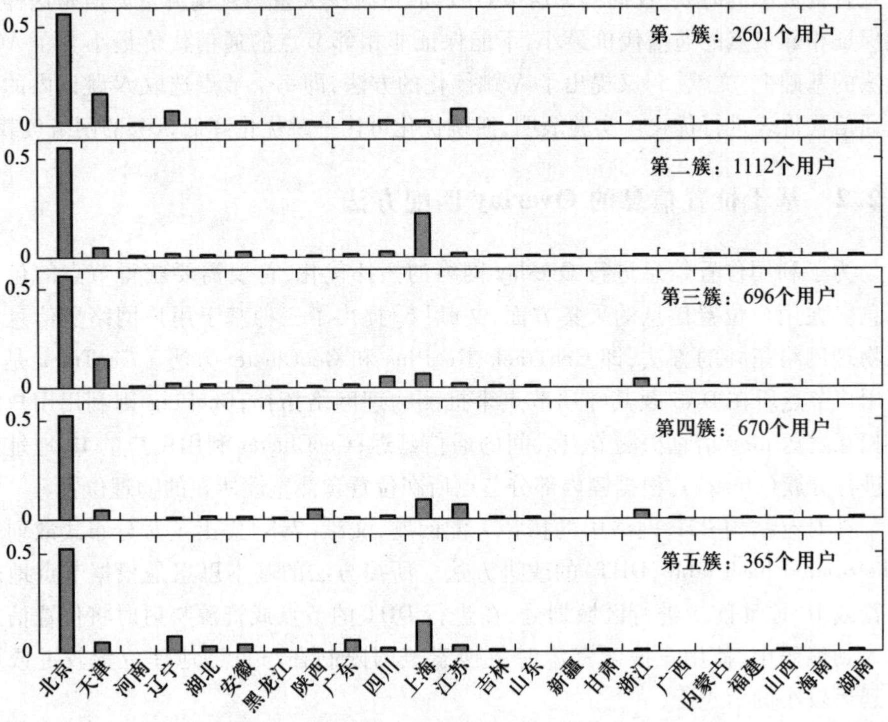

图 9-3　用户簇内用户在全国部分省市的分布比例

似的用户位于不同的地理位置；位于相近地理位置的用户（比如在同一个 AS 域内的用户），兴趣差异可能较大。

用户兴趣网络中用户按兴趣成簇与物理网络中用户的地理位置分布存在明显的失配特征，对于同一资源感兴趣却通信距离甚远的用户间的数据传输，无疑会给整个物理网络骨干链路带来巨大的负载。由于同一兴趣簇在各大城市均有分布，那么将用户兴趣和地理位置结合起来，选择节点距离近、兴趣相似的邻居，是更好的措施。

9.3　拓扑控制

无线 ad hoc 网络由若干无线节点组成，每个节点都配有无线发射机、无线接收机和天线。为了满足额外需要，还可能配备有其他设备，如 GPS(global position system，全球定位系统)。由于采用无线通信方式，不需要架设基础设施。网络中各节点的地位相同，都可以作为信息的发布者、接受者和中继者，没有控制中心，实行对等通信。同时，无线节点发射功率有限，无线信号覆盖不能超过一定的距离，当节点要与其覆盖范围之外的节点通信时，需要中继节点进行多跳通信。由于无线信号的广播特质，节点发送信号时，处于其覆盖范围内的节点会受到干扰，造成无线信道的效率和信道容量要低于有限信道。另外，无线网络还存在拓扑动态变化和能量受限的问题。

9.3.1　基本概念

拓扑控制是指通过控制节点的发射功率来控制网络的拓扑结构。如果每个节点都采用最大发射功率，不进行拓扑控制，则形成的网络过于稠密。在这样稠密的网络中进行通信，会引起如下问题：

(1) 路由代价高。稠密的网络中，每个节点连接的邻居多，不需要交换的路由控制信息多，过多的信息交换会带来严重的能量消耗。

(2) 干扰强。无线通信本身固有干扰的问题，节点的发射功率越大，干扰的范围就越大，节点对无线信道的竞争越激烈，重传的数据包就越多，引起能耗的增加。同时，这也影响了网络的吞吐量，降低了网络容量。

(3) 节点能耗大。节点的能耗与发射功率有直接的关系，当每个节点都采用最大功率发射，能耗会增大。

(4) 冗余路径多。网络稠密使得两节点间的冗余路径过多，而很多路径是能效性差的路径。无线能量传播模型为 $P_{u,v} \geqslant cd(u,v)^{\alpha}$，其中 $P_{u,v}$ 是节点 u 将数据正确传输给节点 v 所需的能量，$d(u,v)$ 是节点 u 和 v 之间的欧氏距离，c 是传输质量参数，α 是能量衰减指数，在自由空间情况下 $\alpha=2$，在实际场景中一般取 $2 \leqslant \alpha \leqslant 6$。功率随距离的 α 次方衰减，使得在距离长的链路上通信性能较差，在多跳短距离链路上通信要适合一些。如图 9-4 所示，当 $\angle uwv$ 和 α 较大时有 $P_{u,v} > P_{u,w} + P_{w,v}$，所以路径 (u,v) 就是一条能效性差的冗余路径。

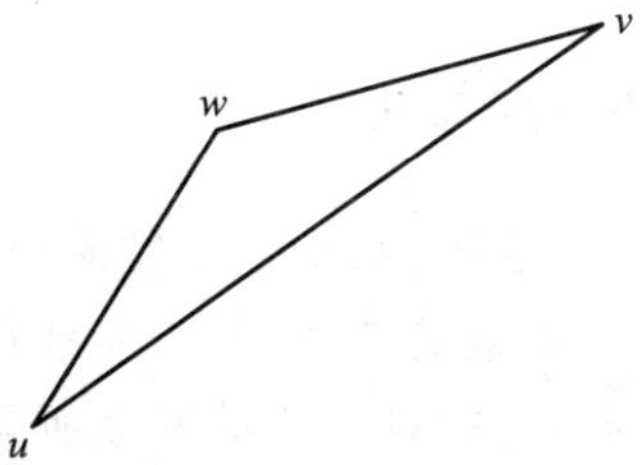

图 9-4　冗余路径

总之，每个节点采用最大发射功率建立的拓扑结构是高耗能和强干扰的，在此网络上通信代价高。拓扑控制可以将每个节点的功率调小到一个合适的数值，而整体网络拓扑具有某些给定的性质，如连通性等。

拓扑控制算法在一个稠密的网络基础上建立一个稀疏的网络，之后便以这个稀疏的网络作为通信网络，在此上实施路由等协议。根据拓扑控制后节点是否有相同的传输半径，可将拓扑控制算法分为两类：均一功率拓扑控制算法和非均一功率拓扑控制算法。下面分别加以介绍。

9.3.2 均一功率拓扑控制算法

均一功率拓扑控制是指每个节点采用相同的传输半径（非最大传输半径），主要是求临界传输半径问题。临界传输半径是指使得网络具有连通性所需最小的传输半径。这类算法通常以概率和连续渗透理论为工具，假设节点按某一个概率分布，如均匀分布、正态分布等，研究节点临界传输半径与节点数目或区域范围之间的关系。

文献[10]利用最小生成树的相关研究成果，在节点在$[0,1]^d$上（d指空间维数）均匀分布的假设条件下，求得了临界传输半径在一维、二维、三维空间上与节点数目的关系。文献[11]利用连续渗透理论，假设节点在单位圆域上均匀分布，求得了临界传输半径与节点数目n的关系。上面两项研究都是基于临界传输半径的渐进行为，保证在节点数目趋于无穷时网络是渐进连通的，所以这些研究适用于节点稠密的网络。另有一些算法[12-14]将节点所布置的区域边长L设置为参数，临界传输半径是L和节点数目的函数，研究临界传输半径在L趋于无穷时的渐进行为。这类研究对节点稠密和稀疏的网络都实用。文献[15]提出当网络的最小的节点度为k时，网络将以高概率为k-连通的。基于此理论，文献[16,17]研究了关于k-连通的临界传输半径问题。

上述均一功率拓扑控制算法以概率分析的方法给出临界传输半径，网络在理论上是渐进连通的。但从实用角度来看，这些算法受节点分布的影响大，节点都要采用同一发射功率，导致节能潜力有限，并且很难局部化。

9.3.3 非均一功率拓扑控制算法

在非均一功率拓扑控制算法中，每个节点发射功率不同。相比于均一功率拓扑控制算法，这类算法更能有效地节能，易于局部化计算，因此更容易发展为实用的拓扑控制协议。根据拓扑控制生成的网络所具有的性质，可分为如下三种类型。

1. 连通型

连通性是网络需要具备的基本性质，在网络连通（概率意义上）的基础上，尽量降低能耗是这类算法的目标。文献[18-21]将这一问题归纳为纯优化问题，以网络连通为约束条件，求解每个节点的传输半径，以使节点的能耗之和最小。这一优化问题称为传输半径优化问题，在一维空间有多项式解，在二维和三维空间是 NP-难的。为保证生成网络的对称性，即链路都是双向的，文献[22,23]提出对称半径分配问题。半径分配问题和对称半径分配问题计算复杂，难于局部化。

因为纯优化问题难于求解和局部化，学者们提出了很多实用的完全局部化算法来生成高概率连通的网络。文献[24]讨论了在网络连通的条件下，最小最大节点传输半径问题；文献[25]提出了完全分布式和局部化的 LMST 算法，算法生成的网络连通且只含双向链路，节点度值小于等于 6；文献[26]提出了分布式算法生成 RNG 图，在保证网络连通的条件下，网络有小的跳数直径。

2. spanner 型

这一类算法寻求网络中任意两点间都保持有高的路径质量，通常用功率扩展因子来评价路径的质量，功率扩展因子是计算几何中距离扩展因子的扩充。令最大功率形成的网络为 G，拓扑控制后的网络为 G'，图中边权重定义为功率。功率扩展因子是任意两节点 u 和 v 在 G' 中的距离与在 G 中距离的比值的最大值，即 $\rho=\max\limits_{u,v\in V}\delta_{G'}(u,v)/\delta_G(u,v)$。

功率扩展因子越小，说明网络的路径能效性越好。如果功率扩展因子 $\rho=O(1)$，与网络节点数目无关，则称网络具有 spanner 性质。可以利用临近图生成具有 spanner 性质的网络，几种常见的临近图如图 9-5 所示。

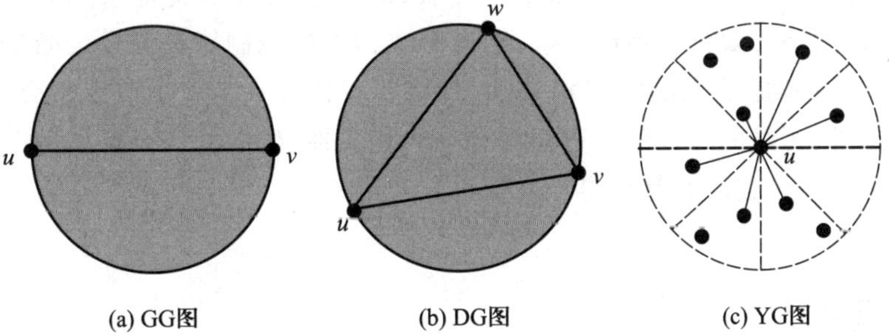

图 9-5 临近图

(1) GG 图[27]。如果不存在节点 w 使得 $d(u,w)^2+d(v,w)^2\leqslant d(u,v)^2$，则 (u,v) 是 GG 图的一条边。即 (u,v) 是 GG 图的一条边，当且仅当以 $\overline{uv}$ 为直径的圆内没有任何节点。

(2) DG 图[28]。对节点集进行三角剖分，若每个三角形的外接圆不包含任何其他的节点,则这个三角剖分称为节点集的 DG 图。

(3) YG_p 图[29]。对于任意节点 $u\in V$,以其为中心发出射线等分出 p 个扇形区域,在每个区域内,选择与节点 u 距离最近的节点建立一条边。

基于这几种临近图,学者们提出了很多拓扑控制算法。文献[30]基于 DG 图,提出了分布式算法构建受限的 DG 图,即 RDG 图,并证明 RDG 图的功率扩展因子以 $((1+\sqrt{5})/2)^{\alpha}$ 为上界;文献[31]基于 YG_p 图,将星状结构用一个树状结构代替,生成 YG_p^* 图,YG_p^* 的功率扩展因子以 $1/(1-(2\sin\pi/p)^{\alpha})^2$ 为上界,节点度值以 $(1+p)^2-1$ 为界。虽然上述算法都给出了功率扩展因子的理论上界,然而这些上界不强,而且这些算法生成的网络比较稠密。

3. k-连通型

这类算法考虑网络的容错性,当网络中任意 1 到 $k-1$ 个节点或边失效后,网络仍然保持连通。文献[32]将容错拓扑控制问题归纳为一个纯优化问题 k-UPVCS,优化目标为节点能耗之和 $P=\sum_{i\in V}\max_{\{j|(i,j)\in E\}}p(i,j)$,其中 V 是节点集合,E 是边集,$p(i,j)$ 为在边 (i,j) 上传输所需功率,约束条件是图 G 具有 k-连通度。文献[33]提出局部式算法 LTRT 构建 k-边连通的网络,LTRT 算法在 LMST 算法中加入了 TRT 结构,计算复杂度低,生成的拓扑稀疏性好。

拓扑控制技术是无线 ad hoc 网络节能和降低干扰的关键,研究成果丰富,然而现有的算法存在如下缺陷[34]:首先,现有的拓扑控制算法生成的网络节点能耗不均,且不随节点剩余能量动态调整,限制了网络寿命;其次,对网络容错性的讨论不够深入和全面,在考虑容错性的拓扑控制算法中,大部分算法只能保证在节点失效后网络是连通的,而忽视路径质量,即剩余网络不具备 spanner 性质;另外,对无线网络失效刻画不够准确,已有的容错拓扑控制算法假设失效的节点是独立的,没有考虑节点的空间相关性,网络要对任意一个 k 个节点组合容错,而通常情况下,无线网络失效节点间具有空间相关性,处于同一个局域的节点更容易同时失效。上述问题都值得深入探讨。

参考文献

[1] Liu Y, Zhuang Z, Xiao L, et al. A distributed approach to solving overlay mismatching problem[C]//Proceedings of the 24th International Conference on Distributed Computing Systems,2004: 132-139.

[2] Liu Y, Xiao L, Liu X, et al. Location awareness in unstructured peer-to-peer systems[J]. IEEE Transactions on Parallel and Distributed Systems, 2005, 16

(2): 163-174.

[3] Xiao L, Liu Y, Ni L M. Improving unstructured peer-to-peer systems by adaptive connection establishment [J]. IEEE Transactions on Computers, 2005, 54(9): 1091-1103.

[4] Liu Y, Xiao L, Ni L. Building a scalable bipartite P2P overlay network[J]. IEEE Transactions on Parallel and Distributed Systems, 2007, 18(9):1296-1306.

[5] Wang J, Jiang C, Han Z, et al. Network association strategies for an energy harvesting aided super-wifi network relying on measured solar activity [J]. IEEE Journal on Selected Areas in Communications, 2016, 34(12): 3785-3797.

[6] Padmanabhan V N, Subramanian L. An investigation of geographic mapping techniques for Internet hosts[C]//ACM SIGCOMM Computer Communication Review, 2001, 31(4): 173-185.

[7] Bender M, Michel S, Triantafillou P, et al. Minerva: Collaborative p2p search [C]//Proceedings of the 31st International Conference on Very Large Data Bases. VLDB Endowment, 2005: 1263-1266.

[8] Harvey N J A, Jones M B, Saroiu S, et al. Skipnet: A scalable overlay network with practical locality properties[J]. Networks, 2003, 34(38).

[9] 李一鹏. P2P 网络整体统计特征与对策[D]. 北京: 清华大学, 2010.

[10] Panchapakesan P, Manjunath D. On the transmission range in dense ad hoc radio networks[C]//Proceedings of IEEE Signal Processing Communication (SPCOM),2001: 1-5.

[11] Gupta P, Kumar P R. Critical power for asymptotic connectivity in wireless networks[M]//McEneaney W M, Yin G,Zhang Q,Eds. Stochastic Analysis, Control, Optimization and Applications. Boston:Birkhäuser,1999: 547-566.

[12] Santi P, Blough D M, Vainstein F. A probabilistic analysis for the range assignment problem in ad hoc networks[C]//Proceedings of the 2nd ACM International Symposium on Mobile ad hoc Networking & Computing, 2001: 212-220.

[13] Santi P, Blough D M. An evaluation of connectivity in mobile wireless ad hoc networks[C]//Proceedings of the International Conference on Dependable Systems and Networks,2002: 89-98.

[14] Santi P, Blough D M. The critical transmitting range for connectivity in sparse

wireless ad hoc networks[J]. IEEE Transactions on Mobile Computing, 2003, 2(1): 25-39.

[15] Penrose M D. On *k*-connectivity for a geometric random graph[J]. Random Structures & Algorithms, 1999, 15(2): 145-164.

[16] Wan P J, Yi C W. Asymptotic critical transmission radius and critical neighbor number for *k*-connectivity in wireless ad hoc networks [C]//Proceedings of the 5th ACM International Symposium on Mobile ad hoc Networking & Computing, 2004: 1-8.

[17] Bettstetter C. On the minimum node degree and connectivity of a wireless multihop network[C]//Proceedings of the 3rd ACM International Symposium on Mobile ad hoc Networking & Computing, 2002: 80-91.

[18] Kirousis L M, Kranakis E, Krizanc D, et al. Power consumption in packet radio networks[C]//Annual Symposium on Theoretical Aspects of Computer Science, Berlin: Springer, 1997: 363-374.

[19] Clementi A E F, Penna P, Silvestri R. Hardness results for the power range assignment problem in packet radio networks[M]//Hochbaum D S, Jansen K, Rolim J D P. Randomization, Approximation, and Combinatorial Optimization. Algorithms and Techniques. Berlin: Springer, 1999: 197-208.

[20] Clementi A E F, Ferreira A, Penna P, et al. The minimum range assignment problem on linear radio networks[C]//European Symposium on Algorithms, Berlin: Springer, 2000: 143-154.

[21] Clementi A E F, Penna P, Silvestri R. The power range assignment problem in radio networks on the plane [C]//Annual Symposium on Theoretical Aspects of Computer Science, Berlin: Springer, 2000: 651-660.

[22] Blough D M, Resta G, Santi P. A statistical analysis of the long-run node spatial distribution in mobile ad hoc networks[J]. Wireless Networks, 2004, 10(5): 543-554.

[23] Călinescu G, Măndoiu I I, Zelikovsky A. Symmetric connectivity with minimum power consumption in radio networks [C]//Baeza-Yates R, Montanari V, Santoro N. Foundations of Information Technology in the Era of Network and Mobile Computing, Boston: Kluwer Academic, 2002: 119-130.

[24] Ramanathan R, Rosales-Hain R. Topology control of multihop wireless networks using transmit power adjustment[C]//Proceedings. INFOCOM 2000 Nineteenth Annual Joint Conference of the IEEE Computer and

Communications Societies,2000, 2: 404-413.

[25] Li N, Hou J C, Sha L. Design and analysis of an MST-based topology control algorithm[J]. IEEE Transactions on Wireless Communications, 2005, 4(3): 1195-1206.

[26] Borbash S A, Jennings E H. Distributed topology control algorithm for multihop wireless networks [C]//Proc. 2002 World Congress on Computational Intelligence (WCCI 2002),2002: 355-360.

[27] Gabriel K R, Sokal R R. A new statistical approach to geographic variation analysis[J]. Systematic Biology, 1969, 18(3): 259-278.

[28] Hu L. A novel topology control for multihop packet radio networks[C]// Proceedings of the Tenth Annual Joint Conference of the IEEE Computer and Communications Societies,1991: 1084-1093.

[29] Yao A C C. On constructing minimum spanning trees in k-dimensional spaces and related problems[J]. SIAM Journal on Computing, 1982, 11(4): 721-736.

[30] Gao J, Guibas L J, Hershberger J, et al. Geometric spanners for routing in mobile networks[J]. IEEE Journal on Selected Areas in Communications, 2005, 23(1): 174-185.

[31] Li X Y, Calinescu G, Wan P J, et al. Localized delaunay triangulation with application in ad hoc wireless networks[J]. IEEE Transactions on Parallel and Distributed Systems, 2003, 14(10): 1035-1047.

[32] Hajiaghayi M T, Immorlica N, Mirrokni V S. Power optimization in fault-tolerant topology control algorithms for wireless multi-hop networks[C]// Proceedings of the 9th Annual International Conference on Mobile Computing and Networking,2003: 300-312.

[33] Miyao K, Nakayama H, Ansari N, et al. LTRT: An efficient and reliable topology control algorithm for ad-hoc networks[J]. IEEE Transactions on Wireless Communications, 2009, 8(12): 6050-6058.

[34] 孙若姿. 无线 ad hoc 网络节能/容错拓扑控制[D]. 北京: 清华大学, 2011.

第四篇

非对称信息共享网络中的信息处理

第 10 章　网络信息获取

互联网因其高度的开放性、交互性和共享性极大地拓宽了人们生产信息、消费信息的渠道。我们将可通过互联网访问利用的各种信息资源统称为“网络信息资源”。网络信息资源具有如下几方面的特点：数量巨大，增长迅速；以文本、图像、音频、视频等多种形式存在；信息资源的创作和发布具有很大的自由度，缺乏统一的质量控制和管理机制；信息的传播速度很快，传播范围很广。这些特点使得人们无法最大限度地享受互联网信息共享带来的好处，因此需要针对这些特点设计合理的网络信息资源获取方式，帮助互联网用户快速、准确地得到所需的信息资源。本章我们从介绍网络信息资源的获取方式入手，重点讨论信息获取过程中的两项关键技术——网络爬虫和网页内容提取。

10.1　网络信息资源获取

10.1.1　信息获取方式概述

随着互联网技术的发展，人们获取网络信息资源的方式也不断发生着变化。一般认为，网络信息的获取历经了以下三个时代[1]：

（1）直接浏览时代。互联网开始普及时，人们主要通过直接访问特定网站的方式获取所需信息。例如，直接在浏览器中输入网站地址，或从浏览器的收藏夹中选择网页，或通过分类目录、网址导航等找到网站入口。通过直接浏览方式获取信息的优点在于可以通览网站整体的内容，缺点在于逐一打开网页十分费时，且会遇到很多无关信息。

（2）搜索引擎时代。随着网站的不断增多，直接浏览方式变得十分低效。搜索引擎的出现给用户带来了极大的便利——用户只需在搜索框中输入几个关键词便可得到相关网页的地址。但这种获取信息的方式也存在缺陷，搜索结果给出的是相关网页的链接，用户需要打开原网页才能获取所需信息。

（3）订阅定制时代。网络信息资源内容丰富，而一个用户感兴趣的只是其中很小的一部分。RSS 订阅、邮箱订阅、定制网站这类信息获取方式能满足用户个性化的信息需求，可有效提升网络信息的利用效率。订阅定制方式使得用户无须打开原网站即可获取所需内容，在提高效率的同时也免除了广告等多余信息的干扰。

上述三种信息获取方式各有优缺点。虽然订阅定制更符合人们高效获取网络信息的需求，但考虑到技术壁垒、用户习惯等原因，直接浏览、搜索引擎、订阅定制这三种信息获取方式仍会共存一段时间。

我们也可以从网络信息获取服务的角度来分析上述三种信息获取方式。所谓网络信息获取服务，是指针对用户的网络信息需求，以现代信息技术为手段，向用户提供所需的互联网信息产品及服务[2]。网络信息获取服务有两种模式[3,4]：

（1）信息拉取（information pull）：指信息需求者主动在网上搜寻所需要的信息。直接浏览门户网站、使用搜索引擎检索信息都属于信息拉取行为。

(2) 信息推送(information push):指网络信息服务系统依据某一技术标准或协议从网上的信息源或信息提供商获取信息,然后通过固定的频道向用户发送信息。订阅定制、广告推荐都是典型的信息推送服务。

信息拉取和信息推送两种服务模式各有优劣、互为补充。信息拉取模式由用户主动发起请求,返回的结果针对性较强。但由于用户通常无法准确描述自己的意图,需反复发起信息拉取请求,这会导致返回信息量过多,用户需做进一步筛选。与信息拉取服务相比,信息推送服务不要求用户有专业的信息查找经验,且能及时向用户推送不断更新的动态信息。但信息推送服务推送的内容可能缺乏针对性,较难满足用户的个性化信息需求。下面我们将分别对搜索引擎典型的信息拉取应用和典型的信息推送技术进行介绍。

10.1.2 搜索引擎

搜索引擎是目前人们最常用的网络信息获取工具。搜索引擎以一定的策略在互联网中搜集、发现信息,对信息进行理解、提取、组织和处理,并为用户提供检索服务,从而起到信息导航的作用[5]。从字面上理解,"搜索引擎"包含"搜""索"及"引擎"三重含义[6]:"搜"——大量信息的抓取,对抓取的信息进行智能提取、排重、质量分析等处理;"索"——对处理后的信息进行存储、排序、建立索引以实现快速查询;"引擎"——系统不仅要具有存储海量数据的能力,而且还需有很强的并发处理能力。

如图 10-1 所示,搜索引擎一般由网络爬虫、分析器、索引器、检索器和用户接口等 5 个部分组成[7]。

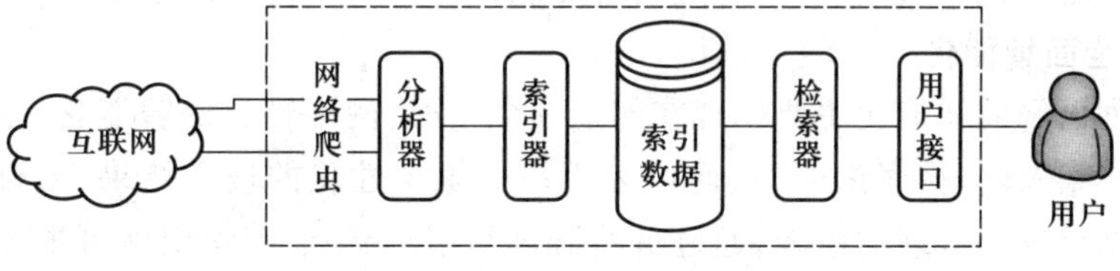

图 10-1 搜索引擎的基本结构

1. 网络爬虫

网络爬虫的任务是自动地在互联网中搜集信息并下载到本地文档库。设计网络爬虫主要需考虑如下两方面问题:一是搜索策略,搜索策略决定了爬虫按照何种方式获取新的网页;二是爬虫的性能,需要设计高性能系统结构以支持每秒下载大量网页,同时还要确保系统具有健壮性和可管理性。我们将在 10.2 节对网络爬虫的相关内容进行具体介绍。

2. 分析器

分析器对本地文档库进行分析以便用于索引。文档分析技术包括分词、过滤和转换等。一般“词”能够表达完整的语义对象，所以通常选用词作为文本特征的元数据。

3. 索引器

索引器的功能是理解搜索器所搜索的信息，从中抽取出索引项，将文档表示为一种便于检索的方式并存储在索引数据库中，生成文档库的索引表。索引项有客观索引项和内容索引项两种：客观项与文档的语意内容无关，如作者名、URL、更新时间、长度以及链接流行度等；内容索引项用来反映文档内容，如关键词及其权重、短语、单字等。

4. 检索器

检索器的功能是根据用户的查询在索引库中找出相关文档，评估文档与查询的相关度，返回相关度高于某一阈值的文档集合。检索器常用的检索方法包括基于关键词的检索、基于概念的检索以及基于内容的检索等。

5. 用户接口

用户接口的作用是为用户提供可视化的查询输入和结果输出界面，提供用户相关性反馈机制。在输出界面中，搜索引擎将检索结果展现为一个线性的文档列表，其中包含了文档的标题、摘要、所在 URL 等信息，用户需要逐个浏览以寻找出所需的文档。

为了适应不断发展变化的网络信息资源，搜索引擎技术也在不断地改进。除了进一步提升搜索结果的准确度和有效性、优化结果排序、提高系统响应速度等基本问题，目前搜索技术主要是朝着智能化、多媒体、专业化等几个方向发展。

1. 全面智能化

搜索引擎的智能化主要体现在如下 4 个方面：网络爬虫的智能化；基于用户偏好的检索策略、排序策略，从而可为用户提供个性化的搜索结果；人机接口可对搜索结果进行合理的解释，通过自然语言和用户交互；搜索引擎可根据当前的时间和用户所在的位置选择恰当的方法主动与用户通信。

2. 多媒体信息检索

随着图像、声音、视频等多媒体信息数量的增长，可对多媒体信息进行检索的搜索引擎愈发重要。根据多媒体内容的语义进行检索是当前信息检索领域的研究热点之一。

3. 垂直搜索

传统的搜索引擎多为通用搜索引擎。通用搜索引擎存在查询不准确、深度不够等问题，而面向特定领域、特定人群或特定需求的垂直搜索引擎，可以为用户提供更加专业、具体和深入的信息和相关服务。垂直搜索引擎的关键技术在于对网页进行结构化信息抽取,也就是先将网页中的非结构化数据转换成结构化数据,而后建立索引。由于对网页信息进行了结构化处理,垂直搜索引擎可以更加准确地限定信息检索条件。

10.1.3 信息推送

搜索引擎虽然可起到信息过滤的作用,但用户仍需从搜索引擎返回的大量结果中筛选对自己有用的信息。对用户而言,更理想的信息获取方式应是由系统分析用户的信息需求偏好,主动把用户需要的信息提供给用户。这种信息推送方式可有效降低用户获取网络信息的成本。

信息推送技术最先由美国 Point Cast Network 公司于 1996 年提出[2],该公司与一些媒体公司合作,利用信息推送软件通过互联网向读者发送预先打包好的各类信息。随着 RSS、Agent、协同过滤的成功推出,信息推送技术被迅速应用到互联网、图书馆、电子商务、广播电视系统等领域。信息推送技术的出现改变了人们获取信息的方式,极大地提高了用户获取信息的效率,对信息的采集、加工、传递和利用产生了重大影响。

典型的信息推送技术包括以下几种[8]:

1. 基于网格的信息推送技术

网格的概念来源于电力网,是一个集成的计算与资源环境。基于网格的信息推送服务,体现了网格的虚拟性、资源共享、分布计算和协同工作等特点。基于网格的信息推送可进一步细分为基于内容的网格信息推送、基于网络的网格信息推送和基于智能数据库的网格信息推送。

2. Agent 推送技术

Agent 是人工智能领域发展起来的一个概念,最早出现在 20 世纪 70 年代。基于 Agent 的信息推送系统结构如图 10-2 所示。当用户使用系统时,会产生对应于这个用户的 5 个 Agent:用户 Agent 提供用户与系统的接口,过滤 Agent 对信息进行过滤筛选,信息检索 Agent 进行信息检索,学习 Agent 根据信息反馈和用户浏览行为调整兴趣模型,监测 Agent 监视用户兴趣和相似用户兴趣的改变。

3. 协同过滤推送技术

协同过滤(collaborative filtering)推送是当前最成功的推送技术,主要用于提供个性化推荐。基于用户聚类的协同过滤推送系统由两部分构成:一是离线处理部分,主要完成用户聚类和相似系数的计算;二是在线推荐部分,利用离线阶段的处理结果,预测目标用户对未访问项的兴趣度,把兴趣高的项推荐给用户。

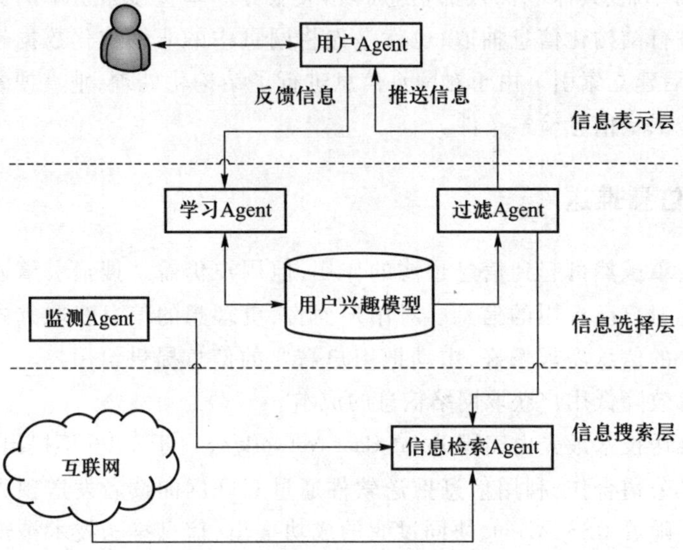

图 10-2 基于 Agent 的信息推送系统结构

4. RSS 推送技术

RSS 是 Really Simple Syndication 的缩写,中文称作简易信息聚合,是基于 XML 技术的互联网内容发布和集成技术。一个网站通常包含多个频道,不同频道提供的信息类别不同。网站为每个频道制定单独的 RSS 文件链接,这样网络用户就可以借助支持 RSS 的新闻聚合工具软件,在不打开网站内容页面的情况下阅读网站内容。RSS 允许用户订阅多个来源的项目,并自动将信息组合到一个列表中,方便用户有选择的阅读。

现有的信息推送技术比较重视信息发出者的需要,而忽略了信息接收者的需求。由于信息的分类、整理水平还达不到符合用户信息需求的程度,因此推送信息的准确度也有待进一步提高。另外,由于缺乏用户反馈机制,推送的信息与用户的信息需求之间常存在滞后现象[9]。针对上述问题,在开展信息推送研究时需要考虑如下改进措施:建立用户兴趣动态模型,基于该模型搜集与用户兴趣相关的信息,并及时推送给用户;强化对推送信息的过滤力度,减轻用户浏览负担和对用户有限存储资源的占用;制定技术标准,使信息推送系统的开发和应用走向标准化。此外还应当思考如何将信息推送技术和信息拉取技术有机地结合起来,以便能在各种复杂的应用场景中帮助用户以最有效的方式获取网络信息。

10.2 网络爬虫

在第 4 章我们介绍了一种新型的信息共享网络结构——非对称广域覆盖的信息共享网络。在这一新的信息共享网络中，来自互联网的信息经过汇聚后被发送至分布在各地的代理服务器，最后通过小规模的本地网络到达用户终端。为了实现这种方式的信息共享，首先需要解决的问题就是如何自动地从互联网获取大量的信息。网络爬虫（Web crawler）或称为网络蜘蛛（Web spider）是目前最常用的互联网信息采集工具，也是目前搜索引擎系统的核心模块之一。本节我们将对网络爬虫的相关研究进行介绍，包括网络爬虫的基本原理、面向主题的网络爬行方法以及 AJAX 网页内容获取方法。

10.2.1 网络爬虫基本原理

网络爬虫是一种自动获取网页的程序。互联网中的网页通过超链接（hyperlink）相互连接，网络爬虫就是基于这些连接不断发现新的网页，其基本思想可描述如下[10]：从一个或若干个初始的网页 URL 出发，下载对应网页，并抽取网页中指向其他网页的超链接，通过这些链接找到新的网页，再次进行下载和链接抽取，如此循环下去直到抓取完所有的网页或达到某个终止条件。

若将互联网视为一张有向图，网络爬虫的工作实际上是按照某个策略遍历这张有向图。依据数据结构中的相关知识可知，对图的遍历有深度优先遍历、广度优先遍历等策略。具体到网络爬虫的实现，抽取出的多个网页链接（即网页的 URL）以何种数据结构保存决定了该爬虫的遍历策略。

1. 深度优先遍历

以先进后出的堆栈方式保存 URL，形成深度优先的遍历策略。它是从起始节点出发，一直深入搜索到不包含任何超级链接的文件为止，然后再返回起始网页，继续选择该网页中的其他超链接，直到该网页中不再有其他的超链接可以搜索。这种策略比较适合为垂直搜索引擎抓取网页，但在爬行页面内容层次较深的站点时会造成资源的巨大浪费。

2. 广度优先遍历

以先进先出的队列方式保存 URL，形成广度优先的遍历策略。这种遍历策略是先处理完一个网页上所有的超链接之后再继续搜索下一层链接，直到发生回环现象或是搜索完毕。这种策略能够有效控制页面的爬行深度，避免遇到一个无穷深层分支时无法结束爬行的问题，实现方便，无须存储大量中间节点，不足之处在于需较长时间才能爬行到目录层次较深的页面。目前常见的爬虫程序多采用这种遍历方法。

网络爬虫按照系统结构和实现技术，大致可以分为以下几种类型[11]：通用网络爬虫、主题网络爬虫以及深层网络爬虫。实际的网络爬虫系统通常是几种爬虫的混合。

1. 通用网络爬虫

通用网络爬虫又称全网爬虫（scalable Web crawler），网页抓取对象从初始的种子 URL 逐渐扩展到整个 Web，为门户站点搜索引擎和大型 Web 服务提供商采集数据。这类网络爬虫的爬行范围和数量巨大，对于爬行速度和存储空间要求较高，对于爬行页面的顺序要求相对较低，同时由于待刷新的页面太多，通常采用并行工作方式，但需要较长时间才能刷新一次页面。虽然存在一定缺陷，但通用网络爬虫仍适用于为搜索引擎搜索广泛的主题，有较强的应用价值。如图 10-3 所示，通用网络爬虫的结构大致可以分为页面爬行模块、页面分析模块、链接过滤模块、页面数据库以及 URL 队列等几个部分。

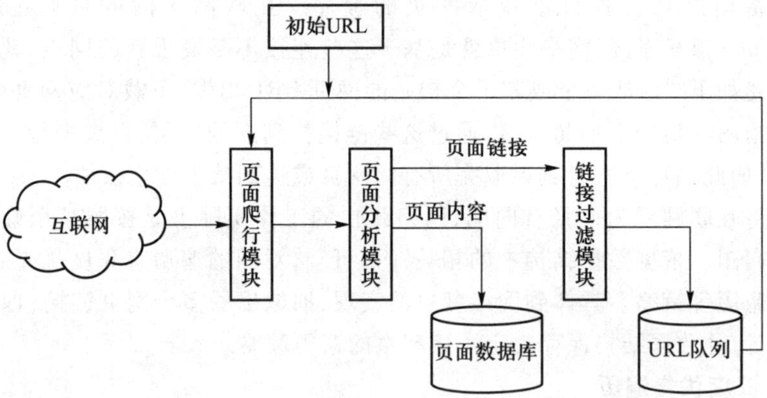

图 10-3　通用网络爬虫系统结构示意图

2. 主题网络爬虫

主题网络爬虫（topical crawler），又称聚焦网络爬虫（focused crawler），是指选择性地爬行那些与预先定义好的主题相关页面的网络爬虫。和通用网络爬虫相比，主题爬虫只需要爬行与主题相关的页面，极大地节省了硬件和网络资源，保存的页面也由于数量少而更新快，还可以很好地满足一些特定人群对特定领域信息的需求。主题网络爬虫和通用网络爬虫相比,增加了链接评价模块以及内容评价模块(如图 10-4 所示)。主题爬虫爬行策略实现的关键是评价页面内容和链接的重要性,不同的方法计算出的重要性不同,由此导致链接的访问顺序也不同。我们将在 10.2.2 节对主题网络爬虫的相关内容做进一步介绍。

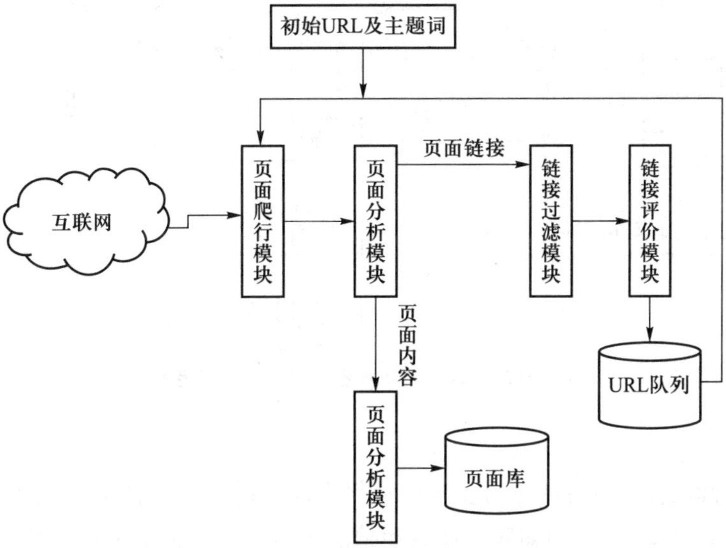

图 10-4 聚焦网络爬虫系统结构示意图

3. Deep Web 爬虫

Web 页面按存在方式可以分为表层网页(surface Web)和深层网页(deep Web,也称 invisible Web pages 或 hidden Web)。表层网页是指传统搜索引擎可以索引的页面,以超链接可以到达的静态网页为主构成的 Web 页面。Deep Web 是那些大部分内容不能通过静态链接获取的、隐藏在搜索表单后的,只有用户提交一些关键词才能获得的 Web 页面。Deep Web 爬虫的系统结构如图 10-5 所示,包含 6 个基本功能模块(爬行控制器、解析器、表单分析器、表单处理器、响应分析器以及 LVS 控制器)和两个爬虫内部数据结构(URL 列表和 LVS 表),其中 LVS(label value set)表示标签/数值集合,用来表示填充表单的数据源。目前 AJAX(Asynchronous JavaScript and XML)技术在 deep Web 开发中得到了广泛应用,我们将在 10.2.3 节探讨如何设计网络爬行策略以便能完整地获取 AJAX 网页的内容。

网络爬虫的工作原理简单易懂,但开发一个高性能的网络爬虫系统却不容易。随着网络规模的持续扩大,以下几方面的问题值得关注:

(1) 可伸缩性。网络爬虫采用的算法和数据结构要能够支持对海量网页

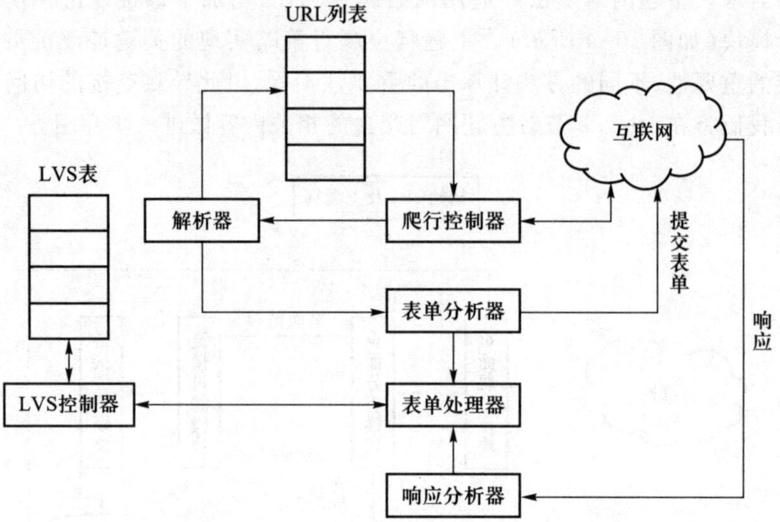

图 10-5　Deep Web 网络爬虫系统结构示意图

处理。

(2) 健壮性。网络资源的多样性和网络环境的不稳定性会导致爬虫在工作过程中遇到异常现象,例如收集的页面信息中含有不规范的 HTML 代码、网络环境中断等。设计良好的爬虫系统应具备应对各种异常的能力,不能因异常而出现系统崩溃。

(3) 提高下载质量。爬虫需要在有限时间内尽可能多地抓取互联网上有价值的网页,避免下载垃圾资源。

(4) 网页更新。当网络爬虫访问过某一 URL 之后,若该 URL 对应的网页内容发生了变化,则爬虫需要对之前下载过的内容进行更新。鉴于系统可使用的存储资源和带宽资源都有限,爬虫系统需要采用有效的更新策略以实现在有限时间内对所有重要网页的更新。

10.2.2　面向主题的网络爬虫

与通用网络爬虫类似,主题网络爬虫也是从初始的 URL 队列开始,按某种方式遍历网页。但不同的是,主题网络爬虫并不需要抓取所有的网页,而只抓取与给定主题相关的内容。在爬行的过程中,主题网络爬虫会采用某种相关性分析算法过滤掉与主题不相关的网页和链接,保留与主题相关的链接并放入待访问的 URL 队列,然后根据一定的搜索策略从队列中选择下一步要抓取的链接[12]。

主题网络爬虫的目标是在有限的时间内以较少的资源消耗抓取更多与主题

相关的网页。爬虫的搜索策略,即网页分析算法和 URL 排序策略是实现这一目标的关键所在。常用的策略[13]包括基于文字内容的启发式策略、基于 Web 超链接结构的策略、基于分类器预测的策略等。如何提高链接主题预测的准确性、降低计算的时空复杂度以及增加主题网络爬虫自适应性是当前主题网络爬虫研究的重点。除了研究复杂的相关性评估方法和链接排序策略,还可以通过对通用网络爬虫进行一些简单的改造以使其能够完成主题爬行任务,以下是两种可采取的方法。

1. RSS(really simple syndication)与网络爬虫的结合

若以新闻类网页作为抓取目标,可以在通用网络爬虫中增加一个类似于 RSS 阅读器的模块。RSS 是 XML 技术的一种应用,它能够与网站内容保持同步更新,且有着规范的格式便于进行分析处理[14]。一个 RSS 频道输出的 XML 文件(如图 10-6 所示)中包含若干个 item,每个 item 对应一篇网页,<title><link><description><author><pubdate>等元素清楚地描述了该网页的相关信息。网络爬虫的任务就是追踪<link>元素中的 URL 地址,下载该链接对应的网页。严格来讲,这种网页获取方式已经不能算是对网络的"爬行",所有要抓取的网页地址不是在遍历网络的过程中逐渐积累的,而是在下载网页之前由 RSS 阅读器解析 XML 文件得到的。由于 RSS 自身的一些规范和特性,在网络爬虫中加入 RSS 可带来如下一些便利:

```
<rss version="2.0">
  <channel>
    <title>
      <![CDATA[互联网新闻-新浪科技]]>
    </title>
    <link>http://tech.sina.com.cn/internet/</link>
    <item>
      <title>
        <![CDATA[]]>
      </title>
      <link>http://go.rss.sina.com.cn/redirect.php?url=http://tech.sina.com.cn/i/2017-03-07/doc-ifycaafm5449531.shtml</link>
      <author>WWW.SINA.COM.CN</author>
      <pubDate>Tue, 7 Mar 2017 06:12:05 GMT</pubDate>
      <description>
        <![CDATA[      来源：澎湃新闻网
   澎湃新闻记者 沈河西
   近日，国家哲学社会科学文献中心（http://www.ncpssd.org）提供免费论文下载的消息刷爆了学者、人文社科类学生、研究者的朋友圈。
   与知网等数据库相比，国家哲学社会科学文献中心的优势在于免费。该中心的资源相当丰富....]]>
      </description>
    </item>
  </channel>
</rss>
```

图 10-6 RSS feed 文件示例

(1) 网站在设计 RSS 频道时,多数情况下频道的名称就反映了该频道所属的内容分类。通过解析<Channel>元素的内容就可以判断这个频道内所有内容页面的分类，为以后的网页分类工作提供了重要的参考信息。

（2）通过一般 XML 文件的处理方法，可以方便地提取出每篇内容网页的标题、时间、作者等内容。

（3）RSS feed 提供的内容是与网站同步更新的。可以根据不同 RSS feed 的更新频率定期获取其输出的内容，或是设置一个统一的计时间隔作为 RSS 阅读器的更新频率，这样就很方便地实现了信息源数据库与网站内容的同步。对于实效性较强的新闻站点的内容，不必设计复杂的更新策略，用 RSS 就解决了爬虫更新的问题。

下载 RSS 频道提供的网页时，网络爬虫的工作流程可以概括如下：① 用 RSS 阅读器获取各个频道输出的 XML 文件；② 解析 XML 文件，提取出每个 item 的 <link>值，加入 URL 队列中；③ 下载队列中的网页。

2. 基于 URL 模板的主题爬行

URL 是网页的标识符。很多时候，通过网页的 URL 就可以看出该网页所属网站的内容组织结构。网站中同一个频道/栏目下的各篇网页有着相近的主题，并且它们的 URL 也十分相似。主题爬虫要爬取的通常就是网站中某个特定频道下的网页，因此可以用网页的 URL 作为判断网页是否主题相关的依据。

可以按照如下方式实现面向主题的爬行：当确定了爬行的种子站点之后，依次分析每个站点中网页链接的构成特点，归纳形成几类 URL 模板（如图 10-7 所示），并且确定哪些链接是与主题相关的，哪些是与主题无关的。之后网络爬虫在爬取网页的过程中，根据定义好的 URL 模板判断新抽取出的超链接是否需要加入队列或者当前爬取的网页是否需要保存。这种基于 URL 模板的网页爬行虽

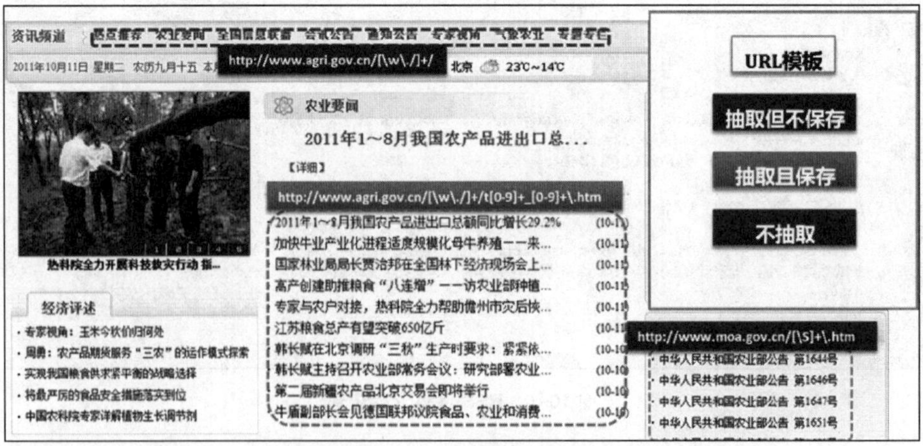

图 10-7 主题爬行的 URL 模板

然没有执行严格的链接预测、主题相关性判断等操作,但也可以准确地获取特定类型的网页,不会爬取与主题无关的网页。这一爬行过程中只比基本的爬行多了一个模板匹配的操作,所以这种主题爬虫有很低的时空复杂度。此外,基于 URL 模板的方法有着较好的通用性,不管爬行何种主题,只要种子站点 URL 的构成具有较好的规律性,那么就可以通过编写新的 URL 模板完成新的主题爬行任务。

10.2.3 AJAX 网络爬虫

传统的网络爬虫只能获取静态网络的资源。但随着互联网的发展,动态网页技术越来越流行,这对网络爬虫技术提出了巨大挑战。动态网页中应用最广泛的技术之一是 AJAX 技术[15]。AJAX 是一种客户端技术,它不需要回传就能进行服务端处理,因而使客户端(浏览器)具有丰富的服务端能力。例如地图这种需要传输大量资料的应用,浏览器与服务器之间需要传输大量的图形资料,如果利用传统的同步方式,在全部的图形下载完成之前,我们没有办法对网页进行操作,而使用者点击向左、向右的按钮后,又得等待另一次的图形传送。反之,使用 AJAX 技术的网页可以在使用者操作的时候,非同步地下载其他图形,这样速度会变快,也不必一再地重复刷新网页。

AJAX 应用在提高用户体验的同时也给网络爬虫获取网页内容带来了困难。具体来说,传统网络爬虫抓取 AJAX 网页的困难主要在以下几方面。

1. JavaScript 的解析

由于 AJAX 网络应用使用 AJAX 引擎作为服务器与浏览器间的中介层,并由其负责处理用户接口,以及与后端的服务器交换数据。JavaScript 能够使用 document. write 或 document. writein 动态创建 HTML 内容,网络爬虫必须具有 JavaScript 解析功能才能识别脚本中的超链接。而传统爬虫并不执行 JavaScript 脚本,并且执行 JavaScript 本身就会带来更多的复杂度和计算资源的消耗。

关于 JavaScript 的解析,目前主要存在如下两种解决方案:一是使用浏览器渲染引擎实现一个简易的浏览器,利用其完成对 JavaScript 代码的解析和 HTML 页面的渲染工作,并从渲染后的页面中提取动态内容;二是利用开源浏览器项目中的脚本解释引擎,自行构建脚本解析环境,实现相关脚本代码的解析,从而获得动态页面内容。

2. 识别页面状态

在传统的 Web 应用程序中,客户端请求某一 URL 地址的资源,服务器收到请求后将资源文档放入 HTTP 响应中回传至客户端,由浏览器将响应中的页面展示出来,也就是说每一个 URL 标志着一个静态页面,每一个响应的页面实际上记录着每一次的状态信息。但是使用 AJAX 技术的网站通常若干个页面共用一个

URL,每一个状态没有对应一个明确的 URL。考虑一种极端的情况,一个 AJAX 站点只存在着一个具有独立 URL 的网页,在此页面上的所有操作都将动态地修改此网页的内容,而保持 URL 不变。因此,仅凭 URL 判断页面状态是否变化是不准确的,必须通过网页的文档对象模型(document object model,DOM)树结构来展现状态的动态变化。由于 AJAX 页面状态高度动态,页面元素极小的变化如计时器、计数器等都可能引发新的状态,如果把这些微小变化都视为新状态,则可能会引发无穷多状态,导致状态爆炸问题。

3. 页面状态转换

AJAX 使用 JavaScript 的 XML Http Request 对象与服务器建立 HTTP 连接进行异步通信,并利用服务器返回的信息动态地修改网页 DOM 结构,即 AJAX 技术使用 JavaScript 操作 DOM 进行动态显示,包括各个元素的事件触发。这种动态的内容更新机制导致了一些资源对于传统爬虫来讲是透明的。为了完整地获取各种状态对应的内容,网络爬虫需要具备 DOM 操作的功能。

针对传统网络爬虫在抓取 AJAX 网页时遇到的问题,国内外已有研究者提出了一些解决方法,其中以瑞士苏黎世理工学院的数据与信息系统小组(ETH Zurich,Switzerland)和荷兰代夫特理工大学的搜索引擎工程小组(Software Engineering Research Group Delft University of Technology)的研究最为深入[16]。文献[17]提出了基于事件驱动的 AJAX 爬取模型,该模型基于 3 个核心功能:实现 AJAX 的 JavaScript 脚本分析和解析、DOM 事件的处理安排以及动态 DOM 内容的抽取,但该模型没有实现网页状态的自动遍历。苏黎世理工学院的数据与信息系统小组使用了 Rhino 和 Cobra 这两个开源 Java 程序作为执行 JavaScript 和判断 DOM 状态变化的工具,采用广度优先算法进行爬取[18-20]。该算法基于 JavaScript 运行环境缓存,需要大量的空间,而且其 JavaScript 引擎 Cobra 不能适应复杂的 AJAX 页面。代夫特理工大学的搜索引擎工程小组设计了一个 AJAX 爬行系统,并发布了开源软件 Crawlajax[21]。该系统采用深度优先的算法遍历整个状态空间,采用 Levenshtein 方法计算 DOM 树的距离,设定距离阈值来判断 DOM 是否改变。缺点是 Crawlajax 对于不支持浏览器后退键的 AJAX 应用无法直接从后面的状态返回到前面的状态,如果要退回以前的状态需要在状态转换图中找到最短路径并重新点击,转换时间较长。

除了已有的这些研究,笔者所在课题组也对 AJAX 内容获取问题进行了较深入的研究,提出了一种基于图的状态遍历算法(graph-based AJAX state traversal,GAST),并提出了一种多级 AJAX 状态识别算法,能高效、正确地抓取 AJAX 应用的所有状态内容以及状态转换图[22]。在实际 AJAX 网页上的抓取实验表明,该算法接近理论最优下界,与目前最成熟的研究 Crawlajax 相比,可将最坏情况下的平方复杂度降低到线性复杂度。与传统爬虫相比，目前对于 AJAX 网络爬虫的研究尚不成熟。如何降低 JavaScript 解析的资源消耗，如何进一步提高遍历 AJAX 网页状态的效率，这是未来研究 AJAX 爬虫需重点关注的问题。

10.3 网页内容提取

网页中包含的内容非常丰富。例如在一篇新闻报道对应的网页中，除了报道本身的内容（标题、作者、正文、图片等）外，还有很多无关的内容（如网站导航链接、广告等）。多数情况下，用户感兴趣的只是网页中特定部分的内容。因此，在用网络爬虫抓取到原始网页后，需要先进行内容提取操作，之后再对提取出的内容进行各种挖掘计算和语义分析。根据网页结构特征的不同，网页内容提取研究可以分为两大类：一类是以新闻网页（如图 10-8 所示）这种以大段文本为主

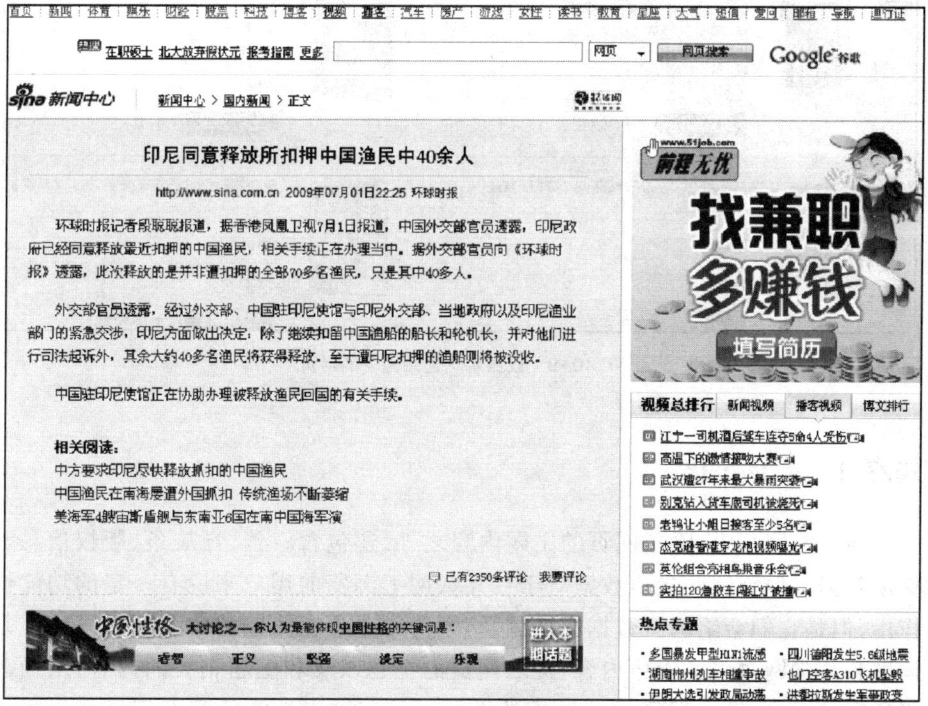

图 10-8 可明显识别出“正文”的网页

的网页作为研究对象。在这类网页中，标题、时间、正文等与主题密切相关的内容是需要提取的，而导航链接、广告、版权声明等与主题无关的信息则被视为“噪声”，网页内容提取就是清除噪声内容、净化网页。我们将在 10.3.1 节对网页净化的相关研究进行介绍。另一类研究主要针对产品信息介绍（如图 10-9 所示）这类以结构化信息为主要内容的网页。网页内容提取的目标是从网页中提取出特定的内容条目，把它们还原成具有某一特定结构的数据库记录。这类研究通常称为 Web 信息抽取，相关内容将在 10.3.2 节具体说明。在笔者提出的非对称广域覆盖信息共享网络中，网页内容提取通过两种方法实现，包括基于模板的内容提取和基于启发式规则的内容提取，这两种方法都采用了 Xpath 语言作为内容选择的工具，具体实现方法将在 10.3.3 节说明。

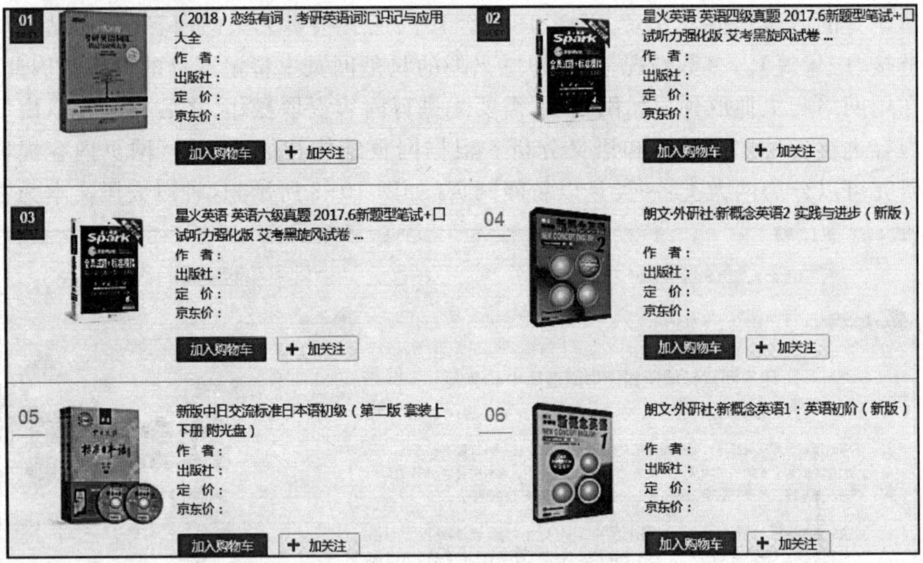

图 10-9　以结构化信息为主的网页

10.3.1　网页净化

在一篇网页中，除了网页的主题内容之外，还包含广告、导航条、版权信息等噪声数据。尽管这些噪声数据对于在互联网上浏览的用户来说有一定的功能性作用，但是它们会给网页数据的挖掘、检索等带来不利影响。所谓网页净化就是识别和清除网页内的噪声内容，提取网页的主题以及和主题相关的内容，从而改善信息检索、内容挖掘等后续处理的性能。目前国内外的研究者们已经提出了许多网页净化方法，这些方法可大致分为两类[23]：多模型净化方法和单模型净化方法,它们的区别在于针对不同的网页集合所采用的模型是否是无差别的。多模型净化方法主要包括基于模板的方法,单模型净化方法主要包括基于启发式规则的方法和基于机器学习的方法。

1. 多模型净化方法

多模型网页净化方法指对于来自不同集合的网页分别采用不同的净化模型,目前这类净化方法主要是利用一个网站的模板信息对该网站内的网页进行净化。网站中的网页通常是由特定的网页模板(template)生成的,网页模板是一个连续的文本标记的集合,这些文本标记会出现在每个网页中。利用模板提取网页内容可以看作是由模板生成网页的逆过程。如何进行模板检测是该类研究关注的重点。研究者们从不同角度的分析网页,提出了不同的检测方法[24,25]。

多模型网页净化方法具有很高的精度,但是也存在着许多不足。例如,对于每个不同的网页子集需要建立不同的模型,且在建立模型的过程中,某一类网页的数量可能较少,存在着数据稀疏问题。另外,随着时间的推移,网页的编写风格会发生变化,如果不及时对模型进行更新,则会大大降低网页净化的准确度。

2. 单模型净化方法

单模型网页净化方法指对所有网页采用相同的净化模型。此类方法主要由两个分支构成:基于启发式规则的方法和基于机器学习的方法。基于启发式规则的网页净化方法大多利用一篇网页内的一些元素的属性值作为特征,结合已定义的启发式规则,采用贪心策略对网页进行净化。此类方法大多数都利用到了网页的树形结构或者对网页进行了分块。基于机器学习的方法一般有 3 个步骤:生成训练数据、训练分类器以及应用训练好的分类器净化。

单模型网页净化方法能适应更多的网页类型,不再局限于特定的网页集合。但单模型方法也存在一些缺陷,对于基于启发式规则的方法,由于网页的布局风格和内容类型随时都在变化,针对此类特征的规则存在着过时的可能;对于基于机器学习的方法,由于训练语料不能覆盖所有网页类型,可能造成部分网页的净化效果不佳,且网页的多样性会增加训练特征选取的难度。

多模型方法和单模型方法各有优缺点,在实际应用中应根据具体要求仔细权衡精确度、效率、适用性等多方面因素来选择合适的净化方法。

10.3.2 Web 信息抽取

Web 信息抽取是指从网页文本中抽取指定的一类信息(事件、事实)并将其形成结构化的数据填入数据库中供用户查询使用的过程[26]。Web 信息抽取技术的核心是能够从 Web 页面文本中识别用户感兴趣的数据,并将其转化为更为结构化、语意更为清晰的格式(XML、关系数据、面向对象的数据等)。

Web 信息抽取工作主要由包装器(wrapper)来完成。包装器是一种软件过程,这个过程使用已经定义好的信息抽取规则,将网络爬虫搜集到的 Web 页面的信息数据抽取出来,转换为用特定的格式描述的信息[27]。一个包装器被认为是一个程序或是理解某一具体信息源的一种规则,并把信息转化为较为规则的格式,如 XML 或关系表格。在上一小节介绍过的多模型网页净化方法中,网页模板也可以当作一个包装器。只不过从网页净化的角度来看,这个包装器的作用主要在于滤除网页中的噪声内容,从而实现对主题相关内容的提取;而此处讨论的 Web 信息抽取更关注如何利用包装器获取满足特定格式要求的信息。网页净化可以作为信息抽取前的预处理工作,之后再用包装器对经过净化的页面内容进行更精细的信息提取。

定义抽取规则、构建包装器是信息抽取中最重要的环节。在现有的研究中,抽取规则主要有如下两种表示方式。

1. 基于本体的方式

基于本体的信息抽取使用领域知识来描述数据(包括关系、词频及上下文关键词)。基于领域本体产生的包装器具有内在的弹性(即使页面的格式特征发生了改变,它也能继续工作)和通用性(它能处理属于某一应用领域的纷繁复杂各式各样的网页)。但是基于本体论的抽取工具要求数据完全使用独有的特征来描述,要么具有唯一的特性,要么能使用上下文关键词,而很多的网页数据都不能满足这些要求。

2. 基于位置的方式

依据网页文档的内在结构特征来建立抽取规则。在一个基于位置的信息抽取系统中,HTML 文档被送入 HTML 剖析器中,这个剖析器建立了一个反映了 HTML 标签等级的剖析树。寻找和定位数据的抽取规则依据分析树的层级来制定。基于位置的信息抽取缺乏本体论抽取的弹性,当目标网页的结构发生改变的时候,这种方法变得不可行。因此,基于位置的信息抽取适用于数据仅能通过其在网页上的位置来确定,而不能使用领域知识来确定的情况。

10.3.3　基于 Xpath 网页内容提取

在笔者提出的非对称信息共享网络[28]中,从大量原始网页提取出的内容将会作为后续分类、聚类、语义分析等模块的输入,因此需要内容提取算法有较高的准确率和效率。课题组主要采用基于模板的方法实现网页内容提取,同时也提出了一种基于启发式规则的单模型方法处理那些无法通过模板得到正确结果的网页。

现有的基于模板的方法通常是直接对网页的 HTML 标签或网页对应的 DOM

树进行分析。为了快速、准确地找出网页构成的规律，我们在处理网页的过程中采用了 Xpath 技术[29]。XPath 即为 XML 路径语言(XML path language)，它是一种用来确定 XML 文档中某部分位置的语言。XPath 基于 XML 的树状结构，提供在数据结构树中找寻节点的能力。参考现有的基于模板的网页净化方法，我们提出了一种半自动化的方法来生成网页内容提取模板：首先将原始的 HTML 文件转换为结构严谨的 XML 文件(实际是 XHTML 文件)，并自动生成每个节点对应的 Xpath；然后在图形化的交互界面中将转换后的网页用“树”型结构显示出来，接着用人工的方式找到待提取内容(如标题)在“树”中对应的节点，记录该节点的 Xpath 路径；从一个网站的网页集合中选取若干篇样本网页进行上述处理，总结归纳每项待提取内容在各个样本页面中对应的 Xpath 路径，即可得到与该网站对应的提取模板。表面上看，用人工的方式构造模板是不太高效的，但事实上，由于 Xpath 的应用，节点出现规律的获取是十分方便的(很多时候只需一篇样本网页就能得到一大类网页的内容提取模板)。另一方面，人工的参与保证了内容提取的准确率，并且可以进行细粒度的内容提取。

适应性不高是基于模板的方法普遍存在的问题。为了能处理特定网站之外的网页，我们也尝试用如下的启发式方法来提取网页中的正文内容：给定一篇网页，首先将其转换为 XHTML 结构，然后依次分析各个分块节点(如 DIV 节点、TD 节点)的内容，根据节点所包含内容的文本长度、非超链接文本所占的比例等条件，挑选出一些“候选节点”，然后剔除一些嵌套在其他候选节点内部的候选节点，将剩余节点的内容按顺序拼接在一起即可得到需要提取的内容。实验结果表明，上述方法虽然没有定义很复杂的分析规则，但仍能得到较好的提取效果。

网页净化和 Web 信息抽取都有着较长的研究历史，但现有的信息抽取系统在抽取效率、抽取准确性、抽取规则的适应性等方面有待进一步提高。此外，自由文本的信息抽取技术还有待突破。目前的信息抽取在命名实体和实体关系识别方面已达到或接近实用的水平，但在事件抽取等涉及更深层次自然语言理解方面的抽取还有许多问题需要解决。

参考文献

[1] 新浪数码. 定制：互联网信息获取新方式[EB/OL]. [2010-05-07].http://tech.sina.com.cn/s/2010-05-07/14034157457.shtml.

[2] 刘康苗. 自适应网络信息获取服务技术研究[D]. 杭州：浙江大学，2008.

[3] 刘渊. 互联网信息服务理论与实证：用户使用、服务提供与行业发展[M]. 北京：科学出版社，2007.

[4] Belkin N J,Croft W B. Information filtering and information retrieval:Two sides of the same coin? [J]. Communications of the ACM,1992,35(12):29-38.

[5] 刘奕群,马少平,洪涛,等. 搜索引擎技术基础[M]. 北京:清华大学出版社,2010.

[6] 屈波. 搜索引擎技术介绍[EB/OL]. [2007-08].http://wenku.baidu.com/view/50d015a1b0717fd5360cdc2b.html.

[7] 印鉴,陈忆群,张钢,等. 搜索引擎技术研究与发展[J]. 计算机工程,2005,31(14):54-56,104.

[8] 张月天,邬伟,曾欣. 当前互联网几种信息推送技术及其评析[J]. 云南农业大学学报(社会科学版),2009,3(2):116-120.

[9] 徐青云. 信息推送在个性化信息服务中的发展趋势[J].现代情报,2010,30(3):55-57.

[10] 何翼,陈文娟,蒲天银,等. 基于网络爬虫原理的 Web 内容挖掘技术分析[J]. 计算机时代,2013,7:1-2,7.

[11] 孙立伟,何国辉,吴礼发,等. 网络爬虫技术的研究[J]. 电脑知识与技术,2010,06(15):4112-4115.

[12] 张晓雷. 面向 Web 挖掘的主题网络爬虫的研究与实现[D]. 西安:西安电子科技大学,2012.

[13] 刘金红,陆余良. 主题网络爬虫研究综述[J]. 计算机应用研究,2007,24(10):26-29,47.

[14] 黄春贤,毛明志,钟毅. RSS 技术及其发展探讨[J]. 计算机技术与发展,2007,17(5):15-17.

[15] Garrett J J. Ajax:A new approach to web applications[J/OL][2011-01-18]. http://www. adaptivepath. com/publications/essays/archives/000385. php,2007.

[16] Choudhary S, Dincturk M E, Mirtaheri S M, et al. Crawling rich internet applications:the state of the art[C]//Proceedings of the 2012 Conference of the Center for Advanced Studies on Collaborative Research,IBM Corp.,2012:146-160.

[17] Shah S. Crawling AJAX-driven Web 2.0 Applications[J/OL]. [2011-01-18]. http://www. infosecwriters. com/texts. php,2007.

[18] Frey G. Indexing Ajax Web Applications[D]. Zurich:Swiss Federal Institute of Technology,2007.

[19] Duda C, Frey G, Kossmann D, et al. Ajaxsearch: crawling, indexing and

searching web 2.0 applications[J]. Proceedings of the VLDB Endowment, 2008,1(2):1440-1443.

[20] Duda C, Frey G, Kossmann D, et al. Ajax crawl: Making ajax applications searchable[C]//IEEE 25th International Conference on Data Engineering, 2009:78-89.

[21] Mesbah A, Bozdag E, Van Deursen A. Crawling Ajax by inferring user interface state changes [C]//Eighth International Conference on Web Engineering, 2008:122-134.

[22] Peng Z, He N, Jiang C, et al. Graph-based ajax crawl: Mining data from rich internet applications [C]//2012 International Conference on Computer Science and Electronics Engineering, 2012, 3:590-594.

[23] 罗元. 网页净化及去重研究综述[J]. 现代计算机(专业版),2013,(10):3-7,12.

[24] Gibson D, Punera K, Tomkins A. The volume and evolution of web page templates[C]//Special Interest Tracks and Posters of the 14th International Conference on World Wide Web, 2005:830-839.

[25] Yi L, Liu B, Li X. Eliminating noisy information in web pages for data mining [C]//Proceedings of the Ninth ACM SIGKDD International Conference on Knowledge Discovery and Data Mining, 2003:296-305.

[26] 蒲筱哥. 基于 Web 的信息抽取技术研究综述[J]. 现代情报,2007,27(10):215-219.

[27] 龙丽,庞弘燊. 国外 Web 信息抽取研究综述[J]. 图书馆学刊,2008,30(5):13-16.

[28] 任勇,许晨敏,王磊,等. 一种非对称广域覆盖的信息共享网络结构[J]. 电子与信息学报,2009,31(5):1017-1021.

[29] Berglund A, Boag S, Chamberlin D, et al. XML Path Ianguage (XPath) 2.0 [R]. World Wide Web Consortium (W3C), 2010.

第 11 章　Web 文本挖掘

在第 10 章中我们介绍了如何借助网络爬虫技术和网页内容提取技术实现网络信息资源的获取。除了那些可直接从网页中获得的信息,还有很多有价值的信息隐含在海量的网络数据中。Web 挖掘就是从大量的 Web 文档中提取潜在的、有价值的信息的过程[1]。Web 在逻辑上是一个由文档节点和超链接构成的图,因此 Web 挖掘所得到的模式可能是关于 Web 内容的,也可能是关于 Web 结构的[2]。Web 内容挖掘是一种基于网页内容的 Web 挖掘。根据挖掘对象,可将 Web 挖掘分为 Web 文本挖掘(以 Web 文本文档为挖掘对象)和 Web 多媒体挖掘(以图片、音视频等多媒体数据为挖掘对象)。本章我们主要考察 Web 文本挖掘的相关研究。除了介绍文本挖掘的基本概念和文本分类、文本聚类等典型的文本挖掘技术,我们将重点探讨文本的表示和特征提取。特别地,我们以微博文本作为对象,研究如何利用深度学习算法实现文本降维。

11.1　文本挖掘基础

Web 文本挖掘是以计算语言学、统计数理分析为理论基础,结合机器学习和信息检索技术,从大量的文本数据中发现和提取隐含的、事先未知的知识,最终形成用户可理解的、有价值的信息和知识的过程[1,3]。按照文本挖掘的对象可把文本挖掘分为基于单文档的数据挖掘和基于文档集的数据挖掘。基于单文档的数据挖掘对文档的分析并不涉及其他文档,典型的挖掘技术包括单文本摘要、信息提取等。基于文档集的数据挖掘是对大规模的文档数据进行模式抽取,典型的挖掘技术包括文本分类、文本聚类等。文本的特征表示是开展文本挖掘工作的基础[4]。接下来我们先对文本表示的相关概念加以说明,然后介绍几种典型的文本挖掘技术。

11.1.1　文本表示

文本文档是大量字符的集合,是非结构化或半结构化的数字信息,不能直接被计算机识别。因此在挖掘文本数据之前,必须将原始的文本文档转换成简洁的、统一的、能够被算法和机器识别的结构化形式。文本表示包括两方面问题[5]:表示与计算。表示指特征的提取,包括特征的定义和筛选;计算指权重的定义和语义相似度的定义。常用的文本表示模型包括如下两类[6]:

1. 布尔模型

布尔模型(boolean model)是一种基于集合理论和布尔代数理论的分类模型。根据特征项在文档中出现与否,特征项值只能取 1 或 0。若某一特征在文本当中出现,则该特征在当前文本当中的值取 1;否则,该特征在当前文本中的值取 0。经典布尔模型只能用于信息检索中计算用户查询与文档的相关性,而无法利用该模型计算两个文档更深层面的相似度。在经典布尔模型基础上,有研究人员提出了扩展布尔方法(extended boolean approach),使相关性可以成为 0~1 之间的数[5]。

2. 向量空间模型

向量空间模型(vector space mode1,VSM)[7]是目前应用最广泛的文本表示模型。向量空间模型将一篇文档表示成一个向量,向量的每一维表示一个特征,这个特征可以是一个字、一个词、一个 N-gram 或某个复杂的结构。用向量空间模型中的向量表示文档时,通常需要对文档进行切分(中文分词、英文通过词的分界符识别单词)、停用词处理等处理。经过这些处理后,可以得到一系列词,这些词将作为文档的特征。所有这些词构成一个"空间",每个词对应着空间中的一维。每个文档可以用文档中的词来表示,这些词及其对应的权重构成一个向量。文档对应特征空间中的一个向量,对应特征空间中的一个点。

向量空间模型是不考虑特征词出现的位置、次序以及特征词在文本中的上下文关系的词袋(bag of words)文本表示模型。在向量空间模型中文本被视为一系列相互独立的特征词的集合,仅将文本中单词出现的频率作为文本分类的唯一依靠的信息。向量空间在简化文本表示操作的同时丢失了特征词上下文信息、文本结构信息和语义信息,而这些信息对自然语言处理往往有重要的价值。虽然向量空间模型在实际的文本挖掘中取得了不错的效果,但如何用合适的数学模型来表达自然语言语义仍是一个值得研究的问题。

用向量空间模型表示文档时,出现在文档中的任何词汇都可能成为表示文本的特征项。当待处理的文档很多时,文档集中的全部特征项构成的向量空间的维度相当高。高维的文本表示很有可能对后续的分类、聚类等文本挖掘操作产生不利影响。因此在得到初始的文本表示后,还需要进行文本特征空间的降维。降维方法可分为特征选择(feature selection)和特征提取(feature extraction)两类。特征选择后的特征集合只是原来特征空间的一个子集,而特征提取得到的特征已经不是原始特征空间中的特征,而是原始特征的组合或者变换后得到的全新特征。

1. 特征选择

特征选择方法从原始的特征集合中选择一个特征子集。常用的特征选择方法包括嵌入式特征选择、融合式特征选择、过滤式特征选择等。嵌入式的特征选择方法是将特征选择的过程直接嵌入到分类器的学习过程中。融合特征选择方法是利用某个分类器学习算法作为特征的评价标准去选择特征子集,然后再利用该特征子集来训练分类器。过滤式特征选择方法利用一个独立的评价函数去度量一个特征对分类的重要程度,然后根据度量值对所有的特征进行排序,最后选择度量值最高的若干特征构成特征子集。常见的特征度量方法包括信息增益(information gain)、卡方统计(chi square statistics)、文档频率(document frequency)以及互信息(mutual information)等。

2. 特征提取

特征提取的基本原理是在原有特征集的基础上经过特征组合、特征转换等技术,生成一组与原有特征完全不同的特征集合的过程。特征提取包含两个步骤:首先构建新的特征和特征空间,然后将原来的文本表示转换为在新特征空间下的文本表示。常用的特征提取算法包括特征聚类(term clustering)、潜在语义索引(latent semantic indexing)、独立成分分析(independent component analysis)等。在 11.2.2 节我们将介绍一种基于深层网络的特征提取方法。

11.1.2 文本分类

文本分类是文本挖掘的重要内容,其主要任务是在预先给定的类别标记集合下,根据文本内容判定它的类别[8]。文本分类是一个有监督的学习过程,它根据一个已经被标注的训练文档集合,找到文档特征和文档类别之间的关系模型,然后利用这种学习得到的关系模型对新的文档进行类别判断。文本分类通常包括如下几个步骤[9]:

(1) 获取训练文档集。训练文档集选择是否合适对文档分类器的性能有较大影响。训练文档集应能够广泛地代表分类系统所要处理的客观存在的各个文档类中的文档。

(2) 建立文档表示模型,文本特征选择。

(3) 选择分类方法。用什么方法建立从文档特征到文档类别的映射关系,这是文本分类的核心问题。

(4) 性能评估模型,即如何评估分类方法和系统的性能或者说分类结果。真正反映文档分类内在特征的性能评估模型可以作为改进和完善分类系统的目标函数。在文本分类中,评价参数的选择取决于具体的分类问题。

下面简要介绍几种常用的分类算法[10]。

1. 贝叶斯方法

朴素贝叶斯(Naïve Bayes,NB)分类器是以贝叶斯定理为理论基础的一种在已知先验概率与条件概率的情况下得到后验概率的模式分类方法,用这种方法可以确定一个给定样本属于一个特定类的概率。NB 方法的一个基本假设是:在给定的文档类语境下,文档属性是相互独立的。假设 d_i 为一任意文档,它属于文档类 $C=\{c_1,c_2,\cdots,c_k\}$ 中的某一类 c_j。根据贝叶斯定理,有

$$P(c_j \mid d_i)=\frac{P(c_j)P(d_i \mid c_j)}{P(d_j)}. \tag{11-1}$$

对文档 d_i 进行分类,就是按上式计算 d_i 属于每个类别的概率,概率值最大的类即为该文档对应的类别。

2. *k*NN 方法

*k*NN(*k* nearest neighbor)方法是一种基于实例的文本分类方法。对于一个待分类文档,首先计算它与训练集中每个文档的相似度,然后根据相似度找出 k 个

最相似的训练文档。这最相似的 k 个文档按其与待分类文本的相似度高低对类别予以加权平均，从而预测待分类文档的类别。

3. 决策树方法

决策树(decision tree)是一种多级分类方法，利用树把一个复杂的多类别分类问题转化为若干个简单的分类问题来解决。一般来说，一个决策树由一个根节点、一组非终止节点和一些终止节点组成，每个终止节点对应一种类别标签。不同的终止节点上可以出现相同的类别标签。

作为一种有监督的学习过程，文本分类的实现需要大量已标注的样本。但很多情况下，可直接使用的标注样本很少，而标注样本需要投入较多的人力和时间。因此，如何用少量的已标注样本和大量的未标注样本得到令人满意的分类效果，这是值得研究的一个问题。另一方面，面对互联网上海量的文本内容信息，大规模的文本分类已成为迫切的需求。分类算法的时间复杂度和空间复杂度和样本数量之间具有怎样的关系，算法能否在大规模数据下保持有效，这些都是需要研究的问题。

11.1.3　文本聚类

聚类是一个将数据集划分为若干类或者簇的过程。聚类之后同一组内的数据对象具有较高的相似度，而不同组中的数据对象则差别较大。文本聚类是文本挖掘的重要手段和方法，也是数据挖掘的一个重要分支。文本聚类的数据对象是大量的文本数据，其主要目的是采用合理的方法把文本集合自动分为若干簇，每个簇至少包含一篇文档。聚类与分类不同，分类是对已知的规范数据对象类别进行训练得出分类模型，进而对未知的数据对象进行类别判定，属于有监督的学习方法，而聚类分析所分析处理的数据均是无事先确定的类别归属，类别归属标志在聚类分析处理的数据集中是不存在的，属于无监督的学习，在很多情况下具有更强的实用性[11]。

与文本分类类似，文本聚类通常也包括如下 4 个步骤：

(1) 文本集合预处理。对待处理的文本集合进行分词处理，过滤停用词。

(2) 建立文本表示模型，文本特征选择。

(3) 选择合适的聚类方法。

(4) 聚类结果评价。常用的评估方法有两类。一类是外部质量评估方法，即把聚类结果与标准的已分类结果进行对比，用信息熵、召回率和准确率等指标度量聚类结果的质量。另一类是内部评估方法，例如可通过计算每个簇内文档的平均相似度来度量簇的内聚性。

主要的聚类算法可以划分为如下几类[12]：

1. 基于划分的方法

给定要构建的划分数目 k,划分方法创建一个初始划分。然后采用迭代重定位技术,尝试通过对象在组之间移动来改进划分。典型的基于划分的聚类算法包括 k 均值(k-means)算法、k 中心点(k-median)算法等。

2. 基于层次的方法

层次方法对给定的数据对象集合进行层次的分解。根据层次的分解如何形成,层次的方法可以分为凝聚的方法和分裂的方法两种。凝聚的方法,也称自底向上的方法,一开始将每个对象作为单独的一个组,然后相继的合并相近的对象或组,直到所有的组合并为一个或者达到某个要求的终止条件。分裂的方法,也称为自顶向下的方法,一开始将所有的对象置于一个簇中。在迭代的每一步中,一个簇被分裂为更小的簇,直到最终每个对象在单独的一个簇中,或者达到一个终止条件。

3. 基于密度的方法

该方法的主要思想是:只要临近区域的密度(数据点的数目)超过某个阈值,就继续聚类。也就是说对给定类中的每个数据点在一个给定范围的区域中必须至少包含某个数目的点。这样的方法可以用来过滤"噪声"孤立点数据,发现任意形状的簇。

4. 基于网格的方法

该类方法把数据对象空间量化为有限数目的单元,形成一个网格结构。所有的聚类操作都在这个网格结构(即量化的空间)上进行。这种方法的主要优点是它的处理速度很快,其处理时间独立于数据对象的数目,只与量化空间中每一维的单元数目有关。

5. 基于模型的方法

该类方法为每个簇假定一个模型,寻找数据对给定模型的最佳拟合。一个基于模型的算法可能通过构建反映数据点分布的密度函数来定位聚类。它也基于标准的统计数字自动决定聚类的数目,考虑噪声数据或孤立点。

在上面介绍聚类算法中,聚类的数目通常需要事先指定。若聚类数目设置得不合适,则聚类的准确性会降低,且算法的泛化能力会受到影响。作为无限混合模型核心的 Dirichlet 过程[13],模型中的聚类数由模型和数据自主计算得出,无须独立确定,因而可用于传统聚类算法失效的场合。

Dirichlet 过程基于 Dirichlet 分布生成,作为分布上的分布,是 Dirichlet 分布在连续空间上的扩展。Dirichlet 过程可表示为

$$G \sim DP(\alpha, G_0), \tag{11-2}$$

其中,G_0 是基分布,$\alpha(\alpha>0)$ 是集中度参数,表示 G 逼近 G_0 的程度;G 表示基于

Dirichlet 过程在基分布和集中度参数基础上产生的某随机分布，α 越大，G 越接近 G_0。

用 $X=\{x_1,x_2,\cdots,x_N\}$ 表示待处理的数据，N 表示数据中包含的样本个数，各样本相互独立。基于有限模型的聚类算法认为，X 由 K 个成分正态模型混合而成。为确定 K 的取值，定义一个隐变量 $s=\{s_1,s_2,\cdots,s_N\}$，$s_i\in\{1,2,\cdots,K\}$ 表示样本 x_i 的聚类标签。用 $p(\cdot)$ 表示模型中各成分的分布，各自遵照不同的分布参数 $\theta_k\triangleq\{\mu_k,\sigma_k^2\}$，$\mu_k$ 表示第 k 个成分模型的均值，σ_k^2 表示方差。用 π_k 表示聚类的后验估计，即模型中第 k 个成分的混合系数，满足 $\pi_k\geqslant 0(k=1,2,\cdots,k)$ 并且 $\sum_{k=1}^{K}\pi_k=1$。假设 $\Theta=\{\pi_1,\cdots,\pi_k;\theta_1,\cdots,\theta_K\}$，则 Θ 表示了该有限混合模型中的未知参数，从而可建立下式所示的有限正态混合模型：

$$p(x_i\mid\Theta)=\sum_{k=1}^{K}\pi_k p(x_i\mid\theta_k),\tag{11-3}$$

$$p(x_i\mid\theta_k)=N(x_i;\mu_k,\sigma_k^2).\tag{11-4}$$

若假设 $\Theta=\{\pi_1,\cdots,\pi_K;\theta_1,\cdots,\theta_K;K\}$，则 Θ 表示无限混合模型中的各未知参数。由于模型中的聚类参数 K 未知，无限混合模型假设其趋近无穷大，建立 Dirichlet 无限正态混合模型如下：

$$x_i\sim p(x_i\mid\theta_{s_i}),\quad i=1,2,\cdots,N\tag{11-5}$$

$$\theta_i\in G,\tag{11-6}$$

$$G\sim DP(\alpha,G_0).\tag{11-7}$$

基于给定的数据，可采用 Gibbs 采样等方法估计上述模型中的参数 Θ，从而可确定聚类的个数和每个数据样本所属的聚类。

Dirichlet 过程无限混合模型用于聚类分析时无须预先指定模型中的聚类数，而是由模型和数据二者估计出数据中潜在的聚类数，与传统的聚类算法相比更为灵活。但该算法的分析过程较为复杂，在处理大量数据时的效率不及 k-means 等传统算法。如何实现快速准确的参数估计，这是在用 Dirichlet 过程进行聚类分析时需要解决的问题。

11.1.4 文本摘要

文本摘要是指可以代表原始文档的简化版本或从原始文档中提炼出重要信息的过程[14,15]。可从不同的角度对文本摘要进行划分[16]：

(1) 根据摘要产生方式，可分为自动生成摘要和自动摘录摘要，前者是经过自然语言处理自动生成的语句；后者是原始文件的摘录，即直接由原文件中节录出语句与段落片段。

(2) 根据文档对象的数量,可分为单文档摘要和多文档摘要。前者提取代表文档的主要内容;后者则是把多篇探讨相关主题的文档融合在一起,提取相关此主题的内容,并过滤重复信息。

(3) 根据读者需求的不同,可分为一般性摘要和偏重摘要。前者为所有读者提供一般性的摘要;后者依据特定用户的需求(如询问用户感兴趣的主题)产生专属摘要。随着信息爆炸时代的来临,如何为用户产生特定需求的摘要已经愈来愈被看重。

(4) 根据摘要生成过程是否需要语料库,可分为基于语料库的摘要和普通摘要。前者需要有语料库,需要借助机器学习;后者则无需语料库,也不需要学习过程。

自动文摘的基本流程可大致划分为 3 个步骤(如图 11-1 所示):

(1) 文本分析。对原始文本进行分析,寻找最能代表原文内容的成分,生成文本的源表示。

(2) 信息转换。通过考查一系列因素(如用户的需要、领域知识等),对源表示进行修剪和压缩,形成文摘表示。

(3) 文摘生成。重组原文内容,生成文摘。此阶段工作的复杂程度取决于文摘的用途和它所面向的读者群。如果只要求把原文片段所提供的信息简单罗列出来,则文摘生成这步工作几乎可以省略。若要求文摘是一篇内容完整、语句连贯通顺的文章,达到能够与人工文摘相媲美的程度,就可能需要人工参与。

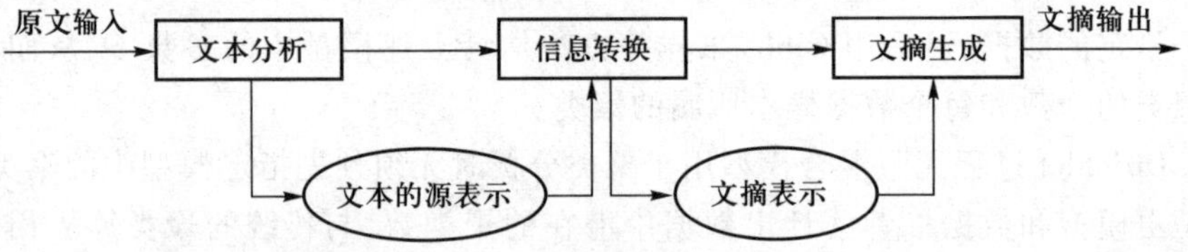

图 11-1　自动文摘的基本流程

现有的自动文摘方法主要包括以下几类[17]:

1. 自动摘录

自动摘录将文本视为句子的线性序列,将句子视为词的线性序列。该类方法通常根据词频、句子所在位置、句法结构、线索词、指示性短语等特征计算原文中每个句子的权值,然后按权值高低降序排列所有句子,最后权值最高的若干句子被确定为文摘句。这是目前最常见的自动文摘方法。自动摘录依据的是文本形式上的规律,摘录的结果能否抓住原文的中心内容要看文章在多大程度上符合常规。因此,自动摘录的质量很不稳定。

2. 基于理解的自动文摘

基于理解的文摘方法是以人工智能特别是自然语言理解技术为基础而发展起来的文摘方法。该类方法首先利用语言学知识分析语法结构,然后利用领域知识将语法结构描述转换成以逻辑和意义为基础的语义表示,并根据领域知识在上下文中进行推理,而后将提取出来的关键内容转换为完整连贯的摘要输出。由于需要领域知识的支持,适用于某个领域的理解文摘系统很难推广到另一领域。另外,基于理解的文摘方法需要对文章进行全面的分析,生成详尽的语义表达,当处理大规模的真实文档时,这一方法很难实现。

3. 基于结构的自动文摘

篇章是一个有机的结构体,篇章中的不同部分承担着不同的功能,各部分之间存在着一定的关系。把篇章结构分析清楚,文章的核心部分自然能够找到。但是语言学对于篇章结构的研究还很不够,可用的形式规则就更少了,这使得基于结构的自动文摘到目前为止还没有一套成熟的方法。

从上文的介绍可以看出,各类自动摘要方法都存在一定缺陷。如何在摘要生成过程中充分利用文档自身的结构特征和内容特征,这是提升自动文本摘要效果的关键[15]。

文本分类、文本聚类、文本摘要等文本挖掘技术经过多年的发展,目前已有很多较成熟的研究成果,但仍有一些尚未得到解决的问题,如文本分类中大规模标注语料的获取、聚类数目的自动确定、基于语义理解的自动文本摘要等。结合机器学习、自然语言理解等领域的最新研究成果改进现有的挖掘技术,是今后文本挖掘研究的重要方向。

11.2 微博信息挖掘

11.2.1 微博信息挖掘概述

微博是近些年来兴起的一种社会化媒体。通过微博服务(如 Twitter、新浪微博等)人们可以方便地发布信息,信息在微博平台中的扩散速度也远高于传统媒体。由于有众多用户的参与,微博平台中积累了大量的数据。如何从这些数据中提取有价值的信息,近年来受到了诸多研究者的关注[18]。当前面向微博信息的挖掘主要包括微博内容挖掘、微博用户社区挖掘等。

1. 微博内容挖掘

微博内容挖掘的研究主要集中于话题检测与跟踪、情感分析等几个方向。面向传统文本的内容挖掘技术也可用于微博内容挖掘，但由于微博具有文本长度短、表达不规范、冗余信息多等特点，有必要针对这些特点研究相应的内容分析方法。

大量现实社会发生的事件往往在第一时间被微博用户“报道”，且大量微博用户的关注、转发和评论行为会助推事件的传播。热点事件发现是微博信息挖掘的重要内容，相关的研究方法可大致分为三类[19]。第一类是基于统计分析的方法，该方法通过监控特定关键词的出现频率在给定的时间片段内是否突然剧增来判断是否有事件发生；第二类是基于学习模型分析的方法，通过构建主题模型(topic models)以实现话题和事件的挖掘；第三类方法是基于改进的相似度度量方法，该类方法利用从微博数据中提取的多种特征来度量信息的相似度，并以此为基础建立事件监测模型。上述三类方法都可以实现微博热点事件的发现，但忽略了事件的动态传播特性。微博热点事件的动态检测方法有待进一步研究。

2. 微博社区挖掘

在微博用户关系构建的过程中，一些具有相似特征的用户自发地聚集到了一起，结成群体。在微博的关系网络中，可将个体用户视为节点，关系视为边，群体视为社区。微博社区发现[18]旨在识别出关系网络中固有的社区结构，即按照节点间的连边关系把节点划分成若干节点组，使得节点组内部的连边相对稠密，不同节点组之间的连边相对稀疏。微博中用户节点以及节点间的关系并不是静态的，社区呈现出一定的动态性质。微博动态社区分析主要包括社区形成、社区生长、社区缩减、社区合并、社区分裂及社区消亡等。对社区结构的动态分析有助于发现微博用户的行为规律。微博用户网络具有规模大、特征空间维度低、用户关系复杂等特点，社区发现算法在准确度、灵活性和可扩展性方面都有待进一步改进。

微博信息挖掘具有广阔的实际应用前景，如微博舆情预警、虚假微博检测、微博用户推荐等应用。基于微博话题检测技术的舆情监测应用，结合微博信息传播模式及情感倾向性分析技术，可对微博舆情建立起预警系统；在个性推荐技术中配合使用微博用户社区挖掘的相关技术，可应用于微博用户推荐；微博意见领袖则可作为识别虚假微博的一种依据。如何结合各类实际应用的需求和微博数据的特点改进现有的数据挖掘技术，这是值得继续研究的问题。下面我们将探讨如何将深度学习这一数据分析方法应用于微博数据的处理[20]。

11.2.2 基于深度学习的微博文本降维

为进行微博文本挖掘，首先要完成的一项工作就是把由自然语言表达的文本转换为计算机可处理的表示形式。在 11.1.1 节提到过，向量空间模型（vector space model，VSM）是当前应用最为广泛的一种文本表示模型。VSM 用一个多维的词条向量来表示某一文档集中的一篇文档，向量的每一个维度对应于词表（vocabulary）中的一个词（term），元素的取值表示对应词条的权重（词频或加权的词频）。通常情况下，文档集词表的规模是很庞大的，因而文档向量的维数很高。尽管基于词条向量的文本表示模型在以往的文本分析应用中取得了不错的效果，但这种表示却并不适用于微博文本的处理。与新闻报道、博客、科技文献这类文本形式相比，微博文本最显著的特点就是长度很短（一条微博的长度一般不超过 140 字）。如果仍采用以词条作为特征（feature）的向量来表示微博文本，则会导致严重的“稀疏数据”（sparse data）问题。所谓稀疏数据，是指在由多个文档向量构成的“文档-词条”矩阵中，存在大量的“空”元素（即取值为 0 的元素）。在这一稀疏的矩阵上进行挖掘操作，很有可能无法得到准确的结果。

特征扩展和特征降维是改进微博短文本表示的主要手段[19]。特征扩展方法通过向原始短文本对应的词条集合中添加若干语义相关词条以降低词条向量的稀疏度。该类方法通常需要外部资源（如 Wikipedia）和第三方技术（如信息检索、机器翻译）的支持[19,21]。特征降维方法通过将高维的词条向量映射到低维的特征空间以获取非稀疏的文本表示。该类方法一般只需对文档集合本身进行分析，不必借助外部资源。

目前专门针对微博文本降维的研究比较少见，多数情况下微博文本的低维表示只是主题建模过程中的“副产品”。基于主题模型（topic model）的话题检测与分析是当前微博研究的热点之一[18]。主题模型将一篇文档表示为若干个潜在主题（latent topic）上的概率分布，这一概率分布可作为文档的低维表示。现有的面向微博的主题模型[22,23]大多以经典的 LDA（latent Dirichlet allocation）模型为基础，潜在主题的数量需事先设定。但事实上，微博话题的内容丰富且更新频繁，用固定的主题无法准确表达微博文本中的信息。近年来有研究者提出用基于层次狄利克雷过程（hierarchy Dirichlet processes，HDP）的模型来分析微博主题的演化[24]。HDP 模型的优势在于主题的数量会随着文档数量的增加而自动增加，但从文本表示的角度来看，变化的主题意味着我们无法得到稳定的低维特征。因此我们认为，“主题”并不适合作为表示微博文本的特征。

受近几年深度学习（deep learning）[25]研究成果的启发，我们提出用深层网络（deep networks）实现微博文本的特征降维。深度学习的基本思想是用一个深层的结构表示学习过程:每一层代表一个信息处理阶段,上一层的处理以下一层处理的结果作为输入。已有研究表明[26-29],将深层网络应用于文本降维可得到比潜在语义分析(latent semantic analysis,LSA)[30]等传统降维方法更好的效果。现有的研究多用经典的文本分类数据集(长文本)来验证深度学习方法的有效性,尚未有针对微博这类短文本的深度学习模型。我们参考 Hinton 等人的工作[26],构建了几种面向微博文本的深层网络模型。所提模型的特点在于使用了微博特有的两类信息,即微博间的"转发"(retweet)关系和微博中的"话题标签"(hashtag)。具有转发关系的微博或带有相同话题标签的微博在语义上是相似的。将这种微博自带的关于语义相似性的信息应用于深层网络模型的训练,所得的模型应该能更有效地提取微博文本的特征。为了使用"转发"信息和"话题标签"信息,我们提出了如下两种方法:① 利用"转发"关系改造已有的训练集;② 利用"转发"关系和"话题标签"定义一个可以反映样本相似性的概率分布,然后用 tMCML(t-distributed maximally collapsing metric learning)算法训练网络。

1. 深度信念网络

深度信念网络(deep belief network,DBN)是当前深度学习研究中较常见的一种模型[25]。一个 DBN 由多个受限玻尔兹曼机(restricted Boltzmann machine,RBM)以堆栈的方式构成。RBM 是一个由双层随机神经元(stochastic neuron)构成的网络,如图 11-2(a)所示,同层神经元之间无连接,两层之间有连接。每个神经元处于"激活"和"未激活"两种状态之一。每个神经元被激活的概率与连接的权重和神经元的偏置有关。每一层神经元的状态可用一个随机向量表示,表示可见层(visible layer)对应的向量或隐藏层(hidden layer)对应的向量。给定一组训练样本,RBM 的训练目标是找出可以拟合这些样本的最优参数(即所有连接的权重和每个神经元的偏置):

$$\boldsymbol{\theta}^* = \arg\max_{\boldsymbol{\theta}} \sum_{d=1}^{N} \log \sum_{\boldsymbol{h}} P(\boldsymbol{v}^{(d)}, \boldsymbol{h} \mid \boldsymbol{\theta}), \tag{11-8}$$

其中 $P(\boldsymbol{v}^{(d)}, \boldsymbol{h} \mid \boldsymbol{\theta})$ 表示输入第 d 个训练样本时 $\boldsymbol{v}$ 和 $\boldsymbol{h}$ 的联合概率分布。

在完成一个 RBM 的训练之后,可在此 RBM 的隐藏层之上增加一层神经元,构造一个新的 RBM 继续训练。重复该过程即可得到一个深层网络(如图 11-2(b)所示)。通常将上述训练过程称为预训练(pre-training),之后需根据特定的目标对网络整体进行微调(fine-tuning)。例如,将 DBN 应用于数据降维时[26],可在预训练之后利用当前 DBN 的参数构造一个深层自编码(autoencoder)网络(如图 11-3 所示),然后以最小化训练集上的重构误差为目标,调整整个网络的参数。重构误差 l_{AE} 定义如下:

$$l_{AE} = \frac{1}{N} \sum_{n=1}^{N} \| \boldsymbol{x}(n) - g(f(\boldsymbol{x}(n))) \|^2, \tag{11-9}$$

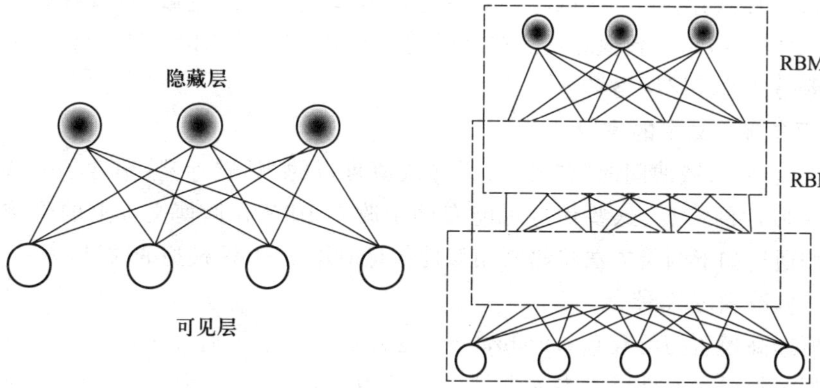

(a) 受限玻尔兹曼机(RBM)　　(b) 深层网络

图 11-2　深度信念网络的构成

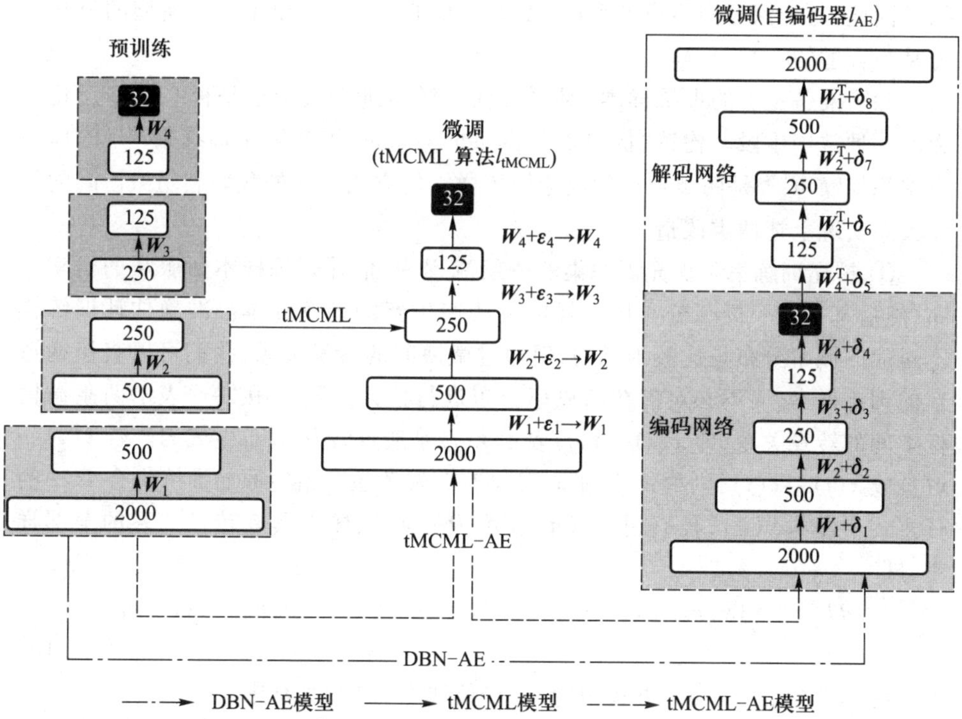

图 11-3　构造深层网络训练过程示意图

其中，$\boldsymbol{x}(n)$表示训练集$D=\{\boldsymbol{x}(1),\boldsymbol{x}(2),\cdots,\boldsymbol{x}(N)\}$中第$n$个样本对应的词频向量，$\|\cdot\|$表示欧氏距离，$f(\cdot)$表示由编码网络(encoder)参数决定的编码函数，

$g(\cdot)$表示由解码网络(decoder)参数决定的解码函数。经过微调后,解码网络被舍弃,编码网络用于数据降维。在之后的讨论中,我们用 DBN-AE 指代由上述训练过程得到的深层网络模型。

2. 面向微博文本的模型

前文提到过,微博间的“转发”关系和微博自带的“话题标签”蕴含了一些关于语义相似性的信息,这些信息可能有助于改善 DBN 在微博文本上的降维效果。我们通过如下两类方法将语义相似性信息应用于 DBN 模型的改进。

(1) 修改训练数据

如何提高模型的泛化(generalization)能力是机器学习研究中的一个基本问题。模型参数很多而训练样本太少是导致模型泛化能力不高的一个主要原因。以下面实验部分所采用的深层网络模型为例,网络共有 5 层,相邻两层神经元之间连接的权重和每个神经元的偏置是需要学习的参数,参数总数约为 120 万。若用一个规模相当的样本集训练模型,则需要很大的存储空间和很长的训练时间。因此,对于深层网络模型来说,仅靠扩大训练集的规模来提高模型的泛化能力是不合适的。

除了准备更多的训练样本,对原有训练样本进行改造也是提高模型泛化能力的一种常用手段。构造“伪样本”(pseudo sample)扩充原始训练集[31]、向原始数据添加噪声[32]是两类典型的改造训练样本的方式。此处我们利用微博间的转发关系实现上述两类改造。

① 扩充训练集。扩充训练集的一般流程为:估计训练样本所服从的概率分布,然后基于这个概率分布用采样的方法产生新的训练样本。准确估计训练样本对应的概率分布是比较困难的,但通过微博间的转发关系,我们可以直接构造新的训练样本,而不必对潜在的概率分布进行估计。我们用“→”表示两条微博样本间的转发关系,即 $\boldsymbol{x}(i)\to\boldsymbol{x}(j)$ 表示 $\boldsymbol{x}(j)$ 是通过转发 $\boldsymbol{x}(i)$ 生成的。若 $\boldsymbol{x}(i)\to\boldsymbol{x}(j)$ 或 $\boldsymbol{x}(j)\to\boldsymbol{x}(i)$,则称 $\boldsymbol{x}(i)$ 和 $\boldsymbol{x}(j)$ 具有转发关系。给定原始训练集合 D 中的任意一个样本 $\boldsymbol{x}(n)$,我们用 $RT(n)$ 表示 D 中与该样本具有转发关系的全部样本,即

$$RT(n)=\{\boldsymbol{x}(m)\mid \boldsymbol{x}(m)\in D,\boldsymbol{x}(m)\to\boldsymbol{x}(n)\ \vee\ \boldsymbol{x}(n)\to\boldsymbol{x}(m)\}. \tag{11-10}$$

若 $RT(n)$ 非空,则按如下方式构造一个“伪样本”加入到 D 中:

$$\tilde{\boldsymbol{x}}(n)=\frac{1}{(\mid RT(n)\mid+1)}\Big[\boldsymbol{x}(n)+\sum_{\boldsymbol{x}(m)\in RT(n)}\boldsymbol{x}(m)\Big], \tag{11-11}$$

其中 $|RT(n)|$ 表示集合 $RT(n)$ 中样本的个数。按照上述方式构造的伪样本可以看作是在具有转发关系的样本之间插值。具有转发关系的两条微博在语义上是

相似的，也可以理解为它们在特征空间中是邻近的，因此这种插值是合理的。

将每一个 $\boldsymbol{x}(n)$ 对应的 $\tilde{\boldsymbol{x}}(n)$（如果存在的话）都加入到 D 中，即可得到一个扩充了的样本集 $\tilde{D}$。之后可以 $\tilde{D}$ 作为训练集，按照上面所介绍的方式训练一个深层网络模型。我们用 PseudoMean 指代所得的模型。

② 训练样本加噪。如前文所述，集合 $RT(n)$ 中包含了所有与训练样本 $\boldsymbol{x}(n)$ 构成转发关系的样本。可用 $RT(n)$ 来构造带噪声的训练样本 $\hat{\boldsymbol{x}}(n)$：

$$\hat{\boldsymbol{x}}(n) = \boldsymbol{x}(n) + \alpha\bar{\boldsymbol{x}}(n) \tag{11-12}$$

其中，参数 α 用来控制噪声 $\bar{\boldsymbol{x}}(n)$ 的强度（$0<\alpha<1$），$\bar{\boldsymbol{x}}(n)$ 按如下方式计算：

$$\bar{\boldsymbol{x}}(n) = \frac{1}{|RT(n)|}\sum_{\boldsymbol{x}(m)\in RT(n)}\boldsymbol{x}(m). \tag{11-13}$$

将每一个训练样本 $\boldsymbol{x}(n)$ 替换为 $\hat{\boldsymbol{x}}(n)$，得到一个新的样本集 $\hat{D}$。之后可以将 $\hat{D}$ 作为训练集，按照前文介绍的方法训练一个深层网络模型。

上述加噪方法可类比为信息检索中的查询扩展。为了改善检索结果，查询扩展技术通过向原始关键词集合中添加若干个近义词或关联程度较高的词，使用户的查询意向得到更清楚的表达。相类似地，因为具有转发关系的微博在语义上具有相似性，所以将 $RT(n)$ 的平均值 $\bar{\boldsymbol{x}}(n)$ 与原始的词频向量 $\boldsymbol{x}(n)$ 相加，等价于向原微博添加了一些语义相关的词条。向原始词频向量中加入噪声也可以看作是对向量进行了“平滑”处理，即填充了一些零元素。我们用 Smooth 指代在 $\hat{D}$ 上得到的模型。

(2) 修改目标函数

我们提出的第二类方法不改变训练数据，而是通过修改微调过程的目标函数来得到改进的深层网络模型。受 Min 等人[33]研究工作的启发，我们将 tMCML 算法应用于模型参数的微调。tMCML 是一种有监督的度量学习（metric learning）算法，该算法利用一组高维数据和它们对应的类别标签来构造一个从高维空间到低维空间的映射。在训练过程中，tMCML 的目标是最小化两个概率分布 $P=(p_{ij})$ 和 $Q=(q_{ij})$ 之间的 KL 距离（Kullback-Leibler divergence）。概率分布 P 由训练样本的类别信息确定：只有当两个样本 $\boldsymbol{x}(i)$ 和 $\boldsymbol{x}(j)$ 属于同一个类别时才有 $p_{ij}>0$，其他情况下 $p_{ij}=0$。概率分布 Q 由低维空间中样本间的距离决定，是归一化的“学生 t-分布”（简称 t-分布）：

$$q_{ij} = \begin{cases} \dfrac{\left(1+\dfrac{d_{ij}^2}{\alpha}\right)^{-\frac{1+\alpha}{2}}}{\sum\limits_{k,l;k\neq l}\left(1+\dfrac{d_{kl}^2}{\alpha}\right)^{-\frac{1+\alpha}{2}}}, & i\neq j, \\ 0, & i=j. \end{cases} \tag{11-14}$$

其中,参数 α 表示 t-分布的自由度,d_{ij} 表示低维空间中两个样本点之间的距离,即

$$d_{ij}^2 = \|f(\boldsymbol{x}(i)) - f(\boldsymbol{x}(j))\|^2, \tag{11-15}$$

$f(\cdot)$表示由 tMCML 算法得到的从高维空间到低维空间的映射。q_{ij}可理解为在低维空间中,样本点 $\boldsymbol{x}(i)$对应的映射 $f(\boldsymbol{x}(i))$选择样本点 $\boldsymbol{x}(j)$对应的映射 $f(\boldsymbol{x}(j))$作为最近邻的概率,而 p_{ij}可以看作是这一概率的真值(ground truth),即只有属于同一个类别的样本才能成为近邻。

tMCML 训练过程中使用的误差函数按如下方式定义:

$$l_{\mathrm{tMCML}} = KL(P\|Q) = \sum_i \sum_{j:j\neq i} p_{ij}\log\frac{p_{ij}}{q_{ij}}. \tag{11-16}$$

通过最小化 l_{tMCML},tMCML 算法可同时实现下述两个目标:

$$\max_{f(\cdot)} \sum_{\substack{\boldsymbol{x}(i)\in D,\boldsymbol{x}(j)\in D,\\ C(\boldsymbol{x}(i))=C(\boldsymbol{x}(j))}} Sim(f(\boldsymbol{x}(i)),f(\boldsymbol{x}(j))), \tag{11-17}$$

$$\min_{f(\cdot)} \sum_{\substack{\boldsymbol{x}(i)\in D,\boldsymbol{x}(j)\in D,\\ C(\boldsymbol{x}(i))\neq C(\boldsymbol{x}(j))}} Sim(f(\boldsymbol{x}(i)),f(\boldsymbol{x}(j))), \tag{11-18}$$

其中,$C(\boldsymbol{x}(i))$和 $C(\boldsymbol{x}(j))$分别表示样本 $\boldsymbol{x}(i)$和 $\boldsymbol{x}(j)$的类别,$Sim(f(\boldsymbol{x}(i)),f(\boldsymbol{x}(j)))$表示两个样本在低维空间中的相似度,$d_{ij}$越小则相似度越高。上述两个目标可理解为在低维空间中进行样本分类时需实现的目标。如果我们将 $C(\boldsymbol{x}(i))=C(\boldsymbol{x}(j))$解释为 $\boldsymbol{x}(i)$和 $\boldsymbol{x}(j)$有相似的语义,那么上述目标也可以作为对文本降维的要求。

tMCML 是一种有监督的学习算法,因为它需要样本的类别标签来计算概率 p_{ij},但在处理微博文本时,通常没有现成的类别信息可以使用。因此,应用 tMCML 算法训练深层网络降维模型,首先要解决的问题就是如何确定 p_{ij}的取值。考虑到 p_{ij}的作用是为低维空间中的样本相似度提供一个基准,而微博样本间的语义相似度可由转发关系或话题标签推出,因此我们采用如下方式定义 p_{ij}:

$$p_{ij} = \begin{cases} \dfrac{\delta_{ij}}{\sum\limits_{kl:k\neq l}\delta_{kl}}, & i\neq j, \\ 0, & i=j. \end{cases} \tag{11-19}$$

其中,δ_{ij}是一个二进制变量,用来表示两个微博样本是否语义相似,即

$$\delta_{ij} = \begin{cases} 1, & \boldsymbol{x}(i)\to\boldsymbol{x}(j) \vee \boldsymbol{x}(j)\to\boldsymbol{x}(i) \vee \#\boldsymbol{x}(i)=\#\boldsymbol{x}(j), \\ 0, & \text{其他}. \end{cases} \tag{11-20}$$

式中,$\#\boldsymbol{x}(i)$表示 $\boldsymbol{x}(i)$的话题标签。

在明确了 p_{ij}的计算方式之后,我们即可以式(11-16)作为优化目标对经过预训练的深层网络进行微调。需要说明的是,此时式(11-17)和式(11-8)中的映

射$f(\cdot)$是由深层网络的参数确定的。参数的调整通过梯度下降(gradient descent)和反向传播(back propagation)算法实现。我们将通过上述微调得到的深层网络模型称为 tMCML 模型。

在训练 tMCML 模型时,我们事实上是将微博间的转发关系和微博中的话题标签当作了样本的"类别"信息。tMCML 算法要求每一个训练样本都有一个对应的类别标签,但在微博数据集中,涉及转发的微博、带有话题标签的微博只占一小部分。从式(11-16)、式(11-19)和式(11-20)可以看出,训练集中那些没有与其他样本构成转发关系且不含话题标签的微博样本并没有在模型的微调过程中发挥作用。为了充分利用训练数据,我们用 tMCML 模型构造了一个深层自编码网络,然后以最小化重构误差(式(11-9))为目标进行微调,之后保留编码网络用于降维。通过此方式得到的深层模型称为 tMCML-AE。

如图 11-3 所示,tMCML 模型和 tMCML-AE 模型的预训练过程与 DBN-AE 模型相同,但这 3 个模型的微调方式不同。下面我们将结合实验结果进一步分析这几种模型的异同。

3. 实验

为了检验上文提出的深层网络模型的性能,我们用来自新浪微博的数据进行了若干实验。

(1) 数据集

我们用新浪微博的 API 收集了约 10 万条微博。在准备训练集时,我们将没有与其他微博构成转发关系的微博滤除,以余下的 25750 条微博作为训练样本。这些微博中共出现了 8968 个不同的话题标签。为了获得测试数据,我们首先随机挑选 K 个话题,然后从每个话题对应的微博集合中随机选择若干条微博。给定一种 K 值,我们准备 5 个测试集,然后以各测试集上实验结果的平均值作为评判模型性能的依据。我们将 K 分别设置为 10、30、50,对应的三类测试集分别记为 10T、30T 和 50T。在对所有文本进行分词和停用词过滤之后,我们选取训练集中出现频率最高的 2000 个词作为特征,然后将每一条微博转换成一个 2000 维的词频向量。表 11-1 数据集基本信息给出了训练集和测试集的一些基本统计信息。

表 11-1 数据集基本信息

测试集	微博数量	每个话题对应的微博数量	微博的平均长度(以"词"为单位)	"文档-词条"矩阵中非零元素的比例
10T	999	100	26.12	0.415%
30T	1498	50	27.32	0.416%

续表

测试集	微博数量	每个话题对应的微博数量	微博的平均长度（以“词”为单位）	“文档-词条”矩阵中非零元素的比例
50T	1000	20	27.52	0.428%
训练集	25750	—	23.51	0.414%

（2）模型训练

实验中构建的深层网络的基本结构如下：共 5 层，各层神经元的数目分别为 2000、500、250、125、32，中间三层为 logistic 神经元，输出层为线性神经元。在训练 DBN-AE、PseudoMean 和 Smooth 这 3 个模型时，预训练重复进行 10 次，微调重复进行 20 次。Smooth 模型中的超参数 α 设为 0.9（参见式（11-12））。在训练 tMCML 模型时，完成 10 次预训练之后先进行 10 次微调，得到模型 tMCML10，然后再进行 10 次微调，得到模型 tMCML20。接着分别用这两个模型构造深层自编码网络并进行 20 次微调，得到两个 tMCML-AE 模型，即 tMCML10-AE 和 tMCML20-AE。除了深层模型之外，我们还分别训练了一个 LSA 模型和一个 LDA 模型作为基准模型。LSA 潜在概念的个数和 LDA 潜在主题的个数均设为 32。

（3）性能评价

衡量文本降维效果的一种常用做法是：在降维后的数据上执行某种文本挖掘任务，然后对挖掘结果进行评估，通过评估结果间接的判断文本的低维表示是否合理。我们分别用上面提到的 9 个模型（LSA、LDA、DBN-AE、PseudoMean、Smooth、2 个 tMCML 模型、2 个 tMCML-AE 模型）对不同的测试集进行处理，然后借助数据挖掘工具包 ELK[33,34] 在降维后的文本上进行 k-均值聚类，并选用如下 3 种外部评价指标对聚类结果进行评估：ARI（adjust rand index）[35]，NMI（joint normalized mutual information）[35] 和 SM-F1（set matching F1-Measure）[36]。这 3 种指标的取值都在 0 到 1 之间，取值越高表示聚类越准确，意即降维效果越好。

（4）实验结果和分析

从图 11-4 所示的聚类评估结果可以看出：深层网络模型优于基准模型 LSA 和 LDA；本文提出的深层模型优于基本的 DBN-AE 模型；Smooth 模型、tMCML 模型和 tMCML-AE 模型表现出相似的性能，并且这 3 类模型均优于 PseudoMean 模型；多数情况下 tMCML10 模型的表现最优。随着测试集话题数量的增加，深层模型相较于 LSA、LDA 的优越性愈发突出。下面我们对造成模型性能差异的原因做简要分析。

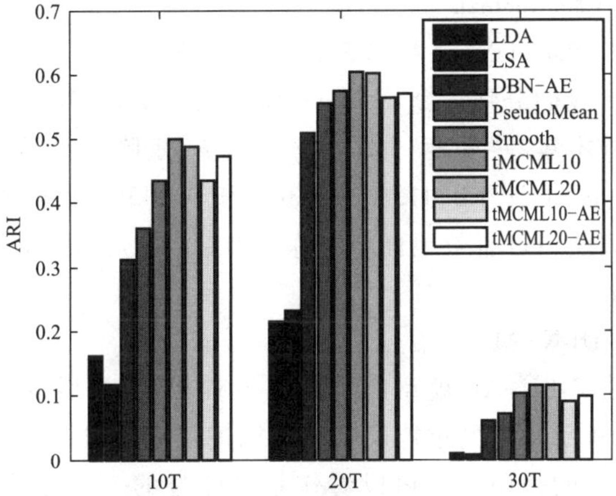

(a) ARI

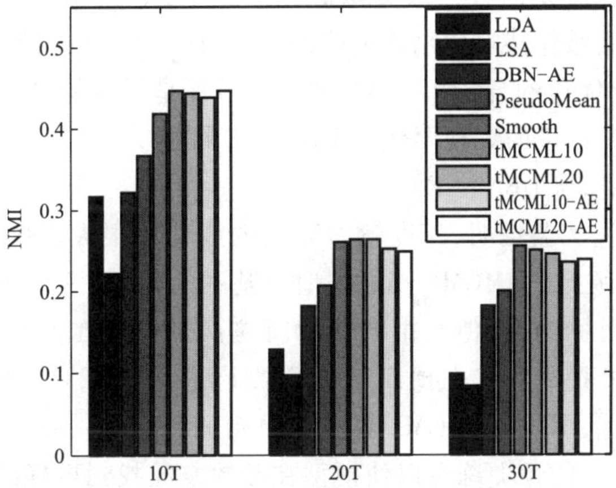

(b) NMI

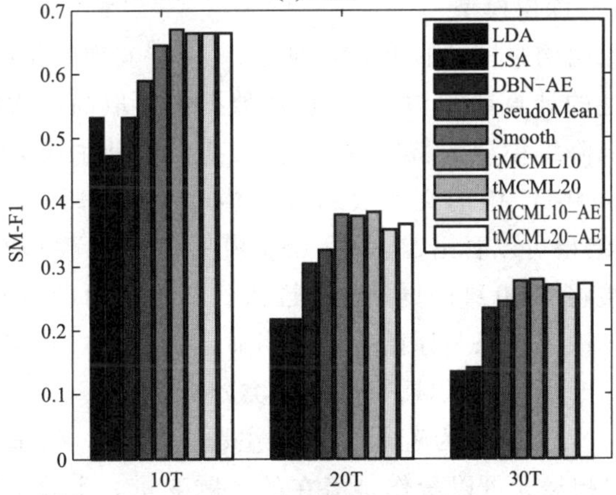

(c) SM-F1

图 11-4　聚类评估结果

① Smooth 与 PseudoMean

Smooth 模型和 PseudoMean 模型都试图通过降低训练样本集的稀疏程度来提高模型的性能。我们分别计算了 DBN-AE 模型、PseudoMean 模型和 Smooth 模型所使用的训练样本集的“密度”(即“文档-词条”矩阵中非零元素的个数)。这 3 个模型对应的密度分别为 0.415%,0.630%和 0.845%,可以看出,Smooth 模型采用的加噪平滑方法可以有效地提高训练样本集的密度,因而其性能优于 DBN-AE 和 PseudoMean。

② tMCML 与 DBN-AE

tMCML 模型与 DBN-AE 模型的预训练过程相同,但微调方式不同。DBN-AE 模型以最小化训练集上的重构误差为目标进行微调,这一过程是完全无监督的。而 tMCML 模型的微调过程可以看作是半监督的——目标函数的构造使用了来自转发关系和话题标签的语义相似性信息。另一方面,实验中采用的聚类评估方法偏向于能够保持近邻结构的降维方法,tMCML 是直接针对“保持近邻结构”这一目标进行优化的,而 DBN-AE 的优化目标是尽可能多地保留个体样本的信息,因此 tMCML 模型的表现要优于 DBN-AE 模型。

③ tMCML-AE 与 DBN-AE

文献[37]通过实验证明,深度学习算法的成功在很大程度上归功于模型的“预训练”。本文所提的 tMCML-AE 模型与基本的 DBN-AE 模型在最后的微调阶段有着相同的目标函数,但在微调开始时这两个模型在参数空间中对应的位置不同。DBN-AE 模型直接在预训练的结果上进行调整,而 tMCML-AE 模型多进行了一次预训练,即先用 tMCML 算法对原始的预训练结果进行了调整。实验结果表明,这一附加的预训练可以使模型在参数空间找到更好的起始位置。

④ LSA、LDA 与深层模型

LSA 模型与深层网络模型的主要区别在于,LSA 实现的是线性降维,而深层网络由多层非线性的计算单元构成,能够从数据中提取高层次的、抽象的特征。为进一步观察不同降维模型的特征提取结果,我们借助主成分分析法(principal component analysis)将 32 维的文本表示嵌入(embedding)到 2 维平面上。从图 11-5 所示的嵌入结果可以看出,当采用 LSA 模型和 LDA 模型时,样本在 2 维平面的上分布与直接将 2000 维的词频向量嵌入到 2 维平面所得的结果类似;而深层网络模型对应的嵌入结果与原始表示有明显区别,样本的分布较为分散,且不同话题的样本分布于不同的区域,有利于聚类分析。

LDA 模型将一篇文档视为若干个潜在主题的混合。在深层网络最底层的 RBM 中,隐藏层的神经元可以看作是潜在的主题变量。实验中所用的测试集样本与训练集样本具有不同的话题分布。LDA 模型使用从训练集得到的主题模型

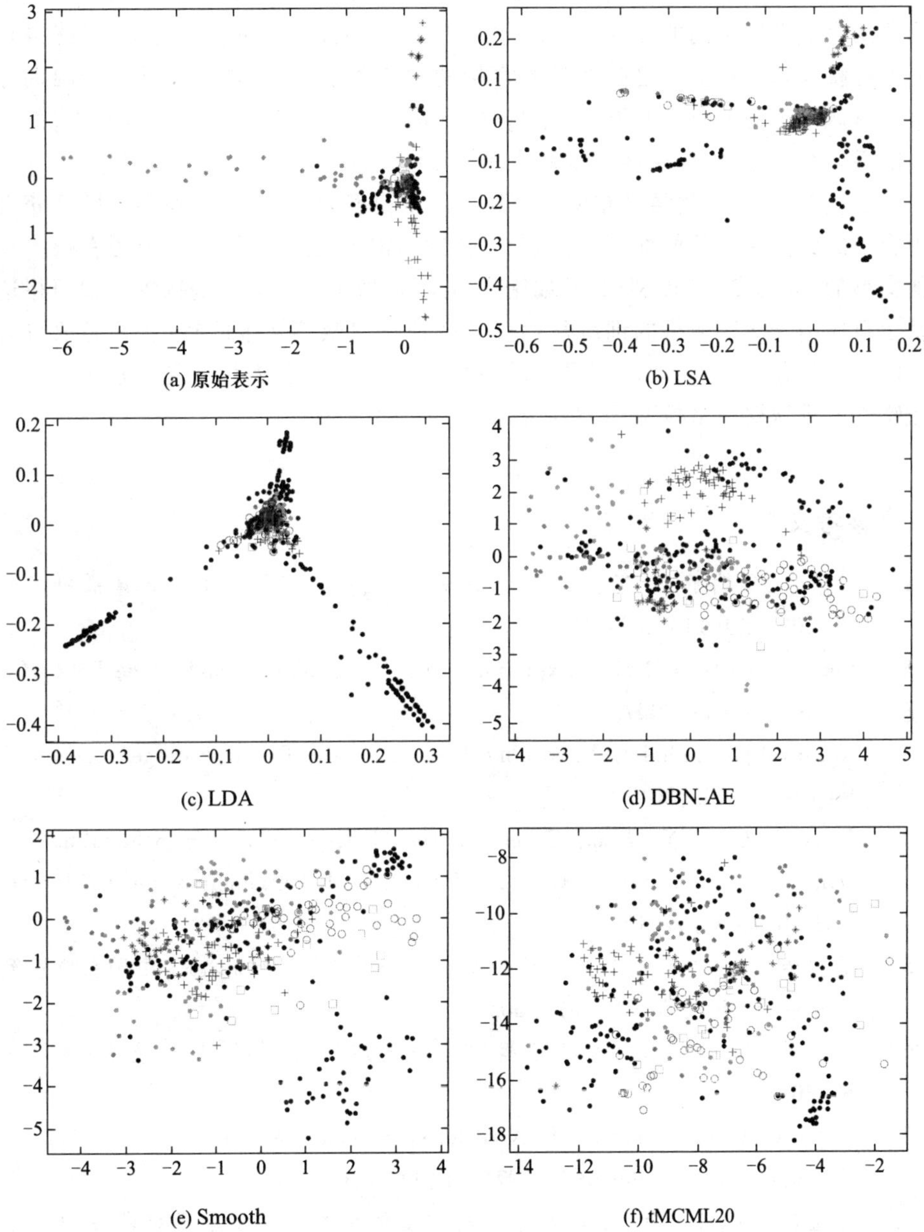

图 11-5 测试集 10T 中的样本在 2 维平面上的嵌入(不同的图例代表不同的话题):(a) 2000 维词频向量直接嵌入;(b)~(f):分别使用不同的降维模型得到 32 维的表示后再进行嵌入。嵌入的可视化结果通过聚类工具包 CVAP[38] 获得

来分析测试集文本,显然不能得到准确的结果。而对于深层网络来说,由第一个隐藏层完成文档主题的提取之后,会由后续几层神经元继续提取特征,最终得到的低维特征与文档主题之间并没有直接的对应关系,因而降维效果不会因训练集与测试集主题分布的差异而明显变差。从图 11-5 的聚类结果可以看出,测试集的话题个数越多,深层网络模型体现出的性能优势越明显。

实验结果表明,将语义相似性信息应用于模型的训练过程,确实有助于获得更合适的微博文本的低维表示。除了"转发"和"话题标签",微博中还有很多其他类型的"元信息"可以利用,例如用户信息、微博中自带的超链接等。如何将这些信息应用于深层网络的训练从而更有效地提取微博文本的特征,这是值得研究的一个问题。此外,如何将深度学习算法应用于其他文本挖掘任务并结合领域特性改进深层网络模型,这也是需要进一步研究的。

参考文献

[1] 涂承胜,鲁明羽,陆玉昌,等. Web 内容挖掘技术研究[J]. 计算机应用研究,2003,20(11):5-9,15.

[2] Liu B. Web Data Mining:Exploring Hyperlinks,Contents,and Usage Data[M]. Berlin:Springer,2007.

[3] Aggarwal C C, Zhai C X. Mining Text Data[M]. Berlin:Springer Science & Business Media,2012.

[4] Jiang C, Chen Y, Wang Q, et al. Dara-Driven Stochastic Scheduling and Dynamic Auction in Iaas[C]//2015 IEEE Global Communication Conference (GLOBECOM),2015.

[5] 周昭涛. 文本聚类分析效果评价及文本表示研究[D]. 北京:中国科学院研究生院(计算技术研究所),2005.

[6] 林少波. 中文文本分类特征提取方法的研究与实现[D]. 重庆:重庆大学,2011.

[7] Salton G,Wong A,Yang C S. A vector space model for automatic indexing[J]. Communications of the ACM,1975,18(11):613-620.

[8] 苏金树,张博锋,徐昕,等.基于机器学习的文本分类技术研究进展[J]. 软件学报,2006,17(9):1848-1859.

[9] 郝秀兰. 文本分类技术与应用研究[D]. 上海:复旦大学,2008.

[10] 蒲筱哥. 自动文本分类方法研究述评[J]. 情报科学,2008,26(3):469-475.

[11] 郭增新. 基于语义的文本聚类算法研究[D]. 西安:西安电子科技大学,2012.
[12] 黄文江. 中文文本聚类算法分析与研究[D]. 上海:上海交通大学,2010.
[13] 张林,刘辉. Dirichlet过程混合模型的聚类算法[J]. 中国矿业大学学报,2012,41(1):159-163.
[14] Mani I, Maybury M. Advances in Automated Text Summarization[M]. Cambridge,Massachusetts:The MIT Press,1999.
[15] 胡侠,林晔,王灿,等. 自动文本摘要技术综述[J]. 情报杂志,2010,29(8):144-147.
[16] 谭翀,陈跃新. 自动摘要方法综述[J]. 情报学报,2008,27(1):62-68.
[17] 朱荷香. 中文自动文摘系统的研究与实现[D]. 南京:南京师范大学,2008.
[18] 丁兆云,贾焰,周斌. 微博数据挖掘研究综述[J]. 计算机研究与发展,2014,51(4):691-706.
[19] 王连喜. 微博短文本预处理及学习研究综述[J]. 图书情报工作,2013,57(11):125-131.
[20] Xu L, Jiang C, Ren Y, et al. Microblog dimensionality reduction: A deep learning approach[J]. IEEE Transactions on Knowledge and Data Engineering,2016,28(7):1779-1789.
[21] 邱云飞,王琳颖,邵良杉,等. 基于微博短文本的用户兴趣建模方法[J]. 计算机工程,2014,40(2):275-279.
[22] Mehrotra R, Sanner S, Buntine W, et al. Improving LDA topic models for microblogs via tweet pooling and automatic labeling[C]//Proceedings of the 36th International ACM SIGIR Conference on Research and Development in Information Retrieval,Dublin,Ireland,2013:889-892.
[23] 史剑虹,陈兴蜀,王文贤. 基于隐主题分析的中文微博话题发现[J]. 计算机应用研究,2014,31(3):700-704.
[24] Wang J Y,Xiong H,Ishikawa Y,et al. Real Time Event Detection in Twitter[C]// Proceedings of the 14th International Conference on Web-Age Information Management,Beidaihe,China,2013:502-513.
[25] Deng L. A tutorial survey of architectures, algorithms, and applications for deep learning[J]. APSIPA Transactions on Signal and Information Processing,2014,3:e2.
[26] Hinton G E, Salakhutdinov R R. Reducing the dimensionality of data with

neural networks[J]. Science,2006,313(5786):504-507.

[27] Salakhutdinov R, Hinton G. Semantic hashing[J]. International Journal of Approximate Reasoning,2009,50(7):969-978.

[28] Yu Z, Zhao X, Wang L P. Encoding Document Semantic into Binary Codes Space[C]// Li F F, Li G L, Hwang S W, et al. Web-Age Information Management, Switzerland: Springer International Publishing,2014:535-539.

[29] Su F, Wang Q H, Lian J, et al. A text classification method based on multiply autoencoders[J]. Simulation and Modelling Methodologies, Technologies and Applications,2014,60:229.

[30] Landauer T K, Foltz P W, Laham D. An introduction to latent semantic analysis[J]. Discourse Processes,1998,25:259-284.

[31] Chakraborty D, Pal N R. Expanding the training set for better generalization in MLP[C]// Proceedings of 2004 International Conference on Communication, Devices and Intelligent Systems, Kolkata, India,2004:454-457.

[32] Holmström L, Koistinen P. Using additive noise in back-propagation training [J]. IEEE Transactions on Neural Networks,1992,3(1):24-38.

[33] Min M R, Maaten L, Yuan Z, et al. Deep supervised t-distributed embedding [C]// Proceedings of the 27th International Conference on Machine Learning, Haifa, Israel,2010:791-798.

[34] Achtert E, Goldhofer S, Kriegel H P, et al. Evaluation of clusterings: metrics and visual support[C]//Proceedings of the 28th International Conference on Data Engineering, Washington, DC, USA,2012:1285-1288.

[35] Vinh N X, Epps J, Bailey J. Information theoretic measures for clusterings comparison: is a correction for chance necessary? [C]// Proceedings of the 26th Annual International Conference on Machine Learning, Montreal, Canada,2009:1073-1080.

[36] Amigó E, Gonzalo J, Artiles J, et al. A comparison of extrinsic clustering evaluation metrics based on formal constraints[J]. Information Retrieval, 2009,12(4):461-486.

[37] Erhan D, Bengio Y, Courville A, et al. Why does unsupervised pre-training help deep learning? [J]. Journal of Machine Learning Research,2010,11: 625-660.

[38] Wang K J, Wang B J, Peng L Q. CVAP: Validation for cluster analyses[J]. Data Science Journal,2009,8:88-93.

第 12 章　面向特定领域的网络信息聚合

互联网因其高度的开放性、交互性和共享性极大地拓宽了人们获取知识、交流信息的渠道。但与此同时，网络信息的规模之大、更新速度之快也远远超过了个体用户的处理能力，带来了“信息过载”问题[1]。在第 4 章中我们讨论了如何通过改变网络体系结构来提高信息服务的质量。网络结构的改进可以让网络承载更多的数据流量，提供更好的移动性、安全性支持，但这并不能解决信息过载问题。搜索引擎在一定程度上缓解了信息过载的问题，但它只是将可能包含用户所需信息的网络资源的位置（URL 地址）以一种集中的方式呈现给用户，并不直接满足用户的信息需求。更“人性化”的做法应当是把那些有用的信息碎片从相关的网页中提取出来，汇聚在一起，直接提供给用户。

为实现信息聚合，至少应完成以下操作：去除不相关的内容，去除冗余信息，建立信息碎片之间的联系，规范信息的表达方式。上述各项操作若能从语义层面对信息进行处理，形成内容完整、意思清楚的聚合信息，这才是提供给用户所需信息的最理想的方式。本章我们从语义网的基础概念入手，考察如何借助本体实现对信息语义的规范描述，探讨基于本体的信息集成方法，并以农产品价格信息为例研究如何自动构建领域本体，进而建立一个完整的信息聚合框架。

12.1 语义网

12.1.1 语义网体系结构

语义网(Semantic Web)的概念由万维网发明人蒂姆·伯纳斯-李(Tim Berners-Lee)于 1998 年首次提出[2]。所谓语义,就是指文本的含义。现在互联网上的大部分内容都是设计给人阅读的,人可以很好地理解这些内容的含义,而计算机并不具备理解文本语义的能力,因而无法自动对网页内容进行处理。语义网的目的就是以某种方式明确地"告诉"计算机某一文本的具体含义,从而便于人与计算机以及计算机与计算机之间的交互与合作。目前的万维网主要使用超文本标记语言(hypertext markup language,HTML)表达网页内容。HTML 可以控制网页内容的表现形式,有助于人的阅读和理解。语义网则是要在万维网之上加入一些可以被计算机"理解"的语义信息。

蒂姆·伯纳斯-李在提出语义网概念的同时也对语义网的体系结构做出了构想,该体系结构模型共有七层,如图 12-1 所示[3]。

(1) Unicode 和 URI 层。Unicode 是一个字符集,基本上包括了世界上所有语言的字符。URI(uniform resource identifier,统一资源标识符)用于标识、定位网络上的资源。在语义网的体系结构中,编码定位层(Unicode+URI)处于最底层,是整个语义网的基础,其中 Unicode 负责处理资源的编码,URI 负责资源的标识。只有在对资源进行编码与标识的基础上才能对资源进行进一步处理。

(2) XML 结构层(XML + NS + XML Schema)。XML (extensive markup language)是一种可扩展标记语言,它允许用户在文档中加入任意的结构而无须说明这些结构的含意,非常适用于不同应用间的数据交换。NS (Namespace)即命名空间,由 URI 索引确定,目的是简化 URI 的书写。XMLSchema 实际上也是 XML 的一种应用,它本身采用 XML 语法,所以 XML 文档是一种自描述文档。

(3) 资源描述层(RDF+RDF Schema)。RDF(resource description framework,资源描述框架)是 W3C 推荐的用来描述 WWW 上的信息资源及其之间关系的语言规范。RDF 实质上是一种二元关系的表达,由于任何复杂的关系都可以分解为多个简单的二元关系,因此 RDF 的数据模型可以作为 Web 上任何复杂关系模

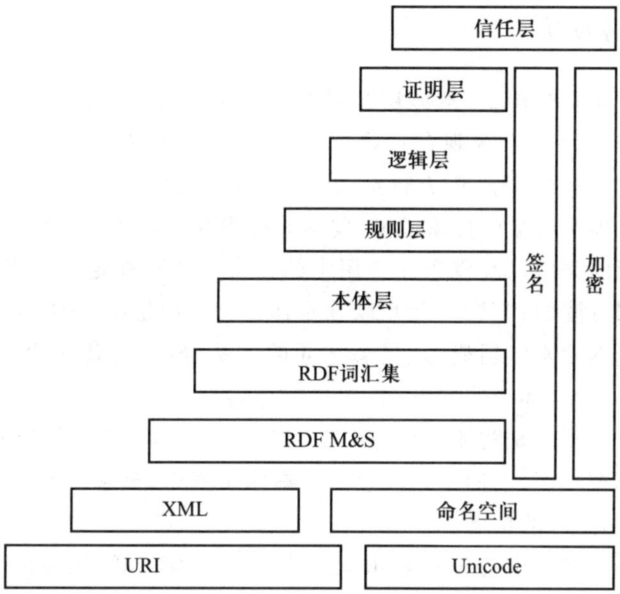

图 12-1　语义网体系结构

型的基础模型。RDF Schema 是 RDF 定义的一套用来描述资源类型及属性的词汇集。在用 RDF 描述资源时，首先使用 RDF Schema 提供的建模原语构建被描述资源的 Schema 信息，然后再利用此 Schema 描述目标信息资源。

（4）本体层。本体（Ontology）是关于领域知识的概念化、形式化的明确规范。与资源描述层相比，本体提供了对领域知识的共同理解和描述，具有更强的表达能力，支持可保证计算完整性和可判定性的逻辑推理。从整个语义网体系结构来看，本体层起着关键的作用。它不仅弥补了资源描述层的不足，而且其概念模型也是逻辑层以上各层发挥作用的基础，因为只有在对领域知识形成一致性描述的基础上才能进行相应的规则描述、推理和验证。

（5）逻辑层（Logic）、证明层（Proof）和信任层（Trust）。在语义网体系结构中，本体层以上的各层统称为规则层。其中，逻辑层负责提供公理和推理规则；证明层是为保证代理工作的可靠性而提供的一种验证机制，它应用逻辑层的规则以及本体层的数据表达进行逻辑推理；信任层通过“证明”交换和数字签名技术，建立信任关系，保证语义网的可靠性。

在上述模型中，自下而上其各层功能逐渐增强。各层之间相互联系，通过自下而上逐层拓展形成了一个功能逐渐增强的体系。该模型不仅展示了语义网的基本框架，而且以现有的 Web 为基础，通过逐层的功能扩展，为实现语义网构想提供了基本的思路与方法。

12.1.2　本体研究

在语义网体系结构中,本体层是最为关键的部分。本体的概念最初起源于哲学领域,是"对世界上客观存在物的系统的描述,即存在论"。在知识工程领域,本体"是对共享的概念化进行形式的显式规范说明"[4]。其中,"概念化"指本体是现实世界中现象的抽象模型,要明确标识与现象相关的概念;"显式"是指在本体中概念的类型以及概念在使用中的约束被明确地定义出来;"形式"指本体应该是机器可读的;"共享"指反映在本体中的知识是中立的、一致认可的。

本体的基本元素包括概念、概念之间的关系、概念的属性和性质、用于知识推理的公理等[5],具体说明如下:

(1) 概念。概念是物体或事件的模型知识。例如,"猫"和"暗杀"分别是物体和事件的模型知识,它们都是概念。在本体工程中,概念扮演着非常重要的角色,是人与机器交互的桥梁。

(2) 关系。本体中的关系表示概念之间的一类关联,典型的二元关系如概念之间的 IS-A 关系,它形成了概念之间的逻辑层次分类结构。一般情况下用 $R: C_1 \times C_2 \times \cdots \times C_n$ 表示概念类 $C_1, C_2, \cdots, C_n$ 之间存在 n 元关系 R。

(3) 概念的属性。概念的属性是指概念的一些描述方面。例如,概念"河流"有属性"年径流量"。属性可分为基本属性和角色属性。所谓基本属性(basic attribute)是指本质的属性,例如"高度";而角色属性(role attribute)是指基本属性在不同领域中的应用,例如与基本属性"高度"相对的角色属性有"海拔、深度、高程等"。

(4) 概念的性质。概念的性质是所有实例所共同具有的一般抽象的特征,是用于区分概念集中不同的概念。用形式化的方法,概念的性质 $p(C)$ 可表示为 $a(C)=v$,其中 a 为概念 C 的属性,v 是与属性 a 相对应的属性值。

(5) 公理。本体中公理是公认的事实(或推理规则),是用来知识推理的。

鉴于本体在语义网中的重要地位,本体的构建成为语义网研究的热点。本体构建的一般过程如图 12-2 所示[3]。目前研究者们已经开发出了许多本体构建工具,如 Protégé①、KAON2② 等等,但这些工具提供的仅仅是本体编辑功能,支持的仍然是手工构建本体的方式。即使使用这些本体编辑工具,用户依然需要逐个地输入和编辑每个概念的名字、约束、属性等内容。由于手工方法费时费力,本体学习(ontology learning)[6],即利用机器学习和统计等技术自动或半自动

① http://protege.stanford.edu/

② http://kaon2.semanticweb.org/

地从已有的数据资源中获取期望的本体，愈发受到研究者的关注。

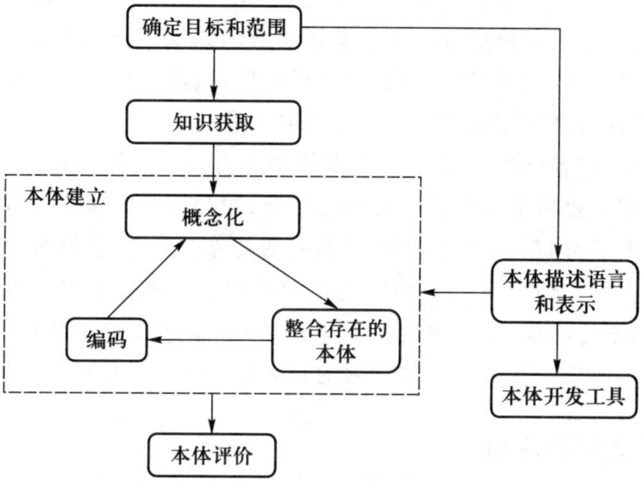

图 12-2 本体构建过程

现实世界中的数据种类很多，针对不同类型的数据源需要采用不同的本体学习技术。根据数据源的结构化程度，可将本体学习技术分为如下三类[7]。

1. 基于结构化数据的本体学习

结构化数据指存储在数据库中的数据。现有的应用大多采用关系数据库来组织和存储数据。关系数据库采用关系模型，它是对领域信息建模的一种经典模型。在关系模型中，关系（relation）是元组的集合，而关系模式（relation schema）用来描述关系的结构，即它由哪些属性构成、这些属性来自哪些域以及属性和域之间的映像关系。与关系模型相比，本体是一种具有更多语义、结构更为复杂的模型。所以，这类本体学习的主要任务就是分析关系模型中蕴含的语义信息，将其映射到本体中的相应部分。

2. 基于非结构化数据的本体学习

非结构化数据指没有固定结构的数据。纯文本即是一类典型的非结构化数据。目前基于非结构化数据的本体学习技术的研究主要集中在从纯文本中获取本体。纯文本依据一定的造句法表达特殊的语义，使得读者可以基于一些背景知识来理解其中的含义。由于缺乏一定的结构，要使机器能够自动地理解纯文本并从中抽取出所需要的知识，必须利用自然语言处理技术对其预处理，然后利用统计、机器学习等手段从中获取知识。

3. 基于半结构化数据的本体学习

半结构化数据指具有隐含结构，但缺乏固定或严格结构的数据。Web 中的半结构化数据很多,例如大量的XML格式和HTML格式的网页都可以作为本体学习的数据源。由于半结构化数据具有隐含的结构,所以在获取本体的过程中可以利用这些隐含的结构信息来改善本体学习的结果。例如在进行领域概念抽取时,可以根据文档中的标签区分概念出现的位置,然后通过在传统的统计公式上增加关于位置信息的权重来提高概念抽取的准确度。

虽然目前研究者已经提出了很多本体学习方法,但从本体学习对象的层次来看,现有研究主要集中在概念和关系的获取,对公理的获取研究很少。另一方面,针对同一个学习目标,本体学习技术中的任意一种方法都有自己的适用范围,无法保证在所有情况下都得到好的学习结果。如何将各种方法进行综合从而获得更好的学习结果,是未来的一个研究方向。此外,现有的本体构建还离不开人的参与,如何进一步提高本体学习的自动化程度也是值得研究的一个问题。

12.1.3 语义网的应用

语义网是万维网的扩展,很多基于Web的应用都可以引入语义网技术,实现语义上的拓展。典型的语义网技术应用包括[8,9]:

(1) RSS(Rich Site Summary,丰富站点摘要)。RSS是目前最成功的以语义网技术为基础的应用,是站点用来和其他站点共享内容的一种简易方式。用户只要安装RSS阅读器,它就会自动收集和组织用户定制的新闻,按照用户希望的格式、地点和时间直接传送到用户的计算机上。

(2) Web服务(Web service)。Web服务是一系列标准和正在发展中的标准,它们由W3C(World Wide Web Consortium)设计和制定,用来促进跨平台的程序对程序通信。现在Web服务的研究已经取得了一定的进展,但缺陷在于不能对服务的语义进行描述。如果能有效构建一种带语义的服务环境,实现信息处理的智能化,就可以为用户提供更符合需求、更准确的服务。语义网的应用就能实现这一目标。Web服务的语义扩展,是语义网面向程序的扩展。它通过万维网发布、定位和调用,是独立的、自描述的、模块化的应用。目前对语义Web服务的研究主要集中在语义网服务标准、组成和服务发现等几方面。

(3) 基于语义的搜索。现有的搜索引擎是基于关键字的,词语中的多义词和同义词使得查询的精确性降低,在搜索时通常会找到大量的与目标无关的内容。尽管研究者们提出一些算法来解决这个问题,但从网页的文本内容入手仅能得到有限的语义信息。语义网技术则可以较好地处理这个问题,它能根据精确的概念、知识结构和推理规则进行检索,从而得到与用户目标比较接近的结果。

虽然语义网的构想是美好的,但实现起来却是一项十分复杂的工程。语义内容及内容的可获取性、本体的开发与应用、规则描述与推理、信任机制以及安全等，都是目前亟待解决的问题。

12.2 信息集成

12.2.1 信息集成概述

随着计算机应用需求的不断增强，分布式系统和网络环境日益普及，大量的异构信息源系统被分散在各个网络节点中，而它们之间往往是相互独立的。为了使这些孤立的数据能够更好地实现资源共享，迫切地需要建立一个公共的集成环境，为用户提供一个统一的、透明的访问界面，信息集成的研究因此而起。信息集成的核心任务是要将分布式异构数据源集成到一起，以跨时间、跨空间的透明的方式对数据源进行无缝整合[10]。集成是指维护数据源整体上的数据一致性、提高信息共享率。透明的方式是指用户无须关心如何实现对异构数据源数据的访问，以及如何组织系统中的数据。信息集成可为信息查询、信息共享等服务提供基础。

可通过采用虚拟视图方法[11]实现信息集成。在虚拟信息集成系统中，数据仍保存在各数据源上，集成系统仅提供一个虚拟的集成视图（即全局模式）和对该集成视图查询的处理机制。系统能自动地将用户对全局模式的查询请求转换成对各异构数据源的查询。典型的虚拟信息集成系统如图 12-3 所示，主要包括数据源、中间件（mediator）和包装器（wrapper）。其中，每个数据源对应一个包装器，中间件通过包装器和各个数据源交互。虚拟信息集成系统通过使用包装器屏蔽了数据源的物理和逻辑异构性。包装器对其对应的数据源进行封装，将其数据模型转换为系统所采用的局部模式，并提供一致的访问机制。对数据源的数据进行集成时通过包装器获得的数据源的数据是基于系统理解的局部模式描述的数据，并通过中间件将这些数据源的数据基于全局模式进行集成。

查询时，用户基于全局模式向中间件提交查询语句。中间件处理用户请求，将其转换成各个数据源能够处理的子查询请求，并对此过程进行优化。中间件的查询执行引擎直接与数据源或数据的包装器交互。将基于中间模式的查询分解重构成对多个局部数据源的查询。中间件将各个子查询请求发送给包装器，由包装器来和其封装的数据源交互，执行子查询请求，将结果返回给中间件，并

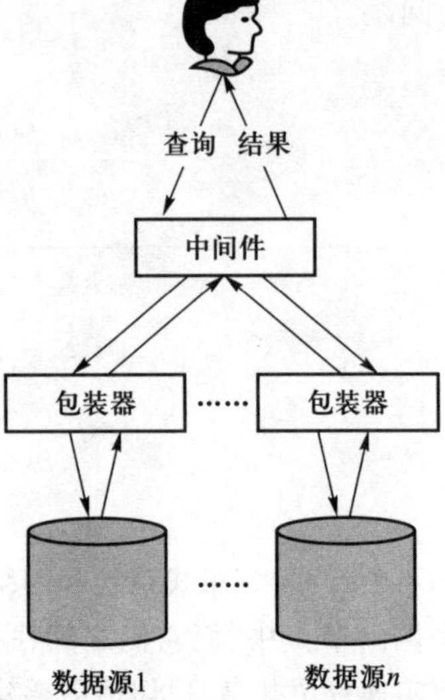

图 12-3　虚拟数据集成系统结构

在数据源处执行查询语句，中间件对查询结果进行合并返回给用户。

建立全局模式与本地模式之间的映射是实现虚拟信息集成的关键。一个信息集成系统可用一个三元组<G,S,M>进行形式化描述。其中，G 代表全局模式，S 代表源模式，M 是 G 和 S 之间的映射。典型的映射模式可分为 LAV(local as view)和 GAV(global as view)两种。在基于 LAV 方式的信息集成系统中，映射 M 把源模式 S 的每一个元素和 G 上的查询联系起来。LAV 方式的基本思想是：为每一个信息源 S 给出一个针对集成视图的查询，说明集成视图中的哪些元组(或对象)可在 S 中找到。这意味着系统必须通过推理演绎才能将全局查询转换成信息源上的子查询，计算复杂度高。在基于 GAV 方式的信息集成系统中，映射 M 把全局模式 G 中的每一个元素和 S 上的查询联系起来。GAV 方式的基本思想是：为集成视图中的每一个虚拟关系(或虚拟对象类)R 写出一个查询，说明如何从信息源得到 R 的元组(或对象)。这意味着对于全局查询只要简单地将该查询中的全局视图展开即可得到相应的子查询，查询处理简单。但添加一个新信息源时，会影响全局模式中的定义，相关的视图必须重新定义。

基于虚拟视图的集成方法不需要重复存储大量数据，并能保证查询到最新的数据，因此该方法更适用于分布式环境，需要集成的数据源数目多、数据源的自治性高、异构性强且数据经常变化的情况。当系统只需要提供查询服务，并且数据源中的数据经常更新，或者数据源仅仅提供了有限的访问方法，以及集成所需的全局模式经常变动的情况下，虚拟集成系统是更理想的集成方式。虚拟集成的缺点在于它通常是只读的,并且对决策支持方面的能力比较弱,而物化数据集成系统大多支持数据的读写,并且决策支持的能力比较强。

12.2.2 基于本体的信息集成

实现信息集成的关键在于解决信息源之间的异构问题。信息系统的异构一般分为4种类型[12]:结构异构、语法异构、系统异构和语义异构。结构上的异构是由于各个系统使用不同的数据模型。语法异构是由于不同的语言表示和数据表示。系统异构包括硬件和操作系统的不同。语义上的异构主要表现为:不同信息源使用多种术语表示同一概念;同一术语在不同的信息源中表达不同的含义;各信息源中的概念之间存在着各种联系,但由于各信息源的分布自治性,这种隐含的联系不能体现出来。传统的信息集成方法能够在一定程度上解决结构异构、语法异构和系统异构的问题,但却不能有效解决语义异构问题。考虑到本体能够准确地描述概念含义以及概念之间的内在关联,且能够通过逻辑推理获取概念之间蕴含的关系,若将本体技术引入信息集成,对异构信息进行形式化、规范化的表示,则有望解决传统信息集成中存在的语义异构问题。

本体在信息集成中的作用主要体现在以下两方面[13]。

(1) 使用本体可以对信息源的内容和检索用语进行标注、规范,辅助分析数据源的领域归属。本体包含了一个领域中最基本的概念以及概念与概念之间的语义关系。因此,它可以作为信息资源描述的标注工具,提供信息资源语义标注信息,用来描述和处理信息资源,辅助标注。对于多数信息源文档,可以在本体的协助下,根据其核心概念信息,结合其内容,判断信息源所属领域,然后根据概念的相关程度,对信息源进行标引、过滤等处理。

(2) 通过本体可实现查询词语的扩展与转换,提高查询的语义处理能力。用户查询的第一步就是通过人机界面接口输入查询请求。要查询到用户满意的数据,需要解决的问题是如何消除计算机对自然语言理解所产生的歧义,让计算机"理解"人们检索的真正意图。但由于自然语言里存在大量的同义词、近义词、多义词,计算机较难自动识别查询请求的准确含义。本体通过对概念的严格定义和概念之间的关系来确定概念的精确含义,可以解决查询的一词多义、一义多词等问题。当用户进行查询时,可从领域本体中找出与用户查询对应的概念提供给用户,帮助用户构造更精确的查询条件,从而提高查询效率。

如图12-4所示,基于本体的信息集成的基本流程如下[13]:

(1) 建立领域本体。

(2) 收集信息源中的数据,参照已建立的本体将收集来的数据按规定格式存储在元数据库中。

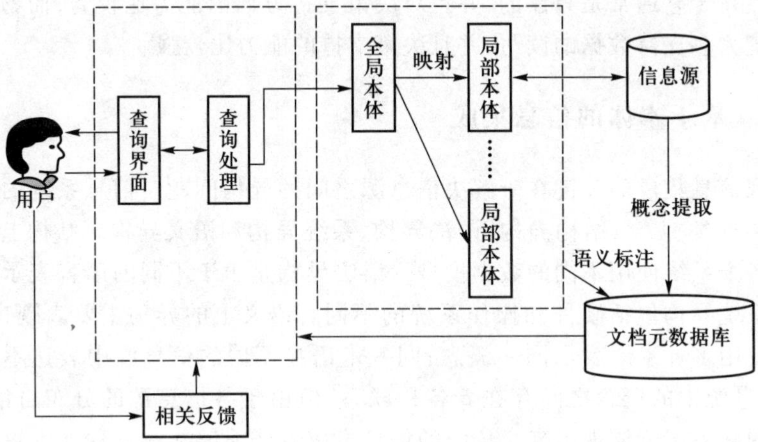

图 12-4　基于本体的信息集成

(3) 处理用户提交的查询请求。通常情况下,本体上的查询由两部分组成,构造查询和访问数据。由于查询是在本体上构造的,为保证与用户语义的一致性,必须预先给定一组本体,由用户在给定的本体中选择某个本体(称为用户本体或参考本体),然后以描述逻辑的基本方法构建查询语言。利用构造的查询语言以类似数据库中的 SQL 语言查询一样,根据已有的本体标注的文档元数据库对所需的内容进行查询。由于用户本体是在一定的选择范围内由用户指定的,即对搜索的范围进行了某种程度的缩小,因此可保证语义信息的不丢失。如果用户对查询结果不满意,可通过本体之间的相互联系,找到与用户本体属同一本体聚类并且与用户本体距离最近的本体(称为目标本体),然后按照用户本体与目标本体之间的对应关系再次进行查询。查询过程转化为查询的关键词与本体概念之间及本体概念与本体概念之间相似度的匹配过程。

在上述流程中,最重要的工作在于实现两种映射:一是本体与它所描述的信息源之间的映射,二是不同本体之间的映射[14]。

1. 局部本体与信息源的映射

本体映射首要和最显著的应用是将本体和数据源的实际内容进行关联。本体可以与数据库架构关联,也可以与数据库中使用的单个术语关联。以下 4 种方法常被用来建立本体和数据源的连接:

(1) 结构类同:一个连接本体和数据库架构的直接方法是简单地产生一个数据库结构的一对一拷贝,然后用某种语言对它进行编码,使得自动推理成为可能。其后的集成是在模式的拷贝上执行的,这样可以很容易地跟踪到原始数据。

(2) 定义术语:为了使数据库架构中的术语语义更清晰,仅产生架构的拷贝是不够的。使用本体进一步定义数据库或数据库架构中的术语,链向术语定义的信息。定义本身由一系列定义术语的规则组成。

(3) 丰富结构:这是将本体与数据源进行关联的最常用方法,它结合了上面提到的两种方法。建立一个类似于数据源结构并包含概念的附加定义的逻辑模型。

(4) 注释元数据:使用元数据注释来为数据源添加语义信息。

2. 本体间的映射

为实现本体间的映射,可采用如下方法:

(1) 定义映射:本体映射问题的通用方法是提供定义映射的可能性。在该方法中可以有不同的映射方法,从简单的类与值间的一对一映射到复合表达式间的映射。该方法允许很大的灵活性,因为用户可以自由地定义任意映射,即使这些映射没有意义或有可能产生冲突。

(2) 顶级本体:为了避免语义丢失,定义不同本体间的映射时,语义必须保存于形式化表示语言中。将语义保存在形式化表示语言里的最直接方法是,将所有使用的本体关联到单一的顶级本体上,可以通过从通用顶级本体继承概念来实现。这个方法可用来解决冲突和模糊性。该方法允许通过公共父类来建立不同本体间概念的联系,但不建立直接的对应关系。

(3) 语义对应:为解决顶级本体中概念的非直接映射导致的模糊性问题,语义对应方法标识不同本体概念间的完全语义对应。为了避免概念间的任意映射,该方法依赖于一个公共的词汇库,这个词汇库定义了跨越不同本体的概念。使用形式化概念分析的方法也属于这个类别,它们在公共词汇库基础上定义概念以计算公共概念格。

12.2.3 示例:面向农产品价格领域的信息集成框架

上一小节提到,作为解决语义异构问题的有效工具,本体已广泛应用于信息集成系统的研究中。为了使用本体描述来自不同领域、不同信息源的信息,首先需要分别构建相对应的本体。人工构建本体是一项相当费时费力的工作,因此我们需要研究自动构建本体的方法,即研究如何从领域相关的数据中学习出一个本体。从互联网上收集到的自由文本、数据表格都可以作为本体学习的数据源。受信息抽取、自然语言理解等技术水平的限制,从无结构的自由文本中学习出一个有用的本体是比较困难的,而以表格形式呈现的数据本身就提供了一些关于领域概念的信息,利用这类数据自动地构建本体相对容易一些。在本节中我们将以农产品价格信息作为研究对象,讨论如何构建适用于该领域的本体。

目前互联网上很多涉农网站都设有专门的频道来发布农产品价格信息。不同网站提供的价格信息反映了不同地区的市场行情，如果将这些分散在各个网站中的价格信息聚合到一起，一方面可以帮助用户快速掌握农产品的整体市场行情，另一方面也可以利用数据挖掘技术从聚合后的价格数据中发现有价值的信息。尽管多数网站采用了“表格”这种结构化的方式来描述价格信息，但不同网站使用的表格模式存在着较大的差别。为实现价格信息的聚合，有必要建立面向农产品价格领域的本体，对来自不同网站的表格数据进行规范的语义描述，从语义层面上确定不同来源数据之间的对应关系。

通过观察当前互联网上的农产品价格信息，我们得到以下几方面信息：包含价格信息的表格通常有着较简单的结构，多数价格信息表都采用了二维表的形式；尽管每个网站使用的表格字段不同，但有一些关键的概念是绝大多数表格都会涉及的，例如价格信息的提供者（即报价单位）、报价日期、产品基本信息、价格取值等，这即是领域本体要描述的“共享概念”。我们将这些在各类表格中都出现的概念称为领域的核心概念。此外，不同的表格通常会使用不同的字段名称描述同一个概念，而同一个词（或短语）命名的字段在不同的表格中可能对应不同的概念。

我们研究本体构建方法的目的在于建立基于本体的信息聚合系统。文献［15］总结了本体技术在当前信息集成系统中几种典型的应用方法，包括单本体方法、多本体方法以及结合上述两种方法优势的混合方法。基于观察，我们拟采用混合方法来建立信息聚合系统，因此需要构建以下两类本体：全局本体和局部本体。确定这两类本体的映射关系是实现信息聚合的关键。在搭建信息聚合系统时，通常没有现成的局部本体可以使用，而是需要根据具体的信息源从头开始构建，因此我们考虑能否在构建本体的过程中同时解决本体映射的问题。基于以全局本体指导局部本体的构建这一想法，我们提出了一种新的本体构建模型[16]，即“1+1+N”模型（如图 12-5 所示）。在该模型中，1 个核心本体和 1 个基准表格被当作参考对象，辅助完成 N 个表格本体的构建。接下来分别介绍该模型的 3 个部分。

1. 核心本体

前文提到，农产品价格领域中的信息可以用几个简单的核心概念进行描述。我们用人工的方式构建一个包含这些核心概念的本体，称为核心本体。如图 12-6 所示，核心本体中有几个核心概念：报价单位（PriceMaker）、报价（PriceOffering）、价格（AgriPriceSpecification）及农产品（AgriProduct）。这些概念间的关系主要包括：报价单位与报价之间的关系（gr:offers），报价与价格之间的关系（gr:hasPriceSpecification），报价与产品类型数量的关系（gr:includesObject），产品类型数量与农产品之间的上下位关系（gr:typeOfGood）。可以看出，核心本

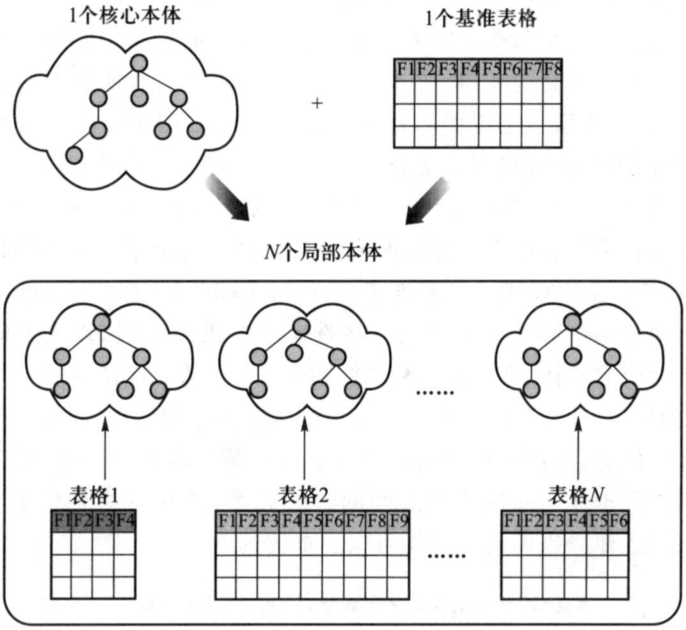

图 12-5 本体构建：1+1+N 模型

体的结构比较简单，因此人工建立这一本体并不会产生很多开销。从信息聚合的角度看，核心本体扮演了全局本体的角色，在后面构建每一类表格对应的局部本体时，需要考虑与这一核心本体之间的映射关系。

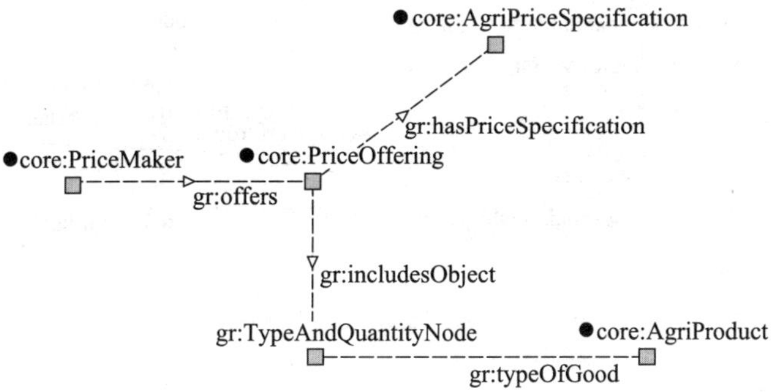

图 12-6 核心本体（农产品价格领域）

2. 基准表

在构建与某一类表格对应的本体时，我们希望通过比较当前正在处理的表格与之前建立好的核心本体，发现它们之间的联系，进而确定应当将哪些概念、关系添加到新构建的局部本体中。但是这种比较无法直接进行,因为当前的核心本体只是定义了概念和概念间的关系,没有实例,而表格中的每一项数据实际上可以看作是不同概念的实例,无法将这些具体的实例与抽象的核心本体概念进行比较。另外,表格中字段的名称不一定与核心本体中概念的名称有固定的对应关系,因而也无法直接根据表格字段的名称来确定局部本体与核心本体的映射关系。综合上述两方面原因可以看出,为以核心本体指导局部本体的构建,需要一个可以直接与表格进行比较的中间参照物。这个中间参照物即为"1+1+N"模型的第二个关键要素——基准表(standard table)。原则上,可以从待处理的各类表格中任选一种作为基准表。在选定了基准表之后,以人工的方式构建与该基准表对应的本体,即基准本体,并且确定这一基准本体与核心本体之间的映射关系(如图 12-7 所示)。基准表与基准本体的作用体现为:在构建其他表格对应的局部本体时,我们可将当前处理的表格与基准表进行匹配,根据匹配结果确定新建的局部本体与基准本体之间的映射关系,并利用基准本体与核心本体之间的映射关系建立当前局部本体与核心本体的联系。

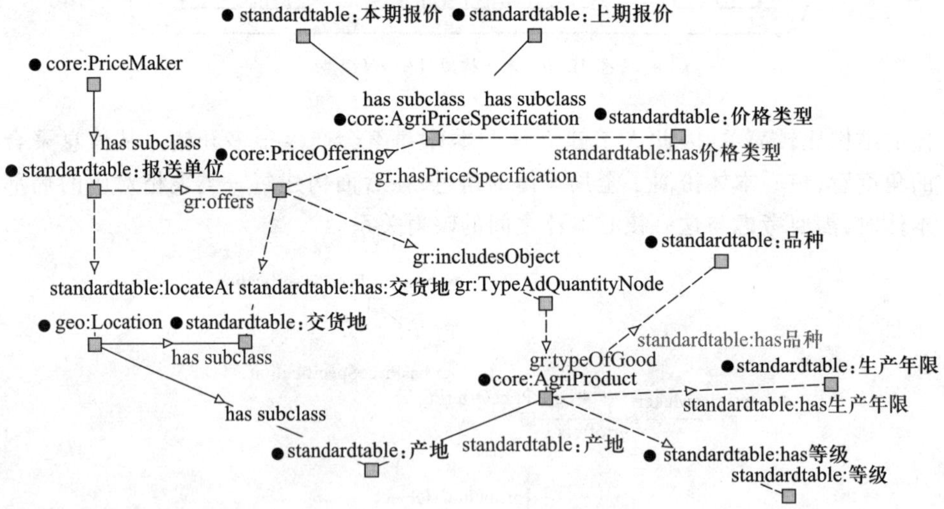

图 12-7　基准本体(农产品价格领域)

3. 基于表格匹配的局部本体构建

"1+1+N"模型的 N 表示的是自动构建与 N 类表格对应的 N 个局部本体。每一个局部本体的构建过程包括 3 个步骤:表格预处理、类型识别以及基于实例的模式匹配。

(1) 表格预处理

为利用表格数据构建本体,首先需要将表格从原始网页中提取出来,并用统一的格式来记录表格数据。考虑到不同的网站有不同的网页设计方式,且表格的样式也各不相同,我们采用包装器技术进行表格数据的提取,即利用针对特定网站制定的内容提取模板提取表格的字段名称和各项数据,并将提取出的内容记录到 XML 文档中。

(2) 类型识别

为便于后续的表格匹配和本体概念的创建,有必要对表格中每个字段对应的数据类型进行识别。我们主要借助正则表达式来识别几种主要的数据类型,如日期、数字、价格单位等。另外,我们也通过分词和词性标注的方法来识别数据项中出现的地理实体。

(3) 基于实例的模式匹配

模式匹配[17]的目的在于发现当前处理的表格与基准表之间可能存在的对应关系,进而在构建本体的过程中可以确定新生成的概念、关系与核心本体的概念、关系有何种联系。前文提到,仅根据字段名称的相似性并不能判断出两个字段对应的语义概念是否一致,因此我们选择基于实例的匹配方法,即通过比较具体的数据来判断不同表格中的字段有怎样的对应关系。

表格匹配主要包括以下几个步骤:

① 表格收集。收集一组(10~15 个)与基准表具有相同样式的表格,收集一组与当前处理表格具有相同样式的表格。为便于说明,在后面的讨论中我们将后一组表格称为新表。

② 模式生成。对所有收集到的表格进行类型检测操作,生成每一个表格对应的“伪模式”(pseudo schemas)。之所以称为伪模式,是因为原始的表格并没有提供数据类型的说明或表格字段的精确定义,亦即真实的表格模式是无法获得的。一个伪模式实际上是一个由 N 个元素构成的集合 $S=\{F_1,F_2,\cdots,F_n\}$,每一个元素 F_i 对应于表格中的一个字段,F_i 由三部分内容构成:字段名称 N_i,数据类型 T_i,实例集合 $V_i=\{V_{i1},V_{i2},\cdots,V_{iq_i}\}$($q_i$表示不同实例的个数)。

③ 特征计算。对于数值类型的元素 F_i,计算其实例集合 V_i 的最大值、最小值和平均值;对于非数值类型的元素 F_i,其实例集合中的每一个元素 V_{ij}($1\leqslant j\leqslant q_i$)即被视为一个简单的字符串,计算字符串长度的最大值、最小值和平均值。

④ 表格比较。从步骤①收集的两组表格中随机选择 M 对表格(一个基准表和一个新表),依次比较每一对表格。用 S^{standard} 表示与基准表对应的伪模式,用 S^{new}表示与新表对应的伪模式。对 S^{new} 中的每一个元素 F_i^{new},在 S^{standard}中寻找与之最相似的元素 $F_{j^*}^{\text{standard}}$:

$$F_{j^*}^{\text{standard}} \triangleq \arg\max_{F_j^{\text{standard}} \in S^{\text{standard}}} Sim(F_i^{\text{new}}, F_j^{\text{standard}}), \tag{12-1}$$

两个元素的相似性 $Sim(F_i^{\text{new}}, F_j^{\text{standard}})$ 由元素之间的距离 $Dis(F_i^{\text{new}}, F_j^{\text{standard}})$ 来度量,而 $Dis(F_i^{\text{new}}, F_j^{\text{standard}})$ 的计算方式与元素的数据类型(T_i^{new} 和 T_j^{standard})有关。

若 F_i^{new} 和 F_j^{standard} 都是数值类型的,则 $Dis(F_i^{\text{new}}, F_j^{\text{standard}})$ 定义为两元素对应实例集合均值的归一化差值:

$$Dis(F_i^{\text{new}}, F_j^{\text{standard}}) = \frac{|\bar{V}_i^{\text{new}} - \bar{V}_j^{\text{standard}}|}{\max\{V_{\text{numberic}}\} - \min\{V_{\text{numberic}}\}} \tag{12-2}$$

其中:$\bar{V}_i^{\text{new}}$ 表示 F_i^{new} 对应实例集合 V_i^{new} 的平均值,$\bar{V}_j^{\text{standard}}$ 表示 F_j^{standard} 对应实例集合 V_j^{standard} 的平均值,$\{V_{\text{numberic}}\}$ 表示所有类型为数值类型的元素的实例构成的集合。

若 F_i^{new} 和 F_j^{standard} 都是非数值类型的,$Dis(F_i^{\text{new}}, F_j^{\text{standard}})$ 按如下方式计算:

$$\begin{aligned} Dis(F_i^{\text{new}}, F_j^{\text{standard}}) = {} & w_1 \times (1 - CosSim(\boldsymbol{v}_i^{\text{new}}, \boldsymbol{v}_j^{\text{standard}})) + \\ & w_2 \times \frac{|\log(\bar{L}_i^{\text{new}}) - \log(\bar{L}_j^{\text{standard}})|}{\log(\max\{\bar{L}\}) - \log(\min\{\bar{L}\})} + \\ & w_3 \times \left(1 - \frac{Length(CSS(str_i^{\text{new}}, str_j^{\text{standard}}))}{\min(str_i^{\text{new}}, str_j^{\text{standard}})}\right) \end{aligned} \tag{12-3}$$

上式中,第 1 项反映的是文本内容上的差异。我们将实例集合 V_i^{new} 和 V_j^{standard} 中的全部元素(字符串)串联起来,得到文本片段 str_i^{new} 和 str_j^{standard},然后对该文本片段进行分词,统计词频,构建词频向量 $\boldsymbol{v}_i^{\text{new}}$ 和 $\boldsymbol{v}_j^{\text{standard}}$。在得到两个词频向量之后,可计算余弦相似度 $CosSim(\boldsymbol{v}_i^{\text{new}}, \boldsymbol{v}_j^{\text{standard}})$。

式(12-3)右侧第 2 项反映的是文本长度上的差异。$\bar{L}_i^{\text{new}}$ 和 $\bar{L}_j^{\text{standard}}$ 分别表示实例集合 V_i^{new} 和 V_j^{standard} 中字符串长度的平均值,$\{\bar{L}\}$ 表示的是两个模式 S^{new} 和 S^{standard} 中所有非数值类型元素的实例构成的集合。用字符串长度来衡量元素相似度的合理之处在于若两个元素表达的语义相似,那么它们对应的实例也是相似的,因而实例字符串的长度也相差不大。

式(12-3)右侧第 3 项反映的是文本字面上(literal)的差异。表格中的文本通常只是一些简单的词组,因此在余弦相似度计算中用到的文本 str_i^{new} 和 str_j^{standard} 的长度一般较短,与之相对应的词频向量 $\boldsymbol{v}_i^{\text{new}}$ 和 $\boldsymbol{v}_j^{\text{standard}}$ 也比较稀疏。考虑到稀疏向量的余弦相似度可能无法准确地体现文本的相似性,我们直接计算字符串的相似度,即通过计算字符串 str_i^{new} 和 str_j^{standard} 的公共子串 CSS (common substrings)的长度来判读两个字符串的相似度,进而判读两个元素的相似度。两个元素之间的距离由上述几种差异的加权和表示,$w_i(i=1,2,3)$ 表示各部分对应的权重。在后续的实验中，我们将这些权重设置为 $w_1=1, w_2=1.5, w_3=5$。

⑤ 统计匹配次数。当按照前文介绍的方法计算了元素相似度之后，新表中的每一个元素 F_i^{new} 都可以在基准表中找到一个匹配的元素 $F_j^{standard}$。在选出的 M 对表格上分别进行上述匹配操作之后，我们可以统计每一对元素匹配的次数。用 $OF(F_i^{new}, F_j^{standard})$ 表示元素 F_i^{new} 和 $F_j^{standard}$ 在这 M 对表格中作为匹配元素出现的次数。

⑥ 生成局部本体。根据模式匹配结果生成本体元素（即概念和概念的属性）。用 $Match(F_i^{new}) \triangleq \{F_j^{standard}: OF(F_i^{new}, F_j^{standard})>0\}$ 表示在上述匹配计算过程中，新表中的元素 F_i^{new} 在基准表中找到的所有匹配的元素。根据 $Match(F_i^{new})$ 中元素的个数，我们将匹配结果分为 3 类，即 1∶1 匹配、1∶2 匹配和 1∶N 匹配（$N>2$），分别考虑在这 3 种情况下应如何确定本体的元素。

在接下来的讨论中，为简化描述，我们用 CO 代表核心本体，用 SO 代表基准本体，用 NO 代表新表对应的局部本体。另外，在实验部分我们采用 OWL[18]（Web Ontology Language，网络本体语言）来描述本体，因此在后面的讨论中，我们分别用类（class）和属性（property）来指代本体的概念和关系。

- 1∶1 匹配

若 $|Match(F_i^{new})|=1$，即新表的元素 F_i^{new} 只在基准表中找到一个匹配的元素 $F_j^{standard}$，则认为这两个元素有着相同的语义。如果 $F_j^{standard}$ 在 SO 中对应于一个类 C_s，则就在新表对应的本体 NO 中加入一个与 F_i^{new} 对应的类 C_n，并且使 C_n 和 C_s 对应于 CO 中的同一个类 C_c（如图 12-8 所示），即令 C_c 成为 C_n 和 C_s 共同的父类（super class）。如果 $F_j^{standard}$ 在 SO 中对应于属性 P_s，则在 NO 中加入一个与 F_i^{new} 对应的属性 P_n，并且使 P_n 与 P_s 有相同的类型（对象类型或数据类型）。在添加属性 P_n 的时候，需要合理设置 P_n 的定义域和值域（即确定由 P_n 关联的两个类）。P_n 的定义域按如下方式设定：如果 P_s 的定义域是 CO 中的某个类 C_c，则以 C_c 作为 P_n 的定义域；否则就以最顶层的类 OWL:Thing（所有类的父类）作为 P_n 的定义域。P_n 值域的设置与 P_s 的类型有关：如果 P_s 是对象类型（object type）的，则将 P_n 的值域设定为先前添加的 C_n；若 P_s 是数据类型（data type）的，则将以 P_s 的值域作为 P_n 的值域。另外，无论 P_s 是何种类型，如果 P_s 在 CO 中存在一个父属性 P_c，那么也将 P_n 的父属性设为 P_c。

- 1∶2 匹配

若 $|Match(F_i^{new})|=2$，即新表的元素 F_i^{new} 在基准表中找到 2 个匹配的元素 $F_1^{standard}$ 和 $F_2^{standard}$，则考虑如下 3 种情况：

第 1 种情况：$F_1^{standard}$、$F_2^{standard}$ 分别在 SO 中对应于类 C_{s1} 和 C_{s2}，如果 C_{s1} 和 C_{s2} 在

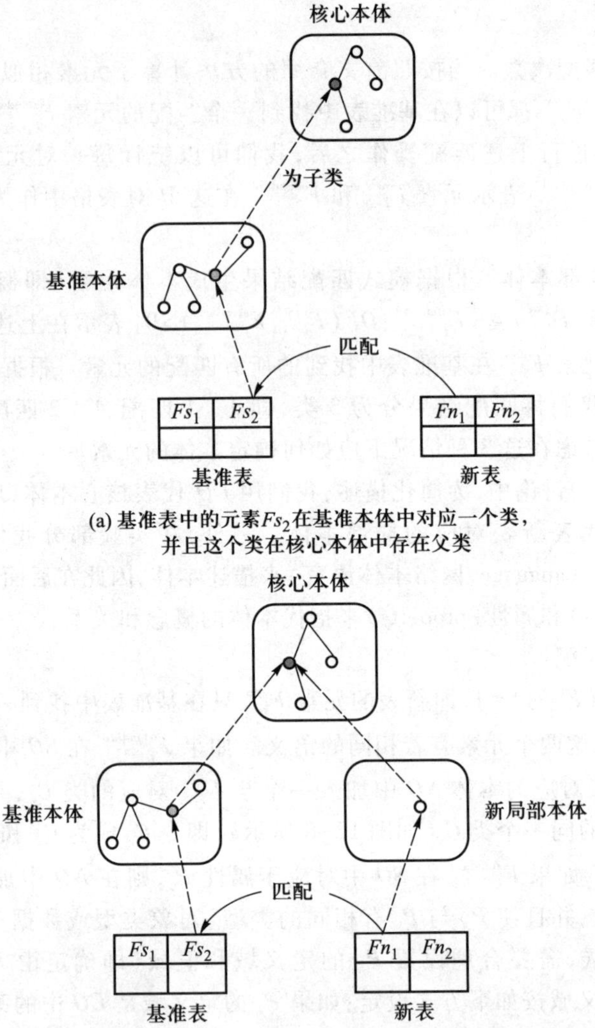

(a) 基准表中的元素 Fs_2 在基准本体中对应一个类，并且这个类在核心本体中存在父类

(b) 为新表中的元素 Fn_1 建立一个类，并确定这个类在核心本体中对应的父类

图 12-8　根据 1 : 1 匹配构建局部本体

CO 中对应于同一个父类 C_c，则在 NO 中添加一个与 F_i^{new} 对应的类 C_n，并且 C_c 成为 C_n 的父类（如图 12-9 所示）。

第 2 种情况：F_1^{standard}、F_2^{standard} 分别在 SO 中对应于属性 P_{s1} 和 P_{s2}，如果 P_{s1} 和 P_{s2} 在 CO 中有共同的父属性 P_c，或者 P_{s1} 和 P_{s2} 有相同的定义域 D（D 是 SO 中的类或 CO 中的类），那么就在 NO 中添加一个与 F_i^{new} 对应的属性 P_n，并令 P_c 成为 P_n 的

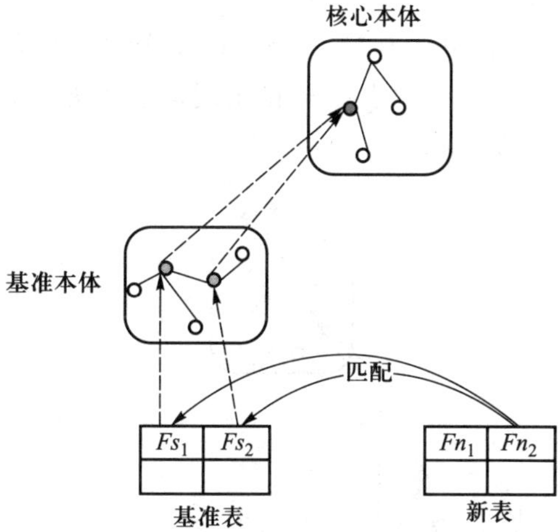

(a) 基准表中的元素Fs_1、Fs_2在基准本体中对应两个类，并且这两个类在核心本体中有共同的父类

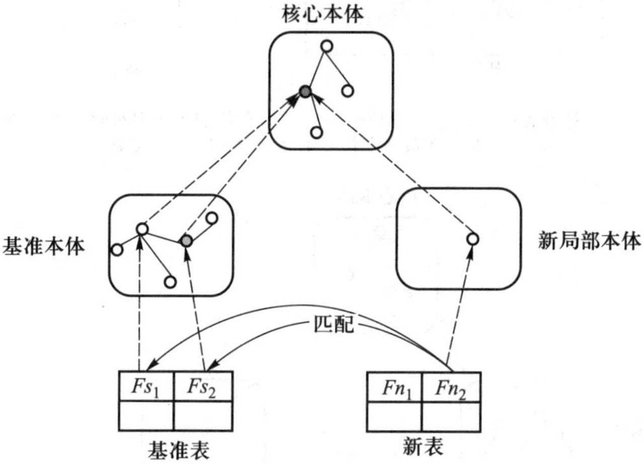

(b) 为新表中的元素Fn_2建立一个类，并确定这个类在核心本体中对应的父类

图 12-9　根据 1：2 匹配构建局部本体

父属性（P_n 的定义域与 P_c 的相同）或将 P_n 的定义域设置为 D。P_n 值域的设定方法与 1:1 匹配情况中采用的方法相同。

第 3 种情况：$OF(F_i^{\text{new}}, F_1^{\text{standard}})$ 远高于 $OF(F_i^{\text{new}}, F_2^{\text{standard}})$，则认为 F_i^{new} 与 F_2^{standard} 的匹配是不合理的（可能因为原始表格中存在一些不合理的数据），此时相当于 F_i^{new} 只找到了一个匹配的元素 F_1^{standard}，可按 1：1 匹配的情况处理。

- 1：N 匹配($N>2$)

如图 12-10 所示，若 $|Match(F_i^{new})|>2$，即新表的元素 F_i^{new} 在基准表中找到了多个匹配的元素 $\{F_1^{standard},\cdots,F_N^{standard}\}$，则采用多数表决(majority voting)的策略来决定如何在 NO 中添加元素。

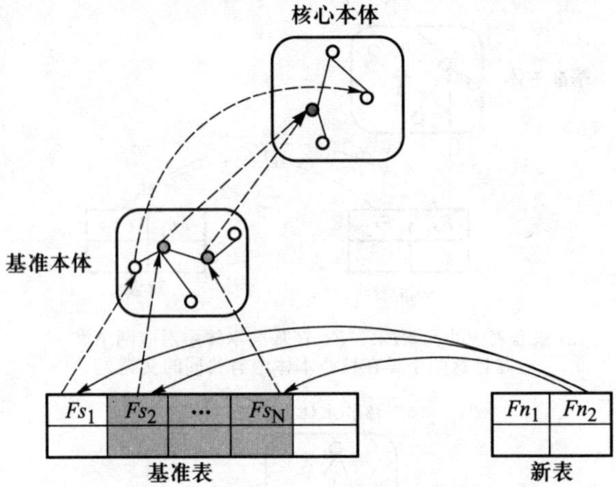

(a) 基准表中的元素 Fs_1，Fs_2，…，Fs_N 在基准本体中对应若干个类，并且多数类在核心本体中对应同一个父类

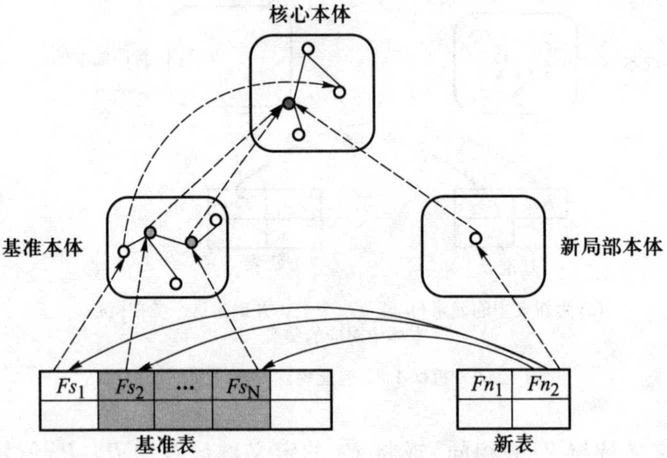

(b) 为新表中的元素 Fn_2 建立一个类，并确定这个类在核心本体中对应的父类

图 12-10　根据 1：N 匹配构建局部本体

假定 $\{F_1^{standard},\cdots,F_N^{standard}\}$ 在 SO 中对应于 K 个类 $\{C_{s1},\cdots,C_{sK}\}$。如果这 K 个类在 CO 中有共同的父类 C_c，则在 NO 中添加与 F_i^{new} 对应的类 C_n，并且令 C_c 成为

C_n 的父类。如果找不到共同的父类,则统计$\{C_{s1},\cdots,C_{sK}\}$在 CO 中对应的父类,选出其中出现最频繁的父类 C_c,若 C_c 出现的频率高于某个设定的阈值,则在 NO 中添加与 F_i^{new} 对应的类 C_n,并且令 C_c 成为 C_n 的父类。

假定$\{F_1^{standard},\cdots,F_N^{standard}\}$在 SO 中对应于 K 个属性$\{P_{s1},\cdots,P_{sK}\}$。如果这 K 个属性在 CO 中有共同的定义域 D_c,则在 NO 中添加与 F_i^{new} 对应的属性 P_n,并将 P_n 的定义域设置为 D_c。如果找不到共同的定义域,则统计$\{P_{s1},\cdots,P_{sK}\}$在 CO 中对应的定义域,选出其中出现最频繁的 D_c,若 D_c 出现的频率高于某个设定的阈值,则在 NO 中添加与 F_i^{new} 对应的属性 P_n,并将 P_n 的定义域设置为 D_c。P_n 的类型由$\{P_{s1},\cdots,P_{sK}\}$中出现最频繁的属性的类型决定,P_n 值域设定的方法与 1∶1 匹配中类似。

除了上面讨论的 3 种匹配情况之外,也有可能出现 F_i^{new} 没有在基准表中找到任何匹配元素的情况。对于这类元素,我们直接在新表本体 NO 中添加与该元素对应的类 C_n 和对象类型的属性 P_n,并将 C_n 的父类和 P_n 的定义域设置为 CO 中最顶层的类(即 OWL:Thing),将 P_n 的值域设置为 C_n。

至此,我们已经完整地介绍了 1+1+N 本体构建方法。下面将通过在实际数据上的本体构建结果来说明该方法的合理性。

(4) 本体构建实验

为了对前文所述本体构建方法进行验证,我们用 Java 语言实现了上一节介绍的表格模式匹配算法和局部本体构建方法,并从网络上收集了一定数量的农产品报价表,进行了本体构建的实验。

① 面向农产品价格领域的本体构建

1+1+N 模型中的 3 类本体分别通过如下方式获得:

• 核心本体:我们使用本体开发工具 protégé 构建了一个面向农产品价格领域的核心本体(如图 12-6 所示)。

• 基准本体:我们以来自中华粮网①农产品报价表作为基准表格,以核心本体为参考,开发了一个基准本体。

• 不同表格对应的局部本体:我们收集了 8 个中文农业网站(不包括中华粮网)的 387 个表格作为局部本体构建的数据源。根据表格字段的设置,可将这些表格分为 23 组(同一组中的表格有相同的字段集)。将前文介绍的局部本体构建算法应用于这 23 组表格,得到 23 个局部本体 $NewOnt=\{NO_1,NO_2,\cdots,NO_{23}\}$。

② 结果评估

对 $NewOnt$ 中的每一个本体 $NO_i(1\leqslant i\leqslant 23)$,检查其元素(类和属性)是否与

① http://datacenter.cngrain.com/

核心本体建立了正确的对应关系。具体来说，对 NO_i 中的每一个类 C_n，考察 C_n 在核心本体中是否有对应的父类 C_c，并且判断以 C_c 作为 C_n 的父类是否合理；对 NO_i 中的每一个属性 P_n，考察 P_n 是否在核心本体中找到了合适的定义域，或者 P_n 的定义域是否在核心本体中有合适的父类。此外，考虑核心本体中主要的几个类，即报价单位、价格和农产品，是否都在 NO_i 中有对应的子类或属性，即考察 NO_i 是否"覆盖"了核心本体的关键要素。

在对每一个 NO_i 进行上述检查之后，统计下述几个参数的取值：

- Cm：可转换为局部本体中"类"的表格字段总数（人工分析）；
- Ci：生成的局部本体中，没有在核心本体中找到合适的父类 C_c 的 C_n 的总数；
- Cg：生成的局部本体中，类（C_n）的总数；
- Pm：可转换为局部本体中"属性"的表格字段总数（人工分析）；
- Pi：生成的局部本体中，没有确定合适定义域的属性总数；
- Pg：生成的局部本体中，属性（P_n）的总数。

基于上述参数，我们定义如下的准确率和召回率来评估局部本体的质量：

$$Precision\_of\_Class = (Cg - Ci)/Cg, \tag{12-4}$$

$$Recall\_of\_Class = (Cg - Ci)/Cm, \tag{12-5}$$

$$Precision\_of\_Property = (Pg - Pi)/Pg, \tag{12-6}$$

$$Recall\_of\_Property = (Pg - Pi)/Pm. \tag{12-7}$$

上述参数和度量指标在 $NewOnt = \{NO_1, NO_2, \cdots, NO_{23}\}$ 上的统计结果如表 12-1 所示。

表 12-1　局部本体评估结果

Cm	122	*Pm*	70
Ci	4	*Pi*	7
Cg	122	*Pg*	69
Precision_of_Class	0.967	*Precision_of_Property*	0.899
Recall_of_Class	0.967	*Recall_of_Property*	0.886
域的总数		149	

从表 12-1 可以看出，我们提出的本体构建方法确实能够在构建局部本体的同时准确地建立起与全局本体（核心本体）的映射关系。对比"类"的评估结果和"属性"的评估结果，可以看到所提方法对本体概念的识别能力要好于对关系的识别能力。从前文介绍的局部本体构建方法可知，确定一个新类 C_n 在核心本

体中对应的父类,要比确定一个新属性 P_n 在核心本体中对应的定义域容易。另一方面,本体元素的生成与表格模式匹配结果相关:在自动生成的本体中,大多数 C_n 产生于 1∶1 匹配和 1∶2 匹配,而属性 P_n 通常与 1∶N 匹配的结果有关。事实上,1∶N 匹配在一定程度上说明了新表元素与基准表元素很难确定合适的对应关系,这就意味着在利用匹配结果构建本体的过程中,做出错误判断的可能性较高。此外,从前文介绍的本体构建过程也可以看到,每当我们为一个字段构建了一个属性时,相应地就会构建与该字段对应的类,因此在生成的本体中,类的总数与表格字段的总数一致,类的召回率比属性的召回率高出许多。

(5) 基于本体的信息聚合框架

基于上述 1+1+N 本体构建方法,我们搭建了一个基于本体的信息聚合系统。如 12-11 所示。该系统主要包括以下几个主要模块:

- 网络爬虫:该模块负责从各个农业网站中自动地抓取包含价格信息的网页。
- 网页内容提取模块:该模块根据针对不同网站编写的内容提取模板,从原始网页中提取包含价格信息的表格,转化为 XML 格式。
- 本体填充模块:该模块利用与表格对应的局部本体,将提取出的表格数据转换为本体元素的实例,即实现局部本体的扩充(ontology population)[19]。
- 聚合信息生成模块:该模块借助本体查询(ontology query)[20]方法生成聚合信息。限定一个或多个条件(如报价日期),查询经过扩充的本体,得到符合条件的所有实例,然后将这些实例存入一个固定格式的二维表格中。

在完成信息聚合之后,可应用数据挖掘技术对聚合后的数据做进一步分析,挖掘其中潜在的信息。相比于来自单一网站的数据,聚合后的数据显然能够提供更有价值的信息。除了可以实现多源信息的汇聚和信息的统一表达之外,这种基于本体的信息聚合方式还有以下两方面的优点:一方面,聚合信息是通过本体查询得到的,通过设定不同的查询条件即可获得不同的聚合结果,并且本体查询的结果也能及时地反映底层数据的变化;另一方面,可利用本体的推理能力得到更好的聚合结果。我们在构建核心本体的时刻实际上用到了一个关于中国行政区划的本体,用于描述“报价单位”的地理信息。该行政区划本体定义了各级行政区划(省、市、县)间的从属关系,例如石家庄市属于河北省。在生成聚合信息的时候,如果查询条件中存在对报价单位所在地的限定条件(如河北省),那么借助于行政区划本体我们不但可以找出报价单位名称中出现河北的报价信息,还可以将报价单位名称中只出现石家庄市而没有出现河北省的报价信息筛选出来,这就使所得聚合结果中包含的信息更加完整。

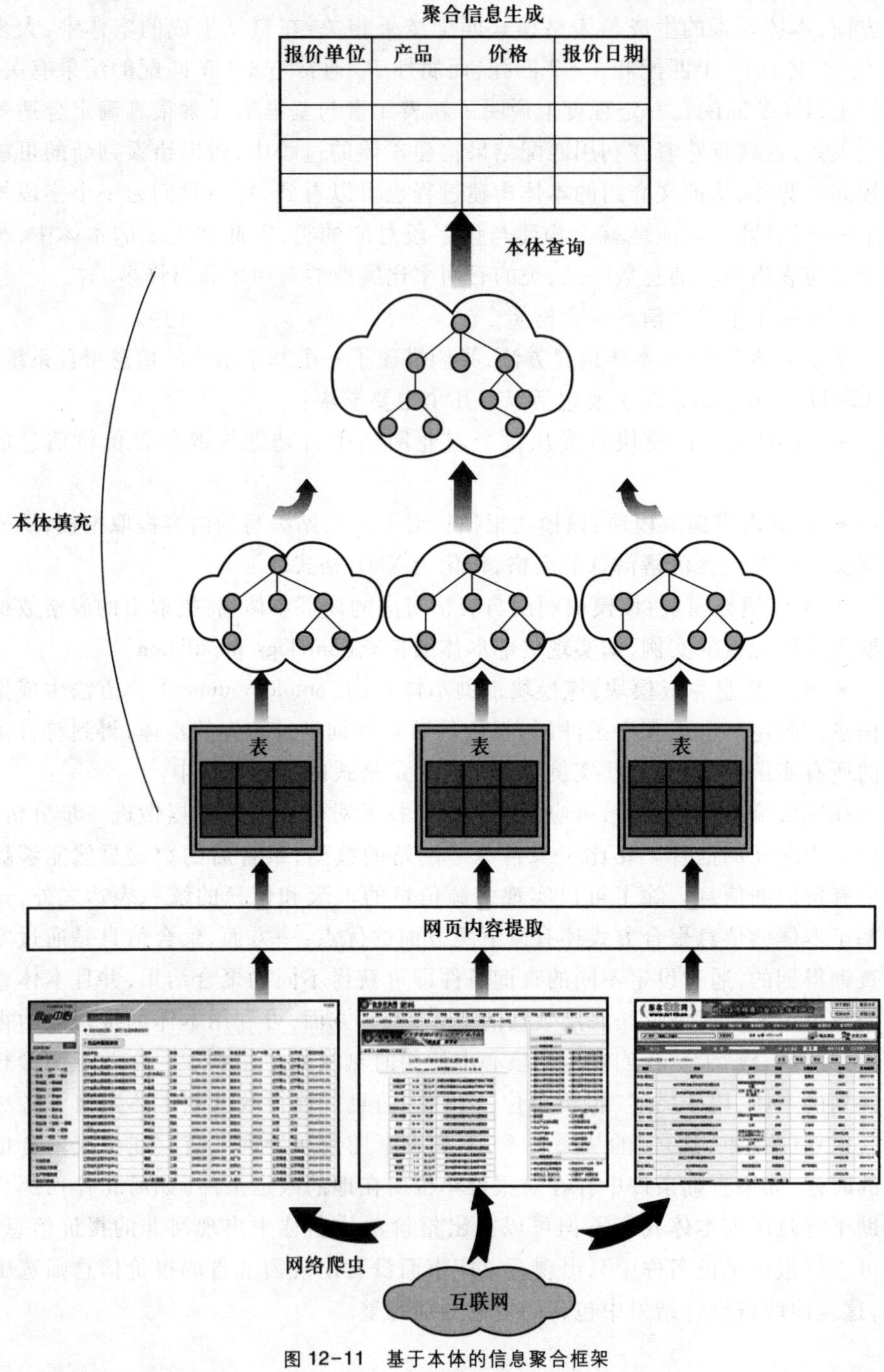

图 12-11　基于本体的信息聚合框架

在前文介绍的本体构建过程中,虽然核心本体和基准本体的构建需要有人工的参与,但这两个本体的结构都是很简单的,概念的确定、概念间关系的确定都不需要花费很多的精力。利用这两个人工构建的本体,可以自动地为多种不同类型的表格建立本体,这一自动化过程可提高本体构建的效率。用人工构建的本体来指导其他局部本体的构建也从一定程度上提高了局部本体的质量。当然,目前提出的本体构建方法还有一些值得改进的地方,例如修改当前的模式匹配算法以尽可能地减少不合理的匹配,或改进当前的属性构建方法以尽可能准确地确定属性的定义域和值域。另外,如何将"全局+局部"的思想应用于基于自由文本的本体学习过程,如何将基于本体的价格信息聚合框架移植到其他领域,这些都是值得研究的问题。

参考文献

[1] 蔺丰奇,刘益. 信息过载问题研究述评[J]. 情报理论与实践,2007,30(5):710-714.

[2] Berners-Lee T, Hendler J, Lassila O. The semantic web [J]. Scientific American,2001,284(5):28-37.

[3] 张志平,杨建伟. 语义网技术及应用研究综述[J]. 情报学报,2008,27(5):721-726.

[4] 丘威,张立臣. 本体语言研究综述[J]. 情报杂志,2006,25(7):61-64.

[5] 张宇翔. 知识工程中的本体综述[J]. 计算机工程,2005,31(z1):112-114.

[6] Lehmann J, Voelker J. An introduction to ontology learning[J]. Perspectives on Ontology Learning,2014:9-16.

[7] 杜小勇,李曼,王珊,等. 本体学习研究综述[J]. 软件学报,2006,17(9):1837-1847.

[8] 张志平,杨建伟. 语义网技术及应用研究综述[J]. 情报学报,2008,27(5):721-726.

[9] 王宁. 语义网的研究与展望[J]. 科技情报开发与经济,2007,17(32):1-4.

[10] 杨先娣,彭智勇,刘君强,等. 信息集成研究综述[J]. 计算机科学,2006,33(7):55-59,80.

[11] 王欣. 数据集成技术若干问题的研究[D]. 上海:上海交通大学,2010.

[12] 吴昊,邢桂芬. 基于本体的信息集成技术研究[J]. 计算机应用,2005,25(2):456-458.

[13] 龙仙爱. 基于本体的数据集成研究[D]. 长沙:中南大学,2007.

[14]　王晓惠,王念滨,程慧. 基于本体的信息集成研究综述[C]. 黑龙江省计算机学会 2007 年学术交流年会论文集,哈尔滨,8 月 10-12 日,2007.

[15]　李凌志,张玉婷. 基于本体的信息集成研究[J]. 情报杂志,2008,27(1):68-71.

[16]　Lei X, Yong R. Ontology generation from web tables: A 1+1+n approach [C]//2010 International Forum on Information Technology and Applications (IFITA), Kunming, China, July 2010:234-239.

[17]　Rahm E, Bernstein P A. A survey of approaches to automatic schema matching [J]. The VLDB Journal, 2001, 10(4):334-350.

[18]　Bechhofer S. OWL: Web Ontology Language[M]. Berlin: Springer, 2009.

[19]　Buitelaar P, Cimiano P. Ontology learning and population: Bridging the gap between text and knowledge[J]. Ios Press, 2008, 97(5):12-16.

[20]　Zhang Z, Miller J A. Ontology query languages for the semantic web: A performance evaluation[J]. Journal of Web Semantics, 2005:38-41.

第五篇

网络信息共享中的隐私安全

第 13 章 个人信息共享与隐私安全

随着社交网络、微博、视频分享网站等社会化媒体的普及，人们越来越习惯于在网络中与他人分享自己的个人信息。人们一方面可以从个人信息共享中获得某种好处，例如结识新朋友、得到个性化的产品推荐等，另一方面又十分担忧信息共享会危及自身隐私的安全。这样的矛盾普遍存在于当前的信息共享应用中。在分享个人信息与保护隐私安全之间找到科学合理的平衡点，这不仅是个人在决策信息共享行为时需要考虑的问题，信息共享服务提供商更需要采取相应的措施以调节个人信息使用与隐私保护之间的冲突。本章我们分别以在线社交网络和个性化推荐系统为例，探讨个人信息共享与隐私安全之间的关系。

13.1 在线社交网络中的隐私问题

13.1.1 隐私悖论与隐私计算

社交网络服务(Social Network Service,SNS)是一种可以提供多种交流、交互渠道的互联网应用服务,目的在于帮助用户在网络中建立并维护社交关系[1]。很多情况下,SNS 也用来指代为用户提供 SNS 服务的平台网站,即 Social Network Site。随着各类 SNS 应用的普及,在线社交网络已成为人们共享信息的重要平台。SNS 拉近了人们现实生活与网络生活的距离,但同时也带来了个人隐私透明化的问题。用户在社交网站上注册账号时,通常需要提供姓名、年龄、电子邮箱、电话号码等个人信息。除了这些基本信息,有时用户还需要向网站提供更详细的个人信息以获得高质量的服务。例如,若用户想通过社交网站认识新朋友,就有必要向网站提供教育背景、个人爱好等信息,以便网站对用户进行建模分析。另外,用户通过在社交网站中发表文字、图片或视频信息与他人分享自己的生活点滴,这些信息碎片看似没有透露用户隐私,但如果将这些信息整合起来或与来自其他信息源的信息联合起来,用户隐私被曝光的可能性就很高了。社交网络中的隐私安全已成为当前人们十分关注的一个话题[2-4]。

用户在主动披露个人信息的同时也担忧隐私安全,这一关于隐私的悖论(privacy paradox)[5]在社交网络中尤为突出。隐私悖论的存在意味着用户在决定是否分享个人信息时会权衡透露隐私带来的收益与损失。如果舍弃隐私能够给用户带来更多的利益,则用户很有可能实施隐私披露行为。基于这一思想,有学者提出了隐私计算理论[6],从风险收益的角度来解释网络中的隐私披露行为。基于隐私计算理论,有很多学者用实证的方式对社交网络中的隐私问题进行了分析。例如,美国维拉诺瓦大学的研究人员[1]根据信息来源、用户对信息的控制程度等几方面要素对社交网络中共享的信息进行了分类,并基于此分类设计了一份调查问卷。对美国大西洋中部地区大学生的调查结果表明,用户感知到的隐私风险越高,其披露个人信息的倾向越低;用户对网站的信任程度越高、对在线社交的兴趣程度越高,其披露个人信息的意愿越强烈。考虑到诸如 Facebook 等大型社交网站的用户来自不同国家和地区,有学者从利己主义(individualism)

和不确定性规避(uncertainty avoidance)这两个文化层面(cultural dimension)对社交网络用户的隐私披露行为进行了分析[4]。调研结果表明,高度的利己主义有助于提升用户对网站的信任,因而可促使用户披露个人信息;另一方面,低程度的不确定性规避会使用户忽略对隐私的担忧,进而也会促使用户披露个人信息。

13.1.2 社交网络中的隐私度量

目前基于隐私计算理论的研究多是通过问卷调查的方式对影响社交网络用户隐私披露行为的因素进行了定性分析。为建立有效策略以帮助用户做出理性的隐私披露决策,有必要对社交网络环境中的隐私风险进行定量分析。事实上,隐私的量化分析是很困难的。这一方面是因为隐私是一个主观性很强的概念,不同个体对隐私信息的定义不同且对隐私的重视的程度不同,另一方面是因为在开放的网络环境中,我们很难估计有哪些信息会被攻击者用来推断用户的隐私[7]。

为建立隐私量化指标,美国达科达州立大学的两位学者提出了一种参与者模型(actor model)来分析社交网络[8]。在该模型中,一个参与者对应于社交网络中的一个社会实体(social entity),如个人、组织等。每个参与者的特征用一组属性(attributes)描述,例如姓名、住址、身份证号码、电话号码、教育程度、婚姻状态等。每个属性都从一定程度上披露了参与者的隐私,披露程度用属性隐私影响因子(attribute privacy impact factor, APIF)的数值来描述。例如,身份证号码的APIF值通常要高于电话号码的APIF值。给定一个属性集合 $L=\{a_1,a_2,\cdots,a_n\}$ 及对应的APIF集合 $S=\{s_1,s_2,\cdots,s_n\}$,假若某一参与者的部分属性 $L_k=\{a'_1,a'_2,\cdots,a'_m\}$(对应的APIF为 $S_k=\{s'_1,s'_2,\cdots,s'_m\}$)是他人已知的,则可用如下的隐私指标(privacy index)来度量该参与者面临的隐私风险:

$$PIDX=\frac{f(L_k,S_k)}{f(L,S)}\times 100, \tag{13-1}$$

其中,隐私度量函数 $f(\cdot,\cdot)$ 用于计算一个属性集合对参与者隐私的整体影响。上述定义表示,如果一个参与者有较多敏感属性(即APIF值高的属性)被他人所知,则该参与者泄露的隐私越多。在文献[8]中,作者提出了3种隐私度量函数的定义方式,进而得到了3种不同的隐私指标:

- 加权隐私指标(weighted privacy index):以各个属性APIF的加权和来度量对隐私的整体影响;
- 最大隐私指标(maximum privacy index):用集合中最大的APIF值来度量该集合对隐私的整体影响;
- 综合隐私指标(composite privacy index):用上述两种指标的线性组合来

计算隐私指标。

文献[9]提出了一种名为 Privacy Score 的指标来度量用户因向社交网站提供个人资料而面临的隐私风险。与前文介绍的 Privacy Index 类似,Privacy Score 也是综合考虑用户个人资料中各个项目(如用户名、真实姓名、手机号码等)对隐私的影响。每个项目对 Privacy Score 的贡献从敏感性(sensitivity)和可见性(visibility)两方面进行评估。一个项目 i 的敏感性 β_i 完全由项目本身决定,项目的敏感性越高,其所对应的隐私风险就越大。项目的可见性 $V(i,j)$ 描述了该项目被网络了解的程度,且与项目所属的用户 j 有关。项目内容在网络中传播越广,对应的可见性越高。一个用户 j 的 Privacy Score 按下式计算:

$$PR(j) = \sum_{i=1}^{n} \beta_i V(i,j). \tag{13-2}$$

在实际应用中,项目的敏感性和可见性可通过一个矩阵 $\boldsymbol{R}$ 来确定。矩阵的每一行对应一个项目,每一列对应一个用户。元素 $R(i,j)$ 的取值刻画了用户 j 披露项目 i 的意愿(willingness)。例如,$\boldsymbol{R}(i,j)=0$ 表示用户 j 不愿将项目 i 透露给任何人,$\boldsymbol{R}(i,j)=1$ 表示项目 i 是公开给所有人的。根据上述讨论,可将项目的可见性定义为 $V(i,j)=R(i,j)$。

为计算项目的敏感性,文献[10]提出将项目反映理论(item response theory, IRT)应用于矩阵 $\boldsymbol{R}$。IRT 是一系列心理统计学模型的总称,被广泛应用于心理和教育测量领域。IRT 主要用于分析考试成绩或问卷调查数据,其目标是度量应试者(examinee)的能力、试题的难度以及应试者能正确回答一个给定问题的概率。将 IRT 应用于隐私分析,即是将每个用户视为一个应试者,将个人资料中的每个项目视为一道试题,用户 j 对隐私的重视程度 θ_j 对应于应试者的能力,项目的敏感性 β_i 对应于问题的难度,用户 j 公开项目 i 的概率,即 $P_{ij} \triangleq \mathrm{Prob}\{\boldsymbol{R}(i,j)=1\}$,对应于应试者正确回答问题的概率。上述参数之间的关系可用以下模型刻画:

$$P_{ij} = \frac{1}{1+\mathrm{e}^{-\alpha_i(\theta_j-\beta_i)}}. \tag{13-3}$$

上式表明,P_{ij} 是一个以 θ_j 和 $\xi_i \triangleq (\alpha_i,\beta_i)$ 为参数的函数。在矩阵 $\boldsymbol{R}$ 和所有用户隐私态度 $\boldsymbol{\theta}=(\theta_1,\theta_2,\cdots,\theta_m)$ 均已知的情况下,可采用最大似然估计方法来计算每个项目的敏感性 β_i。若 $\boldsymbol{\theta}$ 未知,可采用期望最大化方法来估计每个用户的 θ_j 和每个项目的 β_i。

有学者基于上述 Privacy Score 提出了一种效用函数(utility function)[11],用以度量用户通过在社交网络中共享信息所获得的收益。若以 $PR(j)$ 表示用户 j 的 Privacy Score,则用户 j 的效用函数为

$$PRF(j) = \frac{\sum_{j'=1,j'\neq j} PR(j')}{1+PR(j)}. \tag{13-4}$$

上式表明，一个用户的效用可理解为该用户从其他用户那里获得的信息总量与该用户自身披露信息总量之比。基于这一效用函数，文献[11]用博弈论的方法对社交网络中用户的信息共享行为进行了分析，并得到如下结论：

（1）如果在一个社交网络中，用户都是自私的且追求自身效用的最大化，则会出现“搭便车”(free-riding)的现象，即用户只从其他用户那里获取信息而不分享自己的信息。进一步地，如果每个用户独立地决策是否共享信息（即用户无法了解其他用户的策略），那么则会导致网络信息共享功能的失效。

（2）如果用户可以观察到其他用户的决策，那么用户可采用“针锋相对”(tit-for-tat)策略以最大化效用。具体来说，假定用户依次决定是否分享某项个人信息。若一个用户在某一时刻分享了一项敏感信息，则该用户不会分享比之更敏感的信息，直到网络中的其他用户都分享了此类信息。这样的策略可以帮助用户在共享信息时做出理性的决策。

基于项目反映理论的方法是一种有数学模型支持且相对容易操作的方法，为社交网络中隐私的定量分析提供了一条可行的途径。但目前这一方法是从用户的角度来评估隐私风险，因此该方法的一个主要缺陷就是忽略了隐私攻击者掌握的背景知识(background knowledge)。考虑一个社交网站中两个具有相同 Privacy Score 的用户，假若攻击者可从其他途径得到其中一个用户的相关信息（不同于用户在该网站中披露的信息），那么显然该用户面临的隐私风险更高。如何将项目反映理论的相关模型与更切合实际的隐私攻击模型相结合以实现对隐私风险的准确度量，这是今后值得研究的一个方向。

13.2 推荐系统中的隐私问题与用户博弈策略

上一节提到过，用户在使用社交网络服务时存在着披露个人信息和保护隐私的矛盾。这一矛盾在个性化推荐系统中亦十分突出。可提供推荐服务的网站或应用根据用户数据（用户提供的个人资料或其行为数据）对用户的个人偏好进行分析，在此基础上向用户推荐其可能感兴趣的内容、产品或服务。很多时候，用户数据中含有一些当事人不希望他人知晓的隐私信息，这就意味着推荐系统对用户数据的分析可能导致个人隐私的泄露。推荐系统掌握的用户数据越多、越详细，就越有可能揭露个人隐私。而另一方面，用户本身希望得到个性化的推荐,并且希望得到尽可能准确的推荐,这意味着用户需要主动地参与到推荐系统中,即用户要向推荐服务器提供足够多的个人数据以便推荐服务器能充分了解个人的偏好。可以看到,用户的个性化需求与隐私安全需求之间存在矛盾。只有设法在推荐结果的准确度与个人隐私之间找到平衡,个性化推荐系统才能良好运作[12]。

13.2.1　协同过滤推荐系统

协同过滤(collaborative filtering)是目前推荐系统最常用的一类算法[13],其基本思想是分析大量用户对项目的“评分”以发现用户偏好的相似性,然后向用户推荐符合其偏好的项目。这种推荐算法能否取得良好效果很大程度上取决于用户是否积极地参与项目评分。用户对项目的评分主要基于用户自身的体验。由于给项目评分是需要付出“成本”的——评分数据可能泄露用户的隐私,用户通常不会对其体验过的所有项目都进行评分。若用户出于成本考虑只提供很少的评分数据,则推荐服务器就无法准确计算用户之间的相似性,进而无法为用户提供高质量的推荐。为了鼓励用户参与评分,推荐服务器可向用户提供奖金、积分等形式的外部激励。此外,推荐结果本身即可视为一种促使用户对项目评分的内部激励——用户若要获得准确的推荐,则有必要向推荐服务器提供足够的评分数据以清楚地表达自己的偏好。在没有外部激励的情况下,用户可否自发地提供足够多的评分数据以使推荐服务器产生令人满意的推荐?这是值得探讨的一个问题。

如前所述,用户对项目评分是有成本的。用户提供的评分越多,付出的成本就越高。用户在决定是否对一个项目进行评分时,需权衡评分成本和推荐质量。此外,推荐服务器采用协同过滤算法计算推荐,这意味着一个用户获得的推荐不仅与用户自己提供的评分有关,还与其他用户提供的评分有关。换言之,不同用户的评分行为是相互影响的。若假定用户是理性的,即每个用户都希望以尽可能低的评分成本获得满意的推荐,那么可以认为推荐系统中的各用户是以推荐服务器为媒介进行着某种形式的博弈,进而可用博弈论[14]的方法对用户的评分行为进行分析。

目前在协同过滤的相关研究中博弈论的应用并不多见。Halkidi 等人在文献[15]中用博弈论的方法分析了协同过滤推荐系统中的隐私保护问题。在他们研究的博弈模型中,用户向推荐服务器提供的评分向量被视为用户的策略。为避免评分数据泄露隐私,用户可向推荐服务器提供虚假评分,但这会降低推荐准确率。用户面临的问题是如何修改评分才能在不明显降低推荐准确率的前提下最大限度地保留隐私。为寻找博弈的均衡[14],Halkidi 等人将用户与推荐服务器之间的交互建模为一个迭代过程。在每一轮迭代中,每个用户可利用其他用户在前一轮迭代提供的评分来确定自己当前的最优策略。但在实际的推荐系统中,用户通常不会反复更新自己的评分,并且用户也无法全面准确地获得其他用户的评分信息,因而上述博弈分析的实际意义有待商榷。

考虑到在实际的推荐系统中,一个用户既无法完整地观察到其他用户的评分,也无法了解推荐服务器为其他用户提供了怎样的推荐,因此,与 Halkidi 等人的研究不同,我们将用户间的交互建模为一种不完全信息博弈,并应用满足均衡(satisfaction equilibrium)的概念来分析该博弈的均衡[16,17]。满足均衡描述的是这样一种状态:博弈中所有参与者的个体约束条件都得到满足。文献[18]最先提出了满足均衡这一概念,用于解决不完全信息博弈的纳什均衡(Nash equilibrium)难以分析的问题。为将满足均衡应用于协同过滤系统,假定每个用户都对推荐结果的质量有一个预期,当实际的推荐质量高于预期时,用户即感到满足。不同用户的预期一般是不同的。当所有用户的预期都得到满足时,用户间的博弈达到满足均衡。

13.2.2 系统模型

在一个推荐系统中,用户集合为 $\mathcal{N}\doteq\{1,2,\cdots,N\}$,项目集合为 $S=\{s_1,s_2,\cdots,s_M\}$。用 S_i 表示用户 i 体验过的项目的集合,用 $\tilde{S}_i$表示用户 i 给出了评分的项目集合,则有 $\tilde{S}_i\subseteq S_i\subseteq S$。用户 i 对 $\tilde{S}_i$中的项目评分,相当于向推荐服务器提供了评分向量 $\boldsymbol{r}_i=(r_{i1},r_{i2},\cdots,r_{iM})$。规定对任意 $j\in\{1,2,\cdots,M\}$,若 $s_j\in\tilde{S}_i$,则 $0<r_{ij}\leqslant r_{\max}$;若 $s_j\notin S_i$,则有 $r_{ij}=0$。所有用户提供的评分构成一个“用户-项目”评分矩阵 $\boldsymbol{R}=[r_{ij}]_{N\times M}$。

在得到评分矩阵后,推荐服务器应用某种协同过滤算法预测矩阵中的未知评分($r_{ij}=0$),而后根据预测结果向用户推荐项目。用 $\hat{\boldsymbol{r}}_i=(\hat{r}_{i1},\hat{r}_{i2},\cdots,\hat{r}_{iM})$表示与用户 i 对应的预测结果,其中 $\hat{r}_{ij}(j=1,2,\cdots,M)$定义如下:

$$\hat{r}_{ij}=\begin{cases}r_{ij}, & \text{如果 } r_{ij}\neq 0,\\ f_{ij}^{CF}(\boldsymbol{R}), & \text{如果 } r_{ij}=0.\end{cases}\tag{13-5}$$

$f_{ij}^{CF}(\boldsymbol{R})$表示预测的评分由全体用户的评分和所采用的协同过滤算法决定。例如,若采用基于用户的最近邻协同过滤算法,$f_{ij}^{CF}(\boldsymbol{R})$可按如下方式计算:

$$f_{ij}^{CF}(\boldsymbol{R})=\frac{\sum\limits_{k\in Neighbour(i)}F_{sim}(i,k)\cdot r_{kj}}{\sum\limits_{k\in Neighbour(i)}\left|F_{sim}(i,k)\right|},\tag{13-6}$$

式中，$Neighbour(i)$表示与用户 i 最相似的若干个用户；$F_{sim}(i,k)$表示用户 i 与用户 k 的相似度，可用 Pearson 相关系数或余弦相似度度量。式(13-6)的含义是：找出与用户 i 具有相似偏好的若干用户，然后根据这些用户对项目 s_j 的偏好程度来预测用户 i 对项目 s_j 的偏好程度。在实际的推荐系统中，推荐服务器会根据 $\hat{\boldsymbol{r}}_i$ 生成用户 i 的推荐结果，即推荐服务器将预测评分最高的若干个项目推荐给用户。为便于分析，此处假定推荐服务器直接将 $\hat{\boldsymbol{r}}_i$ 返回给用户。

用户 i 在得到 $\hat{\boldsymbol{r}}_i$ 后，会根据自身的兴趣对这一结果进行评估。用 $\boldsymbol{p}_i=(p_{i1},p_{i2},\cdots,p_{iM})$表示用户 i 的兴趣，其中 $p_{ij}(j\in\{1,2,\cdots,M\})$表示用户 i 对项目 s_j 的偏好度。规定 $0\leqslant p_{ij}\leqslant r_{\max}$，并且若 $s_j\in\tilde{S}_i$，则 $p_{ij}=r_{ij}$，意即用户给出的项目评分等于用户对该项目的偏好度。若 $s_j\notin\tilde{S}_i$，可将 p_{ij} 理解为用户对项目的潜在评分，即如果用户在将来的某一时刻对 s_j 评分，他给出的评分将是 p_{ij}。为每个用户定义函数 $g_i:\mathbb{R}^M\to[0,1]$来度量推荐结果 $\hat{\boldsymbol{r}}_i$ 的质量：

$$g_i(\hat{\boldsymbol{r}}_i)=1-\frac{\sqrt{\sum_{j=1}^{M}(\hat{r}_{ij}-p_{ij})^2}}{r_{\max}\sqrt{M}},\tag{13-7}$$

式中右侧第二项中的$\sqrt{\sum_{j=1}^{M}(\hat{r}_{ij}-p_{ij})^2}$表示预测评分向量 $\hat{\boldsymbol{r}}_i$ 与用户兴趣向量 $\boldsymbol{p}_i$ 的距离，$r_{\max}\sqrt{M}$表示这一距离可能取得的最大值。$g_i(\hat{\boldsymbol{r}}_i)$的值越大，表示推荐结果与用户兴趣的匹配程度越高，即推荐质量越高。从式(13-5)~式(13-7)可以看出，一个用户所获得推荐的质量与其他用户提供的评分密切相关。协同过滤系统中的每个用户实际上是以向推荐服务器提供评分的方式与其他用户进行博弈。

13.2.3　满足博弈

将集合 $\mathcal{N}$ 中的所有用户视为博弈的参与者，将 $\tilde{S}_i$ 视为用户 i 的行动(action)，即 $a_i=\tilde{S}_i$。用 $\mathcal{A}_i$ 表示用户 i 的行动空间(action space)。所有用户共享同一个行动空间，即对任意 $i\in\mathcal{N}$，都有 $\mathcal{A}_i=(A^{(1)},A^{(2)},\cdots,A^{(K)})$，其中 $A^{(k)}\subseteq S$ 且 $A^{(k)}\neq\varnothing(k=1,2,\cdots,K)$，$K=2^{|S|}-1$。用户 i 从 $\mathcal{A}_i$ 中选择行动时遵循特定的概率分布 $\boldsymbol{\pi}_i=(\pi_i^{(1)},\pi_i^{(2)},\cdots,\pi_i^{(K)})$，其中 $\pi_i^{(k)}$ 表示用户 i 选择行动 $A^{(k)}$ 的概率。不同用户的 $\boldsymbol{\pi}_i$ 一般是不同的。

由式(13-5)可知，若给定协同过滤算法，则推荐服务器返回给每个用户的推荐结果 $\hat{\boldsymbol{r}}_i$ 完全由评分矩阵 $\boldsymbol{R}$ 确定，而 $\boldsymbol{R}$ 是由所有用户的行动组合 $\boldsymbol{a}=(a_1,a_2,\cdots,$

a_N)确定的。为体现用户行动对推荐质量的影响,可将 $g_i(\hat{\boldsymbol{r}}_i)$ 改写为 $g_i(\hat{\boldsymbol{r}}_i)=h_i(a_i,\boldsymbol{a}_{-i})$,其中:$\boldsymbol{a}_{-i}=(a_1,\cdots,a_{i-1},a_{i+1},\cdots,a_N)$,$h_i(\cdot)$表示从 $\mathscr{A}\triangleq\mathscr{A}_1\times\cdots\times\mathscr{A}_N$ 到[0,1]的映射。直观上理解,无论是用户 i 自己提供更多的评分还是其他用户提供更多的评分,用户 i 都能获得更好的推荐。为度量用户提供评分的数量,定义用户 i 的评分完整度如下:

$$\sigma_i=\frac{|a_i|}{|S_i|}. \tag{13-8}$$

由 $a_i\subseteq S_i$ 且 $a_i\neq\varnothing$ 可知 $0<\sigma_i\leqslant 1$。用 $\boldsymbol{\sigma}_{-i}$ 表示其他用户的评分完整度的平均值,即

$$\boldsymbol{\sigma}_{-i}=\frac{1}{N-1}\sum_{j\in N,j\neq i}\boldsymbol{\sigma}_j. \tag{13-9}$$

引入 $\boldsymbol{\sigma}_i$ 和 $\boldsymbol{\sigma}_{-i}$之后,可将 $h_i(a_i,\boldsymbol{a}_{-i})$改写为 $h(\boldsymbol{\sigma}_i,\boldsymbol{\sigma}_{-i};\boldsymbol{p}_i)$。函数 $h(\cdot;p_i)$以 $\boldsymbol{p}_i$ 作为参数,以 $\boldsymbol{\sigma}_i$ 和 $\boldsymbol{\sigma}_{-i}$作为输入变量。

假设 13.1. 对任意用户 $i\in\mathscr{N}$,以下两个不等式对所有 $\boldsymbol{\sigma}_i\in(0,1]$ 和 $\boldsymbol{\sigma}_{-i}\in(0,1]$都成立:

(i) $\dfrac{\partial h(\boldsymbol{\sigma}_i,\boldsymbol{\sigma}_{-i};\boldsymbol{p}_i)}{\partial\boldsymbol{\sigma}_i}>0$;

(ii) $\dfrac{\partial h(\boldsymbol{\sigma}_i,\boldsymbol{\sigma}_{-i};\boldsymbol{p}_i)}{\partial\boldsymbol{\sigma}_{-i}}>0$。

假设 13.1 表明,当每个用户都对其体验过的所有项目给出评分时,用户可得到最好的推荐。用 $\Gamma_i^{\max}$ 表示最优的推荐质量,则有 $\Gamma_i^{\max}=h(1,1;\boldsymbol{p}_i)$。

前文提到过,用户对项目评分是需要付出成本的。用 $c_i(a_i)$表示用户 i 选择行动 a_i 时所付出的成本。对任意 $a_i'\in A_i$ 和 $a_i''\in A_i$,若 $a_i'\subset a_i''$,则有 $c_i(a_i')<c_i(a_i'')$。由于存在评分成本,用户通常不会对其体验过的所有项目都进行评分,这就意味着最优推荐 $\Gamma_i^{\max}$ 很难实现。假定每个用户 i 对推荐质量有一个低于最优值的预期 Γ_i。给定用户的行动组合 $\boldsymbol{a}$,只要 $h_i(\boldsymbol{a})\geqslant\Gamma_i$,用户 i 即可满足。定义映射 f_i:$\mathscr{A}_{-i}\to 2^{\mathscr{A}_i}(\mathscr{A}_{-i}\triangleq\mathscr{A}_1\times\cdots\mathscr{A}_{i-1}\times\mathscr{A}_{i+1}\cdots\times\mathscr{A}_N)$如下:

$$f_i(\boldsymbol{a}_{-i})=\{a_i\in\mathscr{A}_i:h_i(a_i,\boldsymbol{a}_{-i})\geqslant\Gamma_i\}. \tag{13-10}$$

基于上述讨论,我们用如下的三元组描述所建立的博弈模型:

$$\hat{G}_{CF}=(\mathscr{N},\{\mathscr{A}_i\}_{i\in\mathscr{N}},\{f_i\}_{i\in\mathscr{N}}). \tag{13-11}$$

上述形式称为博弈的满足式表述。Perlaza 等人在研究分布式自配置网络中的 QoS 保障问题时最先正式定义了这一形式的博弈[19]。与博弈的满足式表述对应的均衡称为“满足均衡”(satisfaction equilibrium,SE)。SE 的规范定义如下:

定义 13.1. 满足均衡 . 给定博弈的满足式表述 $\hat{G}_{CF}=(\mathscr{N},\{\mathscr{A}_i\}_{i\in\mathscr{N}},$

$\{f_i\}_{i\in\mathcal{N}}$),一个行动组合 $\boldsymbol{a}^+$ 若满足 $\forall i\in\mathcal{N}$,有 $a_i^+\in f_i(\boldsymbol{a}_{-i}^+)$,则称 $\boldsymbol{a}^+$ 为该博弈的满足均衡。

13.2.4　均衡学习

在上面建立的博弈模型 $\hat{G}_{CF}$ 中,每个用户在行动空间上的概率分布 $\boldsymbol{\pi}_i$、对推荐质量的预期 Γ_i、兴趣向量 $\boldsymbol{p}_i$、评分成本 c_i 都是其私有信息(private information),因而直接分析该博弈的均衡是很困难的。一种可行的方法是设计某种行为规则,让用户在迭代交互的过程中依据该规则不断调整自己的策略,最终学出一种均衡策略。在推荐系统中,用户与推荐服务器的交互是长期的——用户不断向推荐服务器提供评分数据,推荐服务器则不断调整反馈给用户的推荐。

我们规定,每个用户在与推荐服务器迭代交互的过程中按如下规则行动:初始时刻($n=0$),用户 i 计算其在行动空间上的概率分布 $\boldsymbol{\pi}_i(0)=(\pi_i^{(1)}(0),\cdots,\pi_i^{(K)}(0))$,然后选择行动 $a_i(0)$。用户选择行动 $A^{(k)}$ 的概率 $\pi_i^{(k)}(0)$ 为

$$\pi_i^{(k)}(0)=\begin{cases}\beta_i(0)/\alpha^{c_i(A^{(k)})}, & \text{如果 } A^{(k)}\subseteq S_i,\\ 0, & \text{其他}.\end{cases}\tag{13-12}$$

其中,参数 $\alpha(\alpha>1)$ 表示用户对评分成本的重视程度。α 越小,用户越有可能选择较多的项目进行评分。归一化因子 $\beta_i(0)$ 按如下方式计算:

$$\beta_i(0)=\frac{1}{\sum\limits_{k:A^{(k)}\subseteq S_i}\alpha^{-c_i(A^{(k)})}}.\tag{13-13}$$

当所有用户选择完初始行动后,推荐服务器根据得到的评分矩阵 $\boldsymbol{R}(0)$ 计算推荐,然后将 $\hat{\boldsymbol{r}}_i(0)$ 返回给用户 i。在此之后,用户以迭代的方式与推荐服务器交互。

在第 n 次迭代开始时($n=1,2,\cdots$),用户 i 首先判断目前的推荐 $\hat{\boldsymbol{r}}_i(n-1)$ 是否已达预期。定义指示变量 $v_i(n-1)$ 如下:

$$v_i(n-1)=\begin{cases}1, & \text{如果 } g_i(\hat{\boldsymbol{r}}_i(n-1))\geqslant\Gamma_i,\\ 0, & \text{其他}.\end{cases}\tag{13-14}$$

用户根据 $v_i(n-1)$ 的取值更新概率分布 $\boldsymbol{\pi}_i(n)=(\pi_i^{(1)}(n),\cdots,\pi_i^{(K)}(n))$,然后选择行动 $a_i(n)$。需要特别指出的是,推荐服务器会利用用户以往提供的全部评分来计算推荐,所以从推荐结果来看,用户在第 n 次迭代中选择若干个新项目(记为 $\tilde{S}_i^{\text{new}}(n)$)进行评分,其效果等价于用户在初始时刻对集合 $\tilde{S}_i^{\text{new}}(n)\cup\cdots\tilde{S}_i^{\text{new}}(1)\cup\tilde{S}_i(0)$ 中的项目进行了评分。因此,我们将 $a_i(n)$ 定义为从初始时刻至第 n 次迭

代结束，用户 i 已经评过分的所有项目的集合。易知 $a_i(n)\supseteq a_i(n-1)$。

如果当前的推荐质量未达预期，即 $v_i(n-1)=0$，用户 i 可能将这一结果归结为以下两种原因之一：自己提供的评分太少；自己已提供足够多的评分，但其他用户提供的评分太少。若是前者，用户会对更多的项目进行评分；若是后者，用户倾向于不选择新的项目评分。行动选择概率 $\pi_i^{(k)}(n)\triangleq \Pr(a_i(n)=A^{(k)})$ 按如下方式计算：

$$\pi_i^{(k)}(n)=\begin{cases}\sigma_i(n-1), & \text{如果 } A^{(k)}=a_i(n-1),\\ \beta_i(n)/\alpha^{c_i(A^{(k)})}, & \text{如果 } a_i(n-1)\subset A^{(k)}\subseteq S_i,\\ 0, & \text{其他}.\end{cases}\tag{13-15}$$

其中，$\sigma_i(n-1)$ 表示用户 i 当前的评分完整度：

$$\sigma_i(n-1)=\frac{|a_i(n-1)|}{|S_i|}.\tag{13-16}$$

$\sigma_i(n-1)$ 越高，表明用户 i 已提供的评分越多，则用户继续提供评分的概率越低。归一化因子 $\beta_i(n)$ 定义如下：

$$\beta_i(n)=\frac{1}{\sum\limits_{k:a_i(n-1)\subset A^{(k)}\subseteq S_i}\alpha^{-c_i(A^{(k)})}}.\tag{13-17}$$

如果当前的推荐质量已达预期，即 $v_i(n-1)=1$，则用户很有可能不再提供更多的评分。此时，概率 $\pi_i^{(k)}(n)$ 按如下方式确定：

$$\pi_i^{(k)}(n)=\begin{cases}\mu, & \text{如果 } A^{(k)}=a_i(n-1),\\ \beta_i(n)/\alpha^{c_i(A^{(k)})}, & \text{如果 } a_i(n-1)\subset A^{(k)}\subseteq S_i,\\ 0, & \text{其他}.\end{cases}\tag{13-18}$$

其中，参数 μ 表示用户维持原有行动的概率，通常有 $0.5<\mu\leqslant 1$。归一化因子 $\beta_i(n)$ 定义为

$$\beta_i(n)=\frac{1-\mu}{\sum\limits_{k:a_i(n-1)\subset A^{(k)}\subseteq S_i}\alpha^{-c_i(A^{(k)})}}.\tag{13-19}$$

当所有用户选择了行动后，推荐服务器根据得到的评分矩阵 $\boldsymbol{R}(n)$ 计算推荐，然后将 $\hat{\boldsymbol{r}}_i(n)$ 返回给用户 i，之后进入下一轮迭代。若经过 $n_s(n_s>0)$ 次迭代之后，所有用户都得到了满意的推荐，则迭代终止，称学习过程收敛于满足均衡 $\boldsymbol{a}^+=(a_1(n_s),\cdots,a_N(n_s))$。我们将上述行为规则归纳为算法 13.1。

算法 13.1　满足均衡学习算法

1: $n=0$: $\forall k\in\{1,2,\cdots,K\}$,

$$\pi_i^{(k)}(0)=\begin{cases}\beta_i(0)/\alpha^{c_i(A^{(k)})}, & \text{如果 } A^{(k)}\subseteq S_i,\\ 0, & \text{其他}.\end{cases}$$

其中, $\beta_i(0)=\dfrac{1}{\sum\limits_{k:A^{(k)}\subseteq S_i}\alpha^{-c_i(A^{(k)})}}$.

2: 选择 $a_i(0)\sim\boldsymbol{\pi}_i(0)$;

3: FOR ALL $n>0$ DO:

4: 更新 $\boldsymbol{\pi}_i(n)$: $\forall k\in\{1,2,\cdots,K\}$,

5: 计算 $\boldsymbol{\pi}_i(n)$: $\forall k\in\{1,2,\cdots,K\}$,

$$\pi_i^{(k)}(n)=\begin{cases}\gamma_i(n), & \text{如果 } A^{(k)}=a_i(n-1),\\ \beta_i(n)/\alpha^{c_i(A^{(k)})}, & \text{如果 } a_i(n-1)\subset A^{(k)}\subseteq S_i,\\ 0, & \text{其他}.\end{cases}$$

其中, $\gamma_i(n)=\begin{cases}\sigma_i(n-1), & \text{如果 } v_i(n-1)=0,\\ \mu, & \text{如果 } v_i(n-1)=1.\end{cases}$

$$\beta_i(n)=\frac{1-\gamma_i(n)}{\sum\limits_{k:a_i(n-1)\subset A^{(k)}\subseteq S_i}\alpha^{-c_i(A^{(k)})}}.$$

6: 选择 $a_i(n)\sim\boldsymbol{\pi}_i(n)$

7: END FOR

13.2.5　收敛性分析

如图 13-1 所示,给定用户预期 Γ_i,等式 $h(\sigma_i,\sigma_{-i};p_i)=\Gamma_i$ 定义了 $\sigma_i\sim\sigma_{-i}$ 平面上的一条曲线段。由假设 13.1 可知,只有当 σ_i 和 σ_{-i} 分别高于某个阈值时,用户 i 才有可能得到满足。阈值 $\sigma_{i,\min}$ 和 $\sigma_{-i,\min}$ 分别由 $h(\sigma_{i,\min},1;\boldsymbol{p}_i)=\Gamma_i$ 和 $h(1,\sigma_{-i,\min};\boldsymbol{p}_i)=\Gamma_i$ 确定。$\sigma_{i,\min}$ 和 $\sigma_{-i,\min}$ 分别代表对用户 i 自身提供评分数量和对其他用户提供评分数量的最低要求。在学习过程中,每个用户的评分完整度随着迭代次数的增加而增加,即有 $\sigma_i(n)\geqslant\sigma_i(n-1)$。根据式(13-16),定义 $\sigma_{-i}(n-1)$ 如下:

$$\sigma_{-i}(n-1)=\frac{1}{N-1}\sum_{j\in N,j\neq i}\frac{|a_j(n-1)|}{|S_j|}.\tag{13-20}$$

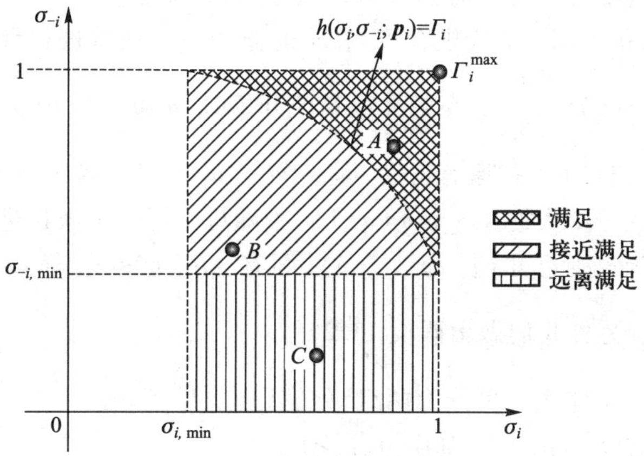

图 13-1 用户状态示意图

易知 $\sigma_{-i}(n)\geqslant\sigma_{-i}(n-1)$。假定存在某个 $n_0(n_0\geqslant1)$ 使得 $\sigma_i(n_0)\geqslant\sigma_{i,\min}$ 对所有 i 均成立，则从第 n_0+1 次迭代开始，每个用户 i 处于以下 3 种状态之一：

(1) 满足(satisfied)。用户 i 已得到满意的推荐，即 $h(\sigma_i(n-1),\sigma_{-i}(n-1);\boldsymbol{p}_i)\geqslant\Gamma_i$。用户进入满足状态后会一直保持该状态，因为随着迭代次数的增加，σ_i 和 σ_{-i} 增加或保持不变，且由假设 13.1 可知 $h(\sigma_i,\sigma_{-i};\boldsymbol{p}_i)$ 亦增加或保持不变。

(2) 接近满足(proximity to satisfied)。用户 i 尚未得到满意的推荐，即 $h(\sigma_i(n-1),\sigma_{-i}(n-1);\boldsymbol{p}_i)<\Gamma_i$，且用户 i 尚未对 S_i 中的所有项目都进行评分，即 $\sigma_i(n-1)<1$，但此时其他用户提供的评分数量已达到用户 i 的最低要求，即 $\sigma_{-i}(n-1)\geqslant\sigma_{-i,\min}$。在这种情况下，即使其他用户不再提供更多的评分，用户 i 也可以通过增加自己的 σ_i 进入满足状态。

(3) 远离满足(far from satisfied)。用户 i 尚未得到满意的推荐，并且其他用户提供的评分数量未达到用户 i 的最低要求，即 $\sigma_{-i}(n-1)<\sigma_{-i,\min}$。在这种情况下，如果其他用户在后续的迭代过程中能提供足够多的评分，那么用户 i 可进入接近满足状态，否则用户将永远停留在远离满足状态。

分别用 Z_S、Z_P、Z_F 表示上述 3 种状态。用户 i 在第 $n(n\geqslant n_0)$ 次迭代开始时的状态记为 $z_i(n)$。在第 $n(n\geqslant n_0)$ 次迭代开始时，可根据用户状态将全体用户分为两组：已满足的用户 $\mathcal{N}_S(n)=\{i\mid i\in\mathcal{N},z_i(n)=Z_S\}$，未满足的用户 $\mathcal{N}_{US}(n)=\{i\mid i\in\mathcal{N},z_i(n)=Z_P\vee z_i(n)=Z_F\}$。随着迭代次数的增加，未满足的用户数逐渐下降。若算法在第 n_S 次迭代开始时达到满足均衡，则有 $|\mathcal{N}_{US}(n_S)|=0$。从上文对用户状态的定义可知，为了判断能否达到所有用户都处于满足状态的均衡，关键在于分析清楚用户评分完整度在迭代过程中的变化。由算法 13.1 可知，评分完整度在一次迭代中的增量 $\Delta\sigma_i(n)\triangleq\sigma_i(n)-\sigma_i(n-1)$ 是随机的，因此很难定量

分析用户状态的变化。此处对算法 13.1 进行如下简化：

初始时刻，每个用户 i 从集合 S_i 中随机选择一个项目进行评分。因而对任一 $i\in\mathcal{N}$，都有 $\boldsymbol{\sigma}_i(0)=\frac{1}{|S_i|}$。在第 n 次迭代开始时($n>0$)，若 $h(\boldsymbol{\sigma}_i(n-1),\boldsymbol{\sigma}_{-i}(n-1);\boldsymbol{p}_i)\geqslant\Gamma_i$，则用户 i 维持原有行动，即 $a_i(n)=a_i(n-1)$；若 $h(\boldsymbol{\sigma}_i(n-1),\boldsymbol{\sigma}_{-i}(n-1);\boldsymbol{p}_i)<\Gamma_i$，则用户 i 从集合 $S_i\backslash\{a_i(n-1)\}$ 中随机选择一个项目进行评分。

由上述行为规则可知：若 $i\in\mathcal{N}_S(n)$，则有 $\Delta\boldsymbol{\sigma}_i(n)=0$；若 $i\in\mathcal{N}_{US}(n)$，则有 $\Delta\boldsymbol{\sigma}_i(n)=\frac{1}{|S_i|}$。另外我们做出假设 13.2：

假设 13.2. 全体用户可分为两组，分别记为 $\mathcal{N}_A$ 和 $\mathcal{N}_B$，

- $\forall i\in\mathcal{N}_A,\Gamma_i=\eta_A\Gamma_i^{\max}$，其中 $0<\eta_A<1$；
- $\forall i\in\mathcal{N}_B,\Gamma_i=\eta_B\Gamma_i^{\max}$，其中 $\eta_A<\eta_B<1$；
- $\forall i\in\mathcal{N},|S_i|=M_0$，其中 M_0 是一个常数且有 $1\leqslant M_0<|S|$；
- $\forall i\in\mathcal{N}$，给定 $\eta_i\in\{\eta_A,\eta_B\}$，$\boldsymbol{\sigma}_i$ 和 $\boldsymbol{\sigma}_{-i}$ 满足如下等式：

$$\boldsymbol{\sigma}_i^2+\boldsymbol{\sigma}_{-i}^2=2\eta_i^2,\tag{13-21}$$

其中，$\frac{1}{M_0}\leqslant\boldsymbol{\sigma}_i\leqslant1,\frac{1}{M_0}\leqslant\boldsymbol{\sigma}_{-i}\leqslant1$。

根据假设 13.2，$\boldsymbol{\sigma}_{i,\min}$ 和 $\boldsymbol{\sigma}_{-i,\min}$ 可按如下方式计算：若 $0<\eta_i\leqslant\frac{1}{\sqrt{2}}$（图 13-2 中 Γ_i^A 对应的弧线），则 $\boldsymbol{\sigma}_{i,\min}=\boldsymbol{\sigma}_{-i,\min}=\frac{1}{M_0}$；若 $\frac{1}{\sqrt{2}}<\eta_i<1$（图 13-2 中 Γ_i^B 对应的弧线），则 $\boldsymbol{\sigma}_{i,\min}=\boldsymbol{\sigma}_{-i,\min}=\sqrt{2\eta_i^2-1}$。

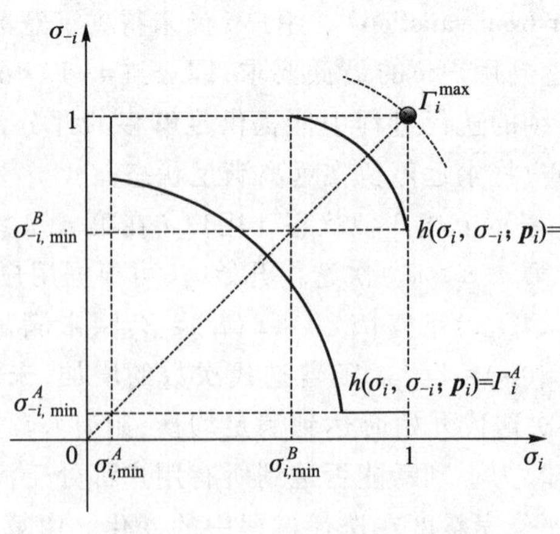

图 13-2　σ_i 和 σ_{-i} 之间的关系（给定 Γ_i）

基于上述简化和假设,我们可定量分析算法的收敛条件。考虑 $\mathcal{N}_B$ 中的一个用户 i。如图 13-3 所示,随着迭代的进行,用户在正方形区域$[0,1]^2$ 中从左下角向右上方移动。由简化的均衡学习算法可知,第 1 次迭代开始时,用户 i 位于点$\left(\frac{1}{M_0},\frac{1}{M_0}\right)\left(\frac{1}{M_0},\frac{1}{M_0}\right)\left(\frac{1}{M_0},\frac{1}{M_0}\right)$。在有用户进入满足状态之前,如下两个等式对所有用户均成立:

$$\Delta\sigma_i(n)=\frac{1}{M_0},\tag{13-22}$$

$$\Delta\sigma_{-i}(n)=\sigma_{-i}(n)-\sigma_{-i}(n-1)=\frac{1}{M_0}.\tag{13-23}$$

$\mathcal{N}_A$ 中的用户对推荐结果有相对较低的预期,因此这些用户先于 $\mathcal{N}_B$ 中的用户进入满足状态,意即存在某个 $n_A\in\{1,2,\cdots,M_0-1\}$ 使得 $\mathcal{N}_S(n_A)=\mathcal{N}_A,\mathcal{N}_{US}(n_A)=\mathcal{N}_B$。在第 n_A 次迭代开始前,用户始终沿着直线 $\sigma_{-i}=\sigma_i$ 移动。

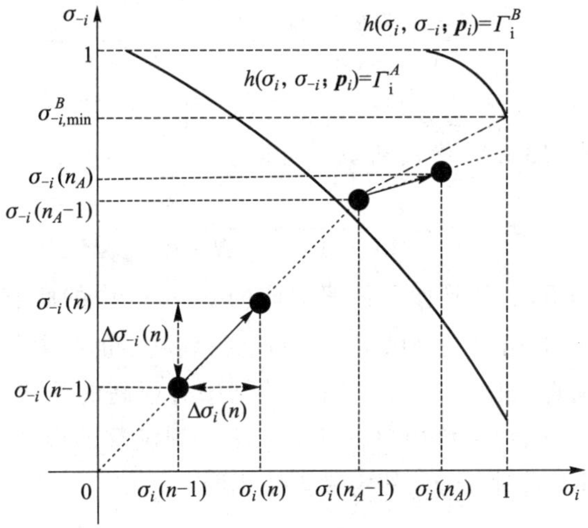

图 13-3　用户状态变化示意图

第 n_A 次迭代开始时,用户 i 位于点$\left(\frac{n_A}{M_0},\frac{n_A}{M_0}\right)$。若 $z_i(n_A)=Z_P$,则用户 i 可在若干次迭代后进入 Z_S 状态。下面重点分析另一种情况,即 $z_i(n_A)=Z_F$。在第 n_A 次迭代中,$\mathcal{N}_B$ 中的每个用户选择一个新的项目进行评分,而 $\mathcal{N}_A$ 中的用户不再提供新的评分,用户 i 在 $\sigma_i\sim\sigma_{-i}$平面上沿着斜率为 $k_B(k_B<1)$的直线移动:

$$k_B=\frac{\Delta\sigma_{-i}(n_A)}{\Delta\sigma_i(n_A)}$$

$$=\frac{\frac{1}{N-1}\sum_{j\in\mathcal{N}_B,j\neq i}[\sigma_j(n_A)-\sigma_j(n_A-1)]}{\frac{1}{M_0}} \tag{13-24}$$

$$=\frac{|\mathcal{N}_B|-1}{N-1}.$$

之后，用户 i 继续沿着该方向移动，直到下述两种情况之一发生：用户 i 进入满足状态；用户 i 尚未满足但已对集合 S_i 中的所有项目进行了评分，即 $\sigma_i=1$。当第 2 种情况出现时，用户 i 将永远不能满足，其原因是 $\mathcal{N}_B$ 中的用户对推荐结果有相同的预期，这意味着此时除用户 i 外 $\mathcal{N}_B$ 中的其他用户也已提供了完整的评分，σ_{-i} 无法继续增加。如图 13-3 所示，当 k_B 小于某个阈值 $k_{\min}$ 时，上述第 2 种情况就会出现。$k_{\min}$ 定义如下：

$$k_{\min}=\frac{\sigma_{-i,\min}-\sigma_{-i}(n_A-1)}{1-\sigma_i(n_A-1)}=\frac{\sigma_{-i,\min}-\frac{n_A}{M_0}}{1-\frac{n_A}{M_0}}. \tag{13-25}$$

将式(13-24)和式(13-25)代入 $k_B<k_{\min}$ 可得

$$\sigma_{-i,\min}>\frac{|\mathcal{N}_B|-1}{N-1}+\frac{N-|\mathcal{N}_B|}{N-1}\cdot\frac{n_A}{M_0}. \tag{13-26}$$

上式的右半部分实际上就是如下情况对应的 σ_{-i}：$\mathcal{N}_B$ 中的所有用户都提供了完整的评分，而 $\mathcal{N}_A$ 中的用户只提供了能使自己得到满足的必要数量的评分。

式(13-26)说明，如果一个用户对推荐结果有很高的预期，即需要其他用户付出较高的评分成本，那么该用户就可能无法得到满意的推荐。由假设 13.2 可知，当用户的预期不同时，$\sigma_{-i,\min}$ 的定义方式不同：

(1) 如果 $\eta_A<\eta_B\leqslant\frac{1}{\sqrt{2}}$，则对所有 $i\in\mathcal{N}_B$ 都有 $\sigma_{-i,\min}=\frac{1}{M_0}$。考虑到 $n_A\geqslant 1$，由式(13-26)可得

$$(M_0-1)(|N_B|-1)<0. \tag{13-27}$$

因 $M_0\geqslant 1$ 且 $|\mathcal{N}_B|\geqslant 1$，上述不等式不成立。也就是说，当 $\eta_A<\eta_B\leqslant\frac{1}{\sqrt{2}}$ 时，不会出现 $k_B<k_{\min}$ 的情况，算法必然收敛。

(2) 如果 $\frac{1}{\sqrt{2}}<\eta_B<1$，则对所有 $i\in\mathcal{N}_B$ 都有 $\sigma_{-i,\min}=\sqrt{2\eta_B^2-1}$。对于 $\mathcal{N}_A$ 中的任

一用户 i,由 $z_i(n_A)=Z_S$ 可知$\frac{n_A}{M_0}\geqslant\eta_A$。进一步由式(13-26)可知,若下式成立,则算法不能收敛:

$$\sqrt{2\eta_B^2-1}>\frac{|\mathcal{N}_B|-1}{N-1}+\frac{N-|\mathcal{N}_B|}{N-1}\eta_A. \tag{13-28}$$

基于上述讨论,我们给出如下定理:

定理 13.1. 在假设 13.2 成立的前提下,若下述 2 个条件之一成立,则简化后的均衡学习算法可以收敛到博弈 $\hat{G}_{CF}=(\mathcal{N},\{A_i\}_{i\in\mathcal{N}},\{f_i\}_{i\in\mathcal{N}})$ 的一个 SE:

- $\eta_A<\eta_B\leqslant\frac{1}{\sqrt{2}}$;
- $\frac{1}{\sqrt{2}}<\eta_B<1$,并且

$$\sqrt{2\eta_B^2-1}\leqslant\frac{|\mathcal{N}_B|-1}{N-1}+\frac{N-|\mathcal{N}_B|}{N-1}\eta_A. \tag{13-29}$$

为了更好地理解用户预期对算法收敛性的影响,我们给出如下分析:

(1) 给定 $\rho_N\triangleq\frac{|\mathcal{N}_B|}{N}$,由式(13-29)可知,若下述不等式成立,则简化后的均衡学习算法无法收敛:

$$\eta_B>\sqrt{\frac{1}{2}\left[\frac{\rho_N N-1}{N-1}+\frac{(1-\rho_N)N}{N-1}\eta_A\right]^2+\frac{1}{2}}. \tag{13-30}$$

用 θ_B 表示上述不等式的右半部分。如图 13-4(a)所示,在给定 ρ_N 的条件下,θ_B 随着 η_A 的增加而增加,但 θ_B 的增长速率相对较低。这表明当用户对推荐结果的整体预期变高时(η_A 增长),即使两组用户在预期上的差异不显著,仍会有部分用户无法得到满足。从图 13-4(a)还可以看出,给定 η_A,θ_B 随着 ρ_N 的增加而增加,这意味着当有越来越多的用户对推荐结果抱有较高预期时,用户可期望得到更高质量的推荐。

(2) 给定 $\rho_\eta\triangleq\frac{\eta_B}{\eta_A}$,由式(13-29)可知,若$\frac{1}{\sqrt{2}}<\eta_B<1$ 且下述不等式成立,则简化的均衡学习算法无法收敛:

$$\frac{|\mathcal{N}_B|}{N}<\frac{(N-1)\sqrt{2\eta_B^2-1}+1-N\frac{\eta_B}{\rho_\eta}}{N\left(1-\frac{\eta_B}{\rho_\eta}\right)}. \tag{13-31}$$

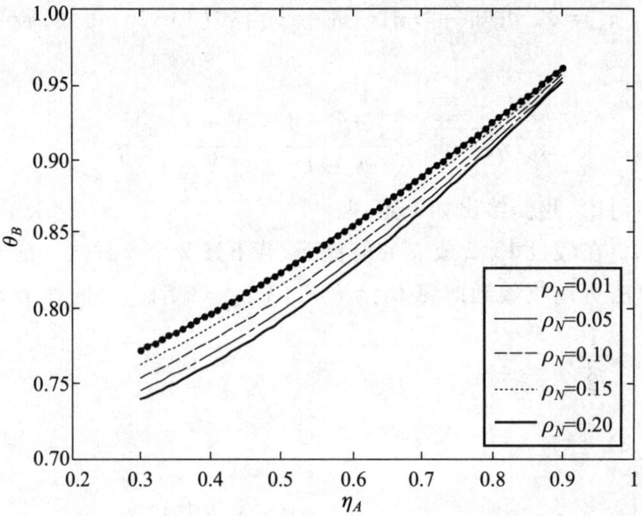

(a) 给定ρ_N和η_A，若$\eta_B>\theta_B$，则简化后的学习算法无法收敛。
绘制曲线时，设$0.3\leqslant\eta_A\leqslant0.9$，$N$=10000

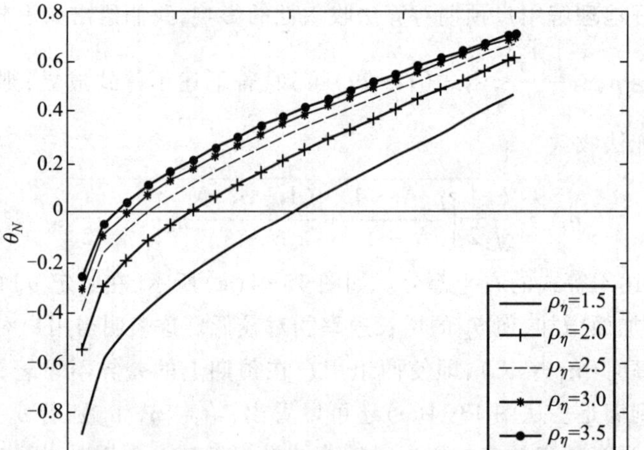

(b) 给定ρ_η，若$\eta_B>\eta_{B.\min}$，且$\rho_{N<\theta_N}$,则简化后的学习算法无法收敛。
绘制曲线时，设$\frac{1}{\sqrt{2}}<\eta_B\leqslant0.9$，$N$=10000

图 13-4　均衡学习算法的收敛条件

用 θ_N 表示上述不等式的右半部分。该不等式暗含着 $\theta_N>0$ 这一条件。由 $\theta_N>0$ 可得

$$\eta_B > \frac{-\frac{2N}{\rho_\eta} + \sqrt{\left(\frac{2N}{\rho_\eta}\right)^2 + 4\left[2(N-1)^2 - \frac{N^2}{\rho_\eta^2}\right](N^2 - 2N + 2)}}{2\left[2(N-1)^2 - \frac{N^2}{\rho_\eta^2}\right]}, \tag{13-32}$$

用 $\eta_{B,\min}$ 表示式(13-32)的右半部分。如图 13-4(b)所示,给定 ρ_η,θ_N 随着 η_B 的增加而增加。这表明当 $\mathcal{N}_B$ 中的用户的预期变得更高时,只有当 $\mathcal{N}_B$ 中用户的数量也有所增加,才有可能实现满足均衡。另外,给定 η_B,θ_N 随着 ρ_η 的增加而增加,这表明当两组用户在预期上的差异变大时,可以有更多的用户预期得到高质量的推荐。上述结论与从图 13-4(a)中得到的结论是一致的。

13.2.6 仿真分析

为了检验所提均衡学习算法的可行性,我们分别用来自 Jester 数据集①和 MovieLens 数据集②的评分数据进行了仿真。

1. Jester 数据集

Jester 数据集包含了 24 983 个用户对 100 个笑话的评分。用户对笑话的评分在区间[-10,10]上取值。若用户未给出某个笑话的评分,则用“99”表示这一未知的评分。在所有用户中,有 7200 个用户对全部的 100 个笑话都给出了评分。考虑到在均衡学习过程中需根据用户对所有项目的“潜在”评分来评估推荐质量(参见式),此处仅选择这 7200 个用户的评分作为实验用数据。我们将原始评分数据转换为评分矩阵 $\boldsymbol{R}=[r_{ij}]_{7200\times100}$,并将 r_{ij} 调整至区间[10.0,30.0](以 $r_{ij}=0$ 表示未知的评分)。

均衡学习算法涉及的参数按如下方式设置:矩阵 $\boldsymbol{R}$ 的每一行被视为对应用户的兴趣向量 $\boldsymbol{p}_i$;假定每个用户体验过的项目总数均为 70,即 $|S_i|=70$;为确定每个用户的 S_i,从矩阵 $\boldsymbol{R}$ 的每一行中随机选择 30 个元素置为 0,处理后的评分矩阵记为 $\boldsymbol{R}'$;按式(13-6)预测未知评分,设 $|Neighbour(i)|=\frac{N}{200}=36$,按式(13-7)计算推荐质量 $g_i(\hat{\boldsymbol{r}}_i)$;以评分的数量作为评分成本,即 $c_i(a_i)=|a_i|$;由式(13-15)和式(13-18)可知,算法的收敛速度与参数 α 的取值密切相关,考虑到函数 $f(x)=1/\alpha^x$ 在区间[0,70]上的变化趋势,仿真时设 $\alpha=1.2$;分别设 $\mu=0.9$ 和 $\mu=1$ 以模拟如下两种情况:已满足的用户继续提供评分,已满足的用户不再提供评分;

① http://eigentaste.berkeley.edu/dataset/

② http://grouplens.org/datasets/movielens/

为设置 Γ_i，首先利用 $\boldsymbol{R}$ 和 $\boldsymbol{R}'$ 计算每个用户所能获得的最优推荐质量 $\Gamma_i^{\max}$，然后设 $\Gamma_i=\eta_i\Gamma_i^{\max}(0<\eta_i<1)$；$\eta_i$ 的设置稍后说明。

2. MovieLens 数据集

我们采用的 MovieLens 数据集包含了 6040 个用户对 3900 部电影的评分。与上面对 Jester 数据集的处理类似，此处亦假定每个用户体验过的项目的总数为 70，因而滤除那些评分数量低于 70 的用户，并滤除那些未获得评分的项目，最终保留 3631 个用户对 3675 个项目的评分，对应的评分矩阵为 $\boldsymbol{R}=[r_{ij}]_{3631\times3675}$，其中 $r_{ij}\in\{0,1,\cdots,5\}$，$r_{ij}=0$ 表示评分未知。与 Jester 数据不同，这一评分矩阵是非常稀疏的，矩阵中非零元素的比例仅为 6.78%。

均衡学习算法的参数按如下方式设置：矩阵 $\boldsymbol{R}$ 的每一行被视为对应用户的兴趣向量 $\boldsymbol{p}_i$；从 $\boldsymbol{R}$ 的每一行中随机选择 70 个非零元素构成对应用户的完整评分集合，即用户只能对这 70 个元素对应的项目进行评分；按式(13-6)预测未知评分，设 $|Neighbour(i)|=20$；按式计算推荐质量；参数 α、μ 和 Γ_i 的设置方法与前文所述相同。

为检验算法 13.1 的可行性，我们测试了多组 $\{\eta_i\}_{i=1}^N$。给定评分矩阵 $\boldsymbol{R}$ 和参数 μ，分别在如下 4 种设置下运行学习算法：

- $\forall i\in\mathcal{N},\eta_i=0.5$；
- $\forall i\in\mathcal{N},\eta_i=0.85$；
- 随机选择 1%的用户，令其对应的 $\eta_i=0.85$，其余用户的 $\eta_i=0.5$；
- 随机选择 20%的用户，令其对应的 $\eta_i=0.85$，其余用户的 $\eta_i=0.5$。

为降低随机性的影响，给定一组参数，重复运行算法 5 次。在每一次运行中，当所有用户都已满足或迭代次数达到 10000 次时，算法终止。每次运行后，记录算法终止时的迭代次数 n_{stop}、已满足的用户数 N_S 和用户评分完整度的平均值 $\bar{\sigma}_i\triangleq\dfrac{1}{N}\sum\limits_{i=1}^{N}|a_i(n_{stop})|/|S_i|$。

表 13-1 和表 13-2 分别给出了 Jester 数据集和 MovieLens 数据集上的均衡学习仿真结果。可以看出：当所有用户对推荐质量有着相似的预期时，即使预期很高($\eta_i=0.85$)并且用户在满足之后不再参与评分，满足均衡也是可以实现的。给定 μ 的取值，随着用户预期的升高，算法的收敛时间变长，$\bar{\sigma}_i$ 增加，意即用户需对更多的项目进行评分才能得到满意的推荐。给定一组 $\{\eta_i\}_{i=1}^N$，比较不同 μ 对应的仿真结果可以看到，相比于 $\mu=0.9$ 的情况，当 $\mu=1$，算法的收敛时间变长，但用户评分完整度下降。收敛时间变长的原因在于当 $\mu=0.9$ 时，已满足的用户会继续为推荐质量的提升做出贡献，因此其他那些尚未满足的用户可在短时间内得到满意的推荐；而当 $\mu=1$ 时，未满足的用户只能依靠他们自己提升推荐质

量,因此需要更长的时间才能达到满足均衡。从评分完整度来看,$\mu=0.9$ 意味着在达到满足均衡时,用户提供的评分数量可能远高于与其预期相对应的必要的评分数量;而当 $\mu=1$ 时,用户倾向于只提供能满足其个人预期的最少的评分,因此当算法收敛时,用户评分的完整度较低。当大多数用户对推荐结果有着适中的预期($\eta_i=0.5$)而小部分用户的预期很高时($\eta_i=0.85$),若 $\mu=0.9$,满足均衡仍是可以实现的,只不过此时算法的收敛速度要慢于所有用户预期都不高的情况,并且在达到均衡时用户评分的完整度接近于所有用户都持有高预期的情况。这一结果表明,为了满足少部分用户的需求,那些预期不高的用户需要在得到满意的推荐之后继续提供很多评分。当 $\mu=1$ 时,满足的用户不再提供评分。因而当大多数用户满足之后,余下那些未满足的用户很难再使推荐质量有显著提升,算法无法在 10000 次迭代内收敛。观察 $\bar{\sigma}_i$ 的取值可以看出,大多数用户只是提供了能够满足其中等预期的评分,但这一数量的评分不足以产生很高质量的推荐。由上述仿真结果可以得到关于协同过滤系统中满足均衡的直观理解:若所有用户对推荐质量的预期都不高,则低成本的满足均衡是可以实现的,即每个用户只需提供较少的评分就能得到满意的推荐。

表 13-1 Jester 数据集上的均衡学习仿真结果

		$\mu=0.9$					$\mu=1$				
	runID	1	2	3	4	5	1	2	3	4	5
$\eta_i=0.5$	n_{stop}	24	28	20	22	26	158	84	130	257	151
	N_S	7200	7200	7200	7200	7200	7200	7200	7200	7200	7200
	$\bar{\sigma}_i$	0.531	0.553	0.507	0.519	0.543	0.280	0.281	0.282	0.282	0.282
$\eta_i=0.85$	n_{stop}	1203	1307	1306	1206	1203	8893	10000	9813	8988	9560
	N_S	7200	7200	7200	7200	7200	7200	7199	7200	7200	7200
	$\bar{\sigma}_i$	0.913	0.936	0.931	0.928	0.914	0.781	0.782	0.781	0.782	0.782
1%:$\eta_i=0.85$, 99%:$\eta_i=0.5$	n_{stop}	406	404	504	504	403	10000	10000	10000	10000	10000
	N_S	7200	7200	7200	7200	7200	7130	7130	7129	7130	7131
	$\bar{\sigma}_i$	0.906	0.888	0.895	0.896	0.881	0.325	0.326	0.326	0.324	0.324
20%:$\eta_i=0.85$, 80%:$\eta_i=0.5$	n_{stop}	804	905	802	902	903	10000	10000	10000	10000	10000
	N_S	7200	7200	7200	7200	7200	6901	6899	6885	6891	6896
	$\bar{\sigma}_i$	0.911	0.920	0.897	0.903	0.910	0.441	0.441	0.441	0.442	0.440

表 13-2　MovieLens 数据集上的均衡学习仿真结果

		$\mu=0.9$					$\mu=1$				
	runID	1	2	3	4	5	1	2	3	4	5
$\eta_i=0.5$	n_{stop}	27	29	48	28	73	57	28	39	53	37
	N_S	3631	3631	3631	3631	3631	3631	3631	3631	3631	3631
	$\bar{\sigma}_i$	0.814	0.824	0.884	0.821	0.921	0.224	0.224	0.223	0.223	0.226
$\eta_i=0.85$	n_{stop}	528	679	533	494	560	734	610	640	780	571
	N_S	3631	3631	3631	3631	3631	3631	3631	3631	3631	3631
	$\bar{\sigma}_i$	0.990	0.994	0.990	0.989	0.991	0.745	0.744	0.743	0.745	0.745
$1\%:\eta_i=0.85$, $99\%:\eta_i=0.5$	n_{stop}	118	78	223	68	157	10000	10000	10000	10000	10000
	N_S	3631	3631	3631	3631	3631	3630	3629	3629	3628	3628
	$\bar{\sigma}_i$	0.952	0.928	0.975	0.919	0.964	0.234	0.231	0.229	0.231	0.229
$20\%:\eta_i=0.85$, $80\%:\eta_i=0.5$	n_{stop}	482	458	302	462	678	10000	10000	10000	10000	10000
	N_S	3631	3631	3631	3631	3631	3624	3619	3625	3622	3624
	$\bar{\sigma}_i$	0.989	0.989	0.981	0.989	0.993	0.350	0.349	0.350	0.349	0.350

另外,我们还用 Jester 数据集对 13.2.5 节给出的均衡学习算法收敛条件进行了验证。按照假设 13.2 的描述,全部 7200 个用户被随机分为 $\mathcal{N}_A$ 和 $\mathcal{N}_B$ 两组,η_A 设为 0.5,ρ_N 分别设为 0.01、0.10 和 0.20。给定一组 η_A 和 ρ_N,先按式(13-30)计算 θ_B,然后将 η_B 分别设为 $\eta_B=\theta_B-0.05$,$\eta_B=\theta_B$ 和 $\eta_B=\theta_B+0.05$。为证明在所有用户都有高预期的情况下算法是可以收敛的,对 $\eta_A=\eta_B=\theta_B+0.05$ 的情况也进行了仿真。给定一组(ρ_N,η_A,η_B),将简化的均衡学习算法运行 10 次。在每一次运行中,当出现如下两种情况之一算法终止:所有用户均已满足;未满足的用户已经对其体验过的所有项目进行了评分。算法终止时的迭代次数记为 n_{stop},满足的用户数记为 N_S。

从表 13-3 所示的仿真结果可以看到,给定 η_A 和 ρ_N,当 $\eta_B=\theta_B-0.05$ 时,满足均衡总是可以实现的;当 $\eta_B=\theta_B$ 时,$\mathcal{N}_B$ 中的大部分用户可以满足;当 $\eta_B=\theta_B+0.05$ 时,$\mathcal{N}_B$ 中的绝大多数用户无法满足。上述结果与理论分析结果有些许出入,因为由式(13-30)可知,当 $\eta_B\leqslant\theta_B$ 时满足均衡应是可以实现的。造成理论分析与仿真结果不一致的原因可能是用户评分完整度与推荐质量之间的关系并不严格符合假设 13.2 所定义的二次曲线关系。从与 $\eta_A=\eta_B=\theta_B+0.05$ 对应的结果可看出,即使所有用户都有较高的预期,用户不提供完整的评分也能实现满足均

衡($n_{stop}<|S_i|$)。这一结果进一步表明,在一个协同过滤系统中,用户能否通过自发的评分实现满足均衡,取决于不同用户对推荐质量是否有着相似的预期。

表 13-3 收敛性测试结果

ρ_N	η_A	θ_B	η_B	runID	1	2	3	4	5	6	7	8	9	10
0.01	0.5	0.792	0.742	n_{stop}	68	67	68	67	68	67	68	68	68	67
				N_S	7200	7200	7200	7200	7200	7200	7200	7200	7200	7200
			0.792	n_{stop}	70	70	70	70	70	70	70	70	70	70
				N_S	7178	7178	7177	7176	7176	7179	7176	7180	7176	7177
			0.842	n_{stop}	70	70	70	70	70	70	70	70	70	70
				N_S	7130	7130	7131	7130	7129	7129	7130	7129	7129	7129
$\eta_A=\eta_B=0.842$				n_{stop}	65	65	65	65	65	65	66	64	66	66
				N_S	7200	7200	7200	7200	7200	7200	7200	7200	7200	7200
0.1	n_{stop}	0.807	0.757	n_{stop}	69	68	68	68	69	69	69	68	69	68
				N_S	7200	7200	7200	7200	7200	7200	7200	7200	7200	7200
			0.807	n_{stop}	70	70	70	70	70	70	70	70	70	70
				N_S	7132	7130	7139	7141	7141	7131	7138	7140	7124	7137
			0.857	n_{stop}	70	70	70	70	70	70	70	70	70	70
				N_S	6642	6618	6627	6630	6619	6627	6630	6640	6629	6626
$\eta_A=\eta_B=0.857$				n_{stop}	66	66	65	66	66	66	67	67	66	66
				N_S	7200	7200	7200	7200	7200	7200	7200	7200	7200	7200
0.2	0.5	0.824	0.775	n_{stop}	69	68	68	69	69	69	68	68	69	69
				N_S	7200	7200	7200	7200	7200	7200	7200	7200	7200	7200
			0.825	n_{stop}	70	70	70	70	70	70	70	70	70	70
				N_S	7133	7146	7139	7142	7130	7130	7148	7134	7137	7136
			0.875	n_{stop}	70	70	70	70	70	70	70	70	70	70
				N_S	6368	6400	6383	6398	6387	6409	6363	6405	6400	6419
$\eta_A=\eta_B=0.875$				n_{stop}	66	67	67	66	67	66	66	67	67	67
				N_S	7200	7200	7200	7200	7200	7200	7200	7200	7200	7200

我们在 13.2.1 节提出过这样的问题:在没有外部激励的情况下,用户可否

自发地提供足够多的评分数据以使推荐服务器产生令人满意的推荐？上述仿真结果表明，当所有用户对推荐质量有着相似的预期时，通过用户自发的评分行为确实是可以实现满足均衡的。用户的积极参与对协同过滤系统的良好运作至关重要。我们将推荐质量视为促使用户参与评分的一种内部激励，给出的博弈分析也可为外部激励机制的设计提供一些启发。如何结合内部激励和外部激励以引导用户在协作式系统中的行为，是值得继续研究的一个问题。

参考文献

[1] 梁循，杨小平，周小平，等. 面向社会化媒体大数据的社会计算[M]. 北京：清华大学出版社，2014.

[2] 邱均平，李艳红. 社交网络中用户隐私安全问题探究[J]. 情报资料工作，2012，6：34-38.

[3] Sipior J C，Ward B T，Connolly R，et al. Privacy in online social networking：Applying a privacy calculus model[C]//Proceedings of the 17th Pacific Asia Conference on Information Systems，PACIS 2013，Jeju Island，Korea，June 18-22，2013.

[4] O'Brien D，Torres A M. Social networking and online privacy：Facebook users' perceptions[J]. Irish Journal of Management，2012，31(2)：63-97.

[5] Taddicken M. The 'privacy paradox' in the social web：The impact of privacy concerns，individual characteristics，and the perceived social relevance on different forms of self-disclosure [J]. Journal of Computer-Mediated Communication，2014，12(9)：248-273.

[6] Culnan M J，Armstrong P K. Information privacy concerns，procedural fairness，and impersonal trust：An empirical investigation[J]. Organization Science，1999，10(1)：104-115.

[7] Jiang C，Kuang L，Han Z，et al. Information credibility modeling in cooperative networks：Equilibrium and mechanism design[J]. IEEE Journal on Selected Areas in Communications，2017，35(2)：432-448.

[8] Wang Y，Nepali R K. Privacy measurement for social network actor model [C]//2013 IEEE International Conference on Social Computing (SocialCom)，September 2013，Washington D.C.，USA，2013：659-664.

[9] Liu K，Terzi E. A framework for computing the privacy scores of users in online social networks[J]. ACM Transactions on Knowledge Discovery from Data，

2010,5(1):6.

[10] 罗照盛. 项目反应理论基础[M]. 北京:北京师范大学出版社,2012.

[11] Domingo-Ferrer J. Rational privacy disclosure in social networks [M]// Modeling Decisions for Artificial Intelligence. Berlin: Springer, 2010: 255-265.

[12] Jiang C, Wang X, Wang J, et al. Security in Space Information networks[J]. IEEE Communications Magazine, 2015, 53(8):82-88.

[13] 马宏伟,张光卫,李鹏. 协同过滤推荐算法综述[J]. 小型微型计算机系统,2009,30(7):1282-1288.

[14] 罗云峰. 博弈论教程[M]. 北京:清华大学出版社,2007

[15] Halkidi M, Koutsopoulos I. A game theoretic framework for data privacy preservation in recommender systems[M]//Machine Learning and Knowledge Discovery in Databases. Berlin: Springer, 2011:629-644.

[16] Xu L, Jiang C, Chen Y, et al. User participation game in collaborative filtering [C]//2014 IEEE Global Conference on Signal and Information Processing (GlobalSIP), December 2014, Atlanta, USA, 2014:263-267.

[17] 徐蕾,杨成,姜春晓,等. 协同过滤推荐系统中的用户博弈[J]. 计算机学报,2016,39(6):1176-1189.

[18] Ross S, Chaib-draa B. Satisfaction equilibrium: Achieving cooperation in incomplete information games [M]//Advances in Artificial Intelligence. Berlin: Springer, 2006:61-72.

[19] Perlaza S M, Tembine H, Lasaulce S, et al. Quality-of-service provisioning in decentralized networks: A satisfaction equilibrium approach[J]. IEEE Journal of Selected Topics in Signal Processing, 2012, 6(2):104-116.

第 14 章 数据挖掘中的隐私保护

近年来随着大数据的兴起,数据挖掘越来越受到人们的重视。数据挖掘旨在从大量数据中提取出隐含在其中的有价值的信息,是大数据的核心技术[1]。数据挖掘可能涉及多种侵犯个人隐私的行为,例如未经授权的个人数据的采集、个人敏感数据的公开、个人隐秘行为模式的揭露、个人偏好和消费习惯等挖掘结果的滥用等。如何在不损害数据挖掘功能的前提下最大限度地保护隐私,这是需要研究的一个问题。目前已有很多关于"隐私保护数据挖掘"(privacy-preserving data mining, PPDM)的研究[2-4]。PPDM 的基本思想是在执行挖掘算法之前对原始数据进行处理,以尽可能避免数据中隐私信息的泄露,同时使数据的效用得到保持,即对处理后的数据进行挖掘可以得到与直接挖掘原始数据相似的结果。当前 PPDM 研究的主要目标是使数据中涉及个人隐私的信息对特定的挖掘算法不可见,而一个完整的数据挖掘过程包含多个阶段,从原始数据的收集到最终挖掘结果的发布、应用,其中任何一个阶段都可能存在危及隐私安全的因素。本章我们将对数据挖掘各个阶段的隐私风险进行分析,全面考察各种隐私保护方法。

同时,数据挖掘通常涉及多方利益。例如,服务商可利用从客户数据中挖掘出的信息营利,但服务商也需在保护客户隐私方面投入适当精力,因为隐私泄露可能导致客户流失;客户通过向服务商提供详细的个人数据可以得到更好的服务体验,但同时也需承担更高的隐私风险。可以看到,当参与数据挖掘时,服务商和客户都需要在数据挖掘创造的“收益”与个人数据产生的隐私“成本”之间进行权衡。每一个数据挖掘的参与者在权衡自身的收益与成本时还需要考虑自己的决定会对其他参与者产生何种影响,这是因为多个参与者的利益是相关的。如何决策才能达到最大化自身利益的目的,这一问题的探讨对于个人数据价值的开发有着十分重要的意义。本章我们将讨论如何应用博弈论[5]这一工具对隐私保护数据挖掘中的用户交互进行分析。

14.1　反挖掘研究框架

本节我们探讨数据挖掘中敏感信息保护的关键问题和相应的解决方法,并从一个新的角度对各项研究进行组织整理,形成由反抗、反向、反回、反叛、反馈、反击和反思这 7 个方面构成的反挖掘研究框架[6]。

14.1.1　关键问题

数据挖掘及相关应用给敏感数据、敏感信息带来的安全威胁是多方面的,为实现对敏感数据和敏感信息的有效保护,至少需要考虑以下问题。

1. 敏感数据的有限使用

很多数据挖掘应用都离不开敏感数据的支持。例如,购物篮分析(market basket analysis)通过挖掘客户的交易记录发现物品之间的关联,社会化搜索引擎通过挖掘用户在社交网络中的好友关系和他们分享的内容来改进搜索结果。购买行为、社交关系、与好友分享的内容都或多或少地暴露了用户的隐私(即个人的敏感信息)。若完全不允许服务提供商使用包含这些信息的敏感数据,个人的敏感信息可以得到充分保护,但数据挖掘无法有效开展,结果导致用户体验下降。因此,数据挖掘中的敏感数据保护其实涉及两方面的问题:一是访问控制问题,即只有获得授权的主体才可以使用敏感数据,不同权限的主体所能访问数据的敏感程度是不同的;二是在充分保障信息所有者隐私安全的前提下,对敏感数据进行有限的使用。前者是传统的信息安全研究考虑的问题,本节讨论的反挖掘主要关注后者。有限使用的评判标准是什么?通过何种方法可以实现有限使用?这是反挖掘研究需要重点解决的问题。

2. 数据质量和信息真实性

数据质量分析和数据预处理是数据挖掘准备工作中的重要环节。数据的正确性(correctness)、完整性(completeness)和一致性(consistency)直接关系到挖掘结果的质量。在对敏感数据进行挖掘时,数据质量问题可能会影响数据挖掘者对敏感信息保护程度的衡量,进而使数据挖掘者不能最大限度地利用数据。例如,在使用匿名化算法[7]对含有敏感属性的数据记录进行处理时,需通过比较不同记录在某些属性上的取值来判断当前数据是否已达到预设的隐私保护要求。若因为原始记录中某些错误的数据项使这一判断受到影响,则可能导致数据挖掘者在设置算法参数时做出不恰当的选择,最终使匿名数据的效用下降。因此,为了使敏感数据得到合理利用,研究数据质量的分析方法、寻找提高数据质量的手段是必要的。

从数据中挖掘出的信息在传播、使用过程中也会出现"质量"问题——这里主要是指信息的真实性和完整性遭到破坏。通过数据挖掘得到的敏感信息常被用于为组织机构提供决策支持,若这些信息被篡改或断章取义,则可能对信息使用者的利益造成损害。例如,假设某零售商委托一数据挖掘公司对其销售数据进行挖掘,若挖掘结果在提交给零售商之前被他人故意修改,则会使零售商做出错误的商业决策;与政府决策相关的敏感信息(如基于数据挖掘对地区经济发展情况做出的分析预测、挖掘民意调查数据所得的信息等)若在传播的过程中出现偏差,可能会造成不良的社会影响。因此,在使用数据挖掘结果之前,需要对其真实性、完整性进行评估。如何评估信息的质量?如何应对虚假信息?这也是反挖掘研究需要解决的问题。

3. 多方利益权衡

数据挖掘通常涉及多方利益。例如,从客户数据中挖掘出的知识可以帮助服务商营利,但服务商也需注意保护客户隐私,否则会因缺乏诚信导致客户流失;客户向服务商提供全面的个人信息可以得到更好的服务,但同时也面临隐私泄露的风险。在这一场景中,服务商(数据挖掘者)和客户(数据提供者)都需要进行利益的权衡——敏感信息的使用既能带来可观的利益,又可能造成严重的损失。随着大数据技术的发展,分布式数据挖掘的应用越来越普遍。在有多方参与的分布式数据挖掘中,每一方都视自己的数据为敏感数据,若将该数据用于分布式挖掘,可能会向其他参与者暴露自身的敏感信息;若不贡献数据或提供假数据,则又无法得到准确的挖掘结果。在这一场景中,每一方所做的决策对所有参与者的利益都会产生影响。在数据挖掘应用中,各方参与者(包括数据提供者、数据挖掘者以及挖掘结果的使用者)的利益是相关的,每一方在选择行动策略时既要考虑与自身利益直接相关的各种因素,也要考虑自身决策对其他几方利益的影响,因为他人的决策会对自身利益产生间接的影响。对敏感数据、敏感信息使用过程中出现的利益冲突进行分析,进而找到有效平衡各方利益的机制,这对于实现敏感信息的保护也是有意义的。

4. 信息分级标准

反挖掘的目的在于保护敏感信息。什么样的信息应视为敏感信息,这是开展反挖掘研究必然面临的一个问题。为了回答这一问题,至少需要进行以下三方面工作:第一,制定信息分级标准,明确指出每类信息允许的操作和禁止的操作;第二,确立度量信息等级的方法,即对于给定的信息能够准确判断出其在分级标准中对应的等级;第三,设置敏感信息的等级阈值,即在给定的分级标准中设定敏感信息与非敏感信息的界限。这些标准化工作对于反挖掘方法在实际信息管理系统中的应用有着很重要的指导意义,而制定这些标准又需要对敏感信息的本质有充分了解,例如信息的敏感程度与哪几方面因素相关?不同因素如何影响信息的敏感程度?在特定的应用场景中敏感信息应如何界定?上述这些问题也需要在反挖掘研究中予以关注。

14.1.2　反挖掘的基本构成

针对上面提出的问题,研究者们已经开展了很多工作。经过全面而深入的调研,我们认为可以将相关的研究整理为以下 7 类(如图 14-1 所示)。

(1) 反抗(resist):该类研究主要探讨如何修改数据以同时达到保护敏感信息和保持数据效用的目的,即实现对敏感数据的有限使用。典型的研究包括隐私保护数据发布和隐私保护数据挖掘。

(2) 反向(inverse):该类研究主要考虑如何为给定的数据或信息找出其根源,这一方面可以帮助我们进一步了解如何改造数据才能有效地保护敏感信息,另一方面可以为数据质量分析及信息真实性评估提供依据。典型的研究包括反向频繁项集挖掘、数据溯源、反向数据管理等。

(3) 反回(recover):该类研究主要针对数据质量和信息的真实性问题,研究如何使失真的数据及信息恢复至正常的状态。典型的研究包括数据清洗、数据集成、虚假信息的识别等。

(4) 反叛(defect):该类研究主要借助博弈论这一工具对数据挖掘场景中的利益权衡问题进行建模分析,并研究如何应用机制设计理论产生期望的博弈结果。

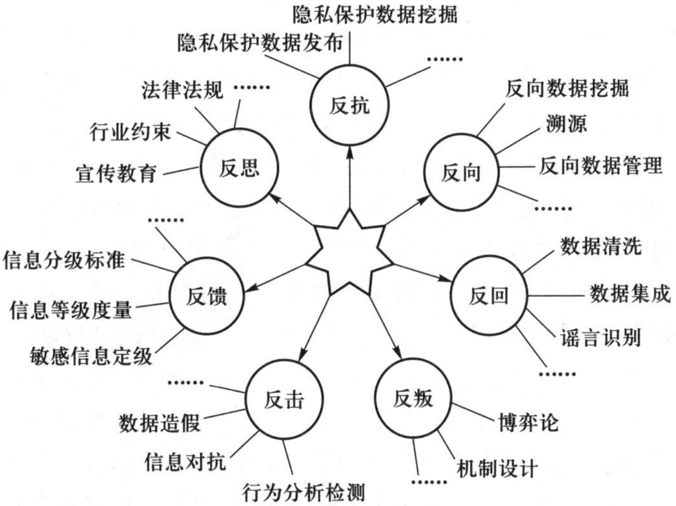

图 14-1 反挖掘研究框架

(5) 反馈(feedback):该类研究主要解决与信息分级相关的问题,包括分级标准的制定、信息等级的度量、敏感信息阈值的设定等,并考虑如何通过引入反馈机制等手段实现自适应的信息分级管理。

(6) 反击(counter):该类研究主要考虑如何用技术手段对不当的敏感数据使用行为进行惩罚,涉及行为分析检测、数据造假、信息对抗等内容。

(7) 反思(introspect):该类研究主要考虑如何运用非技术手段(如法律法规、行业公约等)引导公众和数据挖掘的相关行业对敏感数据和敏感信息实施保护。

上述 7 个方面的研究构成了反挖掘的基本框架,下一节将分别对这 7 个方面的研究现状进行介绍。

14.1.3 研究现状

1. 反抗

为避免数据中的敏感信息被有不良意图的使用者发现或利用,最直接的办法就是修改数据。如何修改数据才能既使敏感信息得到保护,又使数据使用者充分发掘数据的潜在价值,这是反抗研究要解决的主要问题。根据数据的使用方式,可将数据使用者分为两类:一类是数据发布者(data publisher),一类是数据挖掘者(data miner)。与这两类使用者相对应,以下两类研究构成了反抗研究的主体:一类是隐私保护数据发布,另一类是隐私保护数据挖掘。

（1）隐私保护数据发布

数据发布者从数据提供者处收集到的原始数据中通常含有数据提供者的敏感信息。在把数据发布给第三方之前，数据发布者需通过匿名化（anonymization）等手段对原始数据进行处理，以使发布的数据既不会泄露隐私又有一定的实际用处，即数据发布者需实现面向隐私保护的数据发布（privacy preserving data publishing，PPDP）。匿名化后的数据能否有效保护个体的敏感信息，这与数据表发布之后可能遇到的攻击类型有关。PPDP 主要考虑两种类型的攻击：一类是链接攻击（linkage attack），即攻击者将从外部数据得到的个人记录与发布数据的记录、敏感属性或者数据表本身进行连接，进而确定发布数据中与攻击对象匹配的记录；另一类是概率攻击（probabilistic attack），即攻击者有足够的背景知识，使其能以很高的概率判断发布数据中是否存在与攻击对象对应的记录，又或者能以很高的概率推断出攻击对象敏感属性的取值。针对不同的攻击类型，研究者们提出了多种隐私模型（privacy model），典型的模型包括 k 匿名模型（可抵御记录链接攻击）、l 多样性模型（可抵御记录链接攻击和属性链接攻击）、t 逼近模型（可抵御属性链接攻击和概率攻击）等。文献[8]对现有的各种隐私模型和相对应的匿名化算法进行了较全面的总结。

（2）隐私保护数据挖掘

Agrawal 和 Srikant 在文献[2]中首次提出了隐私保护数据挖掘（privacy preserving data mining，PPDM）的概念。PPDM 主要考虑两个层面的问题：一是敏感原始数据的保护，研究在原始数据不准确的情况下，如何使挖掘算法仍能得到正确的挖掘结果；二是敏感信息的保护，研究如何使数据中的敏感信息不被数据挖掘算法发现。目前研究者们已经提出了多种 PPDM 技术，如匿名化技术、随机化技术、数据阻塞技术、几何变换技术、安全多方计算技术等。文献[8,9]对各类 PPDM 算法进行了全面细致的介绍。需要指出的是，虽然 PPDP 和 PPDM 的目标都是保护隐私，但二者的侧重点不同：PPDP 主要研究如何通过匿名化手段以避免个体身份及其敏感属性的曝光，PPDM 主要研究如何在数据挖掘过程中隐藏敏感数据和敏感信息；PPDP 不用考虑发布的数据将会用于何种数据挖掘操作，而 PPDM 通常与特定的挖掘算法密切相关。例如，数据阻塞技术主要用于隐藏敏感的关联规则，几何变换技术主要应用于聚类算法，安全多方计算技术主要针对分布式数据挖掘。

PPDP 和 PPDM 可视为解决敏感数据有限使用问题的主要途径。现有研究通常用隐私保护程度和数据效用这两个指标来评价 PPDP 和 PPDM 算法，我们也可以将这两个指标当作对“有限”这一概念的定量描述。隐私保护程度可以理解为一种对“不确定性”（uncertainty）的度量，即从修改后的数据推导出原始数据的可能性有多大。目前研究中使用的度量方法通常与算法的类型有关[8],例如,k 匿名、l 多样性、t 逼近这些匿名化模型中的参数(k、l、t)可以看作是对隐私保护程度的要求,基于随机化的 PPDM 方法可用信息熵(entropy)来度量隐私,以隐藏关联规则为目的的 PPDM 算法可以用挖掘结果中敏感规则的数目来度量隐私保护程度。为了度量数据效用的保持程度,可直接对比修改前后的数据,如匿名化算法可通过比较属性的泛化层次来度量数据效用的损失,也可通过数据的使用结果进行间接的度量,如通过分类准确率来评估数据效用。

不论是隐私保护程度还是数据效用,目前的研究还没有给出广泛认可的评价标准。不可否认,这两个指标的度量都与数据类型和应用场景有关,但仍有必要研究具有一定普适性的度量方法,这样在实际应用中,就可以用统一的标准评价各种算法的优劣,找出最适合当前问题场景的算法。评价标准的建立也有助于对现有算法进行改进,使之能更好地实现隐私与数据效用的平衡。

2. 反向

给定某一信息,找出该信息的根源,这是“反向”研究要解决的基本问题。这里的根源有两重含义,一是指在经过某种挖掘过程后能产生当前信息的数据,二是指数据流动或信息传播路径上的源头。与前者对应的“反向”研究主要指反向数据挖掘,将这一反向过程与 PPDM 相结合可以更好地解决敏感数据的有限使用问题;与后者对应的“反向”研究主要指溯源,这一反向过程有助于我们对数据质量和信息真实性做出判断。

(1) 反向频繁项集挖掘

Mielikäinen 在文献[10]中首次讨论了反向频繁项集挖掘(inverse frequent itemset mining,IFM)的问题,该问题的基本描述如下:给定一个频繁项集及其对应支持度(support)的集合,找到一个事务数据集,使该数据集能够精确地满足给定集合中的所有频繁项集及其对应的支持度,而其他项集的支持度小于给定的支持度阈值。IFM 可以理解为频繁项集挖掘的逆问题,但这一问题的求解却比频繁项集挖掘困难得多。Mielikäinen 已经证明,确定是否存在一个满足给定频繁项集约束的数据集,或者找到一个数据集满足给定的频繁项集集合是 NP 完全问题。目前研究者们已提出了若干种近似求解该 NP 问题的方法,如基于线性规划的方法[11]、基于 FP-tree 的方法[12]等,如何尽可能地减少计算开销是这类研究关注的重点。频繁项集挖掘是关联规则分析中的一个重要步骤,因而反向频繁项集挖掘有助于实现敏感关联规则的隐藏。通过 IFM 实现敏感关联规则隐藏的一种典型方式如下[13]:首先在原始事务集上进行频繁项集挖掘,确定敏感关联规则,然后删除敏感关联规则对应的频繁项集,再通过反向频繁项集挖掘生成新的事务数据集。在这一新的数据集上进行挖掘,敏感的关联规则自然不会出现在挖掘结果中。反向频繁项集挖掘是频繁项集挖掘的逆过程，很自然地我们会想到：对于任意一种数据挖掘算法，其反向过程是什么？仿照反向频繁项集挖掘问题的描述，我们可以用如下方式定义反向数据挖掘问题：给定一种数据挖掘算法 A，给定一组挖掘结果 I，找到一个数据集 D，使在 D 上执行 A 能够得到 I。目前除了频繁项集挖掘我们尚未见到其他挖掘算法的反向研究，其原因可能有两方面：首先，反向问题的计算复杂度太高，仅频繁项集挖掘这一基本的挖掘问题，其反向问题的求解都十分困难，像 IFMs 那样通过增加合理的约束对问题进行简化，这可能是现阶段研究反向问题最可行的一种思路；其次，反向问题自身的存在性和合理性还有待进一步考察，比如对于贝叶斯分类这一典型的数据挖掘算法，在已知分类结果的情况下，是否有必要了解分类器使用的训练集，或者是否需要重新定义与分类问题相对应的反向挖掘问题，这些问题在现有的研究中还鲜有涉及。鉴于反向频繁项集挖掘在保护敏感挖掘结果中的重要作用，我们认为研究更一般的反向挖掘问题是有必要的。如果对各类典型的数据挖掘问题都能给出其反向问题的确切描述，并找出可行的求解方法，那么在执行不同的数据挖掘任务时，都可以借助反向数据挖掘重新生成不会泄露敏感信息的数据，这相当于从原始数据中挑选出不敏感的部分用于挖掘，实现了对数据的有限使用。

（2）数据溯源

溯源，即追本溯源，探寻事物的根本、源头。信息科学领域中的溯源主要是指能够帮助我们了解数据历史状态和演变过程的信息，即数据溯源（data provenance）。例如网络上一段视频的溯源可能包含如下信息：该视频最初由何人在何时创作，最初发布于何处，之后有哪些人访问，被何人转载于何处，是否经过重新编辑等。这些溯源信息有助于我们对数据质量和信息真实性做出评估。数据溯源的研究开始于 20 世纪 90 年代，在数据库和工作流（workflow）领域的应用最为广泛[14]。鉴于互联网已成为当前人们分享数据和信息的主要平台，语义网、社会化媒体（social media）中的溯源问题也得到了一些研究者的关注[15,16]。数据库、工作流环境中的溯源研究已有较长的历史，而互联网环境特别是在线社会化网络中的溯源研究目前还停留在初步的理论阶段。互联网的开放性、自由性和匿名性给网络信息溯源带来了巨大的挑战。另外，为了在实际的信息系统中推广溯源技术，还至少需解决以下几个问题。首先是标准问题，给定一种数据类型，溯源信息中应当包含哪些内容，通过什么样的方式发布和访问这些溯源信息，目前还没有统一的规范。当前跨系统的数据交互越来越频繁，为了避免在获取溯源信息的过程中遇到障碍或对信息的理解产生歧义，建立统一的溯源标准十分必要。其次是溯源信息的创建问题，如何在数据转换、传播的过程中自动地生成或修改溯源信息,目前还没有很好的解决方法。再次是溯源信息的存储问题,溯源信息本质上是一种元数据,当数据规模较大或需要提供细粒度的溯源时,若用大量的存储空间来存储这些元数据,会降低溯源信息的查询效率。也就是说,溯源信息的存储方式会直接影响溯源系统的可扩展性,而在当前的大数据背景下,可扩展性问题必须得到妥善解决。

3. 反回

数据质量和信息真实性是反挖掘研究重点关注的问题之一。数据溯源可以为数据质量或信息真实性的评估提供一些辅助信息。除此之外,还有哪些手段可用于分析数据或信息的质量,以及如何使失真的数据、信息恢复原始的或正常的状态,这是反回这类研究主要考虑的问题。数据清洗、数据集成、虚假信息的识别都可以纳入反回的研究范围中。

(1) 数据清洗与数据集成

数据清洗,顾名思义就是要去除影响数据质量的“脏数据”。所谓脏数据主要指不一致、不准确或陈旧的数据,以及人为造成的错误数据等。作为提高数据质量的一种重要手段,数据清洗在数据仓库、数据挖掘、数据管理等领域被广泛地研究和应用[17]。尽管已有较长时间的研究历史,目前数据清理仍存在一些待解决的问题,如非结构化数据的处理、与数据挖掘算法的配合、清洗方案的通用性等。随着数据规模的增加、数据类型的复杂化和数据业务的多样化,脏数据的检测和修正愈发困难,与之相应的数据清洗技术也需不断革新。除了数据清洗,数据集成也是一种提高数据质量的重要途径。数据集成将互相关联的分布式异构数据源集成到一起,给用户提供统一的接口来访问数据。文献[18]较全面地介绍了与数据集成相关的研究内容,包括数据映射、数据转换、查询重写、模式匹配、XML数据集成、Web数据集成等。与数据清洗类似,方法的通用性和可扩展性也是当前数据集成研究面临的主要问题。我们可以从恢复数据原始状态这一角度来理解数据清洗与数据集成的区别:数据清洗通过清除脏数据使数据恢复到原始状态;对于数据集成,我们可以将多个数据源中的全体数据之和当作数据的原始状态,把每个数据源独自拥有的数据当作原始数据的一个片段,数据集成的作用可理解为在相互关联的数据片段间建立联系,使数据的完整性得以恢复。

(2) 识别虚假信息

为避免被虚假信息误导,在使用由他人提供的数据挖掘结果之前,有必要对信息的真实性进行判断。尽管目前尚未有研究专门讨论如何判断数据挖掘的结果是否真实可靠,但我们可以从现有的关于谣言识别的研究中借鉴一些思路。

目前多数研究[19-21]采用机器学习的方法来完成谣言识别的任务，这就涉及以下两个问题：一是训练数据的获取，现有的研究主要通过搜集一些已被官方证实的微博谣言作为训练数据中的正样本。与海量的微博数据相比，这类样本的数量实在有限。构建一个有足够规模的微博谣言数据集，这是当前亟待完成的一项工作。二是分类特征的选取，与内容相关的特征、与用户相关的特征、与网络相关的特征都可以用来描述一条微博（如表 14-1 所示）。究竟是哪些特征使谣言与非谣言有所区别，这也是当前研究者们正不断探索的一个问题。蒋盛益等人在文献[22]中对微博信息可信度分析的研究进展进行了综述，并指出可信度的分析需要自然语言处理、社会网络分析、机器学习、数据挖掘等几类技术的支撑。如何将这几类技术运用于数据挖掘结果的可信度分析，这也是反回这类研究需重点考虑的问题。进一步地，能否借助这些技术对错误的挖掘结果进行自动修正，关于这一问题目前的研究还没有给出明确的解答，相关的研究工作有待开展。

表 14-1　微博谣言识别中使用的特征

内容特征	单词，词性，内容长度，特殊标点符号（问号、感叹号），情感词，“@”出现的次数，URL 个数，话题标签（hashtag）个数，是否是转发微博
用户特征	是否认证，有无个人简介，粉丝数，好友数，注册时间，注册地点，累计发表微博的数目
网络特征	评论次数，转发次数
其他	发表微博使用的客户端类型，微博描述事件的发生地点，与其他微博的相似性，微博中多媒体内容（图片、视频等）的关键信息，同一主题中各类特征的分布

4. 反叛

在利益驱动下，数据挖掘场景中可能出现“反叛”行为——某些参与者为了谋取额外利益，不按事先约定的协议使用数据，结果使其他参与者的利益遭受损害。在反挖掘框架中，“反叛”这类研究主要考虑如何用博弈论的方法分析数据挖掘涉及的利益权衡问题。博弈论是一种研究具有斗争或竞争性质现象的数学理论和方法，在众多领域中均有应用。在数据挖掘领域，目前已有研究者提出用博弈论的方法分析安全多方计算、数据匿名化、推荐系统中涉及的隐私问题[23-27]。通过分析现有的这些研究，我们可以总结出使用博弈论解决问题的基本范式：

- 定义博弈模型的基本要素，包括参与人、策略、收益等；

- 确定博弈的类型：静态博弈或动态博弈，完全信息或不完全信息；
- 求解博弈，寻找均衡；
- 仿真验证分析。

表 14-2 列出了博弈论在数据挖掘研究中的应用，总结了一些代表性研究中

表 14-2 博弈论在数据挖掘研究中的应用

<table>
<tr><th colspan="2">应用场景</th><th>参与人</th><th>策略</th><th>收益</th><th>博弈类型</th><th>均衡分析</th></tr>
<tr><td colspan="2">安全多方计算[23]</td><td>安全多方计算所有参与者</td><td>共谋，非共谋</td><td>取决于多方计算结果，参与共谋可获得额外收益</td><td>完全信息静态博弈</td><td>在实际的安全多方计算场景中，若没有惩罚机制，参与人倾向于共谋</td></tr>
<tr><td rowspan="2">隐私保护分布式数据挖掘[24]</td><td>第一阶段</td><td>数据挖掘所有参与者</td><td>准诚信攻击，蓄意攻击</td><td>取决于能否得到正确的挖掘结果；蓄意攻击有可能获得独享的收益</td><td>完全信息静态博弈</td><td>在一定条件下，准诚信攻击策略是一个帕累托最优的纳什均衡策略</td></tr>
<tr><td>第二阶段</td><td>数据挖掘所有参与者</td><td>共谋，非共谋</td><td>取决于能否得到正确的挖掘结果；参与共谋有可能获得额外收益</td><td>完全信息静态博弈</td><td>在准诚信攻击的假设下，参与者（多方）的非共谋策略并不是一个纳什均衡策略</td></tr>
<tr><td colspan="2" rowspan="3">隐私数据收集与数据匿名化处理[25]（数据收集者从数据提供者处收集数据，进行匿名化处理后出售给数据使用者）</td><td>数据提供者（多个）</td><td>提供数据，不提供数据</td><td>数据收集者支付的报酬</td><td rowspan="3">完全信息动态博弈</td><td rowspan="3">数据收集者和数据使用者在匿名化参数选择上达成一致</td></tr>
<tr><td>数据收集者</td><td>给数据提供者支付一定的报酬</td><td>收入：来自数据挖掘
支出：支付给数据提供者的报酬</td></tr>
<tr><td>数据挖掘者</td><td>指定数据匿名化程度，按一定价格从数据收集者处购买数据</td><td>收入：通过数据挖掘所得的收益
支出：支付给数据使用者的费用</td></tr>
</table>

续表

应用场景	参与人	策略	收益	博弈类型	均衡分析
k 匿名[26]	数据表中的记录	与具有相同准标识符的记录结成联盟(分为一组)	与准标识符在概念层级树(concept hierarchy tree)中的高度有关	联盟博弈(coalitional game)	根据博弈分析结果构造匿名表中的等价类(equivalent class)
推荐系统[27]	参与推荐的所有用户	向系统提供(可能)与真实不符的评分向量	推荐结果的质量有一定程度的下降,隐私得到最大限度的保护	完全信息静态博弈	每个用户只虚报某一特定产品的评分,该产品与应推荐给该用户的产品的相关度最小

提出的博弈模型和通过分析纳什均衡得出的结论。上述研究范式看似简单,但要为复杂的现实问题构建博弈模型并不容易。为了用博弈论进行分析,通常需要做出一系列假设。不合理的假设或假设太多都会影响博弈模型的适用性。如何提高模型的合理性,如何增强博弈分析对实际数据挖掘应用的指导作用,这是当前应用博弈论研究需重点考虑的问题。

5. 反馈

为了对敏感信息的使用进行有效的管理控制,建立信息分级管理体系是有必要的。在反挖掘框架中,我们将与信息分级相关的若干研究归入反馈这一类别。目前关于信息分级的研究主要集中于信息安全等级保护[28]。信息安全等级保护主要包括以下三方面内容:对存储、传输、处理信息的信息系统分等级实行安全保护;对信息系统中使用的信息安全产品实行按等级管理;对信息系统中发生的信息安全事件分等级响应和处置。

为了指导信息系统安全等级保护工作的开展,一般由国家标准化管理部门或其他相关政府机构进行调查、评估和研究,制定一系列标准或指南,如美国国家标准与技术研究所(NIST)颁布的 FIPS 199《联邦信息和信息系统安全分类标准》、源自英国标准协会的《信息安全管理实用规则》(ISO/IEC27001)、中国的《计算机信息系统安全等级保护划分准则》(GB 17859—1999)和《信息安全事件分类分级指南》(GB/Z 20986—2007)等。现有的这些标准可以为信息的分级管理提供宏观层面的指导,但在特定的应用场合中,这些标准可能会因过于笼统而给实际操作带来麻烦。另外,考虑到“敏感信息”这一概念本来就是应用相关(application-dependent)的:不同领域、不同应用场合中的敏感信息有着不同的内涵。因此,不同于传统的信息系统安全等级保护,面向敏感信息的信息分级管理体系必须具备一定的自适应性,即能够自动地确定最适合当前应用场景的分级体系。为了满足这一自适应调整的需求,我们认为有必要在信息分级管理系统中引入"反馈"机制,我们将在下一小节具体讨论反馈机制的应用方式。

6. 反击

尽管反挖掘研究主要关注的是如何保护敏感数据,但对于有不当行为的数据使用者,研究如何对其进行惩罚也是有必要的。也就是说,在与数据使用者的交互中,数据提供者不仅要懂得如何防守,还要知道如何反击使用者的不当行为。反挖掘框架中的反击研究主要包括两方面的内容:一是行为监测与分析,目的在于发现数据使用者的不当行为;二是数据修改,目的在于得到能给数据使用者利益造成损失的数据。

(1) 行为监测与分析

在计算机系统安全与网络安全领域,研究者们提出了很多检测攻击、入侵或其他安全威胁的方法。但对于不当的数据与信息使用行为,目前还很难做到及时发现。数据提供者通常无法对数据使用者的行为进行监测,多数情况下只能通过举报等途径发现数据使用者的不当行为。数据泄露是导致数据提供者隐私遭到侵犯的主要原因。美国电信公司 Verizon 从 2008 年开始每年发布一份数据泄露调查报告,其 2013 年发布的报告①指出:约 70%的数据泄露事件是由外部各方发现之后才反过来通知受害者,约 66% 的数据泄露事件经过数月甚至更长时间才为受害者察觉。由此可见,研究面向数据使用行为的监测分析手段是当前急需解决的一个问题。

(2) 数据修改

在前面的反回部分我们提到过,脏数据会阻碍数据挖掘的正常进行,需要从数据中清除。但从反击的角度来看,脏数据却是数据提供者惩罚数据使用者的有力武器。苹果公司拥有一项名为 Pollute Electronic Profiling② 的专利,该专利描述了一种通过制造假数据保护个人隐私的技术。该技术为真实的网络用户提供一个克隆身份,然后用这个克隆身份自动地进行大量的网络活动。如果用户使用了这一技术,那么数据挖掘者在进行用户行为分析时便会遇到麻烦,因为此时用户的行为数据中掺杂了大量由克隆用户制造的假数据。

事实上,数据的任何改变都可能使数据分析的结果发生变化,因此对数据提

① 2013 数据失窃调查报告 [EB/OL], http://www.verizonenterprise.co/resources/reports/es_data-breach-investigations-report-2013_zh-cn_xg.pdf 2013,4

② Apple gets privacy-protecting data pollution patent [EB/OL], http://www.digitaltrends.com/computing/apple-gets-privacy-protecting-data-pollution-patent/ 2012,6,24

供者来说,最简单的反击方式就是任意地、大幅度地修改自己准备提供的数据,以使数据挖掘者得到无意义的甚至是与真实情况相悖的结果。如果数据提供者需要与数据使用者保持长期的合作关系,那么在改造数据时数据提供者还必须注意控制对数据挖掘者的惩罚力度,即不能使挖掘结果偏离真实情况太远。如何修改数据才能产生预期的惩罚效果?目前我们尚未在相关研究中看到关于这一问题的讨论,不过之前在反回部分提到的反向数据挖掘以及反叛研究中博弈论的应用都可以为该问题的解决提供一些借鉴。

7. 反思

前面讨论的各类研究主要是从技术层面考虑如何解决第 14.1.1 节中提出的几个关键问题。为了更有效地对敏感数据、敏感信息的使用行为进行管理约束,法律法规等非技术手段的使用也是十分必要的。不断发生的信息安全事件提醒我们需要对当前数据的使用、管理、保护方式进行反思:立法机构需进一步完善相应的法律法规;信息安全监管部门需制定详细的信息使用行为指南;数据挖掘的相关行业需建立明确的操作规范,形成行业约束机制;宣传教育部门需加强信息安全的宣传力度,培养公民的信息安全意识。

14.1.4　未来研究方向

反挖掘框架中的七类研究涵盖了多个研究主题,在上一节中我们总结了这些研究当前的进展。可以看到,第 14.1.1 节提出的关键问题目前已得到不同程度的解决。为了构建更有效的敏感信息保护方案,未来反挖掘的研究需关注以下几个方向:

1. 个性化隐私保护

PPDP 和 PPDM 提供了在保护隐私的前提下使用敏感数据的方法。当前大多数研究考虑的隐私保护都是统计意义上的,即所有个体的隐私得到同等程度的保护。但现实情况是,不同个体对隐私的理解不同(如有的人认为个人收入是隐私,有的人却不这么认为),对隐私的重视程度也不同。用统一的标准来判断不同个体的隐私是否得到有效保护是不合适的。在度量隐私保护程度时注意保持隐私的个性化特征,在此基础上研究修改数据的方法,这是 PPDP、PPDM 等反抗研究的主要发展方向。目前已有部分研究者提出了个性化的数据匿名方法[29,30],但这些方法适用的情况有限,且仍处于理论探索阶段,是否可在实际中应用还有待进一步验证。除了改进现有的个性化匿名方法,如何让更多类型的 PPDM 算法支持个性化的隐私保护,这是未来研究需要关注的问题。

2. 数据定制

前文提到过,为隐藏数据挖掘结果中的敏感信息,可通过反向频繁项集挖掘等反向挖掘方法重新生成不会泄露敏感信息的数据。通过反向数据挖掘可以定制与特定挖掘结果相对应的数据，这种数据定制既可用于隐藏特定的敏感信息，也可用于反击数据挖掘者的不当行为——若希望数据挖掘者得到某一错误的挖掘结果，数据提供者可根据该结果反向挖掘出满足需求的数据。

Meliou 等人[31]提出了反向数据管理（reverse data management，RDM）的概念。RDM 涵盖了许多重要的数据库问题，如逆映射（inverse mapping）、数据生成（data generation）、视图更新（view update）、基于约束的修复（constraint-based repair）等。这些问题的共同之处在于它们都是根据一个预期的输出结果构造输入数据或修改已有的输入数据。与反向数据挖掘类似，我们也可以借助 RDM 实现对敏感信息的保护和对数据使用者的惩罚。总之，当我们对数据的使用结果有比较明确的要求时，就可以考虑根据预期的结果来定制所需的数据。如何求解这种从输出推导输入的反向问题是未来反挖掘研究的重点之一。

3. 面向数据挖掘的溯源

一个完整的数据挖掘过程包括数据收集、数据预处理、挖掘、挖掘结果分析、知识应用等几个阶段。如果将这一过程视为一种数据演化过程，并通过溯源记录该过程中数据所有权（ownership）的变化和数据历经的处理（process），那么当发生数据泄露、敏感信息被篡改等信息安全事故时，就可以通过溯源信息找出事故根源，在此基础上研究整治措施。可以认为，溯源给我们提供了一种监测数据挖掘过程的途径，因此在未来的反挖掘研究中，针对各类数据挖掘应用研究可行的溯源技术、溯源机制是很重要的。

Glavic 等人在文献[32]中初步探讨了面向数据挖掘的溯源，他们主要关注如何通过溯源来解释数据挖掘的结果。例如，给定一个数据集和一个挖掘结果，溯源主要是指数据集中对该挖掘结果产生影响的部分以及挖掘算法的参数设置。在反挖掘框架中，我们更关注如何通过溯源了解“不正常”挖掘结果（如不应出现的敏感信息、错误的挖掘结果等）产生的原因和过程。不同于传统的数据库和工作流领域，面向数据挖掘的溯源可能需要更多地考虑与挖掘算法相关的因素。因此，除了思考如何将当前已有的溯源方法移植到数据挖掘应用中，未来研究中还需要开发新的溯源模型，探讨数据挖掘过程中溯源信息的获取、存储及使用方式。

4. 机制设计

在前面反叛部分介绍的博弈研究多是讨论这样一个问题：将不同利益相关者之间的交互建模为某种博弈规则，然后分析博弈的均衡。但我们在反挖掘框架中研究博弈论的目的不在于分析博弈的均衡状态，而在于设计一套能够促使数据使用者遵守协议、降低反叛行为发生概率的方案，也就是说，我们需要在博弈建模分析的基础上进行机制设计的研究。所谓机制设计[34]，是指设计者为了实现一定的目标而设计出一个博弈形式，让参与者在这个博弈形式下进行博弈。机制设计者由于缺乏能直接决定结果的信息（这些信息是参与者的私人信息），所以只能通过设计博弈形式达到特定的结果。

在分布式数据挖掘中，提供假数据是一种典型的"反叛"行为。为了鼓励参与者提供自己的真实数据，Kantarcioglu 和 Nix 设计了两种机制[33]，一种是 VCG（vickrey-clarke-groves）机制，一种是基于 shapley-value 的机制。Kantarcioglu 和 Nix 的研究成果表明机制设计确实可以有效地阻止数据挖掘中的反叛行为，因此在未来的反挖掘研究中，我们有必要在机制设计方面开展更深入的研究。

5. 自适应的信息分级管理

信息敏感程度的判断通常需结合具体的应用场合，因此以保护敏感信息为目的而建立的信息分级管理体系应能适应不同的应用场合。随着信息环境的日益复杂和信息管理自动化需求的增加，未来的信息分级管理系统应具有较强的自适应能力。参考当前信息安全等级保护体系的建立，可以通过在以下 3 方面研究中引入合适的反馈机制来实现分级管理系统的自适应调整。

（1）信息分级标准

信息分级标准定义了信息的层级结构以及每一级信息允许的操作。我们可以先为某一领域的信息或某一类应用建立一套基本的、可扩展的分级标准，然后在具体应用中通过如下方式进行自适应的调整（如图 14-2（a）所示）：构建一个可以对分级管理体系的有效性进行评价的系统，以信息分级标准、当前应用场景的特征描述作为系统的输入，建立一种反馈机制，使系统根据有效性的评价结果（系统输出）自动地确定是否需要及如何扩展（或简化）当前的信息分级体系。

（2）信息等级度量

给定一个分级标准，一条信息 I 在该标准中对应的级别 $L(I)$ 由多个因素决定。例如，$L(I)$ 可按如下方式度量：

$$L(I)=f(o,i,p;\Theta), \tag{14-1}$$

其中 o,i,p 分别表示信息的所有者（owner）、信息的固有属性（intrinsic property）和信息的用途（purpose），Θ 反映了在给定应用场景中，不同因素会对信息的敏感性产生何种程度的影响。为了使这一度量能更好地适应应用场景的变化，同样可以引入反馈机制（如图 14-2（b）所示）：建立一个对 $f(\cdot)$ 的合理性进行评估的系统，以度量参数 Θ、应用场景的特征描述、待度量的信息集合 $\{I\}$ 作为系统的输入，根据合理性评估结果（系统输出）对 $f(\cdot)$ 的参数进行调整。

（3）敏感信息阈值

给定信息分级标准和信息等级度量方法，可以用一个阈值来判断信息是否

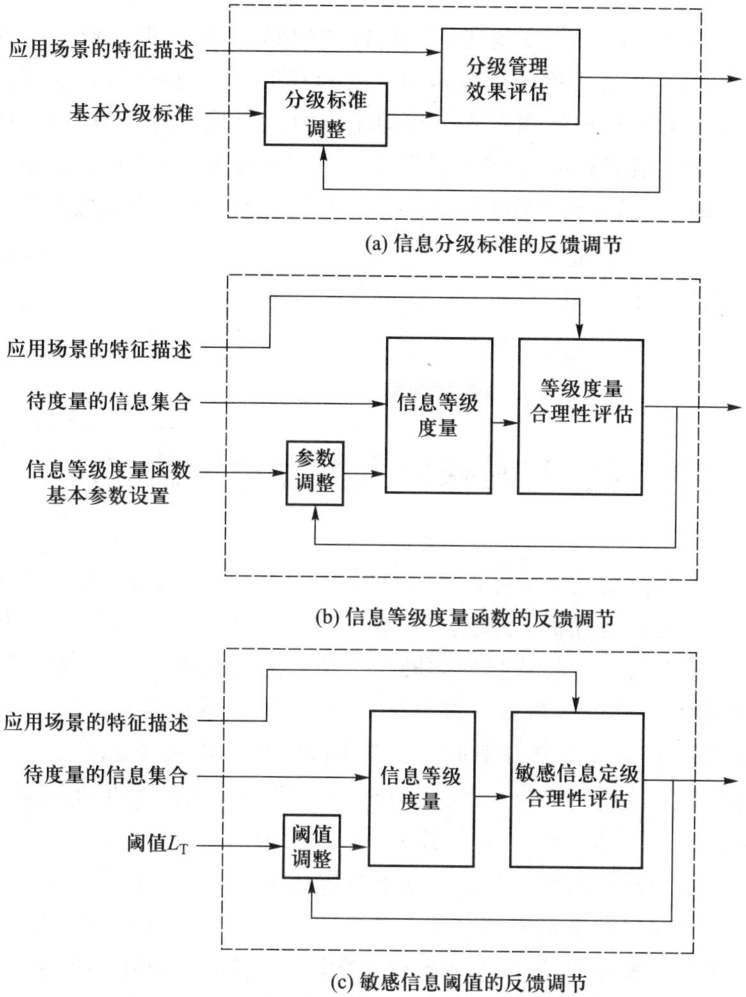

图 14-2　信息分级管理中的反馈

是敏感的，即如果 $L(I) \geqslant L_T$ 则认为 I 是敏感信息。阈值 L_T 可以人为设定，但更合理的做法应是由信息系统根据当前的环境特征自动确定一个合适的取值。阈值的自动化调整可以通过如下的反馈机制实现（如图 14-2（c）所示）：建立一个可以对信息等级进行度量并能评估 L_T 合理性的系统，以阈值 L_T、应用场景的特征描述、待度量的信息集合作为输入，根据合理性的评估结果（系统输出）调整 L_T 的取值。

上面提到的 3 种反馈机制仅是一些初步的设想，具体如何实现还需进一步研究。除了使用反馈机制，还有哪些手段可用于实现自适应的信息分级管理，也是未来研究需要考虑的问题。

本节从 7 个不同的角度阐述了反挖掘的内涵,但反挖掘的研究不仅仅局限于这 7 个方面。随着数据挖掘技术的发展和各类新型应用的出现,反挖掘研究框架的内容也会不断扩展和深入。我们希望通过反挖掘这一命题,拓展对敏感信息保护问题的研究思路,推动相关理论和方法的创新,在此基础上整合各类研究,针对具体的数据挖掘应用开发实际的反挖掘系统,为敏感信息提供切实有效的保护。

14.2　博弈论在隐私保护数据发布中的应用

在上一节介绍反挖掘研究框架时提到过,对敏感数据、敏感信息使用过程中出现的利益冲突进行分析,寻找有效平衡各方利益的机制,这对于实现敏感信息的保护是很重要的。参与数据挖掘的每个用户包括数据提供者、数据收集者以及数据挖掘者等,都可从数据挖掘中获益,同时每个用户也需付出一定的成本。一般来说,用户都希望以尽可能低的成本获得尽可能高的收益,并且每个用户的行为都可能对其他用户的收益产生影响,这表明用户间的交互可建模为某种形式的博弈,可用博弈论的方法分析各个用户的行为。

博弈论是一种研究具有斗争或竞争性质现象的数学理论和方法[5,34]。参与者、行动、收益和信息是构成博弈的基本要素。在博弈过程中,每个参与者在特定的时间执行某种行动,进而得到收益。每个参与者的收益既与参与者自身的行动有关,也与其他参与者的行动有关。信息表示每个参与者掌握的关于其他参与者的行动、收益等博弈变量的知识。如果参与者总是以最大化自身收益为目标选择行动,则称该参与者是理性的。在给定信息条件下,一个参与者按照某种策略决定当前应当采取的行动,所有参与者的策略构成一个策略组合(strategy profile)。纳什均衡是博弈论中十分重要的一个概念。所谓纳什均衡指的是这样一种策略组合:在给定其他用户策略的条件下,用户选择的是能够最大化其收益的策略。换言之,用户单方面地改变策略不会带来更高的收益,因此所有用户都不会改变当前策略,博弈处于一种相对稳定的状态。博弈论已经成功应用于经济学、社会学、计算机学等各个领域。在 14.1.3 节我们也列举了一些用博弈论的方法分析数据挖掘中隐私问题的研究。

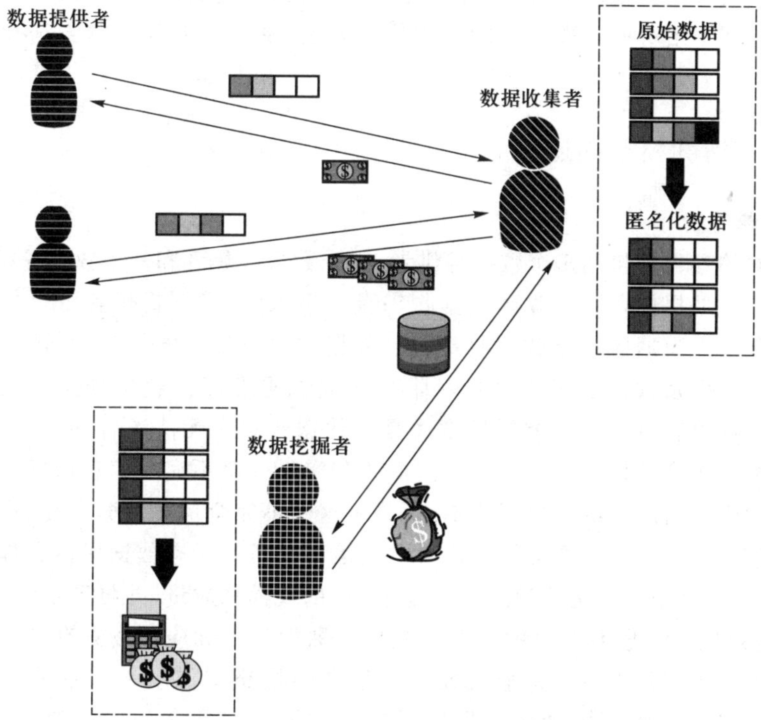

图 14-3 典型的个人数据收集-发布场景

在本节中,我们参照文献[25]的研究思路,用博弈论的方法对个人数据收集-发布中的用户交互进行分析[35]。具体地,考虑如图 14-3 所示的场景:数据挖掘者需要从数据收集者那里购买数据集;数据收集者收集多个数据提供者的数据,并对收集到的原始数据进行匿名化处理;数据提供者根据数据收集者承诺的报酬和隐私保护程度来决定是否提供个人数据。在这一场景中,数据挖掘者通过挖掘数据而获利,因而数据挖掘者希望数据收集者尽量降低数据的匿名化程度,从而使数据效用得到尽可能的保持。但对于数据提供者来说,较高的匿名化程度意味着其隐私可以得到较好的保护,因此数据提供者希望数据收集者能增强数据匿名化的程度。数据收集者在对数据进行匿名化处理时需同时顾及数据挖掘者和数据提供者的需求。我们将数据挖掘者、数据收集者和数据提供者之间的交互建模为一个序贯博弈,然后运用反向归纳法(backward induction)分析该博弈对应的子博弈精炼纳什均衡[5]。在文献[25]提出的博弈模型中,数据的匿名化程度最先是由数据挖掘者指定的。在这里的博弈模型中,数据的匿名化程度由数据收集者决定,数据挖掘者不直接指定匿名化程度而是向数据收集者提出其对数据效用的要求，这种建模方式更符合实际情况。接下来的几个小节将分别介绍所提博弈模型的基本构成要素、博弈均衡的求解方法和仿真分析结果。

14.2.1　博弈模型描述

1. 参与者

博弈的参与者包括多个数据提供者、一个数据收集者和一个数据挖掘者。

(1) 数据提供者。在收到数据收集者的请求时，数据提供者可以自行决定是否将其个人数据提供给数据收集者。数据收集者支付的报酬、承诺实现的隐私保护程度以及数据提供者自身对隐私的重视程度都会影响数据提供者的决定。数据提供者对隐私的重视程度通常是数据收集者无法了解到的信息，这意味着数据提供者与数据收集者之间的博弈其实是一个不完全信息博弈。由于每个数据提供者对隐私的重视程度不同，分析这一不完全信息博弈是比较困难的。此处我们不单独分析每个数据提供者的决策而只考察所有数据提供者提供的数据总和 D_P。可用一个函数 $Q(\cdot)$来度量 D_P 的规模和质量，并将度量结果 Q_P 称为 D_P 的效用。函数 $Q(\cdot)$的形式与具体的数据类型和应用场景有关。对于一组给定的数据提供者，Q_P 完全由数据收集者的报酬支付水平和隐私保护程度决定。因此下面将不再考虑数据提供者与数据收集者之间的博弈，而重点关注数据收集者和数据挖掘者的交互，这一交互可以建模为一个信息完全的序贯博弈。

(2) 数据收集者。数据收集者从数据提供者处收集数据，并向提供者支付一定的报酬。为了保护数据提供者的隐私，数据收集者采用某种匿名化算法对收集到的数据集 D_P 进行处理。用 $\delta_C(0\leqslant\delta_C\leqslant1)$表示数据收集者实现的隐私保护程度。$\delta_C$ 取值越高，数据提供者的隐私越安全。在完成匿名化处理之后，数据收集者将处理过的数据集 D_C 出售给数据挖掘者。

(3) 数据挖掘者。数据挖掘者从数据收集者处购买数据集 D_C，然后在该数据集上执行数据挖掘算法。对于给定的数据挖掘算法，D_C 的效用决定了数据使用者可从挖掘结果中得到的收入。D_C 的效用 $Q_C=Q(D_C)$越高，数据挖掘者的收入就越高，同时其支付给数据收集者的购买费用就越高。为了得到有意义的数据挖掘结果，数据挖掘者会要求数据集的效用不得低于某个阈值 $Q_C=Q(D_C)$。换言之，当 $Q_C<q_M$ 时，数据挖掘者不会购买 D_C。

2. 收益

数据挖掘者通过在数据集 D_C 上进行数据挖掘而获益。数据挖掘者的收入函数定义如下：

$$Income_M = g(Q_C), \tag{14-2}$$

其中，$g(\cdot)$是 Q_C 的增函数。数据挖掘者的支出为

$$Expenditure_M = f_M(Q_C;\Theta_M), \tag{14-3}$$

其中，$f_M(\cdot;\Theta_M)$是一个以 Θ_M 为参数的函数。我们将 Θ_M 和数据效用阈值 q_M 的组合统称为数据使用者的报价。每一种报价对应于数据挖掘者的一种行动。数据挖掘者的收益函数定义如下：

$$G_M = g(Q_C) - f_M(Q_C;\Theta_M). \tag{14-4}$$

数据收集者的收入来自数据挖掘者购买数据时支付的费用。数据收集者的收入函数定义如下：

$$Income_C = f_M(Q_C;\Theta_M). \tag{14-5}$$

数据收集者的支出由两部分构成：

$$Expenditure_C = f_C(Q_P;\Theta_C) + C_C, \tag{14-6}$$

其中，$f_C(Q_P;\Theta_C)$ 表示数据收集者支付给数据提供者的报酬，且对于给定的参数 Θ_C，$f_C(\cdot;\Theta_C)$ 是 Q_P 的增函数；C_C 表示因存储数据及修改数据而产生的固定开销。数据收集者的收益函数定义为

$$G_C = f_M(Q_C;\Theta_M) - f_C(Q_P;\Theta_C) - C_C. \tag{14-7}$$

数据收集者对原始数据集进行匿名化处理以实现其承诺给数据提供者的隐私保护程度 δ_C。δ_C 取值越高，损失的数据效用越多。用 $T(\delta_C)$表示数据效用的损失，即

$$Q_C = Q_P - T(\delta_C), \tag{14-8}$$

将 Θ_C 和 δ_C 的组合称为数据收集者的报价，每一种报价对应于一种行动。

数据提供者提供的数据效用与数据收集者选择的行动有关，可用函数 $f_P(\cdot)$来刻画这两者之间的关系，即

$$Q_P = f_P(\Theta_C,\delta_C). \tag{14-9}$$

将式(14-8)和式(14-9)代入式(14-7)，可得

$$G_C = f_M(f_P(\Theta_C,\delta_C) - T(\delta_C);\Theta_M) - f_C(f_P(\Theta_C,\delta_C);\Theta_C) - C_C. \tag{14-10}$$

3. 博弈规则

博弈过程中，各参与者按如下顺序选择行动。首先，数据挖掘者向数据收集者提出一种报价 $O_M = \langle\Theta_M, q_M\rangle$。如果数据收集者不接受该报价，则博弈终止，双方均获得零收益。如果数据收集者接受该报价，则他接着向所有的数据提供者提出报价 $O_C = \langle\Theta_C,\delta_C\rangle$。在此之后，每个数据提供者自行决定是否接受数据收集者的报价。图 14-4 给出了该序贯博弈对应的博弈树。需要说明的是，数据提

供者对每一种行动序列($O_M=\langle \Theta_M, q_M\rangle$, $O_C=\langle \Theta_C, \delta_C\rangle$)的反应由式(14-9)确定，因而在博弈树中略去了数据提供者。

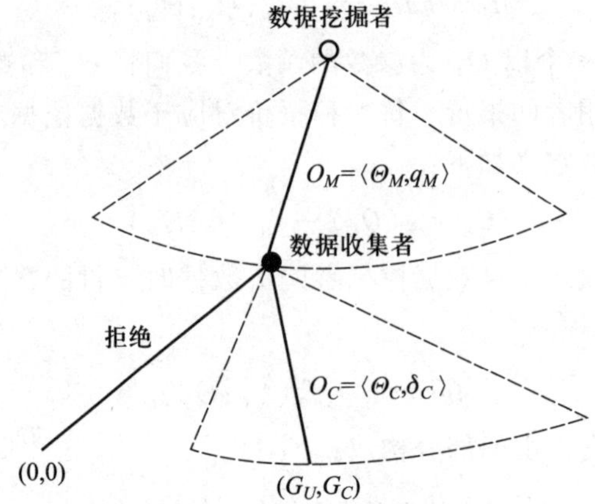

图 14-4　博弈树

14.2.2　子博弈精炼纳什均衡

我们将数据挖掘者和数据收集者之间的交互建模为一个完全信息序贯博弈。分析这类博弈的重点在于使用逆向归纳法找出子博弈精炼纳什均衡。

1. 数据收集者的均衡策略

根据前面定义的行动顺序，采用逆向归纳法求解均衡的第一步是分析数据收集者对数据挖掘者可能采取的每一种行动的最佳反应。给定数据挖掘者的报价 $O_M=\langle \Theta_M, q_M\rangle$，数据收集者通过求解如下的优化问题来确定自己的最佳行动：

$$\max_{(\Theta_C,\delta_C)}[f_M(f_P(\Theta_C,\delta_C)-T(\delta_C);\Theta_M)-f_C(f_P(\Theta_C,\delta_C);\Theta_C)-C_C], \tag{14-11}$$

s.t.

$$0\leqslant \delta_C\leqslant 1, \tag{14-12}$$

$$f_P(\Theta_C,\delta_C)-T(\delta_C)\geqslant q_M. \tag{14-13}$$

用 $O_C^*=\langle \Theta_C^*, \delta_C^*\rangle$ 表示上述问题的最优解，用 G_C^* 表示与之对应的数据收集者的收益。只有当 $G_C^*>0$ 时，数据收集者才会接受数据挖掘者的报价。因此，对于给定的 $O_M=\langle \Theta_M, q_M\rangle$，数据收集者的最佳反应为

$$BR_C(\langle \Theta_M, q_M\rangle)=\begin{cases}Reject, & G_C^*\leqslant 0,\\ Accept\ with\langle \Theta_C^*, \delta_C^*\rangle, & G_C^*>0.\end{cases} \tag{14-14}$$

2. 数据挖掘者的均衡策略

在确定了数据收集者对数据挖掘者每一种行动的最佳反应后,下面需确定数据挖掘者的均衡策略。数据挖掘者知道当其给出的报价 $O_M=\langle\Theta_M,q_M\rangle$ 被数据收集者接受时,数据收集者会接着向数据提供者给出报价 $O_C^*=\langle\Theta_C^*,\delta_C^*\rangle$,因而数据挖掘者可推算出自己的收益。换言之,数据挖掘者可通过求解如下的优化问题来确定自己的最佳行动:

$$\max_{\langle\Theta_M,q_M\rangle}[\tilde{g}(\Theta_M,q_M)-\tilde{f}_M(\Theta_M,q_M)], \tag{14-15}$$

其中,

$$\tilde{g}(\Theta_M,q_M)=g(f_P(\Theta_C^*,\delta_C^*)-T(\delta_C^*)), \tag{14-16}$$

$$\tilde{f}_M(\Theta_M,q_M)=f_M(f_P(\Theta_C^*,\delta_C^*)-T(\delta_C^*);\Theta_M). \tag{14-17}$$

用 $O_M^*=\langle\Theta_M^*,q_M^*\rangle$ 表示上述优化问题的最优解。

如果 O_M^* 和 O_C^* 都存在,那么前面建立的序贯博弈模型就存在两种子博弈精炼纳什均衡,即($\langle\Theta_M^*,q_M^*\rangle$,*Reject*)和($\langle\Theta_M^*,q_M^*\rangle$,$\langle\Theta_C^*,\delta_C^*\rangle$)。

14.2.3 分析示例:*k* 匿名

前面给出了博弈模型的描述和求解均衡的一般方法,这一小节假定数据收集者采用 *k* 匿名算法对收集到的原始数据进行处理,然后给出博弈模型中某些函数的明确定义,并在此基础上推导均衡策略的具体形式。

假定数据收集者收集到的原始数据集 D_P 可以表示为一个包含 N 条记录的数据表。每条记录由 M 个属性构成,且每个属性都可以取空值。假定数据提供者的总数是一个常量,记为 N_0。若每个数据提供者都提供了所有属性的取值,则数据收集者可得到效用为 Q_0 的数据集 D_0。一般情况下,D_P 是含有空值的,因而其效用 Q_P 低于 Q_0。D_P 中的空值越多,Q_P 与 Q_0 的差距越大。假定 Q_P 和 Q_0 具有如下关系:

$$Q_P=Q_0(1-pc_{null}), \tag{14-18}$$

其中,pc_{null} 表示 D_P 中空值的比例。由式(14-9)可知,Q_P 由数据收集者的报价确定,也就是说 pc_{null} 的取值由 Θ_C 和 δ_C 确定。此处为简化分析且不失一般性,假定数据收集者支付的报酬与数据效用成正比,即

$$f_C(Q_P;\Theta_C)=K_CQ_P, \tag{14-19}$$

其中,K_C 是一个取值大于 1 的常数。根据这一定义,可将 pc_{null} 写为

$$pc_{null}=f_{pc}(K_C,\delta_C). \tag{14-20}$$

考虑到 $0\leqslant pc_{null}\leqslant 1$ 且 pc_{null} 应随着 K_C 或 δ_C 的增加而减少,假定 $f_{pc}(\cdot)$ 具有如下形式:

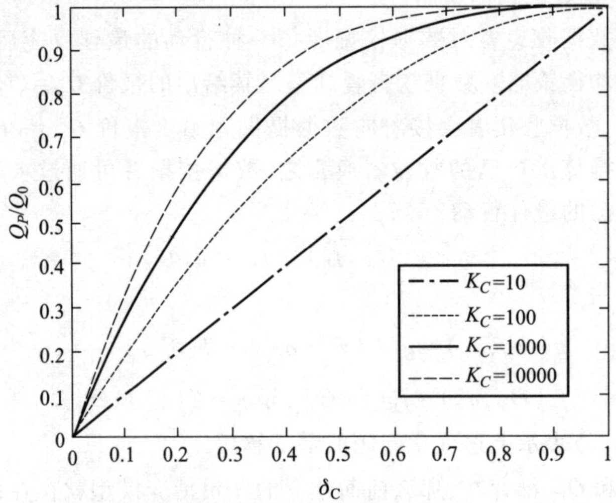

(a) 原始数据的效用与隐私保护程度之间的关系

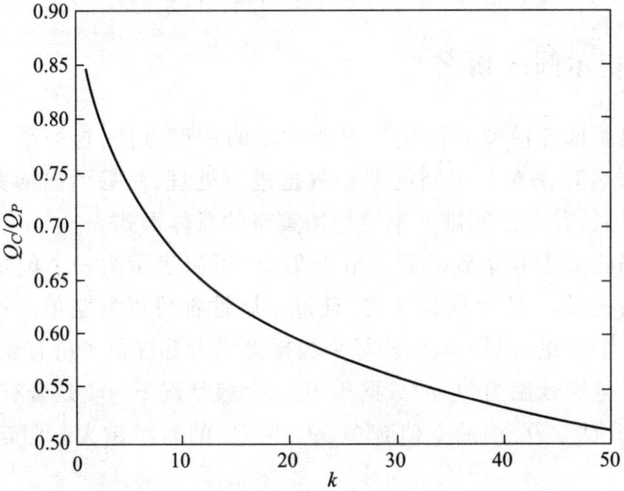

(b) 匿名化数据的效用与隐私保护程度之间的关系

图 14-5　数据效用与隐私保护程度之间的关系

$$f_{pc}(K_C,\delta_C)=(1-\delta_C)^{\lg K_c}. \tag{14-21}$$

根据上述定义，Q_P 的计算表达式如下：

$$Q_P=Q_0(1-(1-\delta_C)^{\lg K_c}). \tag{14-22}$$

图 14-5(a)显示了 Q_P 如何随隐私保护程度的变化而变化。考虑下面两种极端情况：① $\delta_C=0$，此时 $Q_P=0$，其含义是若数据收集者不采取任何隐私保护措施，则没有数据提供者愿意交出自己的数据。② $\delta_C=1$，此时 $Q_P=Q_0$，其含义是如

果数据收集者能实现完美的隐私保护,那么数据提供者愿意将所有数据都提供给数据收集者。

在对数据进行匿名化处理之前,数据收集者需要对 D_P 进行预处理,即将其中的空值替换为对应属性的平均值或最常出现的值。之后,数据收集者可采用泛化、抑制等方法[8]修改数据,得到满足 k 匿名条件的数据集 D_C。对于给定的 $k(k\geqslant1)$,攻击者从 D_C 中识别出特定个体的概率不高于 $1/k$,因而可将隐私保护程度定义为

$$\delta_C = 1 - \frac{1}{k}. \tag{14-23}$$

数据收集者可通过调整 k 的取值来调整隐私保护程度。

因匿名化产生的数据效用损失,或者说是信息损失(information loss),可用多种方式度量,如基于熵的度量[36]、可辨别性度量[37]、分类性能度量[38]等。匿名化程度越高,即 k 值越大,信息损失就越大。但信息损失的具体取值无法由 k 值直接确定,只有通过分析实际数据才能获得。为了形式化地描述 k 与数据效用 Q_P 之间的关系,我们做了一组简单的匿名化实验,实验结果如图 14-6 所示。可以看到,信息损失可近似表示成 k 的分段函数,并且当 k 很大时,信息损失几乎保持不变。这里借助匿名化工具 ARX[39]对多个数据集进行 k 匿名处理。数据来自 Adult 数据集[40]。通过将原始 Adult 数据集中一定比例的元素替换为空值,可以得到多个数据集。匿名化产生的信息损失用 ARX 实现的基于熵的方法[36]进行度量。

为了刻画信息损失随 k 值的变化趋势,我们选用一种 S 形函数来描述 k 和 $(Q_P-Q_C)/Q_P$ 之间的关系,定义

$$\frac{Q_P - Q_C}{Q_P} = \frac{k}{\sqrt{k^2 + b}}, \tag{14-24}$$

其中,b 是一个大于零的常数。进一步地,为了使信息损失随 k 的增加平缓上升,可将上式中的 k 替换为 $\lg(k+2)$。另外这里规定 $b=50$ 以使相对信息损失在 0 到 0.5 之间取值。基于上述假设,匿名化数据的效用 Q_C 可按下式计算:

$$Q_C = Q_P\left(1 - \frac{\lg(k+2)}{\sqrt{(\lg(k+2))^2 + 50}}\right). \tag{14-25}$$

图 14-5(b)显示了 Q_C 随 k 的变化趋势。

假定数据挖掘者为数据集 D_C 支付的价格与数据效用 Q_C 成正比,即

$$f_M(Q_C;\Theta_M) = K_M Q_C, \tag{14-26}$$

其中,K_M 是一个大于 0 的常数。基于上述定义,数据收集者的收益函数可写为

$$G_C = K_M Q_C - K_C Q_P - C_C. \tag{14-27}$$

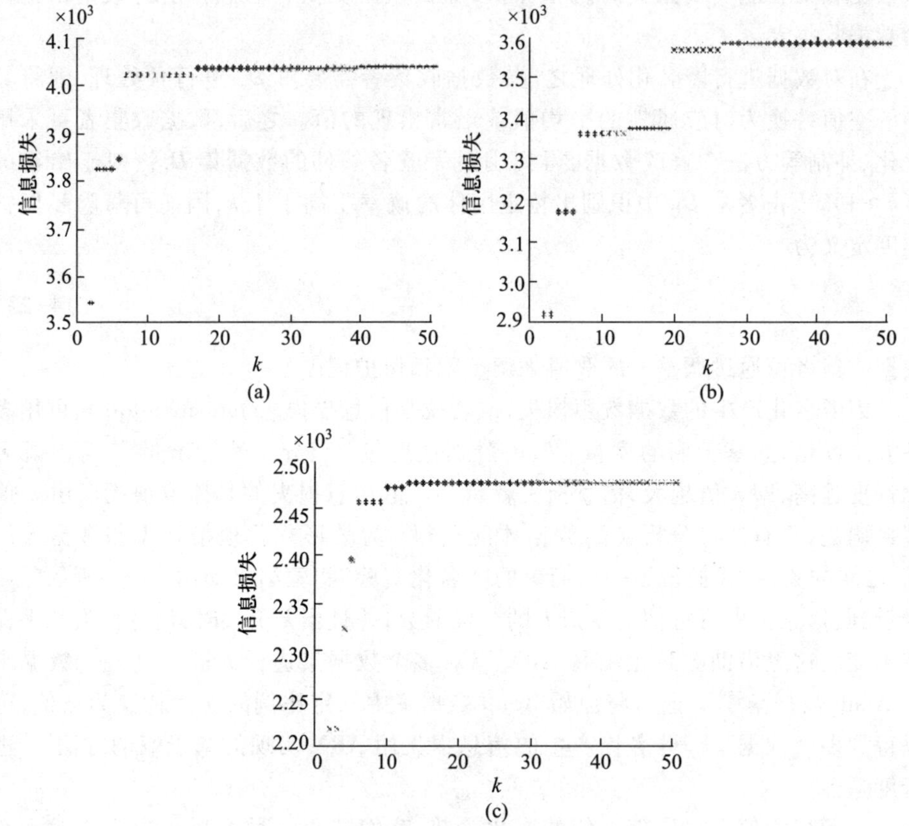

图 14-6 信息损失与匿名化参数 k 之间的关系

给定数据挖掘者的报价 $\langle K_M, q_M\rangle$，数据收集者需寻找可最大化自身收益的行动 $\langle K_C^*, k^*\rangle$，这一最优行动需满足如下条件：

$$Q_0(1 - k^{-\lg K_C})\left(1 - \frac{\lg(k+2)}{\sqrt{(\lg(k+2))^2 + 50}}\right) \geqslant q_M. \tag{14-28}$$

如果最大收益 G_C^* 大于 0，那么数据收集者就接受数据挖掘者的报价并向数据提供者提出报价 $\langle K_C^*, 1-1/k^*\rangle$。

数据挖掘者在数据集 D_C 上执行挖掘算法，假定其收入与数据效用成正比，即

$$Income_M = g(Q_C) = C_M Q_C, \tag{14-29}$$

其中，C_M 是一个大于 0 的常数。数据挖掘者的收益函数可写为

$$G_M = C_M Q_C - K_M Q_C, \tag{14-30}$$

其中，Q_C 由数据收集者的行动 $\langle K_C^*, k^*\rangle$ 确定，而从式(14-27)和式(14-28)可以

看出，$\langle K_C^*, k^* \rangle$与$K_M$和$q_M$有关，因此数据挖掘者的收益函数可改写为

$$G_M = (C_M - K_M) \cdot f_Q(K_M, q_M), \tag{14-31}$$

其中，函数$f_Q(\cdot)$用于描述Q_C与$\langle K_M, q_M \rangle$的关系。根据收益函数的定义，数据使用者可确定自己的最优行动$\langle K_M^*, q_M^* \rangle$。

14.2.4 仿真分析

上一小节以k匿名为例讨论了博弈模型的构建和均衡求解方法。由于收益函数的形式较复杂，很难给出均衡策略K_C^*, k^*, K_M^*和q_M^*的解析形式。此处通过简单的仿真计算对博弈的均衡进行分析，希望能得到一些有意义的结论。给定一组K_M和一组q_M，我们用 Matlab 分别计算与每一种组合$\langle K_M, q_M \rangle$对应的数据收集者的最优反应$\langle K_C^*, k^* \rangle$。为便于分析，假定$Q_0=1, C_C=0$。

仿真结果如表 14-3 所示，其中 fail 表示数据收集者拒绝了数据挖掘者的报价，即数据收集者无法找到既能满足数据挖掘者需求（见式(14-28)）又能给自己带来有效收益（即$G_C>0$）的行动。从表 14-3 可以得到如下两点观察：

（1）随着价格参数K_M的增加，fail 出现的次数变少，这表明数据挖掘者若希望从数据收集者那里获得具有高效用的数据，那么他应该支付较高的价格。

（2）随着价格参数K_M的增加，k^*的取值下降，这表明当数据挖掘者支付的价格升高时，数据挖掘者可以得到含有更多隐私信息的数据，这也意味着数据挖掘者有更大的机会利用数据提供者的隐私信息营利。对于数据收集者来说，k^*值的下降意味着他为数据提供者提供的隐私保护变弱，相应地，他需要向数据提供者支付更多报酬（增加K_C）以获得可满足数据挖掘者需求的数据。

表 14-3 仿真结果

K_M	10	10	10	10	10	10	10	10	10	10
q_M	0	0.1	0.2	0.3	0.4	0.5	0.6	0.7	0.75	0.8
k^*	9	9	9	9	9	10	fail	fail	fail	fail
K_C^*	3	3	3	3	3	4	fail	fail	fail	fail
Q_C^*	0.32	0.32	0.32	0.32	0.32	0.35	fail	fail	fail	fail
G_C^*	2.46	2.46	2.46	2.46	2.46	2.01	fail	fail	fail	fail
K_M	100	100	100	100	100	100	100	100	100	100
q_M	0	0.1	0.2	0.3	0.4	0.5	0.6	0.7	0.75	0.8
k^*	8	8	8	8	8	8	7	fail	fail	fail

续表

K_M	10	10	10	10	10	10	10	10	10	10
K_C^*	9	9	9	9	9	9	10	fail	fail	fail
Q_C^*	0.43	0.43	0.43	0.43	0.43	0.43	0.44	fail	fail	fail
G_C^*	51.78	51.78	51.78	51.78	51.78	51.78	51.71	fail	fail	fail
K_M	1000	1000	1000	1000	1000	1000	1000	1000	1000	1000
q_M	0	0.1	0.2	0.3	0.4	0.5	0.6	0.7	0.75	0.8
k^*	5	5	5	5	5	5	5	4	fail	fail
K_C^*	40	40	40	40	40	40	40	79	fail	fail
Q_C^*	0.52	0.52	0.52	0.52	0.52	0.52	0.52	0.55	fail	fail
G_C^*	641.95	641.95	641.95	641.95	641.95	641.95	641.95	626.72	fail	fail
K_M	10000	10000	10000	10000	10000	10000	10000	10000	10000	10000
q_M	0	0.1	0.2	0.3	0.4	0.5	0.6	0.7	0.75	0.8
k^*	4	4	4	4	4	4	4	4	3	fail
K_C^*	191	191	191	191	191	191	191	191	1061	fail
K_C^*	0.57	0.57	0.57	0.57	0.57	0.57	0.57	0.57	0.60	fail
G_C^*	7041.44	7041.44	7041.44	7041.44	7041.44	7041.44	7041.44	7041.44	6477.73	fail

上述观察基本与直观相符,这表明前面给出的博弈分析是合理的。虽然这里没有给出博弈均衡的解析表达式,但根据博弈分析的结果,数据收集者可以大致判断他需要给予数据提供者何种程度的保护,数据挖掘者可大致确定数据效用与购买价格之间的关系。此外,数据提供者也可以从博弈分析的结果中了解到自己的数据有多少价值,进而在下一次与数据收集者交易时,数据提供者可设法为自己争取更多的好处。总之,用博弈论的方法分析个人数据收集-发布过程中多方参与者之间的交互,可以帮助每一方参与者在收益与隐私之间做出合理的选择。

目前的博弈分析用到了一些简化假设,包括数据提供者对数据收集者报价的反应、匿名化程度与数据效用之间的关系、数据挖掘者的收入与数据效用之间的关系等,如何改进这些假设以增强博弈分析的实用性是下一步研究需要考虑的问题。

参考文献

[1] Han J, Kamber M, Pei J. Data Mining: Concepts and Techniques [M]. Amsterdam:Elsevier,2011.

[2] Agrawal R,Srikant R. Privacy-preserving data mining[C]//Proceedings of the 2000 ACM Sigmod International Conference on Management of Data, Dallas, USA,May,2000,29(2):439-450.

[3] Lindell Y, Pinkas B. Privacy preserving data mining [C]//Advances in Cryptology—CRYPTO 2000,Berlin:Springer,2000,36-54.

[4] Xu L,Jiang C,Wang J,et al. Information security in big data:Privacy and data mining[J]. IEEE Access,2014,2:1149-1176.

[5] 罗云峰. 博弈论教程[M]. 北京:清华大学出版社,2007.

[6] Xu L, Jiang C, Chen Y, et al. A framework for categorizing and applying privacy-preservation techniques in big data mining[J]. Computer, 2016, 49(2):54-62.

[7] 徐勇,王浩,李东勤. 数据发布领域匿名隐私保护相关技术研究[J].情报杂志,2011,30(8):128-133

[8] Fung B,Wang K,Chen R,et al. Privacy-preserving data publishing:A survey of recent developments[J]. ACM Computing Surveys (CSUR),2010,42(4):14.

[9] Aggarwal C C,Yu P. Privacy-Preserving Data Mining:Models and Algorithms [M]. New York:Springer,2008.

[10] Mielikäinen T. On inverse frequent set mining[C]//Workshop on Privacy Preserving Data Mining. 2003,18-23.

[11] Wang Y G,Wu X T. Approximate inverse frequent itemset mining:privacy, complexity, and approximation [C]// Proceedings of the Fifth IEEE International Conference on Data Mining. Houston,Texas,USA,2005:8.

[12] 郭宇红,童云海,唐世渭,等. 基于 FP-Tree 的反向频繁项集挖掘[J]. 软件学报,2008,19(2):338-350.

[13] 谢志强,朱孟杰,杨静. 基于 FP-Tree 的敏感性关联规则隐藏的研究[J]. 哈尔滨工程大学学报,2009,30(10):1134-1140.

[14] 明华,张勇,符小辉. 数据溯源技术综述[J]. 小型微型计算机系统,2012,33(9):1917-1923.

[15] Sahoo S S, Sheth A. Provenir ontology: towards a framework for escience

provenance management [EB/OL]. [2009 - 10 - 15]. https://corescholar.libraries.wright.edu/knoesis/80/.

[16] Barbier G, Feng Z, Gundecha P, et al. Provenance data in social media[J]. Synthesis Lectures on Data Mining and Knowledge Discovery, 2013, 4(1): 1-84.

[17] Rahm E, Do H H. Data cleaning: Problems and current approaches[J]. IEEE Data Engineering Bulletin, 2000, 23(4): 3-13.

[18] Doan A H, Halevy A, Ives Z. Principles of Data Integration[M]. Amsterdam: Elsevier, 2012.

[19] Qazvinian V, Rosengren E, Radev D R, et al. Rumor has it: Identifying misinformation in microblogs[C]//Proceedings of the 2011 Conference on Empirical Methods in Natural Language Processing. Edinburgh, Scotland, UK, 2011: 1589-1599.

[20] Yang F, Liu Y, Yu X, et al. Automatic detection of rumor on sina weibo[C]//Proceedings of the ACM SIGKDD Workshop on Mining Data Semantics. Beijing, China, 2012.

[21] Sun S, Liu H, He J, et al. Detecting event rumors on sina weibo automatically [M]//Web Technologies and Applications. Berlin: Springer, 2013: 120-131.

[22] 蒋盛益, 陈东沂, 庞观松, 等. 微博信息可信度分析研究综述[J]. 图书情报工作, 2013, 57(12): 136-142.

[23] Kargupta H, Das K, Liu K. Multi-party, privacy-preserving distributed data mining using a game theoretic framework [C]//Proceedings of the 11th European Conference on Principles and Practice of Knowledge Discovery in Databases. Warszawa, Poland, 2007: 523-531.

[24] 葛新景, 朱建明. 基于博弈论的隐私保护分布式数据挖掘[J]. 计算机科学, 2011, 38(11): 161-166.

[25] Adl R K, Askari M, Barker K, et al. Privacy consensus in anonymization systems via game theory[C]//Proceedings of the 26th Annual IFIP WG 11.3 conference on Data and Applications Security and Privacy. Paris, France, 2012: 74-89.

[26] Chakravarthy S L, Kumari V V. Preserving data privacy using coalitional game theory[C]//Proceedings of European Conference on Machine Learning and Principles and Practice of Knowledge Discovery in Databases, Workshop on KD-HCM. Athens, Greece, 2011: 53-65.

[27] Halkidi M, Koutsopoulos I. A game theoretic framework for data privacy preservation in recommender systems[C]//Proceedings of the 2011 European Conference on Machine Learning and Knowledge Discovery in Databases. Edinburgh, Scotland, UK, 2011: 629-644.

[28] 宋言伟,马钦德,张健. 信息安全等级保护政策和标准体系综述[J]. 信息通信技术,2010,4(6):58-63.

[29] Ye X, Zhang Y, Liu M. A personalized (a, k) - anonymity model[C]// Proceedings of the Ninth International Conference on Web-Age Information Management. Zhangjiajie, China, 2008: 341-348.

[30] Wang P S. Personalized anonymity algorithm using clustering techniques[J]. Journal of Computational Information Systems, 2011, 7(3): 924-931.

[31] Meliou A, Gatterbauer W, Suciu D. Reverse data management [C]// Proceedings of the VLDB Endowment, 2011, 4(11): 1490-1493.

[32] Glavic B, Siddique J, Andritsos P, et al. Provenance for data mining[C]// Proceedings of the 5th USENIX Workshop on the Theory and Practice of Provenance. Lombard, IL, USA, 2013: 5.

[33] Nix R, Kantarcioglu M. Incentive compatible privacy-preserving distributed classification[J]. IEEE Transactions on Dependable and Secure Computing, 2012, 9(4): 451-462.

[34] Rasmusen E. Games and Information: An Introduction to Game Theory[M]. 4th edition. New York: Wiley-Black well, 2006.

[35] Xu L, Jiang C, Wang J, et al. Game theoretic data privacy preservation: Equilibrium and pricing [C]//2015 IEEE International Conference on Communications, 2015: 7071-7076.

[36] Gionis A, Tassa T. k - Anonymization with minimal loss of information[J]. IEEE Transactions on Knowledge and Data Engineering, 2009, 21(2): 206-219.

[37] Bayardo R J, Agrawal R. Data privacy through optimal k-anonymization[C]// Proceedings of the 21st International Conference on Data Engineering, Tokoyo, Japan, April, 2005: 217-228.

[38] Iyengar V S. Transforming data to satisfy privacy constraints[C]//Proceedings of the Eighth ACM SIGKDD International Conference on Knowledge Discovery and Data Mining, 2002: 279-288.

[39] Kohlmayer F, Prasser F, Eckert C, et al. Flash: efficient, stable and optimal k-

anonymity[C]//2012 International Conference on Privacy, Security, Risk and Trust (PASSAT) and 2012 International Confernece on Social Computing (SocialCom), 2012:708-717.

[40] Bache K, Lichman M. UCI Machine Learning Repository[R/OL]. (2017-2-1). http://archive.ics.uci.edu/ml.

第 15 章　个人信息共享中的理性决策

鉴于当前大数据的广泛应用，在第 14 章中我们从数据挖掘的角度讨论了信息共享中的隐私问题。事实上，人们对隐私问题关注已久。早期的研究主要考虑如何保护个人的私人信息、私人生活不被他人侵扰。在大数据时代，随着个人数据商业价值的日益凸显，个人数据的财产属性愈发受到重视[1]，也有越来越多的研究者开始从经济学的角度探讨隐私问题[2]。建立数据交易市场，让个人直接将自己的数据出售给有需求的数据收集者，这一方面有助于个人实现对自身数据的充分利用，另一方面也可以满足企业、政府公共部门对个人数据的需求。按照经济学研究的思路，参与数据交易的买方（即数据收集者）和卖方（即个人）通常是理性的，即每一方在决策时都试图最大化自身的利益。本章我们将探讨数据交易的实现方式，研究如何设计交易机制帮助交易双方在信息共享与隐私保护之间做出合理的选择。

15.1　隐私拍卖与隐私定价

15.1.1　隐私拍卖

个人向数据收集者出售数据,实际上是用一部分个人隐私来换取报酬。数据收集者若要获得某个个体的数据,则必须支付足够多的报酬以补偿该个体预期的隐私损失。然而,由于不同的个体对隐私有不同的理解,例如有的人将薪资视为隐私而有的人认为这是可以完全公开的信息,且不同个体对隐私的重视程度不同,数据收集者在与多个个体进行交易时难以判断如何分配数据交易量和报酬才能给自己带来最多的收益。

为解决因隐私的个性化给数据收集者造成的困难,目前的研究主要采用拍卖的方式实现隐私交易[3]。在隐私拍卖(privacy auction)场景中,每个个体在将个人数据出售给数据收集者之前先提出一个报价,该报价反映了个体对其隐私的重视程度。在得到所有个体的报价之后,数据收集者根据某种机制确定从每个个体购买的数据量及支付的报酬。为了最大化自己的收益,原本不重视隐私的个体也可能向数据收集者提出很高的报价。如何激励个体诚实地报告其对隐私的重视程度,这是隐私拍卖研究重点考虑的问题。美国的两名学者 Ghosh 和 Roth 最先对隐私拍卖问题进行了研究[4],他们指出,当个体的报价与其提供的数据之间没有关联时,数据收集者可以找到一种诚实机制(truthful mechanism)[5]以促使所有个体都提供真实的报价,并且该机制可以使数据收集者在确保数据分析准确率的前提下支付最少的报酬。

有些情况下,报价本身也可能泄露个体隐私。例如,假定个体向数据收集者出售的是自己的健康信息,那么数据收集者就可以根据报价大致地判断个体是否患有疾病——报价越高,则患病的可能性越大。在这种情况下,因为数据收集者并不清楚每个个体的报价与其隐私数据之间的具体关联关系,所以无法准确判断每个个体会因诚实报价而遭受多少损失,进而也难以找到鼓励诚实报价的机制。为了解决这一问题,Fleischer 和 Lyu[6]假定个体的报价服从某一特定形式的概率分布,而这一分布的形式是由个体的数据决定的,基于这一假设 Fleischer 和 Lyu 提出了一种近似最优的诚实机制。在文献[7]中,Ligett 和 Roth 假定数据收集者可以随机访问每个个体并向其做出一个关于报酬的提议,如果个体接受数据收集者的提议,则将自己的数据提供给数据收集者。通过这种方式,数据收集者也能在给定报酬预算的条件下获得较高的数据分析准确率。在文献[8]中,Nissim 等人提出了一种可以激励那些对隐私重视程度不高的个体诚实报价的机制。

15.1.2 隐私定价

除了隐私拍卖,也有一些研究者从定价(pricing)的角度对个人数据交易机制进行了研究。在文献[9]中,为了确保数据收集者收集到的个人数据是无偏的,Aperjis 和 Huberman 设计了一种包含中介的市场机制:每个个体从中介提供的一组定价策略中选择一种,中介可从个体的选择了解每个个体对待隐私的态度;当数据收集者需要数据时,就将自己的需求告知中介,然后由中介根据每个个体选择的定价策略为数据收集者制定一个价格菜单,该菜单定义了数据收集者可购买的数据量及对应的价格;最后中介根据数据收集者的选择从每个个体收集一定数量的数据,并按照个体之前选择的定价策略向其支付相应的报酬。在文献[10]中,Li 等人也提出由一个中介来辅助完成数据收集者与个体之间的交易:数据收集者将某一数据查询请求提交给中介,然后中介将这一查询传达给多个个体;在收到所有个体反馈的数据之后,中介根据数据收集者的要求计算查询结果,最后将添加了噪声的结果出售给数据收集者。数据收集者可以对查询结果的精确度提出要求,要求越高,则其支付给中介的价格就越高,相应地,中介支付给每个个体的报酬就越高。在文献[11]中,Gkatzelis 等人研究了多个数据收集者同时参与交易的情况。与文献[9,10]的研究类似,Gkatzelis 等人也设置了一个中介来辅助数据交易的实现。他们的研究表明,若中介对多个数据收集者的数据需求进行捆绑定价(bundling pricing),那么就可以通过选择那些同时符合多种需求的个体以降低每个数据收集者支付的报酬总额。数据收集者的数据需求通常可表示为某种形式的查询(query)。Li 等人在文献[12]和[13]中分别针对聚合式查询(如计数、求和等)和一般查询对定价函数进行了研究,他们指出,定价函数应具备无套利(arbitrage-free)的性质,即当数据收集者的一个查询被赋予了较高的价格时,数据收集者应不能通过一些便宜的查询推导出与这一查询对应的结果。上述研究考虑的多是一个数据收集者与多个个体之间的交易。

无论是隐私拍卖还是隐私定价,现有研究主要考察的是离线(offline)形式的个人数据交易,即数据收集者在设计拍卖机制或定价机制时考虑的卖家是固定的。但很多情况下,数据收集者面对的卖家是不固定的——不同个体在不同时刻与数据收集者进行交易,这意味我们需要研究在线(online)的隐私拍卖机制和隐私定价规则。以在线拍卖为例,不同个体依次向数据收集者给出自己对隐私数据的估价,数据收集者可根据历史信息动态调整报酬支付策略。如何根据前 $n-1$ 个个体的报价对第 n 个个体的报价进行预测,这是值得研究的一个问题。此外,数据收集者应如何在拍卖进行的过程中调整报酬支付策略以获得与离线情况近似的最优收益,这也是需要研究的问题。

15.2　基于契约的隐私数据交易

现有的隐私拍卖研究多假定数据收集者收集个人数据的目的是对用户群体的某种属性进行统计分析,因而数据提供者的个人数据通常被表示成一个二进制数。但很多情况下,数据收集者需要的是数据提供者的原始数据,而不只是简单的统计分析结果。另外,数据收集者收集到的个人数据通常是存储在关系型数据库(relational database)中,即每个数据提供者的数据由一条或多条包含多个属性的记录表示。当前隐私保护数据发布中的匿名化算法也多是针对关系型数据的[14]。当数据收集者需要收集包含多个属性的个人数据记录时,数据收集者与数据提供者之间的交易规则应如何设计,这是值得研究的一个问题。

本节我们考虑如下的个人数据交易场景[15]:一个数据收集者需要从多个数据提供者那里收集一组数据记录,每个数据提供者可向数据收集者提供一定数量的数据记录,并从数据收集者那里得到相应的报酬。为保护数据提供者的隐私,数据收集者采用某种匿名化算法对收集到的数据进行处理。之后,数据收集者会对匿名化的数据进行分析处理或将数据转售给某一数据挖掘者。由于不同的数据提供者有着不同的隐私偏好,当数据收集者向数据提供者告知其愿意支付的报酬和可实现的隐私保护程度后,不同数据提供者做出的反应可能是不同的。数据提供者的隐私偏好是数据收集者无法了解到的信息,因而数据收集者很难在报酬支付和隐私保护问题上做出最佳的决策。

在上面描述的个人数据交易场景中,数据提供者的隐私偏好是数据收集者无法观察到的私有信息,这表示数据提供者和数据收集者之间存在信息非对称,因此可考虑用契约理论[16]来解决数据收集者的权衡问题。在与数据提供者交易前,数据收集者与每个数据提供者签订一份契约(contract),确定数据提供者需提供的数量、数据收集者需支付的报酬以及数据收集者需实现的隐私保护程度。数据提供者通常是理性的，即在签订契约时如果有多种契约可以选择，那么他们必然会选择能给自己带来最多收益的契约。同样地，数据收集者也希望最大化自己的收益。为了使每个数据提供者都自发地选择对数据收集者最有利的契约，数据收集者可以设计一组最优契约（optimal contract）让数据提供者选择。如何设计最优契约，这是本节重点讨论的问题。

15.2.1　问题建模

如图 15-1 所示，一个数据收集者从多个数据提供者那里收集数据，每个数据提供者拥有若干条数据记录，数据提供者可自行决定是否向收集者提供数据以及提供多少数据。数据提供者一旦将自己的数据交给数据收集者，就会面临隐私泄露的风险。假定有两个数据提供者向数据收集者提供了相同数量的数据记录，当发生隐私泄露时，这两个数据提供者感受到的损失是不同的——对隐私重视程度较高的数据提供者感受到的损失相对更高，因而会要求数据收集者给予更多的补偿。用一个隐私参数 $\theta\in[\underline{\theta},\bar{\theta}]$（$\underline{\theta}\geqslant 0$）来表示数据提供者对隐私的重视程度，$\theta$ 取值越高，表示数据提供者对隐私的重视程度越高。从经济学的角度分析，数据提供者可以看作是其个人数据的生产者（producer），隐私参数 θ 表示数据提供者生产单位数据所付出的成本。当收到一个数据提供者给出的数据后，数据收集者就用一个函数 $Q(\cdot)$ 来度量数据的数量和质量，度量结果称为数据的效用。假定一个隐私参数为 θ 的数据提供者向数据收集者提供了效用为 q 的数据，如果发生隐私泄露，那么该数据提供者遭受的损失即为 θq。

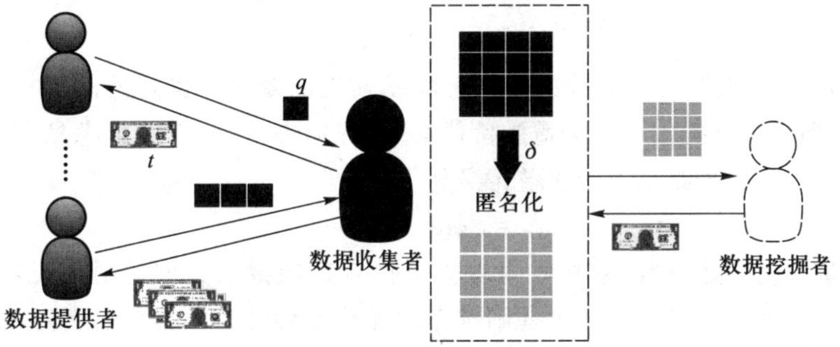

图 15-1　个人数据交易场景

因存在隐私泄露的风险，数据提供者不会无条件地提供个人数据。数据收集者需根据数据提供者提供数据的效用向提供者支付一定数额的报酬 t。另外，为减少隐私泄露的风险，数据收集者会采用匿名化技术对收集到的个人数据进行处理,匿名化会导致数据效用的下降。用 $d(q,\delta)$ 表示原始效用为 q 的数据在经过匿名化处理后保留下来的效用,其中 $\delta\in[0,1]$ 表示数据收集者通过匿名化实现的隐私保护程度。数据收集者实现的隐私保护程度越高,匿名数据的效用就越低。基于真实数据集上的匿名化实验结果,此处假设 $d(q,\delta)$ 具有如下形式:

$$d(q,\delta)=[\alpha_1(1-\delta)^{\alpha_2}+\alpha_3]q, \tag{15-1}$$

其中 α_1、α_2 和 α_3 是在(0,1)区间取值的常数。当数据收集者不采取任何隐私保护措施即 $\delta=0$ 时,应有 $d(q,\delta)=q$,因此这里规定 $\alpha_3=1-\alpha_1$。

在完成匿名化处理之后,数据收集者将数据转售给数据挖掘者或者直接对数据进行分析。不管采用哪种方式,数据收集者都能获得一定的收益。用 $S(q)$ 表示效用为 q 的数据为数据收集者带来的收益,并规定 $S(0)=0,\frac{\mathrm{d}S}{\mathrm{d}q}>0,\frac{\mathrm{d}^2S}{\mathrm{d}q^2}<0$。$\frac{\mathrm{d}^2S}{\mathrm{d}q^2}<0$ 表示随着数据效用的累积,单位效用的数据可为数据收集者带来的收益越来越少。进一步地,为简化分析且不失一般性,假定 $S(q)$ 具有如下形式:

$$S(q)=\lambda\sqrt{q}, \tag{15-2}$$

其中,λ 是一个大于 0 的常数。λ 取值越高,则数据对收集者越有价值。λ 是一个外生参数(exogenous parameter),意即 λ 的取值不由数据收集者和数据提供者决定。例如,假定数据收集者通过将数据转售给某一数据挖掘者而获得收益,当数据挖掘者可通过其他途径获得数据时,数据收集者只能以较低的价格出售数据,这意味着对数据收集者来说,数据的价值降低了。

基于上述讨论,可按如下方式定义一个数据提供者从个人数据交易中获得的收益:

$$u_\theta=t-(1-\delta)\theta q, \tag{15-3}$$

其中,$(1-\delta)\theta q$ 应当理解为数据提供者隐私损失的期望。也就是说,如果发生隐私泄露,那么数据提供者就会遭受价值为 θq 的损失;如果不发生隐私泄露,则不会产生损失。数据收集者的收益定义如下:

$$u_C=S(d(q,\delta))-t. \tag{15-4}$$

为最大化上述收益,数据收集者需选择合适的报酬支付规则和匿名化算法的参数。数据收集者面临的主要困难是他无法准确估计数据提供者对隐私的重视程度。换言之,从数据收集者的角度来看,数据提供者的隐私参数 θ 是一个随机变量。此处假设 θ 在区间 $[\underline{\theta},\bar{\theta}]$ 上随机取值,并且各个数据提供者的 θ 是独立同分布的。θ 服从的概率密度函数记为 $f(\theta)$,我们假定这一函数是数据收集者已知的。

在个人数据交易中,交易双方都希望获得尽可能多的收益,且存在信息非对称——θ是数据提供者的私有信息,因此可用契约理论解决数据收集者的问题。上面讨论的数据交易场景可用契约理论的术语重新描述如下:一个数据收集者将数据生产任务委托给多个数据提供者,数据收集者是委托人(principal),数据提供者是代理人(agent);每个数据提供者的类型θ是数据收集者未知的;在向一个数据提供者委托任务时,数据收集者会提供一组契约$\{(\delta,t,q)\}$供数据提供者选择,每个契约由以下3项条款构成:数据提供者提供的数据的效用q,数据收集者支付的报酬t,数据收集者实现的隐私保护程度δ;当选定了某一契约后,数据提供者就需要完成契约规定的数据生产任务,数据收集者也要按照契约的规定向数据提供者支付报酬并要确保数据提供者隐私被泄露的概率不超过$1-\delta$。为更清楚地体现契约的意义,这里规定每个数据提供者至多提供效用为$q_{\max}$的数据,在下面的讨论中用$\rho\triangleq q/q_{\max}$代替契约中的条款$q$。

当数据收集者与所有数据提供者都签订了契约之后,数据收集者可获得的收益就确定了。数据收集者的任务是设计这样一组契约,使得当每个数据提供者从中选定一个契约后,数据收集者可以获得最大的收益。根据契约理论中的显示原理(revelation principle),数据收集者在设计契约时只需考虑符合激励相容约束的直接机制$\{(\delta(\theta),t(\theta),\rho(\theta))\}$。在这样一组契约中,每个契约$(\delta(\theta),t(\theta),\rho(\theta))$是专门针对类型为$\theta$的数据提供者设计的。鉴于目前大多数匿名化算法并不支持个性化的隐私保护[14],即数据收集者只能为所有数据提供者提供同等程度的隐私保护,这里假定对所有的$\theta\in[\underline{\theta},\bar{\theta}]$,都有$\delta(\theta)=1-\beta$,其中$\beta\in[0,1]$可解释为数据提供者的隐私被泄露的概率。如果一个类型为θ的数据提供者选择了契约$(1-\beta,t(\theta),\rho(\theta))$,那么他的收益就可按如下方式计算:

$$U(\theta)=t(\theta)-\beta\theta q_{\max}\rho(\theta). \tag{15-5}$$

上式表明,当数据收集者支付的报酬不低于数据提供者付出的隐私成本时,数据提供者就可以得到非负的收益。数据提供者之所以能从交易中获益,主要是因为他掌握有数据收集者未知的信息θ。在契约理论的相关研究中,为了强调代理人(即此处讨论的数据提供者)的这种信息优势,通常将代理人的收益称为信息租金(information rent)[16]。

为了确保每个数据提供者会选择与其类型相对应的契约而不会选择其他契约或拒绝接受任何契约,数据收集者设计的契约必须满足激励相容(incentive compatibility)约束和参与(participation)约束(也称为个人理性约束)。下面分别给出这两类约束的定义。

定义 15.1. 激励相容约束。一组契约$\{(1-\beta,t(\theta),\rho(\theta))\}$如果符合下述条件,则称其满足激励相容约束:任意一种类型的数据提供者在选择与其类型对应的契约时可以获得最大的收益,即$\forall(\theta,\tilde{\theta})\in[\underline{\theta},\bar{\theta}]^2$,都有

$$t(\theta) - \beta\theta\rho(\theta) q_{\max} \geqslant t(\tilde{\theta}) - \beta\theta\rho(\tilde{\theta}) q_{\max}. \tag{15-6}$$

定义 15.2. 参与约束。一组契约 $\{(1-\beta, t(\theta), \rho(\theta))\}$ 如果符合下述条件，则称其满足参与约束：任意一种类型的数据所有者在选择与其类型对应的契约时可以获得非负的收益，即 $\forall\, \theta \in [\underline{\theta}, \bar{\theta}]$，都有

$$t(\theta) - \beta\theta\rho(\theta) q_{\max} \geqslant 0. \tag{15-7}$$

为了在后续的数据挖掘中得到有意义的结果，数据收集者需要确保收集到的数据具有足够的效用，即数据的总效用不能低于某一阈值。为便于分析，这里假定数据收集者设计的契约需满足如下的等周(isoperimetric)约束：

$$N\int_{\underline{\theta}}^{\bar{\theta}} q_{\max}\rho(\theta) f(\theta)\, \mathrm{d}\theta = q_{req}, \tag{15-8}$$

其中，q_{req}表示数据收集者对数据的需求。需要说明的是，因每个数据提供者可贡献的数据效用至多为 $q_{\max}$，所以只有当 $q_{req} \leqslant Nq_{\max}$时，数据收集者的需求才可能得到满足。

除了上面提到的几种约束，数据收集者设计的契约还需满足如下的边界约束：

$$0 \leqslant \rho(\theta) \leqslant 1. \tag{15-9}$$

因为数据收集者不了解数据提供者的类型，所以数据收集者不能确定数据提供者会在给出的一组契约中选择哪一个。但数据收集者知道数据提供者的类型所服从的分布，因此他可以计算出一组契约所带来收益的期望值。数据收集者的目标是设计一组满足上面所提各种约束且能最大化期望收益的契约，即数据收集者需求解如下的优化问题：

$$(\mathrm{P}) \quad \max_{\{(1-\beta, t(\cdot), \rho(\cdot))\}} N\int_{\underline{\theta}}^{\bar{\theta}} U_C(\theta;\beta) f(\theta)\, \mathrm{d}\theta,$$
$$\text{s.t. } (15\text{-}6) \sim (15\text{-}9).$$

其中，$U_C(\theta;\beta)$ 定义如下：

$$U_C(\theta;\beta) = S(\mathrm{d}(q_{\max}\rho(\theta), 1-\beta)) - t(\theta). \tag{15-10}$$

下一节将详细讨论该优化问题的求解。

15.2.2 契约设计

按照 15.2.1 节给出的定义，数据收集者与一个数据提供者签订的契约可用一个三元组$(1-\beta, t(\theta), \rho(\theta))$表示，其中，关于隐私保护程度的条款 $1-\beta$ 与数据提供者的类型 θ 无关。因此我们将最优契约 $\{(1-\beta^*, t^*(\theta), \rho^*(\theta))\}$ 的设计过程分为如下两个步骤。首先，给定任一 $\beta \in [0,1]$，求解如下的优化问题以确定最优的转移支付函数 $t_\beta^*(\cdot)$和最优的生产函数 $\rho_\beta^*(\cdot)$：

$$(\mathrm{P1})\quad \max_{\{(t(\cdot),\rho(\cdot))\}}\int_{\underline{\theta}}^{\bar{\theta}} U_C(\theta;\beta)f(\theta)\,\mathrm{d}\theta,$$
$$\text{s.t.}\ (15-6)\sim(15-9).$$

求得的两个函数 $t_\beta^*(\cdot)$ 和 $\rho_\beta^*(\cdot)$ 都是以 β 为参数、以 θ 为自变量的函数。将这两个含参函数代入优化问题的目标函数,数据收集者的预期收益即变为以 β 为自变量的函数。因此,寻找最优契约的第二个步骤就是求解如下的优化问题:

$$(\mathrm{P2})\quad \max_{\beta\in[0,1]}\int_{\underline{\theta}}^{\bar{\theta}} U_C^*(\theta;\beta)f(\theta)\,\mathrm{d}\theta.$$

其中,$U_C^*(\theta;\beta)$ 定义如下:

$$U_C^*(\theta;\beta)=S(d(q_{\max}\rho_\beta^*(\theta),1-\beta))-t_\beta^*(\theta). \tag{15-11}$$

若用 β^* 表示上述问题的最优解,则问题的最优解即由 $\{(1-\beta^*,t_{\beta^*}^*(\theta),\rho_{\beta^*}^*(\theta))\}$ 给出。

优化问题 P1 的目标函数是一个以转移支付函数和生产函数为变元的函数,意即目标函数是一个泛函。另外,问题 P1 中的约束条件十分复杂。具体来说,式(15-6)定义的激励相容约束条件实际上涵盖了无穷多个约束条件,即对任意一组 θ 和 $\tilde{\theta}$,式(15-6)都必须成立。类似地,式(15-7)给出的参与约束条件也代表了无穷多个约束条件,即对任意一种 θ,式(15-7)都必须成立。为了求解泛函优化问题 P1,首先需要适当简化约束条件。仿照文献[1]中的方法,此处采用如下方式对激励相容约束和参与约束进行简化。

由式(15-6)可知,对任意一组 $(\theta,\tilde{\theta})\in[\underline{\theta},\bar{\theta}]^2$,激励相容的契约需要满足如下两个不等式条件:

$$t(\theta)-\beta\theta\rho(\theta)q_{\max}\geqslant t(\tilde{\theta})-\beta\theta\rho(\tilde{\theta})q_{\max}, \tag{15-12}$$

$$t(\tilde{\theta})-\beta\tilde{\theta}\rho(\tilde{\theta})q_{\max}\geqslant t(\theta)-\beta\tilde{\theta}\rho(\theta)q_{\max}. \tag{15-13}$$

将上面两个不等式相加可得

$$\beta q_{\max}(\tilde{\theta}-\theta)(\rho(\theta)-\rho(\tilde{\theta}))\geqslant 0. \tag{15-14}$$

该不等式表明,对于任一给定的 $\beta\in[0,1]$,生产函数 $\rho(\cdot)$ 是关于 θ 的单调非增函数。该不等式也表明,函数 $\rho(\cdot)$ 和 $t(\cdot)$ 在区间 $[\underline{\theta},\bar{\theta}]$ 上几乎处处可微。这里假定 $\rho(\cdot)$ 和 $t(\cdot)$ 都是分段可微函数。对于给定 θ,可以定义一个以 $\tilde{\theta}$ 为自变量的函数 $g(\tilde{\theta})=t(\tilde{\theta})-\theta\beta q_{\max}\rho(\tilde{\theta})$。由式(15-12)可知,该函数在 $\tilde{\theta}=\theta$ 时取得最大值,因而 θ 必然满足下面给出的一阶条件和二阶条件:

$$\frac{\mathrm{d}t(\theta)}{\mathrm{d}\theta}-\beta q_{\max}\theta\frac{\mathrm{d}\rho(\theta)}{\mathrm{d}\theta}=0, \tag{15-15}$$

$$\frac{\mathrm{d}^2t(\theta)}{\mathrm{d}\theta^2}-\beta q_{\max}\theta\frac{\mathrm{d}^2\rho(\theta)}{\mathrm{d}\theta^2}\leqslant 0. \tag{15-16}$$

式(15-15)两侧同时对 $\tilde{\theta}$ 求导后代入式(15-16)可得

$$-\frac{\mathrm{d}\rho(\theta)}{\mathrm{d}\theta} \geqslant 0. \tag{15-17}$$

式(15-6)包含的无穷多个约束条件简化为式(15-15)给出的微分方程条件和式(15-17)给出的单调性条件。进一步地，根据式(15-5)，式(15-15)可以改写为

$$\dot{U}(\theta) = -\beta q_{\max}\rho(\theta). \tag{15-18}$$

鉴于上述表达的简洁性，本节后续部分的讨论主要考虑信息租金函数 $U(\cdot)$ 和生产函数 $\rho(\cdot)$ 的设计。在得到最优解 $U_\beta^*(\cdot)$ 和 $\rho_\beta^*(\cdot)$ 之后，最优转移支付函数 $t_\beta^*(\cdot)$ 可以很容易确定。

根据式(15-9)和式(15-18)，可将式(15-7)定义的参与约束化简为 $U(\bar{\theta}) \geqslant 0$，该不等式条件可进一步简化为

$$U_\beta^*(\bar{\theta}) = 0. \tag{15-19}$$

假定上述等式不成立，即当数据收集者采用与给定 β 对应的最优转移支付函数时，对隐私重视程度最高的数据提供者仍可获得大于 0 的信息租金，即 $U_\beta^*(\bar{\theta}) > 0$，那么数据收集者可以在不改变 $\rho_\beta^*(\cdot)$ 的前提下适当减少支付给此类数据提供者的租金。如此一来，数据收集者的收益会增加，而这与最优契约的含义矛盾。因此，问题 P1 的最优解必须满足式(15-19)。

基于上述对约束条件的简化，优化问题 P1 可改写为

$$(\mathrm{P1'}) \quad \max_{\{(U(\cdot),\rho(\cdot))\}} \int_{\underline{\theta}}^{\bar{\theta}} U_C(\theta;\beta) f(\theta)\,\mathrm{d}\theta,$$

$$\text{s.t. } (15\text{-}17),(15\text{-}18),(15\text{-}19),(15\text{-}8),(15\text{-}9).$$

其中，$U_C(\theta;\beta)$ 定义如下：

$$U_C(\theta;\beta) = S(d(q_{\max}\rho(\theta), 1-\beta)) - U(\theta) - \beta q_{\max}\theta\rho(\theta). \tag{15-20}$$

优化问题 P1′与最优控制理论[17]研究的优化问题有着相同的形式，因此可用最优控制研究中的相关方法求解该优化问题。我们将生产函数视为控制变量，即定义 $y(\theta) \triangleq \rho(\theta)$，将信息租金函数视为状态变量，即定义 $x_1(\theta) = U(\theta)$。为消去等周约束条件(\ref{eq:Isoperimetric})，定义一个新的状态变量 $x_2(\theta)$，该变量满足下述微分方程：

$$\dot{x}_2(\theta) = q_{\max} y(\theta) f(\theta). \tag{15-21}$$

变量 $x_2(\theta)$ 的边界条件由 $x_2(\underline{\theta}) = 0$ 和 $x_2(\bar{\theta}) = q_{req}/Nq_{\max}$ 给出。优化问题 P1′对应的哈密顿函数为

$$\begin{aligned} H(\boldsymbol{x}(\theta), y(\theta), \boldsymbol{p}(\theta), \theta) = {} & [S(d(q_{\max}y(\theta); 1-\beta)) - x_1(\theta) - \beta q_{\max}\theta y(\theta)] f(\theta) \\ & - \beta q_{\max} p_1(\theta) y(\theta) + p_2(\theta) q_{\max} f(\theta) y(\theta). \end{aligned} \tag{15-22}$$

其中，$p_1(\theta)$ 和 $p_1(\theta)$ 是协态变量。为简化描述，定义状态矢量 $\boldsymbol{x}(\theta) = (x_1(\theta), x_2$

$(\theta))^{\mathrm{T}}$ 和协态矢量 $\boldsymbol{p}(\theta)=(p_1(\theta),p_2(\theta))^{\mathrm{T}}$。

根据庞特里亚金最小值定理[17]，问题 P1′的最优解$(\boldsymbol{x}^*(\theta),y^*(\theta))$需满足如下一组条件：

$$\dot{x}_1^*(\theta)=\frac{\partial H(\boldsymbol{x}^*(\theta),y^*(\theta),\boldsymbol{p}^*(\theta),\theta)}{\partial p_1(\theta)}=-\beta q_{\max}y^*(\theta),\tag{15-23}$$

$$\dot{x}_2^*(\theta)=\frac{\partial H(\boldsymbol{x}^*(\theta),y^*(\theta),\boldsymbol{p}^*(\theta),\theta)}{\partial p_2(\theta)}=d(q_{\max}y^*(\theta),1-\beta)f(\theta),\tag{15-24}$$

$$\dot{p}_1^*(\theta)=-\frac{\partial H(\boldsymbol{x}^*(\theta),y^*(\theta),\boldsymbol{p}^*(\theta),\theta)}{\partial x_1(\theta)}=f(\theta),\tag{15-25}$$

$$\dot{p}_2^*(\theta)=-\frac{\partial H(\boldsymbol{x}^*(\theta),y^*(\theta),\boldsymbol{p}^*(\theta),\theta)}{\partial x_2(\theta)}=0,\tag{15-26}$$

$$H(\boldsymbol{x}^*(\theta),y^*(\theta),\boldsymbol{p}^*(\theta),\theta)\geqslant H(\boldsymbol{x}^*(\theta),y(\theta),\boldsymbol{p}^*(\theta),\theta),\tag{15-27}$$

$$p_1^*(\underline{\theta})=0.\tag{15-28}$$

由式(15-25)和式(15-28)可得

$$p_1^*(\theta)=F(\theta).\tag{15-29}$$

由式(15-26)可知，对任一 $\theta\in[\underline{\theta},\bar{\theta}]$，都有

$$p_2^*(\theta)=\gamma,\tag{15-30}$$

其中，γ 是一个待定常数。

在确定了 $p_1^*(\theta)$ 和 $p_2^*(\theta)$ 之后，就可求解最优控制 $y^*(\theta)$。为推导 $y^*(\theta)$ 的解析表达式，我们做出如下假设：数据提供者的类型 θ 在区间$[\underline{\theta},\bar{\theta}]$上均匀分布，对应的概率密度函数为

$$f(\theta)=\frac{1}{\bar{\theta}-\underline{\theta}},\quad \forall\theta\in[\underline{\theta},\bar{\theta}],\tag{15-31}$$

累积分布函数为

$$F(\theta)=\frac{\theta-\underline{\theta}}{\bar{\theta}-\underline{\theta}},\quad \forall\theta\in[\underline{\theta},\bar{\theta}].\tag{15-32}$$

基于这一假设，最优生产函数 $\rho_\beta^*(\cdot)$ 可通过如下方式确定。首先，暂时忽略式(15-9)给出的边界约束条件，求解可最大化哈密顿函数的最优控制 $\tilde{y}_\beta(\cdot)$。由一阶条件$\left.\frac{\partial H(\boldsymbol{x}^*(\theta),y(\theta),\boldsymbol{p}^*(\theta),\theta)}{\partial y}\right|_{y=\tilde{y}}=0$ 可得

$$\tilde{y}_\beta(\theta)=\frac{\lambda^2(\alpha_1\beta^{\alpha_2}+\alpha_3)}{4q_{\max}[\beta(2\theta-\underline{\theta})-\gamma]^2},\quad \forall\theta\in[\underline{\theta},\bar{\theta}].\tag{15-33}$$

容易验证，$\tilde{y}_\beta(\cdot)$亦满足二阶条件，即

$$\left.\frac{\partial^2 H(\boldsymbol{x}^*(\theta),y(\theta),\boldsymbol{p}^*(\theta),\theta)}{\partial y^2}\right|_{y=\tilde{y}}<0, \tag{15-34}$$

式(15-33)中的 γ 是一个与 β 有关的常数，γ 的取值可由式(15-17)和式(15-8)确定。具体地，通过计算 $\tilde{y}_\beta(\theta)$ 对 θ 的导数并利用式(15-17)，可知 $\gamma<\beta\underline{\theta}$。接着，将式(15-35)代入式(15-8)可以得到一个关于 γ 的方程，求解该方程可得

$$\gamma=\beta\bar{\theta}-\frac{1}{2}\sqrt{4\beta^2(\bar{\theta}-\underline{\theta})^2+\frac{N\lambda^2(\alpha_1\beta^{\alpha_2}+\alpha_3)}{q_{req}}}. \tag{15-35}$$

在确定了函数 $\tilde{y}_\beta(\cdot)$的形式之后，下面要做的工作就是判断该函数是否满足式(15-9)给出的边界约束条件。

先考虑这样一种特殊情形：数据收集者可保证数据提供者的隐私绝对不会泄露，即 $\beta=0$。在这种情形下，$\tilde{y}_\beta(\cdot)$退化成一个常数函数，即

$$y_0^*(\theta)=\frac{q_{req}}{Nq_{\max}},\quad \forall\theta\in[\underline{\theta},\bar{\theta}]. \tag{15-36}$$

将上式代入式(15-18)，并利用式(15-19)给出的边界条件，可知此时每个数据提供者得到的信息租金为 0。这一结果是符合直观的，因为当数据收集者能够实现完美的隐私保护时，数据提供者不会遭受隐私损失，所以对数据收集者来说，数据提供者对待隐私的态度并不重要，数据收集者会向所有数据提供者分配同等的数据生产任务。对于数据提供者来说，因为他的私有信息 θ 不会影响数据收集者的决策，也就是说，数据提供者相对于数据收集者没有任何信息优势，所以数据提供者无法获得信息租金。在这种特殊情形下，数据收集者的总收益为

$$U_C^*(0)=\lambda\sqrt{\alpha_3 Nq_{req}}. \tag{15-37}$$

当 $\beta=0$ 时，最优契约的形式十分简单，即有

$$(1-\beta^*,t_\beta^*(\cdot),\rho_\beta^*(\cdot))=\left(0,0,\frac{q_{req}}{Nq_{\max}}\right). \tag{15-38}$$

但现实中，绝对的隐私安全是很难实现的，因此这种最优契约并不可行。

当 $\beta\in(0,1]$时，$\tilde{y}_\beta(\cdot)$ 可用图 15-2 所示的曲线段表示。可以看到，如果该曲线段与直线 $y(\theta)=1$ 相交，那么 $\tilde{y}_\beta(\cdot)$ 就不是优化问题 P1′的可行解。假定 $\tilde{y}_\beta(\cdot)$ 与 $\tilde{y}_\beta(\cdot)$相交于点$(\theta_c,1)$，其中 θ_c按下式计算：

$$\theta_c=\frac{1}{2}(\bar{\theta}+\underline{\theta})-\frac{1}{4\beta}\sqrt{4\beta^2(\bar{\theta}-\underline{\theta})^2+\frac{N\lambda^2(\alpha_1\beta^{\alpha_2}+\alpha_3)}{q_{req}}}+\frac{\lambda}{4\beta}\sqrt{\frac{\alpha_1\beta^{\alpha_2}+\alpha_3}{q_{\max}}}. \tag{15-39}$$

如果 θ_c 位于区间$[\underline{\theta},\bar{\theta}]$之外，那么 $\tilde{y}_\beta(\cdot)$就是待求的最优生产函数。对式(15-

39)做简单分析可知，只要 $q_{req} \leqslant Nq_{\max}$，就有 $\theta_c < \frac{1}{2}(\bar{\theta}+\underline{\theta}) < \bar{\theta}$，但我们无法直接确定 θ_c 与 $\underline{\theta}$ 的关系，因此最优生产函数的形式还需要进一步讨论。

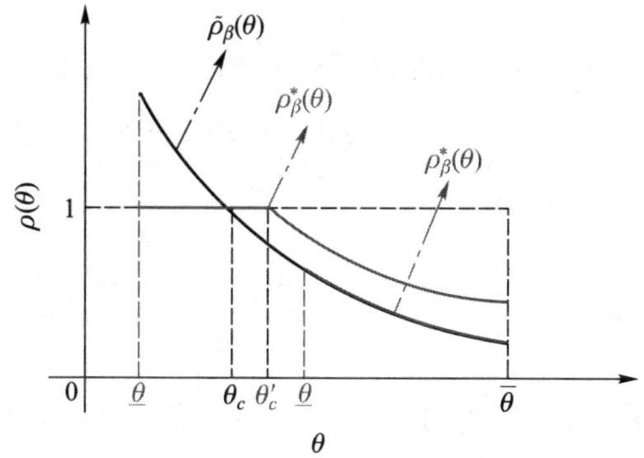

图 15-2 最优生产函数的多种形式

由式(15-39)可知，当给定 β 和参数 $\{\lambda, N, q_{\max}, \bar{\theta}, \underline{\theta}, \alpha_1, \alpha_2, \alpha_3\}$ 的取值时，θ_c 的取值完全由数据收集者的需求 q_{req} 决定，并且 θ_c 会随着 q_{req} 的增加而增加。当 q_{req} 高于某一阈值 q_{maxreq} 时，会出现 $\theta_c \geqslant \underline{\theta}$。阈值 q_{maxreq} 由方程 $\theta_c = \underline{\theta}$ 确定。很显然，q_{maxreq} 的取值与 β 有关，因此可将 q_{maxreq} 重新表示为 $q_{\text{maxreq}}(\beta)$。$q_{\text{maxreq}}(\beta)$ 按下式计算：

$$q_{\text{maxreq}}(\beta) = \frac{\lambda N q_{\max}\sqrt{\alpha_1\beta^{\alpha_2} + \alpha_3}}{\lambda\sqrt{\alpha_1\beta^{\alpha_2} + \alpha_3} + 4\beta(\bar{\theta} - \underline{\theta})q_{\max}}. \tag{15-40}$$

数据收集者对数据效用的需求是在其拟定契约之前就已确定，因此需考虑如下三种可能的情况：

(1) $0 < q_{req} \leqslant q_{\text{maxreq}}(\beta)$

在这种情况下，对于所有的 $\theta \in [\underline{\theta}, \bar{\theta}]$，函数 $\tilde{y}_\beta(\theta)$ 的取值都不会超出由 $y(\theta)=1$ 确定的边界。因此，最优生产函数 $\rho^*_\beta(\cdot)$ 可以完全按照式(15-33)定义。将式(15-33)代入式(15-18)并利用式(15-19)给出的边界条件，可以得到如下形式的信息租金函数：

$$U^*_\beta(\theta) = \frac{\lambda^2(\alpha_1\beta^{\alpha_2} + \alpha_3)}{8(\beta(2\theta - \underline{\theta}) - \gamma)} - \frac{\lambda^2(\alpha_1\beta^{\alpha_2} + \alpha_3)}{8(\beta(2\bar{\theta} - \underline{\theta}) - \gamma)}. \tag{15-41}$$

(2) $q_{\text{maxreq}}(\beta) < q_{req} < Nq_{\max}$

在这种情况下，当 $\theta \in [\underline{\theta}, \theta_c]$ 时，函数 $\tilde{y}_\beta(\theta)$ 在边界外取值，因而满足边界约束的可行解 $\rho^*_\beta(\cdot)$ 此时只能在边界上取值。换言之，$\rho^*_\beta(\cdot)$ 是一个具有如下形

式的分段函数：

$$\rho_{\beta}^{*}(\theta)=\begin{cases}1, & \underline{\theta}\leqslant\theta\leqslant\theta'_{c},\\ \dfrac{\lambda^{2}(\alpha_{1}\beta^{\alpha_{2}}+\alpha_{3})}{4q_{\max}(\beta(2\theta-\underline{\theta})-\gamma')^{2}}, & \theta'_{c}<\theta\leqslant\bar{\theta},\end{cases}\tag{15-42}$$

其中，γ'的取值可通过式(15-8)和式(15-17)确定。γ'的具体定义如下：

$$\gamma'=\beta\bar{\theta}-\frac{\lambda}{2}\sqrt{\frac{\alpha_{1}\beta^{\alpha_{2}}+\alpha_{3}}{q_{\max}}}+\frac{q_{req}\beta(\bar{\theta}-\underline{\theta})}{Nq_{\max}}-\frac{\sqrt{\Delta'}}{Nq_{\max}},\tag{15-43}$$

其中，Δ'的定义为

$$\Delta'=\beta^{2}(\bar{\theta}-\underline{\theta})^{2}(Nq_{\max}-q_{req})^{2}+N\lambda\beta\sqrt{(\alpha_{1}\beta^{\alpha_{2}}+\alpha_{3})q_{\max}}(\bar{\theta}-\underline{\theta})(Nq_{\max}-q_{req}).\tag{15-44}$$

在确定了γ'的取值之后，式(15-42)中的θ'_{c}就可按如下方式计算：

$$\theta'_{c}=\frac{1}{2}\underline{\theta}+\frac{\gamma'}{2\beta}+\frac{\lambda}{4\beta}\sqrt{\frac{\alpha_{1}\beta^{\alpha_{2}}+\alpha_{3}}{q_{\max}}}.\tag{15-45}$$

式(15-42)定义的最优生产函数的几何解释如下。如图 15-2 所示，函数$\tilde{y}_{\beta}(\cdot)$对应的曲线段下方的面积与数据收集者的需求q_{req}成正比。当θ_{c}位于$\underline{\theta}$的右侧时，可以以$\theta=\theta_{c}$为界将这条曲线段分为左右两个部分。左侧的曲线段位于边界$y(\theta)=1$之上，需要将这部分曲线段上的点全部“拉低”至边界，这意味着需要放弃位于原始曲线段和边界之间的这部分面积。为了使总面积保持不变，需要适当“推高”位于右侧曲线段上的点，与点$(\theta_{c},1)$邻近的一些点可能会被推至边界。当β给定时，随着q_{req}的降低，整条曲线段向左侧平移。当q_{req}降至$q_{\max req}(\beta)$时，曲线段与边界交于点$(\underline{\theta},1)$，此时，整条曲线段都位于边界内，分段函数$\rho_{\beta}^{*}(\cdot)$退化成式(15-33)定义的非分段函数。相反地，随着q_{req}的增加，整条曲线段向右侧平移，越来越多的点出现在边界之外。为了填补因“拉低”操作造成的面积损失，位于边界之内的点需要被推高至更靠近边界的位置。当q_{req}趋近于$Nq_{\max}$时，在经过拉低、推高操作后，整条曲线段几乎与边界重合，这正是下面要讨论的第三种情况。

(3) $q_{req}=Nq_{\max}$

与前一种情况类似，此时θ_{c}位于$\underline{\theta}$右侧，最优生产函数$\rho_{\beta}^{*}(\cdot)$仍可以按照式(15-42)定义。特别地，此时$\theta'_{c}=\bar{\theta}$，因而(15-42)退化为一个常数函数，即

$$\rho_{\beta}^{*}(\theta)=1,\quad\forall\theta\in[\underline{\theta},\bar{\theta}].\tag{15-46}$$

与之前的分析类似，根据式(15-18)和式(15-19)，可以计算出此种情况下的最优信息租金：

$$U_{\beta}^{*}(\theta)=\beta q_{\max}(\bar{\theta}-\theta).\tag{15-47}$$

此时，最优转移支付函数 $t_\beta^*(\cdot)$ 可写为

$$t_\beta^*(\theta)=U_\beta^*(\theta)+\theta\beta q_{\max}\rho_\beta^*(\theta)=\beta q_{\max}\bar{\theta}. \tag{15-48}$$

上式表明，当所有的数据提供者都贡献出最大的数据效用时，不同数据提供者所得的报酬是相同的。但对于那些不太重视隐私的数据提供者来说，因其付出的成本较低，所以可得到较高的信息租金。

至此已完成优化问题 P1′的求解，下面将讨论如何利用求出的最优生产函数 $\rho_\beta^*(\cdot)$和最优信息租金函数 $U_\beta^*(\cdot)$求解最优的隐私保护程度。

上面推导出的生产函数 $\rho_\beta^*(\cdot)$和信息租金函数 $U_\beta^*(\cdot)$相对于给定的隐私保护程度是最优的，也就是说，这两个函数都可以看作是以 β 为参数的函数。给定这两个带参函数，数据收集者就可以通过求解优化问题 P2 来确定最优的隐私保护程度。由前面的讨论可知，当数据收集者对数据效用的需求不同时，最优函数的形式是不同的，因而相对应地，问题 P2 中目标函数的形式是不同的。此处分别讨论 $0<q_{req}<Nq_{\max}$ 和 $q_{req}=Nq_{\max}$ 这两种情况下的最优隐私保护程度。

(1) $0<q_{req}<Nq_{\max}$

由前面讨论可知，对任一 $\beta\in(0,1]$ 和 $q_{req}\in(0,Nq_{\max}]$，可通过比较 q_{req} 与阈值 $q_{\mathrm{maxreq}}(\beta)$来决定最优生产函数的形式。由式(15-40)可知，$q_{\mathrm{maxreq}}(\beta)$ 随 β 单调递减。因此，对于任一给定的 $q_{req}\in(0,Nq_{\max}]$，存在一个阈值 $q_{\mathrm{maxreq}}^{-1}(q_{req})$（$q_{\mathrm{maxreq}}^{-1}(\cdot)$表示函数 $q_{\mathrm{maxreq}}(\cdot)$的逆函数），使得当 $0<\beta\leqslant q_{\mathrm{maxreq}}^{-1}(q_{req})$ 时，$\rho_\beta^*(\theta)$由式(15-33)定义，而当 $q_{\mathrm{maxreq}}^{-1}(q_{req})<\beta\leqslant 1$ 时，$\rho_\beta^*(\theta)$由式(15-42)定义。给定 $q_{req}\in(0,Nq_{\max})$，数据收集者的预期收益 $U_C(\beta)$按如下方式计算：

① 若 $\beta=0$，此时数据收集者的预期收益为 $U_C(\beta)=\lambda\sqrt{\alpha_3 Nq_{req}}$。

② 若 $0<\beta\leqslant q_{\mathrm{maxreq}}^{-1}(q_{req})$，将式(15-33)代入问题 P2 的目标函数可得

$$U_C(\beta)=\frac{N\lambda^2(\alpha_1\beta^{\alpha_2}+\alpha_3)}{8\beta(\bar{\theta}-\underline{\theta})}\ln\frac{\beta(\bar{\theta}-\underline{\theta})+\frac{1}{2}\Delta}{\beta(\underline{\theta}-\bar{\theta})+\frac{1}{2}\Delta}+q_{req}\left(\frac{1}{2}\Delta-\beta\bar{\theta}\right), \tag{15-49}$$

其中，

$$\Delta=\sqrt{4\beta^2(\bar{\theta}-\underline{\theta})^2+\frac{N\lambda^2(\alpha_1\beta^{\alpha_2}+\alpha_3)}{q_{req}}}. \tag{15-50}$$

③ 若 $q_{\mathrm{maxreq}}^{-1}(q_{req})<\beta\leqslant 1$，将式(15-42)代入 P2 的目标函数可得

$$U_C(\beta)=\frac{N\lambda^2(\alpha_1\beta^{\alpha_2}+\alpha_3)}{8\beta(\bar{\theta}-\underline{\theta})}\ln\frac{\beta(2\bar{\theta}-\underline{\theta})-\gamma'}{\beta(2\theta'_C-\underline{\theta})-\gamma'}+N\left(\lambda\sqrt{(\alpha_1\beta^{\alpha_2}+\alpha_3)q_{\max}}-\beta q_{\max}\theta'_C\right)\frac{\theta'_C-\underline{\theta}}{\bar{\theta}-\underline{\theta}}, \tag{15-51}$$

$$+\frac{N\lambda^2(\alpha_1\beta^{\alpha_2}+\alpha_3)(\theta'_C-\bar{\theta})\gamma'}{4(\bar{\theta}-\underline{\theta})(\beta(2\bar{\theta}-\underline{\theta})-\gamma')(\beta(2\theta'_C-\underline{\theta})-\gamma')},$$

其中,γ'和 θ'_c 分别按式(15-43)和式(15-45)计算。

由于 $U_C(\beta)$的形式十分复杂,很难推导出 β^* 的解析表达式,但可通过如下方式近似地确定最优的隐私保护程度。假定数据收集者采用 k 匿名算法[14]对收集到的数据记录进行处理。对于给定的 k 值,当数据满足 k 匿名条件时,一个数据提供者的身份被攻击者识别出的概率不高于$\frac{1}{k}$,因此可定义 $\beta=\frac{1}{k}$,即用 $1-\frac{1}{k}$度量隐私保护程度。由于数据收集者收集到的数据记录的总数是有限的,所以 k 只能在一个有限的集合中取值。给定任一 $q_{req}\in(0,Nq_{\max})$,数据收集者可按如下方式选出最合适的 k:对每一种 k 的取值,首先判断 $q_{req}\leqslant q_{\mathrm{maxreq}}\left(\frac{1}{k}\right)$ 是否成立。若成立,则按式(15-49)计算预期收益,否则就按式(15-51)计算预期收益。在得到所有 k 值对应的预期收益之后,数据收集者即可确定哪一种 k 值能带来最大的收益。

(2) $q_{req}=Nq_{\max}$

由前面讨论可知,当数据收集者期望获得最大的数据效用时,不同数据提供者贡献的数据效用是相同的,因而数据收集者支付给每个数据提供者的报酬也是相同的。在这种情况下,数据收集者的预期收益为

$$U_C(\beta)=N[\lambda\sqrt{(\alpha_1\beta^{\alpha_2}+\alpha_3)q_{\max}}-\beta\bar{\theta}q_{\max}].\tag{15-52}$$

为找出能最大化上述收益的 β^*,计算 $U_C(\beta)$的导数:

$$\frac{\mathrm{d}U_C(\beta)}{\mathrm{d}\beta}=\lambda\frac{N\alpha_1\alpha_2\sqrt{q_{\max}}\beta^{\alpha_2-1}}{2\sqrt{\alpha_1\beta^{\alpha_2}+\alpha_3}}-N\bar{\theta}q_{\max}.\tag{15-53}$$

出现在上式右侧的模型参数$\{N,\bar{\theta},q_{\max},\alpha_1,\alpha_2,\alpha_3\}$通常有着固定的取值,而参数 λ 的取值可能受外部环境的影响而发生变化。因此,是否存在 $\beta^*\in(0,1)$主要取决于 λ 的取值。15.2.3 节将结合仿真实验结果讨论 λ 对 β^* 的影响。

上面我们详细介绍了最优契约的设计方法,给出了最优生产函数和最优信息租金函数的解析表达式,并分情况讨论了最优隐私保护程度的求解方法。最优契约的最优性是指在所有满足约束条件的可行契约中,该契约可以给数据收集者带来最高的收益。为更好地理解最优的含义,本一小节给出了一种形式较为简单的契约。由于该简单契约采用具有线性形式的生产函数,因此我们将这种契约称为线性产量契约。具体来说,对任一给定的 $\beta\in[0,1]$,生产函数按如下方式定义:

$$\hat{\rho}_{\beta}(\theta)=\kappa(\theta-\underline{\theta})+1, \tag{15-54}$$

其中,κ 定义为

$$\kappa=\frac{2(q_{req}-Nq_{\max})}{Nq_{\max}(\bar{\theta}-\underline{\theta})}. \tag{15-55}$$

这一线性生产函数的含义是,数据提供者贡献的数据效用与其对隐私的重视程度成反比。特别地,如果一个数据提供者完全不在乎隐私,即 $\theta=\underline{\theta}$,那么他会将其所有的个人数据都拿出来交易。数据提供者可得的信息租金按如下方式计算:

$$\hat{U}_{\beta}(\theta)=-\frac{1}{2}\beta q_{\max}\kappa\theta^{2}-\beta q_{\max}(1-\kappa\underline{\theta})\theta+\left(\frac{1}{2}\kappa\bar{\theta}^{2}-\kappa\underline{\theta}\bar{\theta}+\bar{\theta}\right)\beta q_{\max}. \tag{15-56}$$

可以验证,若数据收集者对数据效用的需求满足

$$\frac{1}{2}Nq_{\max}\leqslant q_{req}\leqslant Nq_{\max}, \tag{15-57}$$

则($\hat{U}_{\beta}(\cdot)$,$\hat{\rho}_{\beta}(\cdot)$)满足优化问题 P1′的所有约束条件。

与最优契约设计的情形类似,我们很难推导出 β^{*} 的解析表达式。鉴于此处设计的线性产量契约只是用于验证最优契约的最优性,我们将采用仿真的方法近似地确定 β^{*} 的取值。

15.2.3 仿真分析

为考察上一节给出的最优契约的实际性能,我们在 Adult 数据集[18]上进行了若干实验。Adult 数据集包含了 32 561 条人口普查记录,每条记录包含 15 个属性。实验随机选择 30 000 条不含缺失值的记录。这里借助开源工具 ARX[19]对数据进行匿名化处理。ARX 实现了多种匿名模型,此处选择最常用的 k 匿名模型,因而隐私保护程度 δ 可定义为 $1-1/k$。

经匿名化处理后,数据效用降低,即产生了信息损失(information loss, IL)。ARX 提供了多种度量信息损失的方法,这里选用 *Precision*[20]这一度量指标。*Precision* 在 0 到 1 间取值,取值越高,表明信息损失越少。直观上理解,k 值越大,匿名化处理所造成的信息损失就越大。给定 $k\in\{2,3,\cdots,50\}$,运行匿名化算法并记录对应的信息损失 IL。实验结果如图 15-3 所示。利用 Matlab 提供的曲线拟合工具,可将 IL 近似表示为 k 的幂函数,即

$$IL=-0.4804k^{-0.2789}+0.7883. \tag{15-58}$$

进一步地,如果将 IL 解释为数据效用的损失与原始数据效用的比值,即认为 $IL=$

$\dfrac{q-d(q,\delta)}{q}$，那么式(15-58)即可改写为式(15-1)。

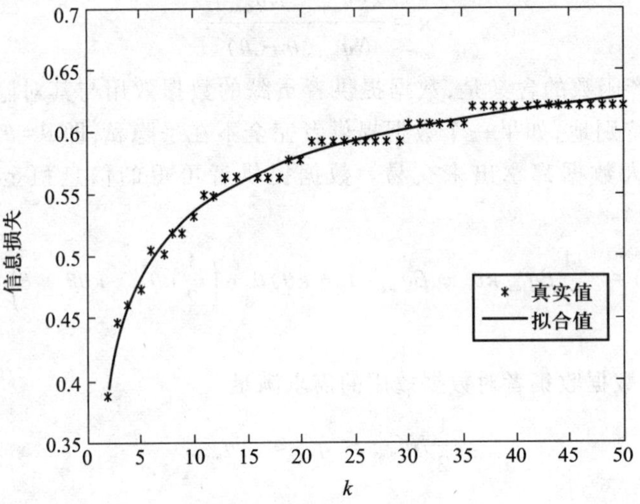

图 15-3　匿名化造成的信息损失

为检验最优契约的性能是否优于线性产量契约，我们构建了多组实验来模拟数据提供者对不同契约的反应。假定共有 3000 个数据提供者，即 $N=3000$，每个数据提供者至多提供 10 条记录，且每条记录对应的数据效用为 1，即 $q_{\max}=10$。数据集中的 30 000 条记录被随机分成 3 000 组，每一组对应一个数据提供者。为确定每个数据提供者的隐私参数 θ，生成了 3000 个在 $[0,1]$ 上均匀分布的随机数。契约模型中的其他参数设置如下：$\lambda=15$，$\alpha_1=0.4804$，$\alpha_2=0.2789$，$\alpha_3=0.5196$，$q_{req}=\dfrac{m}{20}Nq_{\max}(m=10,11,\cdots,20)$。

给定契约类型和一种数据需求 q_{req}，按如下方式计算数据收集者的最大收益。首先，按照 15.2.2 节提到的方法近似确定最优的 k 值，进而可确定 β^*；然后根据当前契约定义的最优生产函数 $\rho_{\beta^*}^*(\cdot)$ 计算每个数据提供者需提供多少条记录。用 n_i 表示第 i 个数据提供者提供的记录条数，用 θ_i 表示该数据提供者的类型。规定 $n_i=\lceil\rho_{\beta^*}^*(\theta_i)q_{\max}\rceil$。根据 n_i 和契约中定义的信息租金函数 $U_{\beta^*}^*(\cdot)$，可以计算出每个数据提供者得到的信息租金 u_i。完成上述计算后，依次从第 i 个数据所有者的记录集合中随机选出 n_i 条记录加入到一个新的数据集中。之后在这个新的数据集上运行 k 匿名算法，k 的取值设为 $\left\lceil\dfrac{1}{\beta^*}\right\rceil$。最后，根据匿名化程序报告的信息损失和每个数据提供者的 (n_i,u_i)，可以计算出数据收集

者的收益 U_C^*。考虑到新构建的数据集是由随机挑选的记录构成的，对于给定的契约和 q_{req}，将上述过程重复 5 次，以 5 次结果的平均值作为最终结果，实验结果如图15-4 所示。

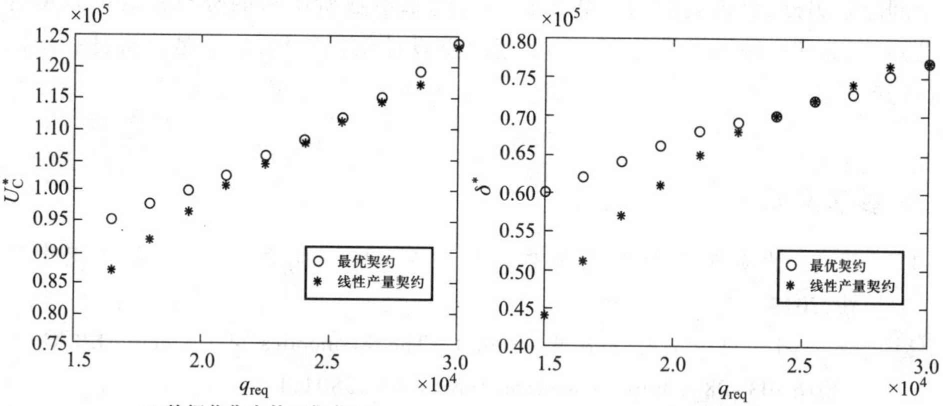

(a) 数据收集者的预期收益

(b) 最优隐私保护程度

图 15-4　最优契约和线性产量契约的性能评估结果

从图 15-4(a)可以看到，对于每一种 q_{req} 的取值，最优契约都能为数据收集者带来比线性产量契约更高(或者相等)的收益。特别当 q_{req} 接近 $0.5Nq_{req}$ 时，线性产量契约与最优契约之间的差距很明显。随着 q_{req} 的增加，最优契约相对于线性产量契约的优势逐渐减弱。从图 15-4(b)可以看出，当 $q_{req}<0.75Nq_{\max}$ 时，最优契约能为数据提供者提供更好的隐私保护。当 q_{req} 很高时，最优契约实现的隐私保护程度接近于线性产量契约，甚至会低于线性产量契约。但是这一结果并不表示最优契约的性能不如线性产量契约，因为最优契约的设计目标是最大化数据收集者的收益，而不是为数据提供者的隐私提供最强程度的保护。

为说明为何最优契约相对于线性产量契约的优势会在 q_{req} 较高时消失，有必要回顾一下在 15.2.2 节中给出的几何解释。如 15-2 所示，当 q_{req} 的取值较高时，则与最优生产函数对应的曲线段有较大一部分与边界 $\gamma(\theta)=1$ 重合。随着 q_{req} 的增加，曲线段位于边界之内的部分会变得更加平坦。对于线性产量契约来说，它采用的是线性的生产函数(参见式(15-54))，且 $\hat{\rho}_\beta$ 随着 θ 的增加而降低。由式(15-55)可知，当 q_{req} 接近于 $Nq_{\max}$ 时，$\hat{\rho}_\beta$ 随 θ 的增加缓慢下降。这意味着，当 q_{req} 接近 $Nq_{\max}$ 时，两种契约所采用的生产函数是相似的，因此这两种契约表现出了相似的性能。另外需要强调的一点是，线性产量契约只能在 $0.5Nq_{\max}\leqslant q_{req}\leqslant Nq_{\max}$ 的情况下使用，而最优契约也可以在 $q_{req}<0.5Nq_{\max}$ 的情况下使用。从这一点来看，最优契约比线性产量契约更加实用。

本节提出的最优契约主要基于对如下两方面问题做出的假设:一是数据收集者的收入与数据效用之间的关系,二是匿名化数据的效用与隐私保护程度之间的关系。如何用更合理的模型来刻画这两种关系,这是接下来需要研究的一个问题。另外,目前我们假定数据提供者隐私参数所服从的分布是数据收集者已知的,如何在隐私参数分布未知的情况下设计最优契约,这也是值得进一步探讨的问题。

参考文献

[1] 王忠. 大数据时代个人数据隐私规制[M]. 北京:社会科学文献出版社,2014.

[2] Acquisti A, Taylor C, and Wagman L. The Economics of Privacy [EB/OL]. [2016-03-08]. http://ssrn.com/abstract=2580411.

[3] Roth A. Buying private data at auction: The sensitive surveyor's problem[J]. ACM SIGecom Exchanges, 2012, 11(1): 1-8.

[4] Ghosh A, Roth A. Selling privacy at auction[C]//Proceedings of the 12th ACM Conference on Electronic Commerce, New York, USA, 2011: 199-208.

[5] 罗云峰. 博弈论教程[M]. 北京:清华大学出版社,2007.

[6] Fleischer L K, Lyu Y H. Approximately optimal auctions for selling privacy when costs are correlated with data[C]//Proceedings of the 13th ACM Conference on Electronic Commerce. ACM, 2012: 568-585.

[7] Ligett K, Roth A. Take it or leave it: Running a survey when privacy comes at a cost[M]//Goldberg P W. Eds. WINE 2012, LNCS, Berlin: Springer, 2012, 7695: 378-391.

[8] Nissim K, Vadhan S, Xiao D. Redrawing the boundaries on purchasing data from privacy-sensitive individuals [C]//Proceedings of the 5th ACM Conference on Innovations in Theoretical Computer Science, 2014: 411-422.

[9] Aperjis C, Huberman B A. A market for unbiased private data: Paying individuals according to their privacy attitudes[J]. First Monday, 2012, 17(5).

[10] Li C, Li D Y, Miklau G, et al. A theory of pricing private data[C]//Proceedings of the 16th ACM International Conference on Database Theory, 2013: 33-44.

[11] Gkatzelis V, Aperjis C, Huberman B A. Pricing private data[J]. Electronic Markets, 2015, 25(2): 109-123.

[12] Li C, Miklau G. Pricing aggregate queries in a data marketplace[C]//15th International Workshop on the Web and Databases, May 2012, Scottsdale, AZ, USA. 2012:19-24.

[13] Lin B R, Kifer D. On arbitrage-free pricing for general data queries[J]. Proceedings of the VLDB Endowment, 2014, 7(9):757-768.

[14] Fung B, Wang K, Chen R, et al. Privacy-preserving data publishing: A survey of recent developments[J]. ACM Computing Surveys (CSUR), 2010, 42(4):14.

[15] Xu L, Jiang C, Chen Y, et al. Privacy or utility in data collection? A contract theoretic approach[J]. IEEE Journal of Selected Topics in Signal Processing, 2015, 9(7):1256-1269.

[16] Laffont J J, Martimort D. The Theory of Incentives The Principal-Agent Model[M]. Princeton: Princeton University Press, 2009.

[17] Kirk D E. Optimal Control Theory: An Introduction[M]. North Chelmsford: Courier Corporation, 2012.

[18] Bache K, Lichman M. UCI Machine Learning Repository[EB/OL]. 2013. http://archive.ics.uci.edu/ml.

[19] Kohlmayer F, Prasser F, Eckert C, et al. Flash: efficient, stable and optimal k-anonymity[C]//2012 IEEE International Conference on Privacy, Security, Risk and Trust (PASSAT) and 2012 International Confernece on Social Computing (SocialCom). 2012:708-717.

[20] Sweeney L. Achieving k-anonymity privacy protection using generalization and suppression [J]. International Journal of Uncertainty, Fuzziness and Knowledge-Based Systems, 2002, 10(05):571-588.

结论与展望

信息共享是当前互联网的主要业务。本书从网络信息共享中普遍存在的非对称现象入手，介绍网络信息共享的基本概念和系统模型，并通过分析传统信息共享网络体系结构的不足，提出了非对称广域覆盖信息共享网络这一新的体系结构和相应的服务模式。以提高信息共享服务质量为目标，本书分别从网络流量优化和智能信息处理这两方面展开了讨论。此外，针对当前广受关注的隐私安全问题，本书探讨了在信息共享与隐私保护之间实现平衡的方法。下面我们对本书内容进行简要回顾，并在此基础上对未来的研究方向提出几点建议。

内容回顾

为研究信息共享服务的优化方法,首先需要了解信息共享网络的基本理论与体系结构。鉴于信息共享业务在网络流量上呈现出明显的非对称特性,本书开篇介绍了多个领域中的非对称现象,重点探讨了互联网在流量、用户关系等方面的非对称性。在介绍学术界关于信息定义的主要观点的基础上,给出了网络信息共享的概念和性质,并通过对信息共享系统模型的介绍,阐述了信息共享的本质。鉴于网络的结构和功能特性决定了信息共享的方式,本书对典型的信息网络结构和服务模式进行了总结,分析了不同网络结构、不同服务模式的特性。随着信息共享业务的发展,互联网原始设计的缺陷逐渐暴露出来,如何改进互联网体系结构引起了相关领域研究者的关注。本书总结了相关领域的研究进展,并介绍了非对称广域覆盖这一新的信息共享体系。

互联网是典型的复杂网络。信息共享技术的发展催生了众多复杂的网络演化现象。揭示这些现象背后的演化规律,对于提升网络信息服务质量有着十分重要的意义。本书第二篇介绍了典型的网络演化模型。鉴于现有模型无法准确刻画复杂网络连接关系的形成机理,本书提出了基于效用的网络演化模型。除了构建演化模型,流量分析也是了解信息共享网络性能的重要手段。观察网络流量的时空演化可发现网络存在相变现象。本书分析了网络相变的非线性成因,在此基础上提出了改善网络性能的分布式代理对策。另一方面,本书以 P2P 这一典型的信息共享模式为研究对象,探讨了如何设计激励机制以促进 P2P 网络中的用户合作,从而保障信息共享业务的稳定运行。

网络容量是衡量网络性能的重要指标,与网络提供信息共享服务的能力密切相关。本书第三篇从分析网络相变现象入手,介绍了网络容量的基本模型,分别考察了路由距离、缓存分布和服务器分布对网络容量的影响,并在此基础上提出了基于流量分布的网络容量优化研究框架。此外,本书分别以 P2P 网络和无线 ad hoc 网络为对象,研究了信息共享网络的拓扑失配问题和拓扑控制问题:针对 P2P 网络中物理拓扑与逻辑拓扑失配造成大量传输冗余的问题,提出了基于网络延迟、基于位置信息、基于用户兴趣等几种解决方案;针对无线 ad hoc 网络的容错与节能问题,讨论了均一功率拓扑控制和非均一功率拓扑控制这两类算法。

不同于以上从网络结构、网络流量等角度优化信息共享网络的研究,本书第四篇主要从网络信息处理的角度研究提升信息共享服务质量的方法。互联网拓宽了人们生产信息、消费信息的渠道,同时也引发了信息过载问题。为使互联网用户快速、准确地得到所需的信息资源,需要设计合理的网络信息资源获取方式。本书讨论了如何借助网络爬虫技术和网页内容提取技术实现网络信息资源的获取,之后介绍了文本挖掘的基本概念和文本分类、文本聚类等典型的文本挖掘技术。为进一步解决信息过载和信息碎片化问题,有必要从语义层面上对相关的信息碎片进行聚合。针对该问题,本书从介绍语义网的基础概念入手,考察如何借助本体实现对信息语义的规范描述,探讨了基于本体的信息聚合方法。

各类社会化媒体已成为当前互联网用户共享信息的主要平台。用户与他人分享个人信息,一方面可以获得某种好处(如结识新朋友、得到个性化的产品推荐等),另一方面也面临隐私泄露的威胁。针对这一矛盾,本书在第五篇探讨了如何在个人信息与隐私安全之间找到合理的平衡点。具体地,首先以在线社交网络和个性化推荐系统为例,探讨个人信息共享与隐私安全之间的关系;其次对数据挖掘中的隐私安全问题进行了分析,提出了反挖掘研究框架。考虑到个人信息的使用通常涉及多方利益,本书讨论了如何应用博弈论这一工具对个性化推荐和数据挖掘中的隐私保护进行分析。此外,随着个人数据商业价值的日益凸显,也有越来越多的研究者开始从经济学的角度探讨隐私问题,本书探讨了面向个人数据的交易机制,考虑了如何应用契约理论帮助交易双方在信息共享与隐私保护之间做出合理的选择。

未来研究方向

本书从网络体系结构、网络动力学、网络流量、网络信息处理、隐私安全等几方面介绍了信息共享网络的关键理论与技术。为进一步提高互联网信息共享服务的质量,以下几方面问题也值得深入研究:

1. 以内容为中心的网络体系结构

当前互联网在承载信息共享业务方面的缺陷迫使人们重新审视互联网的体系结构,寻求各种改进方法。我们在第 4 章介绍了几种以内容为中心的未来网络设计方案。鉴于路由在网络中扮演着十分关键的角色,若要突出内容在网络中的重要地位,就有必要研究针对内容自身的路由方法。目前提出的以内容为中心的未来网络将通过名字路由的方式来实现内容路由。顾名思义,基于名字的路由就是为网络中传输的内容赋予一个标识符——名字,然后根据名字进行路由。相比原来使用 IP 地址的方式,名字路由的方式确实使内容的地位得到了一定的提升。但是名字对内容的表达能力是有限的,仍有必要考虑用其他表达力更强的表示方式来凸显内容对路由的影响。为实现基于内容的路由,一方面需要确定用什么样的方法描述内容,如何表达内容的语义——如何借助语义网的相关研究成果实现对内容的规范化、形式化描述,这是值得研究的一个问题;另一方面需要设计稳定灵活的路由算法——路由算法决定了最终的寻径结果,最佳路径的选择与采用的度量方法有关,如何根据内容的描述方式建立相应的度量空间也是需要研究的问题。

2. 基于用户兴趣的网络演化模型

网络演化模型是分析网络信息共享业务的重要工具。我们在第 5 章中提出了一种基于效益的网络演化模型,重点考察了基于兴趣的效用演化模型。在该模型中,两个节点(即用户)的兴趣相似度越高,则这两个节点建立连接的概率越高。可以看到,这一演化模型能否准确刻画实际网络的特性(如平均路径长度、聚类系数等),取决于用户兴趣相似度的度量是否准确。对用户兴趣相似度的判断,需要对用户的信息共享行为(如资源下载、内容评价等)进行分析。考虑到兴趣相似度计算也是协同过滤推荐系统的核心内容,因而可考虑借鉴推荐系统的相关研究成果。特别需要指出的是,用户兴趣通常是随时间变化的,且用户之间的关系亦是影响用户兴趣的重要因素,目前比较流行的社会化推荐正是利用用户之间的社交关系来解决协同过滤面临的数据稀疏问题。当考虑到用户关系对用户兴趣的影响时,目前设计的效用演化模型还能否准确刻画用户关系网络的形成,这是值得审视的一个问题。如何在模型中体现用户关系与用户兴趣的相互影响,这是在研究网络演化模型时需要考虑的一个问题。

3. 用户端缓存机制

在第三篇中我们考察了缓存节点的分布对网络流量的影响,初步讨论了缓存分布与节点介数的关系,构建了基于介数的网络容量最大化问题。缓存机制的合理应用对于实现低成本、高效率的信息共享业务是非常必要的。除了通过分析网络最大介数最小化这一形式化问题得到最优的缓存分布策略,我们还需要结合具体的网络资源(如带宽、存储资源)情况,研究最合适的缓存机制。目前在 DONA、NDN 等主张以内容为中心的未来网络研究中,路由器承担了缓存内容的职责。受这一网内缓存机制启发,考虑能否设计一种用户端的缓存节点分布机制,即选取部分用户节点建立内容缓存,并引导其他用户路由到离自己最近的用户端缓存节点,实现数据的就近传输。无论是以路由器作为缓存节点,还是以用户端作为缓存节点,缓存节点的数量、分布都应当是动态的。如何根据网络的拓扑结构、流量及用户行为等因素自适应地改变缓存节点的分布都是需要进一步研究的问题。另一方面,缓存中的内容是不断变化的,合理的内容替换策略对于缓存效用的充分发挥十分重要。如何根据缓存节点的分布,并结合用户行为特性、兴趣波动等因素设计合理的缓存内容替换策略,这也是需要研究的问题。

4. 面向社会化媒体的信息聚合

在第四篇中我们介绍了如何通过网络爬虫、网页内容提取等技术获得网络信息资源,介绍了文本挖掘和语义网的主要研究内容,并以农产品价格信息为例构建了一个基于本体的信息聚合框架。目前介绍的研究多是以传统的网络文本信息(如门户网站的新闻)为研究对象的。近年来,随着微博、微信等社会化媒体工具的普及,对社会化媒体信息的处理显得愈发重要。与传统的网络文本资源相比,社会化媒体信息的更新频率更高,内容碎片化现象更加明显,内容质量更加参差不齐。如何全面及时地获取社会化媒体信息、如何实现社会化媒体内容的检索与挖掘、如何有效聚合碎片化信息,这些都是需要进一步研究的问题。特别地,考虑到社会化媒体具有显著的社区化特性,即用户可以通过现实世界的关系网或根据个人兴趣建立社会或发现适合自己的社区,在分析挖掘社会化媒体内容时,如何充分利用这一社区化特性且同时避免泄露敏感的用户关系或用户兴趣,这也是值得注意的问题。

5. 个人隐私保护机制的优化

当前信息科学领域关于隐私问题的研究主要集中在隐私保护数据发布和隐私保护数据挖掘这两方面。现有研究大多站在数据使用者的角度,考察在发布数据或数据挖掘结果时,如何通过数据修改或加密通信等机制保护数据提供者(即个人)的隐私。随着人们隐私安全意识的提高,关于隐私保护的研究也越来越重视个人对其数据的自主支配。特别是在信息共享这样的场景中,个人可自主决定是否与他人分享信息以及分享何种信息,个人自发的隐私保护措施对于确保个人隐私安全显得尤为重要。例如,在基于位置的服务(location based service)系统中,个人通过向服务提供商报告自己的位置信息、与好友分享体验等方式以获得某种服务(如临近餐馆推荐)。为保护隐私,个人可对自己的位置信息进行模糊化处理,但这显然也会影响服务质量。换言之,个人在决定自己的隐私保护策略时,需要权衡信息共享带来的收益和隐私泄露造成的损失。结合特定的信息共享场景,考察个人隐私保护机制的优化方法,这是值得研究的一个问题。

上面我们根据本书涉及的研究内容列举了一些有待进一步研究的问题。需要指出的是，目前信息共享研究中存在的开放性问题还有很多，信息共享网络的研究范围也不局限于本书讨论的几方面内容。随着网络技术的发展和各类信息共享应用的出现，信息共享网络的结构和用户信息共享行为的模式也会不断发生变化，相关的理论和技术也需要持续改进和创新。

网络科学与工程丛书　图书清单

序号	书名	作者	书号
1	网络度分布理论	史定华	9 787040 315134
2	复杂网络引论——模型、结构与动力学（英文版）	陈关荣 汪小帆 李翔	9 787040 347821
3	网络科学导论	汪小帆 陈关荣 李翔	9 787040 344943
4	链路预测	吕琳媛 周涛	9 787040 382327
5	复杂网络协调性理论	陈天平 卢文联	9 787040 382570
6	复杂网络传播动力学 —— 模型、方法与稳定性分析（英文版）	傅新楚 Michael Small 陈关荣	9 787040 307177
7	复杂网络引论 —— 模型、结构与动力学（第二版，英文版）	陈关荣 汪小帆 李翔	9 787040 406054
8	复杂动态网络的同步	陆君安 刘慧 陈娟	9 787040 451979
9	多智能体系统分布式协同控制	虞文武 温广辉 陈关荣 曹进德	9 787040 456356
10	复杂网络上的博弈及其演化动力学	吕金虎 谭少林	9 787040 514483